개발자

커리

한느북

마이클 롭 지음
박수현, 고유준, 남무현 옮김

[특별 부록]에 수록된 '국내 개발자 10인의 커리어 이야기'는 오라일리 원서와 별개로 한빛미디어에서 기획한 콘텐츠입니다.

개발자를 위한 커리어 관리 핸드북

실리콘밸리 개발자의 소프트 스킬 노하우

초판 1쇄 발행 2024년 4월 26일

지은이 마이클 롭 / **옮긴이** 박수현, 고유준, 남무현 / **펴낸이** 전태호
펴낸곳 한빛미디어(주) / **주소** 서울시 서대문구 연희로2길 62 한빛미디어(주) IT출판2부
전화 02-325-5544 / **팩스** 02-336-7124
등록 1999년 6월 24일 제25100-2017-000058호 / **ISBN** 979-11-6921-234-2 93000

총괄 송경석 / **책임편집** 박민아 / **기획·편집** 이채윤
디자인 표지 윤혜원 내지 최연희 / **전산편집** 이소연
영업 김형진, 장경환, 조유미 / **마케팅** 박상용, 한종진, 이행은, 김선아, 고광일, 성화정, 김한솔 / **제작** 박성우, 김정우

이 책에 대한 의견이나 오탈자 및 잘못된 내용은 출판사 홈페이지나 아래 이메일로 알려주십시오.
파본은 구입하신 서점에서 교환해 드립니다. 책값은 뒤표지에 표시되어 있습니다.
한빛미디어 홈페이지 www.hanbit.co.kr / **이메일** ask@hanbit.co.kr

지금 하지 않으면 할 수 없는 일이 있습니다.
책으로 펴내고 싶은 아이디어나 원고를 메일(writer@hanbit.co.kr)로 보내주세요.
한빛미디어(주)는 여러분의 소중한 경험과 지식을 기다리고 있습니다.

THE SOFTWARE DEVELOPER'S CAREER HANDBOOK

마이클 롭 지음
박수현, 고유준, 남무현 옮김

개발자를 위한
커리어 관리
핸드북

IB 한빛미디어
Hanbit Media, Inc.

'나는 지금 무엇을 하고 있고, 앞으로 무엇을 할 것인가?' IT 업계에서 일하고 있거나 일하기를 희망하는 분들 모두가 고민하는 커리어에 대해 솔직하고 실용적인 팁을 공유하는 책이 출간되었습니다. 이 책은 네트워킹, 연봉 협상, 이직, 개발자와 관리자의 역할, 상사를 다루는 법, 예측하지 못한 문제에 대처하는 법, 직장 생활 팁 등 실무에서 누구나 마주하게 되는 일들에 대해 너무나 공감되는 사례를 제시하고 노하우를 공유합니다. 자기 자신을 되돌아보고 더 나은 미래를 준비하려는 모든 분께 추천합니다.

조우철(포스코이앤씨 AI 연구원)

회사에서 살아남기 위해 옆에 두어야 할 서바이벌 핸드북으로, 매니지먼트나 조직관리론에서 쓰이는 어려운 용어가 아닌 알기 쉬운 용어와 기막힌 은유로 IT 업계에 대해 설명합니다. 여러분이 거쳐온 회사에서 어떤 인물이었는지, 지금 일하고 있는 회사의 구조가 어떤지 알고 싶다면 이 책을 추천합니다.

채민석(integrate.io APAC 담당 기술영업)

개발자의 주요 역량 중 하나인 소프트 스킬과 커리어 관리에 대한 조언을 담은 책으로, 저자 특유의 유머러스한 어투 덕분에 재미있게 읽을 수 있다는 점이 특징입니다. 또한 현재 몸담은 직무와 리더십에 관해 다양한 각도에서 깊이 있는 고민을 할 수 있도록 이끌어준다는 점이 돋보이는 책입니다. 그 외 비상장 기업의 시장 가치인 409A 평가로 스타트업을 판단하는 방법, 업계 평균 급여 조사를 통한 임금 협상 등 그동안 몰랐던 커리어 성장을 위한 다양한 팁을 얻을 수 있어 유익했습니다.

허 민(한국외국어대학교 데이터분석가)

관리자로의 직무 전환에 대해 고민하는 개발자라면 반드시 읽어보길 권합니다. 욕심 같아서는 IT 개발자뿐만 아니라 가슴 속에 한 번이라도 사직서를 품어 본 직장인 모두가 읽어봤으면 합니다. IT 관련 용어를 평상시 본인이 수행하는 업무 용어로 대치시켜 읽으면 깜짝 놀랄 정도로 와닿으리라 생각합니다. 저는 미국이나 한국의 IT 생태계의 고민과 이슈들을 읽으며 사람 사는 곳은 어디든 비슷하다는 것에 안도감(?)을 느끼기도 했습니다. 저자의 위트 넘치는 글을 맛깔나게 번역해주신 번역자님께도 감사드립니다.

홍상의(프리랜서 개발자)

* 지은이·옮긴이 소개

지은이 **마이클 롭** Michael Lopp

실리콘밸리의 베테랑 개발자 겸 리더로서 넷스케이프 Netscape, 볼랜드 Borland, 슬랙 Slack, 팔란티어 Palantir, 핀터레스트 Pinterest, 애플과 같은 쟁쟁한 회사에서 많은 인재를 발굴하고 제품을 개발해왔습니다. 시간이 남으면 자신의 블로그(https://randsinrepose.com/)에 리더십이나 브리지 게임, 슈퍼히어로, 인류에 관한 글을 씁니다.

옮긴이 **박수현** ardeness@gmail.com

홍익대학교 컴퓨터공학과에서 박사 학위를 받았으며 현재는 SK텔레콤에서 개발자로 일하고 있습니다. 커널, 시스템, 클라우드 컴퓨팅, 쿠버네티스, 웹 등 다양한 개발 분야에 관심을 가지고 있으며, 『노코드/로우코드(No Code/Low Code)』(한빛미디어, 2023), 『실전에서 바로 쓰는 Next.js』(한빛미디어, 2023), 『클라우드 네이티브 애플리케이션 디자인 패턴』(한빛미디어, 2022), 『스벨트 앤 새퍼 인 액션』(한빛미디어, 2021), 『자바스크립트는 왜 그 모양일까?』(인사이트, 2020)를 번역했습니다.

옮긴이 고유준 vongeumann@gmail.com

포항공과대학교 컴퓨터공학과에서 시스템 소프트웨어를 연구해 석사 학위를 받고 현재 SK텔레콤에서 개발자로 일하고 있습니다. 시스템 소프트웨어, 데이터베이스 시스템, 머신러닝 등 많은 분야에 관심을 갖고 틈틈이 공부하는 꿈 많은 개발자입니다.

옮긴이 남무현 moohyeon.nam@gmail.com

울산과학기술원 컴퓨터공학과에서 박사 학위를 받았으며 현재는 SK텔레콤에서 개발자로 일하고 있습니다. 시스템 개발 분야에 전반적으로 관심이 많으며 새로운 것을 배우고 경험하는 것을 좋아합니다.

최근 IT 업계의 인력이 고도화되면서 많은 개발자가 자신의 커리어를 관리하는 데 많은 시간과 노력을 투자하고 있습니다. 게다가 머신러닝과 같은 혁신적인 기술의 발전 속도가 나날이 빨라지고 있어 자신만의 강점을 찾고 다른 지원자와 차별화된 커리어를 구축하는 것이 더욱 중요해졌습니다.

이 책은 이러한 변화 속에서 개발자로서 어떻게 발전해야 할지 고민하는 분들을 위한 가이드로, 저자가 현업에서 겪은 사례와 함께 불확실한 미래에 대비하는 방법을 제시합니다. 처음에는 이러한 사례들이 단순한 이야기에 불과하다고 생각했지만 실제로 제 주변에서 벌어지는 것을 목격하고 나니 저의 생각이 얼마나 오만했는지 깨달았습니다. 판교 테크노밸리에서 일하는 것과 저자가 경험한 실리콘밸리의 모습이 큰 차이가 없다고 느꼈고, 모두 비슷하게 열심히 살아가는구나 하는 생각이 들었습니다.

제가 이렇게 느낀 것처럼 이 책이 여러분에게도 큰 도움이 되길 바랍니다. 이 책을 통해 개발자로서의 삶을 깊이 있게 이해하고, 직면할 수 있는 다양한 상황에 대비하기 위한 실질적인 지침을 얻어가시길 바랍니다. 또 IT 업계의 빠른 변화 속에서도 자신만의 길을 찾고 지속적으로 성장할 수 있는 힘을 얻기를 희망합니다. 변화하는 환경 속에서도 꾸준히 자신을 발전시키고 자신만의 독특한 커리어를 구축하는 여러분을 응원합니다.

마지막으로 이 글을 빌어 항상 저를 지지해주고 함께 성장하고 있는 아내 예지에게도 깊은 감사의 말을 전합니다.

고유준

막연하게 번역에 대한 동경을 가지고 있었는데 기회가 닿아 작업해볼 수 있어서 참 즐거웠습니다. 이 책을 번역하면서 개발자로서 어떻게 커리어를 관리할 것인지 한 번 더 생각해볼 수 있는 기회는 덤이었고요. 최근 커리어 측면에서 많은 일들이 있었는데, 책의 내용을 현실에서 마주했을 때는 많이 놀라기도 했고 동시에 큰 도움이 되기도 했던 것 같습니다. 함께 번역을 하자고 제안해주신 수현 님께 다시 한번 감사한 마음을 전하고 싶네요. 그리고 여러분에게도 이 책이 도움이 되었으면 좋겠습니다. 개발자의 입장에서 혹은 개발자를 관리하는 입장에서 여러모로 생각할 거리를 많이 던져주는 책이란 생각이 듭니다. 이직을 하거나 역할의 변화가 필요할 때마다 꺼내서 한 번 더 읽어볼 만한 책인 것 같습니다. 첫 번역이라 많은 부분이 부족했을 것 같은데 잘 이끌어주신 한빛미디어 이채윤 편집자님과 함께 번역을 진행해주신 유준 님께도 참 감사합니다. 마지막으로 항상 저를 지지해주는 사랑하는 아내에게도 고마운 마음을 전하고 싶습니다.

남무현

* 옮긴이의 말

좋은 말을 많이들 써주셔서 따로 드릴 말씀이 없네요. 이 책이 모든 개발자, 아니 모든 분들의 행복한 미래와 인생을 설계하는 데 도움이 되기를 바랍니다.

좋은 책을 번역할 기회를 주신 한빛미디어 관계자 분들과 늘 엉망인 글을 교정하고 편집하시느라 고생하신 이채윤 편집자님, 사랑하는 제 아내 지선이와 딸 현서, 함께 번역에 동참해주신 고유준 님과 남무현 님, 그 외 번역에 도움을 주신 모든 분께 감사의 말씀을 전합니다.

박수현

＊ 목차

✽ 목차

3부 일상적인 도구들

4부 커리어의 다음 단계

* 목차

특별 부록 국내 개발자 10인의 커리어 이야기

커리어를 위한
안내 지침

새로운 직업을 찾아 직장을 옮기던 때가 기억납니다. 이런 결정을 내리는 과정은 고민할 것도 많고 쉬운 일이 아닙니다. 직장을 옮기는 것의 장단점 목록을 작성해서 주변 사람들과 끝없이 이야기를 나누었지만, 대부분의 대화는 '그래서 언제 결정할 건데?'로 끝났죠.

1부에서는 직장을 옮기기 전에 고려하고 조사해야 할 것들을 알아봅니다. 현 직장에서의 이직 신호와 향후 여러분의 고용주가 될지도 모르는 사람들을 건설적으로 조사하는 방법을 포함해서 말이죠. 말 그대로 커리어의 다음 단계를 고민할 때 할 수 있는 행동과 전략들을 설명합니다.

물론 결정을 내리는 것은 여러분의 몫입니다!

1장
승리하는 전략

인생을 살다 보면 직업을 선택하는 순간이 몇 차례 다가오기 마련입니다. 이미 경험했을 수도 있죠. 우리는 매일 사소한 결정을 내리며 살지만 직업을 선택하는 것은 결코 사소한 결정이 아닙니다. 직업 선택은 매우 중요한 문제이며 한번 결정을 내리면 돌이킬 수 없습니다.

이 시점에서 여러분 중 대부분이 아주 중요한 사실을 깨닫게 됩니다.

난 공돌이인데?

개발자 중에서 MBA 학위[1]를 가진 사람은 많지 않으리라 생각됩니다. 개발자들은 회사 건물 어딘가에 인사 팀 직원들이 있다는 사실은 알지만 그 직원들과 무엇을 해야 할지는 모르는 경우가 더 많습니다. 귀찮은 결정은 다 집어치우고 안전하고 안락한 코드 뒤에 숨어 있고 싶겠지만, 여러분은 다음과 같은 결정이 여러분의 인생에 있어서 얼마나 중요한지 잘 알고 있습

---

1   옮긴이_ 경영학 석사(Master of Business Administration) 과정에 해당되는 학위를 말합니다.

니다. 어떻게 해야 하는지 모를 뿐이죠.

오퍼를 받으면 연봉을 더 올려달라고 해볼까? 어떻게 올려달라고 말하지?

직장 상사가 거짓말을 하면 어떡하지?

퇴사하려면 뭘 해야 하지?

관리직이 되어야 하나?

프로그램 관리자는 무슨 일을 하는 사람이지?

일을 덜 하고 돈을 더 받을 수 있는 건가?

다른 사람들과 교류하지 않고도 승진할 수 있을까?

그냥 집에서 일할 순 없나?

안타깝게도 대학에서는 이런 것들을 가르쳐주지 않습니다. 위키피디아에 정의되어 있을 수도 있지만, 사람들과 직접 대화하기보다는 키보드로 의사소통하는 것이 편한 내향적인 사람에게는 큰 도움이 되지 않을 것입니다.

시스템적인 사고방식을 가진 사람

일단 개발자의 특징을 알아봅시다. 그럼 여러분 자신에 대해 이해하기가 더 수월해질 것입니다.

개발자는 시스템적인 사고방식을 가지고 있습니다. 그들에게 세상은 컴퓨터와 같습니다. 개발자들은 수년간 컴퓨터를 성공적으로 다뤄오면서 다음과 같은 독특한 이념을 따르게 되었습니다.

시스템, 정의, 규칙은 개발자가 가장 좋아하는 도구인 컴퓨터와 일맥상통합니다. 컴퓨터를 통해 거둔 성공은 결국 개발자가 세상을 바라보는 시각을 바꾸었죠. 시간과 노력이 충분하다면 시스템을 완전히 이해할 수 있습니다.

SSD는 특별한 특성으로 인해 더 빠르게 작동한다.

메모리가 더 많으면 더 많은 작업을 더 빠르게 처리할 수 있다.

직장 상사가 나를 수동적이고 공격적인 사람이라고 평가한다면 나는…

규칙을 따르지 않거나, 시스템에 맞지 않거나, 본질적으로 정의할 수 없는 상황에 부딪히면 개발자는 위기를 느낍니다. 시스템의 결함을 보면 긴장하게 되는 것이죠. 개발자는 자신만의 정신적인 시스템을 만들고 하루하루 그 시스템에 의존해서 살아갑니다. 그리고 개발자의 이런 정신적인 시스템은 논리적이지 않은 사람들로 가득 찬 세상에서는 제대로 돌아가지 않기 마련입니다.

엉망진창인 사람들

사람이라면 실수하기 마련입니다. 사람이 바로 버그의 근원이죠. 사람들은 항상 이상한 질문을 던져댑니다. 그리고 그들의 논리는 결함투성이입니다. 개발자의 머릿속을 가득 채운 시스템의 유쾌한 순서도는 단 한 명의 사람 때문에 도전을 받습니다. 그 사람은 시스템의 규칙을 이해하지 못하며 이해하려 하지도 않고 따르지도 않습니다. 개발자의 아름다운 정신적 시스템을 망쳐놓는 사람이죠.

이 사람들은 누구지? 왜 규칙을 따르지 않지?

시스템을 보지 못하나? 이기기 싫은가?

아뇨, 그들도 이기고 싶어합니다. 누구도 삶이 엉망진창으로 흘러간다는 사실을 굳이 떠올리고 싶어 하지 않습니다. 사실 인생은 무작위로 발생하는 기묘한 일들에 반응해서 길을 찾아가는 과정입니다. 하지만 개발자는 이런 통제 불능한 상황을 무척 불편해합니다. 그래서 그들은 현실을 좀 더 수용하기 쉽고 예측 가능한 형태로 만들기 위해 상상 속에서 잘 구조화된 세계를 구축합니다.

저 또한 개발자이며, 옆방에 있는 만화광이나 마케팅 부서의 영화광처럼 평범한 사람 중 한 명입니다. 그리고 20년 동안 고도로 발달한 기술 분야에서 개발자들이 많은 어려움을 겪는 것을 지켜봐왔죠. 저는 이런 다양한 유형의 사람들이 우리 주위를 맴돌고 우리의 일이나 물건들을 마구 건드리는 상황에서도 이길 확률을 높일 수 있다고 믿습니다.

그래서 이 책을 다소 모순적인 말로 시작하고자 합니다.

> **❝** 예측 불가능한 것에 대비하라. **❞**

예측할 수 없는 상황은 두 가지로 볼 수 있습니다. 첫째는 즉시 판단하고 대응할 수 있는 비교적 간단한 형태의 불확실성입니다. 둘째는 말 그대로 세상을 뒤엎을 수 있는 불확실성입니다. 이 책에서는 여러분이 단순하지만 예측 불가능한 상황에 대응할 수 있는 시스템을 구성하고 하늘이 무너지더라도 살아남을 수 있는 청사진을 그릴 수 있도록 돕고자 합니다.

예측 불가능한 상황들

저는 '핸드북'이라는 단어를 들으면 낡은 표지와 여기저기 구겨진 종이, 군데군데 접힌 페이지가 있는 책이 떠오릅니다. 책이 이런 상태라는 것은 그만큼 자주 읽고 유용하게 사용했다는 뜻이겠죠. 이 책 역시 여러분에게 그런 책이 될 수 있도록 직무와 리더십에 관한 이해, 커리어 개발에 필요한 도구, 그리고 여러분이 다음에 선택할 수도 있는 직무들에 초점을 맞춰 구성했습니다. 따라서 이 책을 잘 구성한 시스템의 순서도처럼 처음부터 순서대로 읽을 필요는 없습니다. 만약 여러분이 예측 불가능한 상황을 맞닥뜨렸다면 〈39장 성과 리뷰〉를 펼쳐서 여러분의 한 해를 어떻게 평가하고 어떤 결정을 할 수 있는지 알아볼 수 있습니다. 한 해 동안 한 일에 대한 부실한 평가에 신경을 써야 할지, 무시해도 될지를 말이죠.

각 장의 내용은 독립적입니다. 이전 장과 연결되는 내용이 거의 없죠. 이렇게 구성한 이유는 이 책의 내용 중 일부를 제 블로그 Rands in Repose[2]에서 가져왔기 때문이기도 하지만, 아시잖아요. 개발자의 집중력은 상당

---

2 https://randsinrepose.com/

히 제한적이라는 것을요. 저는 각 장의 내용들이 자그마한 결정을 내리는 데 도움이 되고, 이런 내용들이 모여서 결과적으로 여러분이 큰 결정을 하는 데 유용하게 쓰이길 바랍니다. 이 책에서 설명하는 내용을 반드시 따라야 하는 것은 아닙니다. 크든 작든 결정은 전적으로 여러분의 몫이죠. 제가 여러분에게 할 수 있는 최선은 여러분과 비슷한 상황이었을 때 어떤 결정을 내렸는지, 무슨 생각을 했는지, 그리고 어떤 길로 나아갔는지 알려주는 것입니다.

작업을 완료하고, 결정을 내리고, 어떤 일을 끝낸다는 것은 정말 보람찹니다. 여러분이 매일 해내는 이런 작은 행동들이 여러분의 삶에서 내리는 결정의 대부분을 차지할 것입니다. 그리고 이런 일은 눈에 띄지 않게 조용히 일어나죠. 매일 자그마한 결정을 내리고 그 결과를 관찰하는 것은 여러분이 겪는 경험의 대부분을 차지하며, 이것이 바로 시스템을 정의하는 규칙을 찾는 길입니다. 결정을 내리는 것에 능숙해지면 성공할 가능성도 커지고 다음에 비슷한 상황이 발생했을 때 더 빨리 결정할 수 있게 됩니다.

쉬워 보이지만 이런 작은 일들마저 예측 불가능합니다. 그렇기 때문에 예측할 수 없는 큰 규모의 사건이 발생했을 때 어떻게 대처해야 하는지 반드시 알고 있어야 합니다.

커리어 설계

아마 대부분이 책을 처음부터 읽고 있겠죠? 각 장이 서로 관계없는 내용을 담고 있긴 하지만 전체적으로 보면 직업, 직장 상사, 일하는 방식, 그리고 여러분이 새로운 직무나 직장을 찾는 방법에 관한 아주 긴 이야기입니다. 바라건대, 이 책을 읽는 동안에는 일상과 업무에서 잠시 벗어나 인생에서 더 중요한 목표를 향해 나아가고 있다는 사실을 상기했으면 합니다. 여러분의 직무를 단순히 '현재 하고 있는 일'로 정의해서는 안 됩니다. 직무는 여러분이 앞으로 나아가고자 하는 방향에 맞게 준비할 수 있는 것이어야 합니다.

책을 읽는 동안에는 다음 세 가지 질문을 늘 떠올리기 바랍니다.

- 지금 무엇을 하고 있는가?
- 무엇을 해야 하는가?
- 나에게 중요한 것은 무엇이며, 내가 신경 쓰고 있는 것은 무엇인가?

일상적인 업무에서는 첫 번째 질문이 가장 중요하겠죠. 퇴근길에도 업무의 늪에서 쉽게 헤어나오지 못하는 사람도 있을 것입니다. 퇴근 후에는 치열하게 보낸 하루를 회복하느라 바쁘죠. 그런 상황이라면 다음 직장에 관해 생각해볼 겨를이 없을 것입니다. 커리어에 관한 전략적인 접근도 불가능할 테고요. 지금 여러분이 하고 있는 일이 바로 이런 일인가요?

여러분이 소프트웨어 설계자로서 설계를 지시하고 감독하는 역할을 하고 있다고 가정해봅시다. 여러분은 지구상의 그 누구보다도 데이터베이스에 더 많이 신경을 쓰는 사람입니다. 그러다 지금 하는 일에서 훨씬 더 중요한 주제를 찾았습니다. 그 주제는 여러분의 커리어가 될 수 있는 아주 크고 중요한 것입니다. 이때 여러분은 어떤 생각을 하게 될 것 같나요?

이런 건 인사 팀에서 도와줄거야.

상사가 분명 잘 챙겨줄거야.

이렇게 생각하고 있나요? 이 말은 틀렸습니다.

제가 지난 30여 년간 실리콘밸리의 관리자들을 소상히 관찰한 끝에 내린 결론은 이렇습니다. **인사 팀에서 베풀지도 모르는 선의와 직장 상사의 부분적인 관심은 여러분의 진정한 커리어에 아무런 도움이 되지 않는다는 것입니다.**

이런 사실을 알고 있든 모르고 있든, 이 책을 처음부터 끝까지 읽다 보면 여러분은 스스로에게 다음과 같은 질문을 하게 될 것입니다.

나에게 정말 중요한 것은 무엇일까?

내가 신경 써야 할 것은 무엇일까?

관리 업무가 나에게 잘 맞을까?

평생 개발자로 살 수 있을까?

퇴근길 지하철에서 회사 욕을 하는 것은 나쁜 신호인 것일까?

회사나 직속 상사에 대한 불평불만을 늘어놓는 것은 전형적인 직장인다운 행동입니다. 하지만 커리어에 대해 불평하는 것은 솔직하지 못한 행동이죠. 그 누구도 여러분의 커리어를 책임지지 않습니다. 회사나 상사는 바꿀 수 있지만 여러분의 커리어는 영원히 여러분만의 것이죠.

여러분 스스로가 커리어를 선택합니다. 그리고 이 선택은 예측 불가능한 일이 닥쳤을 때 여러분이 우왕좌왕하지 않도록 해줄 것입니다. 이런 생각을 해봅시다.

- 무엇을 하고 싶은지 정확히 알고 있다면 큰 결정을 내리는 일이 얼마나 쉬울까?
- 새로 시작한 프로젝트가 커리어 목표에 완벽하게 맞는다면 그 프로젝트는 쉬운 프로젝트일까, 어려운 프로젝트일까?
- 목표가 경영진이 되는 것이라고 확신한다면 상사와 여러분의 평가에 관해 리뷰할 때 어떤 식으로 진행해야 할까?

중요한 것은 목표입니다. 목표가 명확하면 결정을 내리기도 쉽습니다.

순간의 집합

커리어는 순간순간 내리는 결정들이 모여서 만들어집니다.

PC를 사용할 것인가, 맥을 사용할 것인가?
채용 메일에 답장을 할 것인가, 말 것인가?
어떤 상황에 맞설 것인가, 피할 것인가?

이 책을 읽더라도 결정을 망칠 수 있습니다. 그렇기에 여러분이 꼭 알아야 할 규칙이 있습니다. 그저 이길 수 있는 방법만 알고 싶은 개발자에게는 성가신 생각에 불과하겠지만요.

오랜 시간 동안 다양한 경험을 하다 보면 사람들의 성격을 몇 개의 그룹으로 나눌 수 있다는 점을 알게 됩니다. 물론 사람마다 미묘한 차이가 있겠지만 적어도 성격과 동기 motivation 를 이해하는 데 도움이 됩니다. 직장 상사의 성격과 그가 일하는 동기는 회사마다 제각각 다르겠지만 '퇴직할 때까지 숨어다니기'부터 '세계 정복을 꿈꾸면서 모든 사람을 미치게 만들기'에 이르기까지 다양한 동기가 있습니다. 좋아하는 사람들과 일할 수 있는 직장을 그만두어도 괜찮냐고요? 괜찮습니다. 다른 직장에도 좋아할 만한 사람들이 많이 있거든요. 단지 이직을 했을 뿐인데 대부분의 회의가 유익한 시간으로 바뀔 수 있고 끝없이 주어지는 일로부터 벗어날 수 있습니다!

이 책은 실리콘밸리의 크고 작은 회사에서 일한 경험을 요약한 것입니다. 저 또한 평온과 혼란의 시기를 겪었습니다. 그리고 딱 한 가지 규칙만 지키면 모든 것을 해결할 수 있다고 믿으며 오랜 기간 동안 항상 메모를 해왔습니다. 그 규칙은 바로 '**어떻게 이길 것인가**'에 관한 것입니다!

2장
커리어 관리를 위한 철학 3가지

몇 년간 숫자 3은 저의 삶 주변을 신기하게 맴돌았습니다. 첫 번째 경험은 숫자 3에 빠져 있는 마케팅 부문 부사장이었습니다.

> **부사장: 전 어디서든 3이 보입니다. 숫자 3에는 힘이 있죠.**

그녀는 광택이 나는 삼각형 모양의 흑요석 조각 3개를 항상 책상 위에 두고 지냈습니다.

두 번째 경험은 개발 책임자와 관련된 것이었습니다. 그는 모든 조언을 이해하기 쉬운 3가지 항목으로 제공했습니다. 번뜩이는 아이디어를 널리 알리는 간단하고 편리한 방법이었죠.

세상을 단순화하는 데 숫자 3이 도움이 됩니다. 숫자 3은 어디에나 있으니까요.

사회주의, 공산주의, 자본주의

기억, 이해, 의지

국민의, 국민에 의한, 국민을 위한

네, 저 역시 숫자 3의 팬입니다. 그래서 저는 주저없이 커리어 개발과 관리를 위한 철학을 3가지 항목으로 만들었습니다.

1. 기술적인 방향
2. 성장
3. 실천

이 목록은 관리자나 직원 개개인 모두에게 적용되지만, 여기서는 개인의 커리어 관점에서만 이야기해보겠습니다. 각 항목을 질문으로 바꾸면 다음과 같습니다.

1. 여러분이 만드는 제품, 기능 또는 작업의 기술적인 방향을 스스로 정의하고 있나요?

2. 성장하기 위해 무엇을 해야 하는지 알고 있나요?

3. 일정을 지키고 있나요? 약속을 지키고 있나요? 여러분이 말한 대로 행동하고 있나요?

이게 전부입니다! 물론 '뛰어난 관리자의 27가지 측면'이나 '효율적인 개발자의 42가지 습관'과 비슷한 제목으로 커리어 개발의 세세한 내용까지 설명하는 훌륭한 책들도 많습니다. 전문가들은 깊이 파고 들어서 세세한 것까지 설명하려는 성향을 가지고 있으니까요. 이 자리를 빌어 그분들에게 감사 인사를 전합니다. 하지만 이 책에서는 최대한 단순하게 설명해보겠습니다.

기술적인 방향

이 책을 읽고 있는 여러분은 아마 대부분 개발자일 것입니다. 인사 관리자든 그냥 개발자든, 코드를 작성해본 경험이 있겠죠. 그리고 그 코드는 다음 세 가지 중 한 상태일 것입니다.

1. 작성 중
2. 수정 중
3. 유지 보수 중

코드를 처음 작성하는 시점에는 기술적인 방향을 목표로 설정하는 것이 어렵지 않습니다.

무엇을 만들고 있는가?

어떤 도구를 사용하는가?

원하는 대로 작동하는가?

저는 여러분이 어떤 회사에서 어떤 프로그램을 만드는지 모릅니다. 여러분 회사의 개발 문화가 어떤지도 알 길이 없죠. 하지만 **여러분이 작성하는 코드의 기술적인 방향을 직장 상사가 아닌 여러분이 직접 결정해야 한다**는 점만큼은 확실히 알고 있습니다.

관리자가 하는 일은 '까먹기'입니다. 진짜 하는 일이 그거죠. 관리자는 승진한 순간부터 자신들이 어떻게 승진했는지를 잊어버리기 시작합니다. 농담이 아닙니다. 관리자의 이런 '기억 상실증'은 많은 사람들이 커리어에 관해 진지한 고민을 하게 만드는 주요 원인입니다.

동료 관리자를 옹호하기 위해 한마디 덧붙이자면, 관리자가 모든 것을 잊어버리기만 하는 것은 아닙니다. 조직 내 정치, 회의 예절, 아무 내용 없이 10분간 떠들기와 같은 다른 유용한 것들을 배우고 있죠. 관리자로서 기억하는 것은 개발자일 때 겪은 고통스러운 경험뿐입니다. 그리고 이러한 경험의 상처가 불현듯 영감이 되어 모든 것을 알고 추적하는 관리자처럼 보이게 합니다. 하지만 실상은 그렇지 않죠. 관리자는 모든 것을 추적하지 않습니다. 그렇기 때문에 저는 코드와 가장 가까이 있는 사람들이 가장 좋은 결정을 내릴 수 있다고 가정하는 관리 전략을 사용합니다. 이것이 저의 확장 방식인 것이죠.

잊어버리지 않으려고 노력하는 관리자도 있습니다. 시간과 노력을 충분히 들이면 개발자 시절만큼 코드를 이해할 수 있다고 생각합니다. 이런 관리자를 마이크로매니저^{micromanager}라고 부르죠. 마이크로매니저는 잊는 방법을 배우지 못하기 때문에 결국 실패합니다. 그리고 주간 상태 보고서, 1:1 코드 리뷰, 관리 구조를 완전히 무시하는 방식으로 팀을 괴롭힙니다. 모든 것을 알고자 하는 마이크로매니저의 행동이 결국 팀에 대한 신뢰를 무너뜨리는 것이죠. 도대체 왜 이런 사람을 고용한 것일까요? 이유는 간단합니다. 더 많은 일을 하려고 고용한 것입니다. 마이크로매니저는 여러분이나 팀원이 그렇게 되고 싶다고 마음 먹었다고 해서 될 수 있는 사람이 아닙니다. 마이크로매니저는 그 사람의 성향 그 자체로 만들어지는 것이니까요. 코드와 가장 가까운 사람들이 일의 기술적인 방향을 결정하는 데 가장 중요한 자격을 갖추고 있다는 점을 명심하세요.

우리 팀장님은 마이크로매니저가 아니지만,

스스로를 선구자라고 여기며 프로그래밍 언어 스칼라*scala*에 관해

끊임없이 이야기합니다.

이 정도로 스칼라에 집착하면 제가 다른 일을

제대로 진행하지 못할 것 같아요.

여러분의 관리자가 마이크로매니저든 아니든, 목표는 동일합니다. 그 관점은 조금씩 다르겠지만요. 관리자가 할 일은 기술적인 방향을 정하는 것입니다. 여러분과 마찬가지죠. 그래서 관리자는 최신 기술을 연구하고 프로그램 구조를 급진적으로 변경하는 방안을 떠올립니다. 관리자가 아주 유능해서 스스로 설계하고 만들 수 있는 능력까지 가졌다면 좋겠지만, 실제로 관리자는 더 높고 추상적인 수준에서 일하고 여러분이 직접 만드는 경우가 대부분이죠.

마이크로매니저 또는 머릿속이 비전으로 가득 찬 사람들이 그들이 원하는 것으로 여러분의 앞날을 가득 채우는 불상사 때문에 잊기 쉽지만, 여러분은 코드 소유자로서 매일 코드에 관심을 가져야만 합니다. 지긋지긋한 버그 수정, 눈에 잘 띄지 않는 유지 보수 작업 중에도 코드가 어떤 방향으로 갈지는 전적으로 여러분이 결정할 일입니다. 유지 보수에 너무 많은 시간이 소요되나요? 기존 코드를 버리고 새로 만들 때가 된 것 같나요? 물론 이런 모든 결정을 혼자서 내릴 수는 없겠지만 문제를 제기하고, 의견을 말하고, 전체 계획에 영향을 미치는 것은 전부 여러분이 해야 할 일입니다.

> ❝ 코드가 정말 형편없어요. 다시 만들어야 합니다. ❞

이건 여러분이 코드에 대해서 내놓을 수 있는 정말 강력한 의견 중 하나죠. 물론 이렇게 말하려면 누구나 이해하고 동의할 수 있는 이유를 설명하거나 실행 가능한 대책을 제시할 수 있어야 하겠지만요.

성장

볼랜드[3]Borland에서 처음 일을 시작했을 때 저는 주식 때문에 적잖이 당황했습니다.

> 주식이 뭐죠?
>
> 누가 주가를 설정하나요?
>
> 옵션이 뭔가요?
>
> 어떻게 투자할 수 있나요?

그 당시 볼랜드는 전성기였고 혼란한 주식 시장 속에서도 볼랜드의 주가는 계속 상승했습니다. 적어도 2년 동안은 말이죠. 저의 생각은 '주가는 자고로 상승하기 마련이다'였습니다. 하지만 수익에 대한 예측이 빗나갔고 주가는 큰 타격을 입었습니다.

혼란은 가중되었습니다.

하지만 회사 내의 모든 것은 똑같았습니다. 직원 모두가 열심히 일하고 있는데 어느 날 갑자기 우리 회사의 가치가 25%나 떨어졌다니요? 저의 인

---

3   옮긴이_ 1990년대 초 Turbo C, Turbo C++ 같은 컴파일러와 개발 환경을 만든 미국의 유명한 소프트웨어 기업입니다. 현재는 Micro Focus에 인수되었습니다.

생에서 '인식이 곧 현실'이라는 것을 배운 첫 번째 사건이었습니다. 시장은 성장성을 선행 지표로 봅니다. 주식 시장에서 공포에 휩싸인 사람들은 성장의 부재를 죽음과 동일시합니다. 그리고 그 말이 대부분 맞습니다.

커리어에 관한 저의 두 번째 철학은 성장과 관련된 것입니다. 성장은 여러분이 더 많이 배우고, 더 많은 일을 하고, 승진하고, 더 많은 일을 해결하고, 더 많은 책임을 지게 되는 것을 의미합니다. 여러분의 주의를 끌기 위해 좀 더 간단한 규칙으로 바꿔보죠.

> **"** 성장하지 않으면 죽는다. **"**

여러분이 죽어가고 있는지 확인해보죠. 스스로에게 다음의 질문을 던져보세요.

- 최근에 실패한 적이 있나요?
- 주변에 여러분을 자극하는 사람이 있나요?
- 지난 한 주 동안 배운 것이 있나요?

'아니오'라고 답했다면 좋지 않은 신호입니다. 허송세월을 보내고 있다는 뜻일 수 있죠. 물론 편한 삶을 추구하는 사람에게는 좋은 전략일 수 있습니다. 하지만 여러분이 그렇게 앉아있기만 하는 동안 기술은 여러분을 쓸모없는 사람으로 만들기 위해 매섭게 발전합니다. 이는 여러분 개인의 문제가 아닙니다. 실패를 두려워하지 않고, 기술에 대한 열정을 가지고 있으며, 비슷한 사람들과 함께 활동하는 사람들 때문에 생기는 일이죠.

나를 성장시키는 것은 내 관리자나 상사가 해야 할 일 아닌가?

여러분의 성장에 대한 책임은 두 사람에게 있습니다. 바로 여러분과 여러분의 상사죠. 엄밀히 말하면 사실이 아니지만 사회 생활 초반에는 이것이 사실이라고 생각하는 편이 적응하기 더 쉽습니다. 여러분보다 여러분의 상사가 여러분의 성장에 더 많이 관심을 가져야 할 책임이 있죠. 상사는 여러분보다 더 많은 경험을 했기 때문에 성장하기 좋은 기회를 포착하고 알맞은 일을 여러분에게 할당할 수 있을 것입니다.

> **❝** 당신은 기술 분야를 선도할 수 있을 거예요. 전 알 수 있어요. **❞**

여러분의 상사가 여러분에게 저런 말을 해줄 것이라고 생각하나요? 미안하지만 틀렸습니다. 슬프게도 성장이라는 측면에서 관리자는 여러분을 항상 뒷전에 둘 수밖에 없습니다. 당연하게도 여러분보다 관리자인 자신의 이익을 먼저 생각하겠죠. 불합리하다고 생각할지도 모르지만 여러분에게 적용되는 규칙을 관리자에게도 똑같이 적용할 수 있습니다. 관리자 역시 성장하지 않으면 밀려납니다.

좋은 방법이 있습니다. 관리자는 여러분의 직무에 대한 책임을 지고, 여러분은 **스스로의 커리어를 관리하는 관리자**가 되는 것입니다. 두 역할의 주된 목표는 도전할 만한 일을 주고, 무언가를 배우도록 만들며, 한계까지 밀어붙여 기회를 찾아내도록 만드는 것입니다. 이런 방식으로 기회를 찾는 것은 여러분을 아주 혼란스럽게 만들 것입니다. 낯선 영역인데다 길을 찾을 수 있는 지도도 없기 때문이죠. 하지만 그것이 바로 핵심입니다. **좋은 관리자**

는 기회를 만듭니다. 그리고 그 기회를 놓치지 않는 것은 여러분이 할 일입니다.

그렇다고 상사가 회사 밖에서 어떤 기회를 찾아주지는 않습니다. 관리자가 '우린 망했어. 얼른 도망쳐!'라고 말하지는 않을 것입니다. 여러분의 미래에 대한 결정을 내릴 수 있는 정보나 자격을 가진 사람은 여러분 자신밖에 없습니다. 그러니 스스로 이렇게 말할 수 있어야 합니다.

난 준비됐어!

실천

IT 분야에서 하늘이 무너지는 일은 생각보다 자주 일어납니다. 저 또한 실리콘밸리에서 오랜 시간 일하면서 숱한 재앙을 끊임없이 겪었죠.

여러분이 다음에 일어날 재앙의 책임자 중 한 명이라고 상상해봅시다. 그 재앙은 매우 기술적인 부분이라 여러분이 처리할 수 없습니다. 그러면 여러분은 누구를 부를 건가요? 이름을 댈 수 있나요? 아마 대부분 떠오르는 사람이 있을 것입니다. 그 사람은 무엇이든 할 수 있는 사람일 것이며, 그 사람의 사무실은 관리자들만 사용하는 사무실 안에 따로 존재할 것입니다. 또 그 사람은 엄청 이상한 티셔츠를 입고 유별난 식습관을 가지고 있을 수 있지만, 중요한 것은 그 사람이 이루어낸 것들입니다. 마치 기계처럼요. 그 사람에게 일을 요청하면 그 사람은 그 일을 합니다. 그 사람에게 질문하면 그 사람은 설명합니다. 그 사람에게 의견을 물으면 그 사람은 여러분과 논의합니다. 그 무엇도 거절하지 않죠. 그 사람은 기술에 관해 정말 능통하며 마치 자유 전자 마냥 자유롭게 다양한 일들을 오갑니다.

다시 질문으로 돌아갑시다. 여러분은 왜 그 사람을 부르려고 했나요?

그가 해내기 때문입니다. 질문조차 필요 없습니다. 그가 도와줄 수 없을 거라는 생각조차 하지 않았을 것입니다. 닥쳐올 재앙을 물리칠 수 있는 기술이 그 사람의 분야와 전혀 상관없다 할지라도 여러분은 그 사람이 도움이 될 것이라고 생각했을 겁니다.

모든 사람이 존경하는 것은 기술이 아니라 그 사람의 평판입니다. 평판은 재앙 속에서 여러분이 관리자에게 '문제가 심각하지만 라이언^{Ryan}이 도와주고 있습니다'라고 말할 때 그의 얼굴에 나타나는 표정으로 알 수 있습니다.

천만다행이다. 문제가 해결되겠구나!

기술적인 방향이 능력이고 성장이 능력을 갈고 닦는 것이라면, 실천은 그 능력으로 쌓은 평판입니다. 그리고 평판을 쌓는 규칙은 간단합니다. **여러분이 한다고 말한 것을 하세요.**

이 책에는 웃긴 글이나 명언, 트윗, 유명 인사들이 많이 언급되지만 쉽게 말할 수 있다고 해서 그것이 결코 단순하고 쉬운 일은 아니라는 점을 명심하세요. 여러분이 입 밖으로 내뱉은 말을 실천하는 것은 정말 어려운 일입니다. 계산해볼까요?

- 오늘 몇 개의 요청을 받았나요? 그 값을 X라고 해봅시다.

- 요청한 측에서 만족할 만한 수준으로 처리했거나 처리할 예정인 요청 수는 몇 개인가요? 그 값을 Y라고 해봅시다.

X가 Y보다 크다면 여러분의 평판이 떨어지고 있다는 뜻입니다. 크든 작든 여러분에게 할당된 작업을 처리하지 못했다면 평판에 타격을 입게 되죠. 그 이유는 다음과 같습니다.

■ 별로 큰일도 아니고 사람들이 신경 쓰지도 않는데요?

아뇨, 신경 씁니다. 별일이 아닐 수도 있고, 요청한 사람들이 진행 상황을 신경 쓰지 않을 수도 있습니다. 하지만 언젠가 여러분을 평가하는 순간이 올 것입니다.

요청을 처리하지 않았고, 완료하지도 않았고, 신경 쓰지도 않았군.

그 사람들은 여러분을 그렇게 기억할 것입니다.

■ '아니오'라고 할 수 없었어요. 상사가 시킨 일인데 어떻게 거절해요?

상사에게 업무를 받았다면 여기에는 여러분이 그 일을 완료하든 완료하지 못하든 일단 여러분이 그 업무를 수행할 것이라는 가정이 깔립니다. 여러분에게 월급을 주는 사람에게 거절 의사를 표현하는 것이 어렵겠지만 여러분의 평판도 생각해야 합니다. 일을 받아놓고 제대로 처리하지 못하는 게 나을까요, 아니면 거절하는 게 나을까요?

기독교의 한 분파인 퀘이커 Quaker 의 신자이자 인권 운동가인 베이어드 러스틴 Bayard Rustin 은 '권력에 진실을 호소하라'라는 말을 했습니다. 상사가 맡기는 일이 여러분을 실패로 몰고 갈 것이라는 생각이 든다면 여러분이 해야 할 일은 단순히 '아니오'라고 하는 것이 아니라 진실을 말하는 것입니다.

> **❝** 팀장님, 전 이 일을 어떻게 해낼 수 있을지 전혀 모르겠습니다.
> 저는 이 일을 성공적으로 마무리하고 싶고
> 팀장님도 그럴 것이라 생각합니다.
> 그렇다면 도와주셔야 해요. **❞**

여러분은 평판에 광적으로 집착할 필요가 있습니다. 물론 한 번의 실수로 모든 것이 망가지지는 않을 것입니다. 실수는 항상 생기기 마련이죠. 하지만 어떤 실수는 여러분이 생각하는 것보다 더 큰 문제를 불러옵니다. 어느 날 높으신 분이 그다지 중요해 보이지 않는 요청을 했다고 가정해봅시다. 요청 자체는 큰 문제가 아니었지만 그 일과 연계된 이후의 작업에서 문제가 발생한다면 나중에 실패의 원인을 되짚어볼 때 높으신 분은 여러분을 이렇게 기억할 것입니다.

신뢰할 수 없는 사람이군.

평판은 여러분이 통제할 수 없는 공동체 기반의 의견입니다. 좋은 평판을 쌓으려면 수년간의 노력이 필요하며, **단 한 가지 중요한 일을 놓친 것 때문에 평판이 무너질 수도 있습니다.**

끝없는 노력을 3가지로 단순화하기

이 장에서는 '규칙'이라는 단어를 참 많이 사용했습니다. 하지만 전 규칙을 지키기보다는 방향을 설정하는 것을 더 선호합니다. 여러분이 커리어 관리를 위한 확실한 방법을 알고 싶다면 서점에서 '커리어를 효과적으로 관리하는 확실한 38가지 방법' 같은 책을 찾아서 보는 것이 더 도움이 될지도 모릅니다. 저는 이 책에서 단순히 커리어 관리 방법이 무엇인지 이야기하려는 것이 아니라 여러분이 어떤 방향으로 커리어를 관리해야 하는지를 말하고자 합니다. 따라서 이 장에서 제시한 3가지 항목은 커리어 관리 방법보다는 커리어의 구조와 방향을 설정하는 것에 관한 감각을 제공하기 위한 것입니다.

제가 생각하는 **기술적인 방향**은 매일 하는 업무에 좀 더 신경 쓰는 것입니다. 그리고 **성장**은 아무 생각 없이 어제 했던 일을 오늘 그대로 반복하지 않고 자신의 커리어를 적극적으로 관리하고 지켜보는 것입니다. 마지막으로 **실천**은 평판을 위한 매일매일의 투자입니다. 기술적인 방향, 성장, 실천 이 3가지 항목을 항상 머릿속에 간직하면서 스스로에게 끊임없이 질문을 던진다면 여러분이 성장하는 데 큰 도움이 될 것입니다.

성장의 기본 단위는 바로 지식입니다. 지식은 사실도 아니고 데이터도 아닙니다. 지식은 어떤 사실이나 데이터, 상황, 개인의 개성을 소비하는 것입니다. 그리고 그 소비는 발견을 이끌어내죠. 즉, 정신적으로 무언가 새로운 것을 만들어냅니다. 이렇게 만들어낸 지식은 새로운 것이 아닐 수도 있지만 여러분 스스로 만들어냈다는 점에서 그 무엇보다 특별하죠.

이런 창조 행위는 지식을 여러분의 것으로 만듭니다. 또한 여러분의 정신을 더욱 강력하게 무장하여 영원히 기억에 남을 새로운 경험을 선사합니다.

3장
이직의 신호

저는 평균 3년에 한 번 꼴로 이직했습니다. 신기하게도 3년이라는 시간은 제대로 된 제품을 만들기 위해 필요한 개발 주기와도 일치하죠. 제대로 된 제품이 되려면 세 번의 출시가 필요합니다. 일 년에 한 번씩 출시한다면 3년만에 제품이 완전해지는 것이죠.

그리고 저에게도 그런 특성이 있는 것 같습니다. 그렇다고 제가 3년 뒤에 이직하겠다는 것은 아닙니다. 과학적인 근거가 있는 것은 아니며 단지 제가 지금껏 그래왔다는 것이죠(제 이력서를 보면 확실히 알 수 있습니다). 어떤 때는 회사를 떠나야겠다고 마음 먹기도 전에 퇴사를 하기도 합니다.

퇴사는 보통 알 수 없는 가려움 때문에 시작됩니다.

이메일에 제대로 답하고 있나요?

저는 채용 담당자가 보내는 이메일에 다음과 같이 답합니다.

> **"**
>
> 안녕하세요, {보낸 사람 이름}.
>
> 우선 좋은 자리를 추천해주셔서 감사합니다.
>
> 하지만 현재 저는 이직 의사가 없기 때문에 귀하의 제안을
> 염두에 두고 있지 않습니다.
>
> 감사합니다.
> **"**

메일 내용을 보면 이런 의문이 들지도 모릅니다.

별 내용도 없으면서 대체 왜 회신하는거지?

메일에 회신하는 것은 효율성과 약간의 예의가 결합된 행동입니다. 답장을 보냄으로써 채용 담당자에게 이메일을 확인했다는 것을 알려 추후에 다른 자리를 제안할 수 있도록 하고, 이번 제안에는 관심이 없다는 것도 알릴 수 있죠.

가끔은 찔러보는 메일이 아닌, 채용 담당자가 정말 열심히 조사한 후에 저를 해당 직무의 적임자라고 판단해서 보내온 메일도 있습니다. 이런 경우에는 제대로 회신합니다. 사실 이런 경우는 흔하지 않습니다. 경영진들에게조차 채용은 적임자를 찾는 것보다는 숫자 놀음에 가깝기 때문이죠.

이런 예외적인 메일을 받는 경우에는 저는 바로 분석을 시도합니다.

채용 담당자들이란… 그래도 노력은 하고 있네.
제안한 일이 재미있는 일일까? 지금 하는 것보다 더 재미있을까?

어떤 잠재력이 있을까?

더 많은 것을 배울 수 있는 일일까? 난 배우는 게 좋은데.

제 자신과의 대화가 복잡하고 장황하게 보일 수 있지만 사실은 그렇지 않습니다. 아주 순간적이고 본능적인 판단이죠.

직장에서 행복한가?

그렇다면 메일을 무시하면 됩니다. 아니라면 메일에서 무슨 말을 하고 있는지 들어보세요.

메일에 답장을 쓰는 중에 머릿속에서 경고가 울립니다. 저 스스로가 다른 직장을 고민하고 있다고 생각한 적이 없기 때문이죠. 하지만 답장을 작성하면서 세상이 제게 어떤 것을 제안하는지 무척 궁금해집니다.

저는 마구잡이로 찔러보는 구인 방식에 이끌려 이직한 적은 없습니다. 하지만 채용 담당자가 무작위로 보내는 메일들로 인해 전문가로서 느끼는 무기력함에서 벗어나야겠다는 직업적 가려움이 생겼고, 결국 가려움을 없애기 위해 다른 직장으로 옮기게 되었죠.

분노로 인해 시작되는 가려움

여러분이 새로운 직장으로 옮겨갈 준비가 되었는지 알아보기 전에 여러분의 마음가짐을 먼저 파악해봅시다.

• 직장 상사나 팀장에게 화가 난 상태인가요?

- 최악의 평가를 받았나요?

- 하고 싶었던 멋진 프로젝트에서 제외되었다는 사실을 방금 통보받았나요?

- 분노하고 있나요?

그렇다면 이 절은 그만 읽는 것이 좋습니다.

이 절의 나머지 내용은 여러분이 직장 생활과 감정 조절에 문제가 없다고 가정하고 있습니다. 여러분은 여러분의 인생을 운전하고 있습니다. **분노한 상태라면 다음 직장을 선택하기 위한 탄탄하고 전략적인 결정을 내릴 수 없습니다.** 이직의 동기가 분노로 인한 것이라면 여러분의 머릿속에는 단 하나의 생각만 있을 겁니다.

당. 장. 때. 려. 친. 다!

직장 상사나 팀 또는 회사에 화를 낼 만한 합당한 이유도 수없이 많습니다. 하지만 화를 내면 될 일도 안 됩니다. 머릿속이 분노로 가득 찬 상태에서는 상식조차 통하지 않기 때문이죠.

조기 경보

채용 담당자들과 대화하기로 결심하는 것은 직장에 대한 만족도가 떨어지고 있다는 한 가지 신호입니다. 그리고 다른 신호들도 많습니다. 하나씩 짚어보죠.

참여도

업무에 얼마나 몰입하고 있나요? 대부분의 사람들이 그렇듯 제품의 새로운 기능을 개발하는 일을 좋아하겠지만, 지겨운 일이라면 어떤가요? 직장 생활을 시작한 지 얼마 되지 않아 (지금이라면 지루하게 생각할 만한) 모든 것이 전혀 지루하지 않고 빛나 보이던 시절이 기억나나요? 이제는 지루한 일을 하지 않을 핑곗거리를 찾고 있나요? 저는 흥미가 조금 떨어지거나 소강상태에 머무는 것을 말하는 것이 아닙니다. 회사가 발전하기 위해 꼭 해야 하지만 지루한 일들에 대한 흥미를 완전히 잃어버렸는지를 말하는 것입니다.

회사에 필수적이지만 지루한 일들을 피하는 것은 직장에 대한 만족도가 떨어지고 있다는 신호입니다. 그 일을 하지 않는 이유는 새로운 직장으로 이직할 것이라서가 아니라 그냥 그 일이 싫기 때문입니다. 그리고 이는 현 직장이 여러분에게 주는 핵심적인 만족감이 떨어지기 시작했다는 것을 알려주는 조기 경보입니다.

방황

여러분은 일을 하지 않을 때 여러분의 직장에 대해 얼마나 많이 생각하나요? 잠들기 전에도 생각하나요? 음, 그러니까 그럴 필요가 없는데도 여러분의 일에 대해 많이 생각하는 편인가요?

최근에는 새로운 경험이나 모험을 추구하려는 관점에서 직무에 대한 만족도를 분석하려는 시도가 늘어나고 있습니다. 그리고 기술 업계에서는 9시부터 5까지 근무하는 단순한 직업이 설 자리를 잃어가고 있죠. 저는 많은 것을 탐험하고 경험하기 위해서는 일과 삶의 균형을 잘 유지하는 것이 무엇보다 중요하며 일에 대한 열정도 가지고 있어야 한다고 생각합니다. 그렇다고 여러분이 제품에 24시간 매달려있어야 한다는 뜻은 아닙니다. 최소한 여러분이 하는 일이 여러분의 일부여야 한다는 의미죠.

출퇴근 버스 안에서 업무에 대해 생각하지 않거나 딴생각을 할 때 업무가 떠오르지 않는다면 이는 여러분이 일을 일상적으로 처리하는 일 정도로 여긴다는 의미입니다.

소프트웨어 개발은 퍼즐을 푸는 것과 같습니다. 주어진 문제와 사람과 코드를 조합해 가장 좋은 제품을 만들어내는 일이죠.

꼭 책상에 앉아있어야만 문제를 풀 수 있는 것은 아닙니다. 술집에서, 샤워실에서, 그 외에 어떤 곳에서든 문제가 떠오르면 풀 수 있습니다. 여러분이 업무에 대해 자주 생각하지 않는다면 이는 업무에 별로 관심이 없다는 신호일 수 있습니다.

참여하고자 하는 의지가 떨어진 것이든 일에 대한 흥미와 열정을 잃은 것이든, 이 두 가지 상태는 현재 업무에 생각보다 큰 타격을 입힙니다. 참여하려는 의지가 떨어지면 반드시 해야 하지만 지루한 업무들을 하지 않을 것입니다. 여러분의 마음이 업무 외적인 곳을 떠돌고 있다면 업무에 대한 매일의 투자도 줄어들게 되죠.

문제는 이것뿐만이 아닙니다. 여러분이 맡고 있는 대규모 프로젝트가 주목을 받는다고 생각해봅시다. 문밖에서 이래라저래라 소리치는 사람들 때문에 그 일을 처리하느라 하루하루가 정신없이 지나가고, 나머지 일들은 진행되고 있지 않습니다. 어느 날 여러분은 이 '나머지' 일들을 하지 않기로 마음먹습니다. 우선순위가 아니기 때문에 그 누구도 주목하거나 신경 쓰지 않습니다. 이런 채로 3주가 지나면 그 일들은 잡초만 무성한 정원이 되고 여러분의 평판을 서서히 갉아먹는 실수로 자라납니다. 하기 싫은 일들에 절반 정도만 신경 쓰며 몇 달을 보낼 수 있겠지만 이제 정말 중요한 일을 무시하는 것은 시간 문제일 뿐입니다. 결국 여러분은 일이 지겨워서가 아니라 일을 망쳐서 새로운 직장을 구해야 하는 사람이 됩니다.

새로운 직장을 구하는 것은 현 직장에서 자신감이 가득 찬 상태에서 시작해야 합니다. 실수로부터 도망치는 것이 아니라 새로운 기회를 향해 걸어가는 것이어야 합니다.

모순점 목록

채용 메일에 답하기 전에 스스로에게 물어보아야 할 몇 가지 질문이 있습니다. 각 질문에 대한 답변을 잘 기억해두세요. 나중에 제가 왜 그 답변을 무시해야 하는지 설명하겠습니다.

■ 누구를 남겨두고 떠나나요?

저는 사적이든 공적이든 연락할 만한 사람들의 목록을 따로 관리합니다. 무언가 새로운 일을 시작할 때 이 목록에 있는 사람 중 한 명에게 연락할 수 있죠. 일했던 회사마다 이 사람을 목록에 추가해야겠다고 마음먹는 순간이 있었습니다. 정말 기쁘고 즐거운 순간이죠.

새 직장으로 옮기게 되면 나중에 여러분에게 필요할 수도 있는 사람들과 멀어질 수 있습니다. 그 사람들이 여러분의 이직 사실을 받아들이기 힘들어한다면 더 연락하기 힘들겠죠. 아니면 목록에 추가할 만한 사람들을 미처 알아보지 못하고 직장을 옮기게 될 수도 있습니다.

하지만 현실은…

따라서 목록에 추가되는 사람들은 여러분의 이직을 견딜 수 있는 사람들이어야 합니다. 하지만 역설적이게도 그들이 여러분의 이직 사실을 받아들일 수 있는지 없는지는 여러분이 직장을 옮긴 후에나 알 수 있습니다. 만약 이직 이후에도 관계가 유지된다면 그 사람들과는 현 직장 넘어 미래의 직장까지 더 큰 관계로 발전할 수 있습니다. 다시 말해, 여러분의 연락처 목록에 있는 사람들과의 관계는 현 직장이 정의하는 것이 아니며, 그들과의 관계를 검증할 수 있는 방법은 직장을 옮기는 것밖에 없습니다.

■ 일은 다 끝냈나요?

현 직장에서 맡은 업무를 모두 완료했나요? 이직하더라도 더 이상 여러분을 찾을 필요가 없는 수준까지 처리했는지 생각해보아야 합니다. 모든 사소한 일까지 전부 다 완벽하게 끝내야 한다는 말이 아닙니다. 여러분 혼자서 또는 주도적으로 해온 일을 반드시 끝내거나 후임자에게 인수인계해야 한다는 뜻입니다. 가장 중요하게 생각해보아야 할 점은 여러분이 직장을 옮기고 난 후에 어떤 말이 나올 것인가입니다. 여러분이 '어려운 시기에 떠난 사람'이 될지, 아니면 '어려운 시간을 버티고 좋은 성과를 남긴 사람'으로 평가받을지는 전적으로 여러분에게 달렸습니다.

일을 완벽하게 끝내기란 불가능합니다. '직장을 떠나기 좋은 시기'라는 것도 없죠. 여러분이 조직의 핵심 인재라면 여러분이 떠난다는 소식을 듣고 모두가 깜짝 놀라서 후속 대책을 논의하는 회의를 열 것입니다. 그리고 여러분이 회사를 떠나도 회사는 비슷하게 굴러갈 것이고요.

빈자리는 자연스럽게 메워집니다. 여러분의 빈자리가 눈에 띄기도 전에 회사 내부에는 여러분의 퇴사 소식이 퍼지고 사람들이 여러분의 자리나 역할을 차지하기 위해 서로 경쟁하기 시작할 것입니다.

■ 정말 긁고 싶은 가려움은 뭔가요?

마지막 질문이지만 사실은 가장 먼저 해야 할 질문입니다. 이 장을 여기까지 읽은 것을 보니 여러분의 이직 동기가 '이 회사가 싫다'는 아니군요. 그렇다면 여러분의 이직 동기는 무엇인가요? 연봉 인상? 좋은 출발점이긴 하지만 익숙한 환경에서 익숙한 사람들과 일하면서도 연봉을 인상할 수 있다는 점은 알고 있을 것입니다. 여러분이 원하는 것이 단지 더 많은 돈이라면 이직은 정말 급진적인 변화에 속하죠.

그보다 더 큰 동기는 무엇인가요? 현재 업무와 회사에서 알고 지내던 사람들을 모두 떠나서 새로운 직장에서 모든 것을 다시 시작하는 것은 여러분의 삶에 꽤 충격적인 변화를 가져올 것입니다. 새로운 직장을 찾는 동기는 여러분이 새 회사에서 겪게 될 혼란을 상쇄할 만큼 충분해야 합니다.

그냥 이직하고 혼란을 감수하세요. 모든 직장은 처음 만나는 매력적인 사람들과 새로운 책임감으로 가득 찬 곳입니다. 물론 여러분이 새로운 직장에 잘 적응할 수 있을지 신중하게 생각해봐야겠지만 아무리 신중하게 생각하더라도 직접 겪어봐야 알 수 있습니다. 도박이죠. 정확히 무엇을 배울 수 있을지는 알 수 없지만, 새로운 것으로 가득 찬 혼란의 소용돌이 속에서 무언가를 발견하는 것은 그 자체로 가치 있는 경험이 될 것입니다.

반짝반짝

이번에는 여러분의 잠재적인 새 직장에 대한 질문입니다. 새 직장은 그냥 새로운 곳인가요, 아니면 아주 독특한 곳인가요? 그리고 여러분의 인생에 있어 더 발전적인 곳인가요?

새 직장은 새로 산 차와는 다릅니다. 차를 산 다음 날 아침, 여러분은 새 차를 보고 생각합니다.

새 차라니⋯
믿기지 않지만 내 새 차다!

그리고 차에 타서 시동을 걸고 새 차 냄새를 맡으며 출근합니다. 하지만 출근길을 절반쯤 지났을 때 깨닫습니다.

그냥 차잖아.

새로운 직장을 분석할 때는 새로운 점과 독특한 점을 따로 분석해야 합니다.

■ 새 직장의 독특한 점은 무엇인가요?

저의 경우에는 다양했습니다. 스타트업이거나, 소프트웨어 패키징 회사이거나, 거지 같은 데이터베이스를 만드는 회사이거나, 지금 직장보다는 좋지 않을 수 있지만 어렸을 때부터 동경해왔던 회사라는 점이었죠. 새 직장의 독특한 점을 찾았다면 더 중요한 질문을 던질 차례입니다.

■ 하고 싶은 일인가요?

이 질문은 커리어에 관한 질문입니다. 여러분이 나중에 무엇이 되고 싶은지를 알 수 있는 순간입니다.

지금 정확한 답을 할 수 없어도 괜찮습니다. 저도 아직 이 질문에 대한 답을 고민하고 있습니다. 이 어려운 질문에 대한 답이 없다고 해서 스스로에게 이 질문을 던지지 말아야겠다는 생각만 갖지 않으면 됩니다. 희미한 목표일지라도 새로운 직장이 그 목표와 맞는지 확인해보세요. 여러분이 세상을 바꾸는 일을 하고 싶다면 새로운 직장이 여러분의 목표에 조금이라도 가까워지는 길인지를 생각해보는 것이죠.

새로운 직장에 대해 고민할 때는 정말 긁고 싶은 가려움이 무엇인지를 알아내는 것부터 시작해야 합니다. 즉, 그 직장으로 옮기고 싶은지 여부가 아니라 **여러분이 무엇을 하고 싶은지를 알아야 합니다.**

4장
건전성 검사: 면접 준비와 평가

다음 직장으로 옮기기 위해 거쳐야 할 인프라는 생각보다 방대합니다. 역설적으로 이런 인프라는 여러분이 빨리 이직할 수 있도록 구성된 것이지만 실제로는 그 역할을 제대로 못 하죠. 기업의 채용 사이트는 일반적으로 외주 개발을 통해 만들어지는데, 이는 전통적으로 인사 조직에 시스템을 만들 수 있는 예산이나 전문 지식이 없기 때문입니다. 인사 조직의 핵심 역량은 개발이 아니므로 채용 시스템을 직접 만들라고 해서도 안 될 일이지만요.

계약직으로 구성된 채용 담당자들이 운영하는 이런 반쪽짜리 솔루션으로는 전화 면접을 원하는 채용 담당자의 이메일이 구직자에게 도착하는 것도 거의 기적에 가까운 일입니다. 회사 내부의 누군가가 채용 중인 직무와 여러분을 성공적으로 연결했다는 뜻이죠. 제 경험상 이건 굉장히 좋은 일입니다. 다른 회사에서 여러분에게 연락했다는 것은 여러분이 이직에 성공할 확률이 지수 함수적으로 커졌다는 뜻이거든요. 물론 여전히 그 가능성은 절반보다는 작지만, 그래도 책상 위에 무작위로 놓인 이력서보다는 훨씬 높은 확률입니다.

여러분은 채용 담당자와의 전화를 끊자마자 절친한 친구에게 전화를 걸어 '나 곧 그 회사 면접 본다!'라고 말하며 안도감을 느낄 것입니다.

하지만 안도감을 느끼기엔 이릅니다. 전화 면접이 잡혔을 뿐이며 실제 면접과는 거의 관계가 없죠. 이력서로 짧은 시간 안에 강렬한 인상을 남겨야 할 때보다는 상황이 나아졌지만 여러분은 아직 면접장에 가지 않았고 그 전에는 아무 일도 일어나지 않죠.

이제 저와 전화 면접을 진행해봅시다. 그런데 그 전에 여러분이 해야 할 숙제가 있습니다.

미래의 직장에 대해 알아보기

채용 담당자인 저와의 **전화 면접에 앞서 여러분은 정보를 수집해야 합니다.** 여러분은 미래의 직장의 직무 기술서를 가지고 있으며, 전화 면접이 잡히면 제 이름도 알게 될 것입니다. 또한 이 직장과 관련된 제품이나 기술에 관한 의견이 있을 수도 있고, 제품 이름을 모르더라도 충분히 정보를 얻을 수 있습니다.

일단 조사해보세요. 구글에 저를 검색해보고 제가 하는 일이나 관심 있는 것들을 알아내세요. 이건 스토킹이 아니라 여러분의 커리어를 위한 일입니다. 만약 제가 블로그를 작성하는 개발 관리자라면 여러분은 제 사고방식에 관해 알 수 있을 것입니다. 아니면 링크드인^{LinkedIn}에 글을 쓸 수도 있겠죠. 그것도 정보가 됩니다.

이런 것들이 전화 면접에 무슨 도움이 될까요? 여러분이 무엇을 알아낼지는 모르지만 어떤 정보든 직장에 대한 단서를 제공해줄 것입니다. 그리고 전화 면접을 볼 때 긴장을 줄이는 데도 도움이 될 것입니다. 저는 여러분의 이력서를 가지고 있지만 여러분에겐 아무것도 없습니다. 완전히 낯선 사람과 이야기해야 할 때 상대방의 인스타그램을 보고 와이마라너 Weimaraner 라는 견종[4]을 좋아한다는 사실을 알면 좀 더 마음이 편하지 않을까요? 제가 트위터(현 X)[5]에서 비속어를 사용하기도 한다는 걸 알면 안심이 되지 않나요? 여러분이 대화할 상대에 관해 조금만 조사해도 정보의 격차를 줄일 수 있습니다.

마찬가지로 제품 이름이나 기술에 대해서도 조사해보세요. 제품은 무엇인지, 잘 팔렸는지, 다른 사람들이 제품에 대해 어떻게 생각하는지 등을 알아보면 좋습니다. 주말 내내 조사하라는 것이 아닙니다. 한두 시간 정도 투자해서 배경 조사를 하고 이를 전화 면접에서 활용하라는 뜻입니다.

여러분은 조사하면서 몇 가지 흥미로운 질문들을 찾아야 합니다. 제가 전화 면접에서 '저에게 질문이 있나요?'라고 물어볼 테니까요. 이건 제가 여러분에게 할 가장 중요한 질문입니다.

첫 조율

저는 여러분에게 가장 중요한 질문을 하기 전에 대화하면서 몇 가지 사항을 파악할 것입니다. 하나씩 짚어보죠.

---

4   https://oreil.ly/DPqWg
5   http://twitter.com/rands

소통이 잘 되는가

저는 간단하고 부드러운 질문으로 시작할 겁니다. 날씨나 여러분의 취미를 물어보는 것처럼요.

> **"** 서핑을 즐겨하신다고요? 저도 그래요! 어디서 하시나요? **"**

이런 질문들은 사소해 보일 수 있지만 소통이 잘 되는지를 알아보는 중요한 질문입니다. 대화의 속도가 잘 맞지 않더라도 괜찮습니다. 제가 조절하면 되니까요. 그런데 5분이 지났는데도 여전히 진전이 없나요? 그렇다면 문제가 있을지도 모르겠네요.

간단한 질문 하나 더

다음 질문은 여러분의 이력서에 초점을 맞출 것입니다. 이력서는 제게 유일한 자료입니다. 이력서마다 질문이 다르기 때문에 무엇을 물어보게 될지 저도 잘 모릅니다. 그러니 여러분도 저처럼 이력서를 앞에 두고 있는 것이 좋습니다.

이런 질문들도 모두 여러분과 소통이 잘 되는지 알아보기 위한 것입니다. 따라서 여러분은 질문에 답하는 데 집중해야 합니다. 만약 제 질문이 명확하지 않다면 확실하게 확인하는 것이 좋습니다. 5분 동안 이야기하다 제가 '어… 그건 제가 물어본 게 아닌데요'라고 말하며 대화가 중단되는 것은 좋지 않은 신호입니다.

여러분과 저는 아직 서로 맞춰가는 중입니다. 10분이 지났는데도 서로 다른 의사소통 방식에 적응하지 못했다면 제 머릿속에 경고등이 켜질 것입니다. 유창한 의사소통을 기대하는 것은 아니지만 반드시 진전이 있어야 합니다.

이제 간단한 질문은 끝났습니다

지금부터는 어려운 질문을 하겠습니다. 수수께끼나 기술적인 질문은 아닙니다. 여러분이 저에게 이야기할 기회를 주기 위해 고안된 질문이죠. 여러분이 한 번도 본 적 없는 사람에게 전화상으로 복잡한 개념을 설명할 수 있는지 보고 싶습니다.

다시 말하지만, 실제 질문이 무엇일지는 아무도 모릅니다. 여러분은 제가 명백한 답이 없는 질문을 던지는 것에 대비해야 합니다. 저는 빠르고 깔끔한 답을 원하는 게 아닙니다. 여러분이 어떤 식으로 소통하고 생각하는지를 보여줄 수 있는 이야기를 듣고 싶은 것이죠. 대부분의 개발 직군에서 뛰어난 의사소통 능력이 필요하지 않다는 사실은 저도 알고 있습니다. 저는 셰익스피어를 기대하는 것이 아니라 우리가 유일하게 공유하는 자료인 이력서에 기반한 질문들에 자신 있게 답하기를 기대합니다. 이 부분에서 지적인 토론을 할 수 없다면 어떤 방법으로 소통할 수 있을지 의문을 갖게 될 것입니다.

여러분의 차례

20분 정도가 지났습니다. 이제 제가 여러분에게 '저에게 질문이 있나요?' 하고 물어볼 차례입니다.

제가 친구들에게 이 질문을 가장 좋아한다고 말하면 보통은 이런 반응을 보입니다.

> " 너무 성의 없는 거 아냐?
> 다른 질문이 생각나지 않으니까 그냥 던지는 질문 같아. "

이 말은 사실입니다. 저로서는 쉽게 던질 수 있는 질문이죠. 하지만 중요하기도 한 질문입니다. 자신이 하는 일에 몰입하지 않는 사람을 고용하고 싶지 않기 때문이죠. 만약 여러분이 아무런 질문을 하지 않는다면 저는 이렇게 여러분에 대해 이렇게 느낄 것입니다.

저 사람은 이 직무를 원하지 않는군.

사려 깊은 질문은 지원자가 이 직무에 대해 생각해온 것들을 보여줍니다. 즉, 30분 동안의 대화를 하기 전에 여러분이 이 직무에 대해 이미 고민하고 있었다는 것이 드러나죠. 물론 여태까지의 대화를 토대로 흥미로운 질문을 생각해낼 수도 있지만, 면접 전에 미리 조사한 것을 바탕으로 질문한다면 경고등이 켜졌던 순간을 잊을 만큼 좋은 인상을 남길 수 있습니다. 여러분의 주도적인 자세와 관심을 잘 보여주니까요.

면접 평가하기

이제 끝입니다. 정신없이 빠르게 지나갔겠지만 어땠나요? 다음은 여러분이 잘했는지 확인할 수 있는 체크리스트입니다.

■ 길고 어색한 침묵

대화를 이어가기 어려웠나요? 긴 침묵이 있었나요? 대화의 속도를 적절하게 맞추지 못한 모양이네요. 부정적인 요소인 것은 맞지만 아직 완전히 망친 것은 아닙니다.

■ 적대적 상호 작용

서로 의견이 다를 때 어떻게 했나요? 대화를 통해 해결했나요? 아니면 충돌했나요? 이런 일은 전화 면접에서 생각보다 자주 발생하며 항상 나쁜 것은 아닙니다. 채용 담당자는 여러분이 듣고 싶은 말만 하기를 바라지 않습니다. 서로 의견이 다를 때 어떻게 해결하는지를 알고 싶어 하죠. 전화 면접을 진행하는 동안 기꺼이 싸우기로 마음먹고 고집을 부리는 지원자라면 입사했을 때 얼마나 자주 싸울지 궁금해지네요.

■ 기분이 어떤가요?

가장 정량화하기 어렵지만 가장 중요한 부분입니다. 우리가 잘 맞았나요? 저는 몇 년 동안 기술 면접에 참여한 적이 없습니다. 여러분을 회사로 부르게 된다면 더 최근의 경험을 가진 사람들이 기술적인 부분에 관해 질문하겠죠. 전화 면접에 통과했더라도 지원자에게 기술적인 능력이 없다면 채용 담당자는 일을 하지도 못할 사람에게 반나절의 시간을 낭비한 것이 되겠지만 전화 면접을 통해 그보다 더 중요한 측면을 검증한 것입니다.

여러분은 톱니바퀴가 아닙니다. 우리는 좋아하는 누군가가 회사를 떠날 때 스스로에게 이런 말을 합니다.

누구나 대체할 수 있지.

사실이긴 하지만 좋아하는 사람이 떠나는 것에 대한 아픔을 줄이기 위한 자기 합리화이기도 합니다. 우리는 팀의 일부를 잃은 겁니다. 팀원이 떠나면 업무적인 피해가 발생합니다. 이는 결국 다른 사람이 대체하겠지만 생산성과 사기에 타격을 받죠.

지금까지 저의 모든 대화와 질문들은 결국 여러분이 떠났을 때 우리가 그리워할 사람인지 알기 위해 고안된 것입니다. 조직의 리더로서 팀을 대표하여 소통하려고 했죠. 그러니 만약 30분이 지난 후에도 서로 소통하는 방법을 찾지 못했다면 여러분은 다른 팀원들과도 소통하기 어려울 가능성이 높습니다.

구체적인 다음 단계

제가 마지막에 뭐라고 했나요? '아직 다른 후보자의 면접이 남았으니 다음 주에 연락드리겠습니다'라고 장황하게 말했나요? 나쁘지 않습니다만, 여러분이 정말로 바라는 것은 '다음 면접은 회사에서 보도록 하죠'나 '팀원들과 좀 더 이야기를 나눠보시죠'와 같은 구체적인 다음 단계일 것입니다. 곧 진행될 다음 단계야말로 전화 면접을 통과했다는 가장 좋은 신호죠. 전화 면접을 마무리지을 때 이런 정보를 주지 않는다면 다음 단계가 어떻게 진행되는지 먼저 질문해보세요. 만약 제가 멈칫한다면 문제가 있는 겁니다.

전화 면접은 사실상 면접이라기보다는 '사실 확인' 같은 것입니다. 이미 저는 이력서를 보고 여러분이 직무 요건을 충족한다는 사실을 알고 있죠. 전화 면접은 여러분이 저희 팀 문화에 잘 맞을지 확인해보는 절차입니다.

익명의 주소로 보내는 이력서와는 다르게, 전화 면접은 여러분이 누구인지 보여줄 기회를 제공합니다. 여러분이 스스로를 표현할 수 있는 첫 번째 기회죠. 짧은 시간이지만 여러분의 다음 직장을 위해 적극적으로 참여할 수 있는 첫 기회입니다.

5장
면접에서 긴장감 이겨내기

면접을 보기 전 여러분의 머릿속은 여러 가지 감정으로 가득할 것입니다. 면접을 아무리 많이 보더라도 항상 밖으로 드러나는 감정들이 있는데 저는 이를 통틀어 긴장감이라고 합니다.

긴장감으로 인해 다음과 같은 질문들이 여러분의 머릿속에서 뒤섞일 것입니다.

누구를 만나게 될까?

코딩을 하게 될까?

내가 얼마나 멋진 것들을 만들었는지 잘 전달할 수 있을까?

새로운 직장에 대한 내 열정이 절박함으로 보이진 않을까?

긴장감의 가장 큰 원인은 '여러분이 평가받는다'는 것에 있다고 생각합니다. 여러분의 커리어가 말 그대로 시험대에 오르게 되죠. 낯선 사람 몇 명이 여러분이 받은 교육과 경험에 관해 상세히 질문할 것입니다. 이런 교차 검증의 결과로 여러분의 미래 생계가 결정되는 것이죠.

면접은 여러분이 배우고 이룬 모든 것들을 알리고 평가받는 혹독한 시련의 장이 될 것입니다. 여러분은 낯선 이들에게 그동안의 경험을 명쾌하고 유창하게 설명해야만 하죠. 왜 긴장하는지 이해합니다.

이번 장에서는 면접에서 가장 어려운 부분인 질문에 답하는 전략을 다룰 것입니다.

질문 유형

먼저 어떤 질문들이 나올지 알아봅시다. 여러분이 받게 될 질문은 크게 세 유형으로 나눠집니다.

유형 1 여러분에 관한 질문

여러분에게 초점을 맞춘 질문입니다.

> **66**
> 어떻게 그 회사에 입사하게 되었나요?
> 회사를 떠난 이유는 무엇인가요?
> **99**

이런 명확한 답이 없는 질문들은 면접을 시작하기 위한 준비 운동 같은 것입니다. 면접관은 여러분과 이력서를 살펴보면서 답하기 어렵지 않은 질문들을 던져보죠. 이러한 질문들에는 짧고 명확하게 답하기만 하면 됩니다. 별다른 전략이 필요 없죠.

유형 2 문제 해결

여러분의 능력을 파악하기 위한 질문입니다.

> **66** 하루 동안 시계 바늘이 몇 번이나 겹치나요? **99**

여러분은 이런 무서운 수수께끼나 코딩 질문을 싫어하겠지만 면접관은 이런 질문을 통해 여러분의 사고방식을 파악합니다. 여러분이 답을 찾을 수 있는지 그리고 어떻게 찾아가는지 알기 위해서 답을 모르는 질문들을 하는 것이죠. 여러분의 사고 과정을 보여줄 수 있는 질문입니다.

유형3 개방형 질문

문제 해결 유형과 비슷하지만 여러분의 또 다른 측면을 알아보기 위한 질문입니다.

> **66** 자신의 설계 철학을 설명해보세요.
> 가장 큰 실패에 관해 말해주세요. **99**

우리 모두 문제 해결이나 코딩 질문을 두려워하지만 저는 이런 개방형 질문에서 지원자들이 가장 많이 실수한다고 생각합니다. 긴장감 때문에요.

이제부터 보게 될 전략들은 모든 유형의 질문에 도움이 될 것입니다. 특히 모호하고 실수하기 쉬운 개방형 질문에 가장 잘 맞겠군요.

답변 과정

먼저 요구 사항을 이해해야 합니다.

크고 모호한 개방형 질문입니다. 긴장감에 사로잡혀 바로 답을 말하고 싶겠지만 잠시 멈추세요. 뭔가 말하기 전에, 아니 답변을 생각하기도 전에 여러분은 먼저 질문을 확실히 이해해야 합니다.

> *물론입니다.*
> *지난 직장에서 설계에 관해 많은 것을 배웠고…*

안 됩니다. 멈추세요. 여러분은 아직 질문을 이해하지 못했는데 답변을 하고 있습니다. 여러분이 배운 걸 말하라는 게 아닙니다. 여러분이 배운 것 중에 면접관이 관심을 가질 만한 것은 무엇인가요? 면접관은 어떤 사람이고, 왜 이 질문을 하는 거죠? 만약 면접관이 개발자라면 개발자를 위한 답변을, 개발 관리자라면 개발 관리자를 위한 답변을 해야 합니다.

여러분의 답변을 조금만 바꾸면 면접관의 마음을 돌릴 수 있습니다. 면접관이 크고 모호한 질문을 했을 때, 이전 직장에서 배운 많은 것들 중 면접관과 관련된 답변을 하는 겁니다.

> *좋습니다. 그럼 이제 말해도 될까요?*

아니요. 말하기 전에 답변이 준비된 상태여야 합니다. 여러분은 이제 막 누가 질문했는지와 뭘 물어봤는지를 이해했을 뿐입니다. **답변이 확실해지기 전까지는 입을 열지마세요.** 제가 면접을 진행할 때 가장 싫어하는 것은 지원자가 질문에는 답하지 않고 3분 동안 떠들며 시간을 낭비하는 것입니다.

여러분이 바로 뭔가를 말해야 한다는 판단은 잘못됐습니다. 물론 말하다가 운 좋게 답변이 떠오를 수도 있겠죠. 이런 전략도 먹힐 수 있겠지만, 실패한다면 면접관이 질문한 것과 상관없는 이야기를 2분 동안 횡설수설한게 될 겁니다. 그리고 그 2분 동안 면접관이 알게 될 것은 여러분의 머릿속이 어지럽다는 것뿐입니다.

답변이 생각날 때까지 기다리세요. 머릿속에서 답변이 확실하게 정리되면 말하기 시작하세요. 만약 몇 초가 흐른 후에도 침묵이 계속된다면 다음두 가지 상황 중 하나인 것입니다.

1. 질문을 이해하지 못했거나,
2. 떠오르는 답변이 없는 경우죠.

이런 상황을 위한 세 가지 방법이 있습니다.

- 질문을 이해하지 못했다면 다음과 같이 질문의 포인트를 명확히 물어보세요.

> 66 제가 관심 있는 분야에 관해 배운 것을 말씀하시는 건가요?
> 아니면 설계와 관련하여 배운 것을 말씀하시는 건가요? 99

저는 이렇게 질문의 포인트를 파악해서 면접에 적극적으로 참여하는 것을 좋아합니다. 긴장감에서 벗어나 면접에 능동적으로 참여하고 경청하는 모습을 좋아하죠.

- 두 번이나 질문의 포인트를 확인했는데도 아무런 생각이 나지 않는

다면 10초 정도를 벌 수 있는 싸구려 트릭이 있습니다. 질문을 반복하는 겁니다.

- 네, 맞아요. 그냥 한 단어 한 단어를 반복하는 겁니다. 여러분의 머릿속이 긴장감 때문에 혹은 정말로 답변할 거리가 없어서 굳어버렸을 수 있습니다. 변변찮은 방법이지만 때로는 질문을 소리 내어 말하는 간단한 행위만으로도 뇌를 깨울 수 있습니다.
- 면접관을 쳐다보진 마세요. 면접관은 여러분이 왜 시간을 끄는지 궁금해할 것이기 때문입니다. 천장이나 창문을 보고 질문을 반복하세요.

• 두 번이나 질문을 명확하게 하고 질문을 반복하기까지 한 후에도 10초간 침묵이 이어졌지만 여전히 아무것도 생각나지 않나요? 긴장감이 더욱 커지겠지만 무시하기 바랍니다. 여러분은 긴장감 때문에 침묵이 나약한 모습처럼 느껴지겠지만 저는 침묵이 평정심과 깊은 생각을 보여준다고 생각합니다. 이제 여러분은 평점심을 가져야 합니다. 여러분이 다음으로 해야 할 행동이 면접관의 눈을 바라보며 '모르겠습니다'라고 솔직하게 말하는 것이니까요.

면접에서 무지를 인정하는 것이 자살 행위처럼 느껴질 수도 있겠지만 이 상황에서 여러분이 할 수 있는 일이 또 뭐가 있을까요? 횡설수설하기? 기도하기? 영감이 떠오를 때까지 기다리기?

문제 해결이나 개방형 질문은 여러분의 사고방식을 보여주기 위해 고안된 것입니다. 긴장했다고 해서 엉망진창으로 대답한다면 면접관은 여러분의 능력을 의심할 수밖에 없습니다. 3개월 동안 크런치 모드[6]에 들어가야 한다면 어떨까요? 그때도 엉망진창으로 할 건가요? 여러분이 임원들 앞에서 발표해야 할 때는요?

자신이 훌륭한 인재라는 것을 보여줘야 하는 상황에서 무지를 인정하는 것이 얼마나 큰 용기를 필요로 하는지 잘 알고 있습니다. 그래서 때론 이런 용기가 깊은 인상을 주죠.

알고 있는 것들에 대한 자신감

> **❝** 질문을 이해하고 답변을 준비하라. **❞**

굉장히 단순한 조언처럼 느껴지겠지만 긴장감 때문에라도 단순한 것이 좋습니다. 지난 면접을 생각해보세요. 여러분이 질문을 날려버리고 주제에서 한참 벗어나서 여러분도 면접관도 어디로 가고 있는지 모르던 그 면접 말입니다. 그런 끔찍한 대답을 한 다음 느꼈던 감정을 떠올려보세요.

여러분의 전략을 '질문을 이해하고 무엇을 말할지 확실하게 하는 것'으로 단순하게 유지하세요. 그럼 면접에 편하게 접근할 수 있습니다. 조금 더 예측 가능한 방향으로요.

또한 여러분이 개방형 질문에 훌륭히 답변한 직후의 정신 상태를 계속

6 　옮긴이_ 서비스 출시가 가까워졌을 때 야간과 주말 근무를 포함하는 고강도 근무 체제에 들어가는 것을 뜻합니다.

유지하기 바랍니다. 면접관이 막연하게 여러분의 설계 철학에 관해 질문했지만 여러분은 질문을 명확히 하고, 고민한 다음, 3분 동안 여러분의 철학을 설명하고, 그들이 이해하는 모습을 지켜본 겁니다. 이 흐름을 잊지 마세요.

면접에서 여러분이 해야 할 일은 긴장감을 이겨내고 여러분이 어떤 사람인지 보여주는 것입니다. 질문에 성공적으로 답할수록 여러분의 모습을 더 완전하게 보여줄 수 있으며 자신감도 얻을 수 있습니다. 그리고 자신감은 긴장감을 몰아냅니다!

6장
면접관의 유형과 버튼

면접에서 정신을 똑바로 차리고 질문에 훌륭하게 답변을 하는 것은 이 게임의 절반에 불과합니다. 면접은 정보의 교환입니다. 여러분이 정보를 제공하는 것만큼 정보 수집 또한 중요하다는 사실을 잊어서는 안 됩니다.

새 직장이 정말 필요할 수도 있고, 여러분에게 꾸준히 질문 공세를 퍼붓는 사람들이 면접의 흐름을 좌지우지한다고 생각할 수도 있습니다. 물론 여러분이 그렇게 내버려둔다면 그렇게 되겠죠. 하지만 면접관이 여러분에 관해 알아가야 하는 것처럼 여러분도 그들을 알아가야 합니다. 여러분은 그들의 버튼을 찾아야 하죠. 버튼을 누르면 그들은 여러분이 알아야 할 정보들을 말하기 시작할 것입니다. 마치 자판기처럼요.

면접관과 구조

버튼을 누르기 전에 어떤 면접인지에 관한 정보가 필요합니다. 일부 고용주들은 여러분이 회사에 도착하기 전까지 이를 공유하지 않기도 합니다.

그렇더라도 여러분은 몇 분 안에 오늘 하루가 어떻게 흘러갈지 파악할 수 있습니다.

누가 여러분에게 말을 걸었나요? 여러분과 또래인가요? 좋은 일이군요. 이번이 1차 면접이고 일이 잘 풀린다면 2차 면접이 있을 겁니다. 혹시 조직의 모든 사람이 면접관으로 참여했나요? 스타트업 면접을 보는군요. 사업의 전반에 관여하게 될 것 같습니다. 멋지네요!

다음으로 파악해야 할 것은 구조화된 면접인지 비구조화된 면접인지 여부입니다. 이는 면접이 시작되기 전까지는 알 수 없을 가능성이 높습니다.

구조화된 면접에서는 각 면접마다 대인 관계 능력이나 기술적인 능력 등 다른 주제에 관해 물어볼 것입니다. 다시 말해, 각각의 면접이 특정한 목적을 가지고 있으며 면접마다 진행 방식이 다를 것입니다. 그리고 여러 면접관들이 서로의 영역을 침범하지 않도록 잘 조율된 상태겠죠.

비구조화된 면접은 자유롭게 진행됩니다. 면접 질문 목록은 있겠지만 무엇을 물어봐야 하는지에 관한 지침이 없기 때문에 면접관들은 즉흥적으로 질문을 던질 것입니다. 비구조화된 면접은 면접관을 대상으로 하는 성격 감별 연구입니다. 면접관이라는 생명체에 관해 설명할 때 좀 더 자세히 알아보도록 하죠.

일반적으로 구조화된 면접에 참여하는 면접관들은 준비된 상태로 들어옵니다. 여러분이 도착하기 전에 진행되는 과정이 있죠. 면접에 관한 사전 회의가 진행되었을 수도 있습니다. 면접관들은 여러분의 이력서를 읽고 들어와서 면접을 능숙하게 이끌어갈 가능성이 높죠.

비구조화된 면접의 경우 첫 10분 동안은 여러분이 도착하기 전에 끝냈어야 할 일들을 하며 시간을 낭비합니다. 짜증이 날 수도 있겠지만 그들이 어떤 사람인지 파악하기 좋은 시간이 될 겁니다.

제가 선호하는 면접 방식은 구조화된 면접과 비구조화된 면접을 섞은 것입니다. 저는 면접관을 먼저 선정하고 그들에게 면접 때 질문할 특정한 주제를 제시하는 방법은 선호하지 않습니다. 대신 저는 기술, 문화 적합성 등의 전문 분야에 누가 관심이 많은지를 잘 알고 있기에 관심 분야와 성격을 기준으로 면접관을 고릅니다. 이런 구조적 모호함은 면접관들이 지원자에게 창의적인 질문을 할 수 있게 만들고, 지원자의 전문성에 관해서도 알게 해줍니다.

면접관과 면접의 구조가 어떤지를 이해하면 조직에 관한 첫 번째 통찰을 얻을 수 있습니다. 하지만 여러분과 같은 면접 지원자들이 미래의 (잠재적인) 동료들을 보고 이해하기 전까지는 더 이상의 정보를 얻기 어렵죠.

면접관이라는 생명체

구조화된 면접이든 아니든 여러분의 면접에 참여하는 사람들의 목적은 모두 다를 겁니다. 그 목적이 무엇인지 빠르게 파악할수록 여러분이 면접에서 해야 하는 유일한 일을 빠르게 처리할 수 있죠. 바로 면접관들이 여러분에게 말을 하게 만드는 일입니다.

여러분의 목표는 그들의 목표와 정확하게 같습니다. 서로의 말을 듣고 서로를 이해하는 것입니다. 상대방이 말하게 하면 여러분에 관해 알려줄 수 없기 때문에 나쁜 전략으로 보일 수도 있지만 그건 여러분의 문제가 아니죠.

면접관들의 성격은 다양하며 각각의 성격마다 버튼이 하나씩 있습니다. 그 버튼을 누르면 그들은 말하고 싶어할 겁니다. 잡담을 말하는 것이 아닙니다. 면접관들이 그들의 직무와 회사에 관해 가지고 있는 생각을 파악하기 위한 필수적인 작업이죠.

어떤 사람들은 상대적으로 이 버튼을 잘 숨기지만 대부분의 사람들은 버튼을 적어도 하나씩은 드러내고 있습니다.

다음은 버튼 발견의 난이도와 면접에 미치는 영향력을 기준으로 정리한 면접관 유형 목록입니다.

화난 피트

피트Pete의 안건은 면접이 시작되고 30초 후면 확실해집니다. 이건 면접이 아니라 그저 피트가 큰 소리로 불평할 기회일 뿐입니다. 그는 여러분의 이력서를 들고 와서 관심을 보이는 척하겠지만 그가 정말 하고 싶은 것은 '상황'에 대한 불평입니다.

☏ 불평 버튼

아무거나 질문하세요. 뭐든 상관없습니다. 어차피 피트는 답을 왜곡해서 '상황'이 얼마나 엉망인지를 장황하게 설명할 것입니다.

피트를 대하는 가장 좋은 전략은 '상황'을 이해하는 데 가능한 한 많은 시간을 쓰는 것입니다. 그가 잠재적인 동료인 여러분을 알아볼 기회를 날려버릴 정도로 '상황'이 나쁘다면 입사를 고려하기 전에 그 '상황'을 이해해야겠죠. 더 좋은 방법은 '상황'에 대해 질문하는 것입니다.

▌▏▏▏▏ 영향력: 낮음

이런 면접은 보통 시간 낭비입니다. 두 가지 위험 신호도 있고요. 첫째, 대체 어떤 사람이 피트가 여러분의 면접을 담당하는 것이 좋을 것이라고 생각했을까요? 그가 불평만 하는 사람이라는 걸 몰랐을까요? 둘째, 피트는 왜 이렇게 화가 나 있을까요? 대체 어떤 조직이 피트를 이렇게 둘까요?

수다쟁이

에밀리^{Emily}는 말하는 걸 좋아합니다. 여러분이 뭐든 물어보는 순간 그녀의 수다가 시작되고 멈추기가 굉장히 어렵죠.

🔊 수다 버튼

아무거나 질문하세요.

▌▏▏▏▏ 영향력: 낮음

피트와 마찬가지로 에밀리를 면접에 넣은 조직이 우려스럽습니다. 에밀리도 피트처럼 굉장히 많은 정보를 제공할 수 있죠. 이 시간을 잘 활용하기 바랍니다. 그녀는 어떤 질문에도 대답해줄 겁니다. 회사에 어떤 부분이 좋나요? 누가 얼간이죠? 피트는 왜 저렇게 화가 나 있나요?

대부분 에밀리가 말할 것이기 때문에 그녀가 여러분에 관해 기록한 면접 보고서는 평범하고 따분할 겁니다. 너무 열심히 할 필요가 없습니다.

시인

피트＋에밀리 조합의 고급스러운 버전입니다. 시인도 여러분에게 하고 싶은 말이 있죠. 그러나 피트나 에일리와 달리 여러분이 구체적으로 질문하지 않으면 말하지 않을 겁니다. 그는 자신이 여러분에게 질문을 해야 된다는 사실을 잊지 않고 있습니다.

♨ 낭송 버튼

시인은 교활하지만 조심스럽게 질문하면서 자신의 버튼을 드러낼 것입니다. 그가 무엇을 묻고 있나요? 어떤 말을 반복적으로 하나요?

그는 개발자인데 계속해서 상호 작용 디자인에 관해 질문하고 있습니다. 그럼 반대로 여러분이 상호 작용 디자인에 관해 질문하면 어떻게 될까요?

이럴수가! 순수한 시가 튀어나오는군요. 시인의 입에서 나온 말들은 중요하니 열심히 들어보세요. 하지만 그는 길게 말하지 않을 겁니다. 에밀리의 수다스러움이나 피트의 불평과는 다르게 그는 자신의 시에만 전념하지 않습니다. 빠르게 화제를 돌려 여러분이 하는 말을 들으려고 할 것입니다.

▌▌▌▌ 영향력: 중간

시인은 교묘하며 생각을 명료하게 표현할 줄 압니다. 그렇기에 다른 면접관들보다 그의 면접 보고서에 작성된 여러분에 대한 의견이 더 생생하게 전달됩니다. 그의 탁월한 면접 보고서는 (피트와 에밀리가 쓴 쓸모없는 보고서와는 다르게) 더 많은 사람들이 보겠죠.

그레그는 다 알지

그레그[Greg]는 면접이 진행되는 도중에 방에 들어와 조용히 있습니다. 그는 10초 정도 여러분을 평가한 다음 질문을 합니다.

> " 어둠 속에서… 딸기 젤오[Jell-O][7]에 잠긴 상태로…
> 음료수 자판기를 검사할 수… 있나요? "

그레그는 힘을 과시하는 중입니다. 그는 자신의 임무가 여러분에게 훌륭한 수수께끼를 던져 혼란스럽게 하는 것이라 생각합니다. 그는 날카롭고 색다른 질문들을 통해 여러분이 정신적으로 얼마나 민첩한지 확인할 수 있다고 믿습니다. 제 생각엔 그레그가 그저 사람들이 당황하는 모습을 보는 걸 좋아하는 것 같지만요.

🥄 정답! 버튼

여러분은 먼저 그레그의 수수께끼를 통과해야 합니다. 긴장을 풀고 즐겨보세요. 이런 종류의 수수께끼는 여러분의 사고 과정을 보여주기 위해 고안된 것입니다. 생각한 것들을 입밖으로 꺼내세요. 수수께끼의 답을 찾고 난 뒤에 버튼을 찾아봅시다.

저는 면접관들이 무작위로 이상한 질문을 던지는 이유가 일반적인 대화

7　옮긴이_ 젤오(Jell-O)는 분말형 젤리나 크림 파이 믹스 등을 판매하는 미국 브랜드입니다.

를 별로 좋아하지 않기 때문이라는 걸 알아냈습니다. 그레그는 명백히 공격하는 쪽을 좋아하기 때문에 까다로울 수 있지만 그래도 한번 시도해보세요.

▊▊▊▊ 영향력: 낮음에서 중간 사이

그레그는 자신의 가치를 높게 평가하지만 나머지 팀원들은 여러분이 그 이상한 질문으로 무엇을 알아냈는지 알고 있을 겁니다. 그는 정신적으로 괴롭히는 걸 좋아할 뿐이죠.

번지르르한 스티브

이제 좀 더 까다로운 성격 유형을 만나봅시다. 번지르르한 스티브 Steve는 개발 조직에 속해 있지 않을 가능성이 높습니다. 그는 제품 관리자거나 마케팅 부서에 속한 사람일 것입니다. 즉, 그는 원래 개발에 관해 잘 모르지만 조직의 전략 부서에서 일하며 많은 사람들과 이야기를 나누기 때문에 임기응변할 수 있습니다. 그는 이 장을 읽었으며 여러분이 정보를 모으고 있다는 사실을 알고 있습니다. 그에게 정보를 얻기란 어려운 일입니다.

🐛 찔러보기 버튼

스티브는 여러분이 버튼을 찾으려는 시도를 완전히 무시할 겁니다. 여러분이 '스티브, 제품 마케팅에서 가장 어려운 일이 뭐라고 생각하세요?'라고 물으면 그는 '뭐라고 생각하시나요?'라고 되묻겠죠.

젠장…

스티브의 버튼을 찾으려면 일단 그를 속여야 합니다. 조금 까다롭죠. 스티브가 모를 것 같은 어려운 개발 질문을 한번 던져봅시다. 스티브가 번지르르하단 걸 잊지 마세요. 그는 면접에서 차분하고 절제된 우아함을 유지하고 싶어 하기 때문에 질문에 대답하지 못할 때 실수하기 쉽습니다. 그렇기에 여러분은 그가 답할 수 있는 질문을 이어서 해야 합니다. 아까 그 재미없는 마케팅 질문을 다시 해봅시다. 그는 지금 아는 게 없어 허둥거리고 있기 때문에 통제력을 되찾기 위해서 질문에 답할 겁니다.

스티브도 시인처럼 쉽게 버튼을 보여주지 않겠지만 일단 그가 말을 시작하게만 한다면 귀를 기울여 버튼을 찾을 수 있는지 확인할 수 있습니다.

▐▌▌▌ 영향력: 중간?

스티브는 면접에 들어왔지만 개발자는 아닙니다. 즉, 조직에서 그를 중요하게 생각한다는 말이죠. 그는 뭔가를 알아내기 위해서 면접에 참여한 것입니다. 그게 과연 무엇일까요?

과묵한 밥

밥Bob의 버튼은 찾기도 누르기도 어렵습니다. 밥은 앉아서 첫 번째 질문을 합니다. 그리고 두 번째 질문, 세 번째 질문을 이어서 할 겁니다. 여러분은 그가 과묵하다는 것 말고는 아무것도 알아낼 수 없습니다. 그는 농담이나 수다에 참여하지 않을 것입니다. 말 그대로 버튼을 찾기 위한 질문들을 완전히 무시하겠죠. 이 점이 여러분을 짜증나게 만들 겁니다. 그렇습니다. 밥은 여러분이 무너질 때까지 화이트보드에 코딩을 하게 만드는 사람이죠.

☏ 버튼이 없는데?

난처해하지 마세요. 제 경험상 밥과 같은 유형의 면접관은 팀의 시니어 개발자지만 사회성이 그다지 뛰어나지 않습니다. 여러분의 기술적인 능력만 평가할 뿐입니다. 즉, 밥에게는 버튼이 없습니다. 밥은 여러분이 팀에 맞는지 혹은 문화적으로 맞는지를 평가할 능력이 없습니다. 밥도 알고 있으니 여러분은 그저 기술적인 능력을 보여주기만 하면 됩니다.

▌▌▌▌ 영향력: 매우 높음

여러분이 개발 직무 면접을 보고 있다면 바로 이 면접이 제일 중요합니다. 이게 바로 여러분이 밤을 꼬박 새게 만든 면접이죠. 여러분이 주말 동안 '파이썬 파헤치기'라는 책을 사서 읽은 이유기도 하고요. 회사의 CEO 말고는 누구도 밥의 영향력을 능가할 수 없습니다. 행운을 빌어요.

CEO

CEO와의 면접은 진짜 CEO와의 면접이 아닐 수도 있습니다. 면접 과정에서 가장 높은 위치에 있는 관리자와의 면접을 말하는 것이죠. 주로 채용담당자의 상사이거나 면접을 보는 조직의 임원일 가능성이 높습니다.

버튼은 어디 있을까요? 간단히 말해 여러분은 CEO와 영화 〈스타워즈〉에 나올 법한 심각한 제다이 마인드 싸움에 대비해야 합니다. 번지르르한 스티브에게 사용했던 방법인 '속임수를 섞은 질문을 하고 반응을 유도하기 위해 찔러보기' 전략은 먹히지 않을 것입니다. CEO는 면접을 시작하면서 '저에게 질문이 있나요?'라고 물을 겁니다.

오, 좋아요. 쉬울 것 같습니다!

아뇨, 그렇지 않습니다.

☕ 버튼을 누르지 마세요

보다시피 CEO의 영향력은 굉장히 큽니다. 버튼을 찾으려고 시도하지 마세요. 여러분이 말하세요. CEO에게 자신에 관해 알리고 성공적으로 해낸 것들에 대한 이야기를 멋지게 들려주는 겁니다. 그리고 다른 면접에서 얻은 정보들을 활용하세요. 조직에서 가장 영향력 있는 사람에게 여러분을 알릴 수 있는 기회입니다.

▮▮▮▮▮ 영향력: 매우 높음

CEO는 자신이 결정을 하는 게 아니라고 말할 겁니다. 채용 담당자가 결정할 거라고 하겠죠. 그러나 만약 CEO와의 면접에서 실수했다면 채용 담당자가 여러분을 채용할 가능성은 거의 없습니다.

신선한 관점

면접은 고단한 과정입니다. 여러분의 전문성을 드러내고 여러 차례에 걸쳐 낯선 이들과 대화하다 보면 지칠 수밖에 없죠. 그리고 면접이 다 끝난 후에는 궁금한 것이 많을 겁니다.

나에 대해 무엇을 알아냈을까?

내가 잘한 게 맞나?

적성에 맞을까?

합격했을까?

모두 좋은 질문이지만 이런 질문들도 반드시 해야 합니다.

내가 이 일을 원하나?

그 사람들이 맘에 들었나?

건강한 조직인가?

몇 차례의 면접이 끝나면 여러분은 면접관들보다 조직의 건전성에 관해 더 많이 알게 될 것입니다. 이상하지 않나요? 사실 모든 면접관은 일상적인 업무에서 헤매고 있습니다. 여러분이 많은 시간 면접을 보면서 얻게 된 신선한 관점은 독특하고 유익합니다. 실제로 어떤지를 파악하기 위해서는 일을 하면서 상당한 시간을 보내야 하지만 여러분에게는 충분히 많은 자료들이 있습니다(여러분이 많은 버튼을 눌렀다면 말이죠).

관리 해부하기

지휘, 책임, 처리, 통제, 강제, …

관리 ᵐᵃⁿᵃᵍᵉᵐᵉⁿᵗ를 정의하는 단어들입니다. 통제된 분위기가 느껴지는 불쾌한 단어들이죠.

저는 지난 몇 년 동안 '관리'라는 단어 대신 '리더십'이라는 단어를 사용했습니다. 매일 다른 사람을 이끌고, 상황을 책임지고, 하루를 특정 방향으로 이끌고 있다는 것을 보장하는 표현이기 때문이죠. 따라서 직속 상사가 있든 없든, 여러분은 모두 리더입니다.

2부에서는 관리자에 관해 이야기합니다. 관리자는 상사나 동료를 관리하거나 하루를 버텨내는 사람을 의미합니다. 관리자이든 아니든, 리더십은 모든 사람에게서 나오기 때문에 팀원 모두에게 적용되는 이야기들이죠.

7장
채용 제안서 파헤치기[8]

　여러분에게는 커리어를 결정짓는 순간들이 몇 번 있었을 것입니다. 여러분의 커리어가 즉각적이고 극적으로 틀어진 바로 그 선택의 순간들 말이죠. 저는 이런 순간들을 두 종류로 나눕니다. 예상했던 순간과 예상하지 못했던 순간으로요. 예상치 못한 순간을 처음 마주했을 때의 놀라움과 이어지는 정신없는 상황들은 아드레날린으로 가득 차 짜릿하겠지만 저는 예상할 수 있는 쪽을 추천하는 편입니다.

　예상할 수 있는 순간 중 하나는 여러분이 새로운 일자리에 대한 제안서를 처음으로 보는 때입니다. 이때는 몇 시간 동안 이력서를 수정하고, 전화 면접에 응하고, 이틀에 걸친 힘든 면접을 지나 정점에 이른 순간입니다. '세상이 나를 어떻게 평가할까?'라는 질문에 답할 수 있는 희귀한 순간이죠.

　사실 여러분은 정답을 알고 있어야만 합니다. **여러분이 비즈니스니깐요.**

8　옮긴이_ 이 장의 내용은 미국의 고용 시장을 기준으로 설명하고 있으므로 한국의 상황과는 거리가 있을 수 있습니다.

여러분이 비즈니스입니다

사측의 제안과 협상 과정을 자세히 설명하기 전에 여러분의 머릿속을 정리해봅시다. 저는 여러분이 얼마나 다음 직장을 간절히 원하는지 모릅니다. 그 간절함이 면접이나 연봉 협상에서 여러분의 입장을 결정하죠. 하지만 간절함의 크기보다 여러분 자체가 비즈니스라는 점을 알아야 합니다. 여러분이 새로운 일을 제안받아 시작한다면 그 일에 열정을 쏟아야 합니다. 하지만 여러분의 인생에서 이번 일이 마지막이 아니라는 사실도 기억해야 합니다. 여러분이 새로운 일에 신나서 보낸 시간만큼 그 일이 끝나갈 때쯤에는 다른 일을 하고 싶어 몸부림치는 정반대의 순간이 찾아올 거란 뜻이죠.

직장을 옮겨도 변하지 않는 것은 바로 여러분 자신입니다. 여러분이야말로 집세를 내고, 지하철을 타고, 자동차를 사고, 결혼을 하고, 아이를 낳고, 꿈에 그리던 집을 지어야 하는 사람이죠. 하지만 여러분의 고용주에게 있어서 여러분의 행복은 최우선이 아닙니다. 해고를 당해보면 바로 알 수 있죠.

여러분이 바로 비즈니스입니다. 그리고 그 비즈니스를 측정하는 일관된 지표 중 하나는 성장입니다. 새로운 일자리로의 이직은 그런 성장의 방향성을 직접적이고 영구적으로 바꿀 수 있는 몇 안 되는 순간입니다. 사측의 제안으로 여러분의 가치를 짐작하는 건 퇴보입니다. 그건 그냥 더 커다란 이야기의 일부이며, 데이터에 불과해요. 이제부터 더 커다란 이야기를 해보도록 할까요?

실제 수입

급여를 협상하는 과정은 지난 10년 동안 크게 바뀌었습니다. 미국의 많은 주에서 고용주들은 여러분의 현재 급여에 관해 물어볼 수 없습니다. 물론 여러분이 자발적으로 급여 정보를 제공할 수 있지만 이 급여를 바탕으로 고용주들이 여러분에게 제안할 수는 없습니다.

반면 한국에서는 채용 계약서를 쓸 때 자신의 연봉 내역을 다른 사람에게 알리지 말 것을 서약하는 경우가 많습니다. 그래서 정확한 연봉 정보를 알기 힘든 경우가 많습니다. 물론 국민연금이나 건강보험료 등의 정보를 통해 연봉을 유추하고 알려주는 서비스도 있지만 아주 정확하지는 않습니다.

여러분이 할 일이 많습니다. 우선 현재 수입을 파악해서 어떤 제안을 받아들일지 결정해야 합니다. 여러분의 현재 수입을 말해보세요. 비밀로 하겠습니다.

얼마라고요? 10만 4천 달러요? 어떻게 그 숫자가 나왔나요? 오, 그건 그냥 여러분의 기본급이에요. 여러분은 사실 20만 달러 좀 넘게 벌고 있답니다.[9]

9　**옮긴이_** 한국의 경우로 바꿔서 설명하면 연봉 계약서에 명시된 통상 임금이 기본급에 해당하며, 이 외에 1년의 성과별로 차등 지급하는 성과금과 회사에서 복리 후생 명목으로 제공하는 교통비 등의 비급여소득, 자사주를 매년 일정주 지급하는 경우라면 주식까지 소득으로 계산한 항목입니다. 이 비율이나 항목은 회사나 국가마다 다르며 저자가 예시로 든 것도 어떤 기준이 있는 것이 아닌 통상적으로 생각할 수 있는 소득 계산 방식 중 하나라고 이해할 수 있습니다.

여러분은 얼마나 벌고 있을까요?

커리어를 관리할 때 꼭 해봐야 할 간단한 질문들이 몇 가지 있습니다. 이력서를 자주 갱신해야 하는 것처럼 여러분이 얼마나 잘하고 있는지 스스로 계속 확인해봐야 합니다.

먼저 여러분이 현재 얼마나 벌고 있는지 자세히 살펴봅시다.[10]

- 기본급: 104,000달러
- 복리 후생: 기본급의 30% = 31,200달러
- 상여금: 10,000달러
- 주식: 60,000달러
- 총액: 205,200달러

이 목록을 보면 두 가지 사실에 놀랄 겁니다. 첫째, 여러분이 (사업을 했던 게 아니라면) 회사에서 받는 복리 후생 비용을 고려하지 않았을 것입니다. 이 30%는 경험적인 액수로, 대부분의 회사에서 생명보험, 건강보험, 퇴직금을 처리하는 데 사용됩니다. 이 돈은 여러분의 건강이나 은퇴와 관련이 있지만 어차피 여러분은 오래오래 건강하게 살 테니 이 30%를 대부분 무시했을 것입니다. 그렇지만 여러분의 생각보다 빨리 이 30%의 진가를 알아볼 때가 올 것입니다.

---

10 옮긴이_ 마찬가지로 미국을 기준으로 설명하는 것이며, 특정 회사와 제휴한 쇼핑몰에서 물건을 구입할 수 있는 복지 포인트와 같은 제도를 제공한다면 이 또한 복리 후생 항목에 포함시킬 수 있습니다. 이 비율이나 항목 역시 회사나 국가마다 차이가 있을 수 있으니 하나의 예시로만 봐주시길 바랍니다.

또 다른 영역은 주식입니다. 이 6만 달러는 총액에 해당합니다. 웹 사이트 Levels.fyi에 따르면 미국의 평균적인 개발자는 매년 2만 달러에서 10만 달러 정도 되는 주식을 받고 있다고 합니다. 가장 높은 값과 낮은 값을 합쳐서 6만 달러죠. 제가 대충 계산했다고 주식의 중요성을 얕보면 안 됩니다. 여러분이 받는 보상에서 주식의 역할이 큰 경우가 많거든요. 이 장의 후반부에서 좀 더 자세히 설명하도록 하겠습니다.

이제 종이를 꺼내서 이 개략적인 양식에 맞춰 여러분이 얼마나 버는지 알아봅시다. 완벽할 필요는 없습니다. 대충 가까운 숫자면 충분합니다.

보상

시간을 미래로 빨리 감아서 여러분이 방금 막 면접을 마쳤다고 생각해봅시다. 미국의 경우 전통적으로 하이테크 업계에선 채용 담당자가 마지막 면접을 진행합니다. 한국에서는 주로 실무자들이 진행하는 기술 면접 이후에 임원과의 면접을 진행하죠. 그들의 목표는 새 일자리에 대한 여러분의 간절함을 알아보는 것입니다. 여기서 중요한 원칙은 여러분이 새 일자리를 더 간절하게 원할수록 채용 담당자가 제시하는 급여는 줄어든다는 것입니다.

면접을 마친 직후이기 때문에 채용 담당자는 아직 여러분에게 아무것도 제시하지 않았습니다. 하지만 조만간 협상을 위한 자리가 생길 것입니다. 금요일에 6시간의 면접을 마치고 이직을 제안받을지조차 알 수 없는 상황에서 여러분과 협상하진 않을 겁니다.

그래서 여러분은 기다립니다. 가고 싶은 회사에 추천서를 보내고, 침대에 누워 면접을 되새기고, 면접관들에게 감사 이메일을 보내죠. 이런 일들도 여러분의 커리어를 위해 하면 좋은 일들이지만 진짜로 해야 할 일은 여러분만의 급여 제안서를 작성해보는 것입니다. 여러분이 받는 돈을 정리한 것처럼 채용 담당자가 되어 급여 제안서도 작성해보는 것이죠.

기본급

모두가 좋아하는 비즈니스 모델은 반복적인 수익원을 창출하는 것입니다. 그래서 통신사들이 매번 좋은 스마트폰을 공짜로 주는 것이죠. 실제로는 매달 나가는 39.95달러의 구독 요금에 스마트폰 가격이 포함되어 있습니다.[11] 하지만 여전히 저렴하게 느껴지기에 여러분은 매달 그 금액을 기쁘게 지불할 수 있죠. 하지만 통신사는 39.95달러가 아니라 여러분이 3년 동안 지불할 1,500달러를 봅니다.

기본급이 여러분의 수입에 미칠 잠재적 영향은 크지 않은 경우가 많지만 기본급은 반복적인 수입원입니다. 재정적인 혈액과 같죠. 그렇기에 여러분은 가능한 한 많은 기본급을 받고 싶을 것입니다. 1%만 더 받더라도 올해뿐만 아니라 내년, 내후년, 그 이후에도 계속해서 더 많은 기본급을 받게 될 테니까요.

기본급을 정하려면 여러분이 새로운 일자리에서 얼마나 받고 싶은지 파악해야 합니다. 처음으로 생각해볼 것은 여러분과 같은 일을 하는 사람이 얼마를 받는지입니다.

---

11 옮긴이_ 통신사를 통해 공짜로 스마트폰을 바꾸었다고요? 요금 명세서를 확인해보세요. 요금 세부 항목에 기기 할부금이 포함되어 있을 것입니다.

이 장을 집필하면서 저도 저와 비슷한 사람들이 얼마 정도의 기본급을 받는지 인터넷으로 검색해보았습니다. 그리고 인터넷이 다른 사람의 수입을 파악하는 데 별로 쓸모가 없다는 사실에 놀랐습니다. 수입과 관련된 정보를 얻을 수 있는 곳이 많은데, 가장 좋은 방법은 여러분의 고용주가 될 사람에게 물어보는 것입니다. 미국의 많은 주에서 직무 내용을 게시할 때 급여 정보도 포함하도록 법을 개정했거든요.[12]

너무 좋아하진 마세요. 고용주들은 급여의 범위를 게시하도록 되어 있습니다. 일부 기업들은 신입 개발자가 받는 급여부터 경력이 어느 정도 있는 개발자가 받는 급여까지 하나의 범위로 게시합니다. 또 다른 기업에서는 두 가지 직무를 하나의 역할로 게시하기도 합니다. 따라서 급여의 범위가 터무니없이 넓은 경우를 보게 될 수 있습니다. 한국의 경우 고용주가 급여의 범위를 공개하는 일이 극히 드물기 때문에 이러한 정보를 얻는 것 자체가 어렵겠지만요.

급여에 관한 세 가지 조언은 다음과 같습니다. 첫째, 비슷한 일을 하는 친구들과 이야기를 나누며 그들이 얼마나 버는지 알아보세요. 급여는 업계나 지역 혹은 회사마다 따라 크게 다릅니다. 그래도 몇 명과 이야기해보면 기본급에 대한 대략적인 감을 잡을 수 있습니다. 둘째, 채용 담당자에게 물어 급여의 범위를 확인하고 이 범위에 대해 더 알 수 있는 정보가 있는지 확인해보세요.

---

12 옮긴이ㅏ 안타깝게도 한국에는 이런 법률이 없습니다.

급여의 범위가 여러 직무를 포함한 것인가요? 아니면 한 가지 직무에만 해당하나요?

경력에 따라 받을 수 있는 급여의 범위는 어느 정도인가요?

승진에 관해 회사는 어떤 철학을 가지고 있나요?

얼마나 오래 근무해야 승진할 수 있나요?

마지막으로, 좋은 신호가 없다면 그냥 현재 급여에서 10% 정도를 더하세요. 그게 최소입니다.

직함

직함은 급여처럼 회사마다 다르지만 여러분이 새 직장에서 바라는 것은 여러분이 성장하고 있다는 신호일 것입니다. 지금 수습 개발자인가요? 그럼 다음 회사에서는 수습을 떼기로 하죠. 3년째 그냥 개발자라고요? 이직할 땐 선임 개발자를 목표로 합시다.

급여와 마찬가지로 회사마다 직함의 내부적인 가치는 크게 다릅니다. 스타트업의 임원과 상장한 기업의 임원은 완전히 다른 자리죠. 좋은 소식은 공시된 급여의 범위 덕분에 회사들의 직무와 직함이 거의 비슷비슷해졌다는 것입니다. 여러분이 할 일이 직무와 직함에서 크게 벗어날 일은 없다는 것이죠. 즉, X라는 회사에서 선임 개발자였다면 Y라는 회사에서도 선임 개발자로 채용될 가능성이 높습니다.

여러분의 커리어가 활발하게 성장하고 있다는 것을 보여주려면 이력서에 어떤 직함이 필요할 거라고 생각하나요? 여러분은 적절한 직함과 더불어 왜 그게 적절한지 이유를 설명할 수 있어야 합니다.

사이닝 보너스

사이닝 보너스Signing Bonus(또는 사인온 보너스Sign-On Bonus)란 회사에서 새로 합류하는 직원에게 주는 일회성 인센티브입니다. 이런 종류의 인센티브는 주로 사측 제안의 약점을 보강하기 위해 사용되죠. 게다가 여러분은 아직 제안조차 받지 못했고요. 만약 채용 담당자가 여러분이 주식에 관심이 많다는 걸 알고 있다고 해봅시다. 그런데 제안할 수 있는 주식의 양이 많지 않다면 그들은 커다란 사이닝 보너스로 유혹하겠죠.

전문가로서 이런 사이닝 보너스는 다시는 받을 수 없는 일회성 소득일 뿐이라고 충고하고 싶습니다. 일단 여러분은 이 보너스가 단기적인 미봉책에 불과하다는 점만 알아두면 됩니다. 그들이 무엇을 숨기고 있을지 생각하면서 말이죠.

주식

주식은 재정적 이득을 얻을 수 있는 가능성이 가장 크지만 가장 받기 어려운 보상입니다. 주식을 받는 시나리오는 상장 기업과 스타트업 이렇게 두 가지입니다. 각각의 주식 구조에 관해 설명해보겠습니다.

상장 기업은 시장에 공개되어 있어 누구나 주식을 사고 팔 수 있습니다. 더 중요한 것은 여러분이 회사의 재무 정보를 깊게 살펴볼 수 있다는 점이죠. 주식이 얼마나 잘 나가는지 보면 회사 실적에 대한 감을 잡을 수 있습니다. 저는 주로 기업의 지난 5년간 동향을 살펴봅니다. 그 기간의 평균 주가는 어땠나요? 여러분이 적절한 가격을 파악하기 어려울 때 5년간의 평균 주당 가격을 토대로 제안하면 적당합니다.

국내에서는 드문 경우지만 미국의 경우, 정규직 직원은 3년이나 4년에 걸쳐 1년의 최소 재직 기간을 가진 양도제한조건부주식(RSU)을 받게 될 가능성이 높습니다. 무슨 말이냐면, 첫해에는 받기로 한 주식의 1/3 혹은 1/4을 받고 최소한 1년을 재직해야 이 주식을 팔 수 있으며, 나머지 주식은 분기별로 나누어 받게 되는 것입니다. 그리고 그 이후에는 분기별로 남은 주식을 받을 가능성이 높습니다. 예를 들어 3년에 걸쳐 주식을 받는다면 첫 해에는 받기로 한 주식의 1/3을 받고, 최소 1년의 근무 기간을 채웠을 때 이 주식을 양도 또는 매도할 수 있게 되는 것이죠. 1년이 지난 시점부터는 분기별로 남은 2/3의 주식을 받게 되는데 이는 계약 내용마다 상이할 수 있습니다.

RSU는 이해하기 어려운 스톡옵션을 대체합니다. 여기서 중요한 점은 의결권과 배당에 제한이 있는 단순한 주식이라는 점입니다. 급여 범위와는 달리 회사는 주식을 얼마나 주는지 알려줄 법적 의무가 없습니다. 물론 물어볼 순 있죠. 하지만 알아둘 점이 있습니다. 직무별로 범위가 다르며 스타트업에 비해 상장된 기업에서 훨씬 더 예측이 쉽다는 점을요.

스타트업의 잠재적인 주식 상황은 더 복잡합니다. 첫째, 스타트업은 스톡옵션과 RSU를 사용할 수 있습니다. 작은 스타트업일수록 스톡옵션을 제안하고 나중에 상장하거나 더 많은 투자를 받게 되었을 때 RSU로 전환하는 편입니다. 둘째, 더 중요한 것은 스타트업의 가치를 어떻게 확인할 것인가 하는 점입니다. 스타트업의 주가를 확인할 수는 없잖아요. 아닙니다, 알 수 있습니다!

공개 409A 평가는 비상장 기업의 공정 시장 가격에 대한 평가로, 제3자가 이 가격을 정의합니다. 따라서 주식의 가치를 알기 위해 '마지막 409A 평가는 어땠나요?'라는 질문을 꼭 해야 합니다. 이제 409A는 상장 기업과는 다르게 매년 한 번 혹은 투자를 받거나, 전략을 바꾸거나, 사업 분야를 바꾸는 것과 같이 기업에 중대한 변화가 있을 때만 이루어집니다. 이러한 회사에서 근무해본 경험상 409A는 현재 회사의 현실을 반영하지 못하는 낡은 숫자인 경우가 많지만 그래도 없는 것보다 낫습니다.[13]

이런 정보들이 있더라도 여러분은 가장 중요한 정보를 알 수 없습니다. 스타트업이 언제 상장이 되어 주식을 팔 수 있을까요? 기업 공개는 시장의 상태에 달려있습니다. 닷컴(.com) 붐 이후 기업 공개 시장은 닷컴 버블을 지나 2021년까지 20년 동안이나 식어 있었죠. 이 글을 쓰고 있는 2023년의 기업 공개 시장은 다시 차갑게 얼어붙어 있습니다. 언제 다시 뜨거워질까요? 알게 되면 제게도 알려주세요.

여러분은 아마도 상장 기업과 스타트업 모두에서 주식을 받을 것이라고 생각하겠죠. 그렇다면 당연히 여러분이 받게 될 주식의 양에도 관심을 가질 것입니다. 주식을 받지 않아도 된다고 생각하거나 여러분이 받을 주식의 양에 관심이 없다는 것은 마치 기회도 없고 미래도 없는 회사에 가겠다고 말하는 것과 같습니다. 주식을 얼마나 받는지, 그 가치가 어느 정도가 될지 예측하는 것은 여러분과 회사의 성장을 가늠하는 것과 같습니다.

---

13 옮긴이_ 한국에서 흔히 비상장 주식의 가치를 평가할 때 쓰이는 '보충적 평가 방법'과 비슷합니다.

주식이나 옵션에 가치를 부여하는 것은 추측에 불과하겠지만 그래도 정확한 정보에 근거해야 합니다. 여러분이 매기는 주식의 가치가 회사를 향한 믿음의 척도죠.

역할 협상

이제 마지막입니다. 두 번에 걸친 전화 면접, 두 차례의 대면 면접, 추천서 확인을 거쳐 결실을 보았습니다. 축하합니다! 이제 누구와 협상할지 결정할 차례입니다.

어느 정도 규모가 있는 조직에선 여러분이 돈 이야기를 하면 이상한 변화가 생깁니다. 제안 단계에 오면 여러분은 상사가 될 사람과 직접적으로 연결될 가능성이 높습니다. 그 상사는 후속 이메일을 보내며 여러분이 팀에 합류하기 쉽게 도와주죠. 그런데 보상에 관해 이야기하기 시작하는 순간 그가 사라져 버릴 수도 있습니다.

이 과정까지 왔다면 여러분은 채용 담당자들과 상당히 가까워졌을 겁니다. 그와 여러 번 이야기를 나누면서 그들이 여러분 편이라는 인상을 받았을 수도 있죠. 하지만 틀렸습니다.

협상에서 채용 담당자는 악역이고 주로 나쁜 소식을 전달합니다. 채용 담당자는 채용 건수뿐만 아니라 채용한 사람들의 보상이 회사 전체에 미치는 영향까지 고려하며 업무 성과를 평가받습니다. 맞습니다, 채용 담당자는 채용을 원하지만 채용 자체는 전적으로 회사 내부의 채용 기준을 따르죠. 그게 여러분이 받을 제안서에 좋을지 나쁠지는 잘 모르겠습니다.

미래의 관리자가 해야 할 일은 훌륭한 인재를 찾는 것이고, 채용 담당자가 해야 할 일은 그런 사람을 채용하되 재정적으로 책임질 수 있도록 협상하는 것입니다.

여러분은 여러분의 입장을 고수하며 원하는 바를 위해 싸워야 합니다. 이 과정이 불편할 수도 있고 채용 담당자와 여러분 사이에 긴장감이 흐를 수도 있겠지만 제가 얘기한 것들을 잘 해낸다면 여러분이 유리할 겁니다.

제안에 타협하기

저는 처음부터 마음에 드는 제안을 받아본 적이 없습니다. 항상 실망스러운 점이 있었죠. 주식이 없거나 직함이 생각과 다르거나 기본급이 너무 적거나 그랬죠. **제안 내용이 마음에 들지 않으면 항상 사실에 근거해서 역으로 제안해야 합니다.**

관리자로서 많은 협상에 관여해본 제가 반드시 무시하게 되는 역제안은 아무런 자료 없이 제안하는 경우입니다.

> 66
>
> 채용 담당자: 채용 후보자가 더 높은 기본급을 원한답니다.
>
> 나: 정말요? 왜죠?
>
> 채용 담당자: 그냥 그렇게 해달라는데요.
>
> 나: (깊은 빡침)   99

협상은 사실에 대해 논의하는 것입니다. 모든 역제안은 반드시 자료에 기반해야 합니다.

제가 찾아본 바에 따르면 이 업계의 평균 급여가 여기보다 10% 높더군요.
저도 10% 인상해주시죠.

물론 이건 허풍에 불과합니다. 그래도 이런 허풍은 그나마 변호할 수 있는 의견에 속합니다. IT 업계는 최근에 들은 흥미로운 이야기에 관해 소리치며 뛰어다니는 똑똑한 사람들로 가득합니다. 그리고 저는 이런 업계의 사람들 중에서도 특히 연구하는 것을 좋아하죠. 연구를 좋아한다는 것은 호기심이 많고 커리어에 관심이 있다는 걸 뜻합니다. 저는 관리자로서 그런 사람과 함께 일하고 싶습니다. 하지만 여러분이 역제안할 때 아무런 자료를 제시하지 않으면 기본적으로 연구에 관심이 없다는 뜻으로 받아들여집니다.

저는 특정 제안에 관해 여러분이 품은 불만을 정확히 모르기 때문에 여러분이 역제안할 때 정확히 무엇을 말해야 하는지 구체적으로 조언할 수 없습니다. 하지만 몇 가지 일반적인 불만 사항에 대해 어떤 식으로 역제안하는 것이 좋은지는 설명할 수 있습니다.

낮은 기본급

여러분이 동일한 업계의 괜찮은 회사에서 계속 근무하는데 급여는 줄어드는 경우가 있습니다. 스타트업으로 이직해 기본급을 주식으로 교환하는 상황이죠. 그런데 그게 정말 괜찮은지 깊이 생각해보아야 합니다.

여러분이 10% 인상을 원했는데 회사는 5%만 인상했다고요? 왜 5%만 인상했을까요? 물론 회사 사정상 10% 인상을 맞춰주지 못할 수도 있습니다.

그러면 채용 담당자는 5%만 인상한 기본급을 어떻게 설명할까요? 그들은 아마 회사 전체의 급여 총액을 맞춰야 하고 여러분이 동일한 직급인 직원의 90%보다 더 많이 받고 있다는 사실을 이야기할 겁니다.

맞는 말처럼 들리겠지만 저는 이를 헛소리라고 부릅니다. **여러분은 잘못된 직급에 속해 있는 겁니다.** 더 많은 보상을 받을 수 있는 높은 직급으로 올려달라고 말하세요.

하지만 괜찮습니다, 상여금이 있거든요

만약 채용 담당자가 낮은 기본급을 대신해서 상여금을 제시한다면 전 여전히 헛소리하지 말라고 말할 겁니다. 사이닝 보너스와 마찬가지로 사라지기 쉽고 받기도 어렵습니다. **여러분은 이런 일회성 보상을 기대해서는 안 됩니다.** 목돈으로 여러분의 주의를 분산시켜 장기적으로 여러분이 더 적은 돈을 받는다는 것을 잊게 만드는 것이죠.

스스로에게 두 가지 질문을 던져보세요.

> *회사는 이 달콤한 상여금으로 무엇을 숨기고 있나요?*
> *상여금이 사라진다면 여러분의 기분은 어떨까요?*

더 좋은 건 여기 쌓여있는 주식입니다

얼마나 많은 주식이 있을까요? 상장된 회사의 제안에는 여러분에게 갈 주식의 양과 함께 타당성이 포함될 것입니다. 여러분은 그 숫자와 5년 평균 가격을 토대로 매년 얼마만큼의 수익이 있을지 감을 잡을 수 있습니다. 앞서 설명했듯이 스타트업이라면 여러분은 409A 평가 점수를 문의해서 비상장 주식의 가치를 알 수 있습니다. 또한 발행된 주식의 수를 문의하여 회사가 얼마나 큰 비중을 제시했는지 감을 잡을 수 있습니다.

주식의 수량과 그 미래 가치는 추측이지만 여러분이 받게 될 양 자체가 만족스럽지 않을 수 있으며 현금보다 주식에 더 큰 가치를 두는 사람이라면 기본급을 주식으로 교환할 수 있는지 문의할 수도 있습니다.

최종 제안입니다

만약 일부 제안이 기대에 못 미치고 이를 해결할 방법이 있다면 여러분에겐 두 가지 선택지가 있습니다. 제안을 포기하거나 이 충격을 완화할 다른 방법을 찾는 것이죠. 우선 충격을 완화하기 위해 고려해볼 수 있는 대안은 다음과 같습니다.

- 입사 직후의 추가적인 휴가를 요청해보세요.

- 회사가 원하는 입사 시기보다 한 달 늦게 입사한다고 제안해보세요 (워라밸을 개선하는 데 30일 동안의 휴가만큼 좋은 건 없죠).

- 회사의 재택근무 정책은 어떤가요? 여러분의 업무 환경에 맞게 바꿔 달라고 요청해보세요.

- 제가 가장 좋아하는 방법은 6개월 후 성과 검토를 협상하는 것입니다. 여러분은 자신의 실력이 뛰어나다는 것을 잘 알지만 회사는 아직 모르니까요.

떠나기

마지막으로 제안하는 전략은 여러분이 어렵다고 느낄 수 있습니다. 여러분이 지금까지 제가 말한 대로 했고 여러분의 가치와 하고 싶은 일에 관해 잘 알고 있다면 이 방법은 간단합니다.

그냥 떠나세요. 참고로 저는 무시하는 게 아니라 떠나라고 했습니다. 채용 제안이 여러분의 기대에 미치지 못하는 것이 확실하다면 담당자에게 다음 내용이 포함된 이메일을 보내세요.

- 감사를 표현하세요.

- 제안의 어떤 부분이 기대에 미치지 못하는지와 그 이유를 명확하게 설명하세요. 참고로 만약 상대방이 놀랄 만한 내용이 있다면 여러분은 앞서 이야기한 몇 가지 핵심 단계를 놓친 것입니다.

- 감사를 표현하세요. 맞아요, 한 번 더 하라는 말입니다.

이메일에 '만약 이런 문제가 해소된다면 입사하겠다'와 같은 내용은 쓰지 않습니다. 결과적으로 그렇게 될 수도 있겠지만 이 이메일의 내용이나 의도와는 거리가 멉니다. 여러분이 떠나는 이유를 명확히 해야 합니다. 정말 명확히요.

여러분은 중고차를 사는 게 아닙니다. 이건 여러분의 직장 생활입니다.

저는 지금에 와서는 가장 좋아하는 직장이 된 곳의 채용 과정을 두 번이나 포기했습니다. 첫 번째는 면접 초반에 제 직감이 반응해서였죠.

저는 채용 담당자에게 간단하게 말했습니다. 그리고는 감사의 인사와 작별 인사를 했죠.

채용 담당자들은 거절을 그대로 받아들이는 법이 없습니다. 채용 담당자는 재빨리 전화를 걸어 더 이야기해보자고 다른 걸 보장해주겠다고 제 머릿속을 헤집었습니다. 채용 담당자는 제가 나머지 채용 과정을 계속 진행할 수 있도록 충분히 고민하고 설득했죠. 제안의 시간이 다가왔을 때도 여전히 직무와 조직 문화에 관한 우려가 남아있었기 때문에 저는 다시 그만두는 절차를 밟기 시작했습니다. 이메일의 모든 단어를 힘겹게 써 내려갔죠. 저는 아주 구체적으로 우려 사항들을 적었는데, 그 어떤 것도, 정말 그 어떤 것도 보상과는 관련이 없었습니다. 회사의 면접 과정에 대한 분명한 우려(그리고 그게 왜 조직 문화와 관련된 적신호인지)를 이야기하고, 직무에 관한 명확한 정의가 없다고 적었죠. 또 이러한 우려가 저를 실패를 이끌 것이라고 생각하는 이유도 썼습니다.

마지막으로 다시 '감사합니다'를 쓰고 전송하니 만족스럽더군요. 저는 제 선택을 믿었고 계속해서 새 일자리를 찾을 준비가 되어 있었습니다. 물론 저도 답을 듣고 싶었죠. 하지만 그냥 '감사합니다'라고 답장이 오더라도 괜찮았습니다.

제 걱정이 구체적이고 명확했기 때문에 그들도 매우 분명하게 응답해왔습니다. 이런 우려를 한 사람이 제가 처음이 아니라는 점 또한 제 답변에 무게를 더해주었죠. 그들은 여러 번에 걸쳐 저와 직접 만나서 사려 깊게 답해주었고, 흐지부지되기 전에 상황을 개선했습니다.

여기서 여러분이 기억해야 할 점은 제 걱정들이 **보상과는 상관없었다는** 점입니다.

제 최악의 직장은 제가 원하는 모든 것이 담긴 제안서를 받았던 곳입니다. 급여 인상, 승진, 충분한 주식, 달콤한 사이닝 보너스까지요. 이 강력한 제안에 들떠서 그 일자리에 대한 느낌이 영 별로였다는 사실을 완전히 잊어버렸죠.

90일 후, 저는 더 이상 15%의 급여 인상과 사이닝 보너스를 신경 쓰지 않게 되었습니다. 저는 매일 재미 없는 업무를 하는 걸 견딜 수 없었죠. 그리고 몇 달 후 넷스케이프Netscape[14]에서 일할 기회를 얻기 위해 기꺼이 사직서를 냈습니다. 물론 급여도 깎이고 사이닝 보너스도 반납했죠.

이런 모든 보상들은 당연히 중요하지만 제안에 응하기 한참 전에 다음 질문에 자신 있게 대답할 수 있어야 합니다.

내가 이 일을 좋아하는 이유가 뭐지?

---

14 옮긴이_ 넷스케이프는 초기 웹의 시작을 대표하는 웹 브라우저이며 이를 개발한 회사의 이름이 기도 합니다. 파이어폭스의 전신이며 오픈소스 웹 브라우저 생태계에 큰 역할을 한 소프트웨어 입니다.

더 좋고, 더 빠르고, 더 많은

저는 더 좋은 직장을 원합니다. 새로운 도전을 해볼 수 있는 역할, 가만히 있어도 새로운 아이디어를 주고 더 잘할 수 있게 만들어주는 재능 있는 팀, 다음 단계로 나아가는 것을 넘어 달려드는 더 좋은 회사. 이 모든 것을 갖춘 곳에서 일하고 싶습니다.

저는 제 커리어가 더 빠르게 성장하길 바랍니다. 지난 3년간 같은 일만 해왔고 시간이 갈수록 배우는 것도 줄어들어 제 커리어의 성장이 느려지고 있죠. 저는 항상 제 커리어의 다음 목표가 있습니다. 다양한 제품, 새로운 사람들, 새로운 기회를 제공받아 목표에 더 빠르게 다가갈 수 있는 직장을 원하죠. 다음 목표로 다가가는 속도는… 숨이 막힐 정도로 빨랐으면 좋겠네요!

저는 더 많은 걸 원합니다. 책임이 커진다는 것은 제가 만들 제품에 대한 잠재력이 커진다는 의미입니다. 제품이 어떻게 만들어지는지, 그리고 회사가 그걸 어떻게 돕는지 더 잘 보이면 좋겠습니다. 그리고 제가 만든 제품의 더 많은 기능이 더 많은 사람들에게 도움이 되는 것도 보고 싶습니다.

여러분은 제가 언급한 더 좋고 더 빠르고 더 많은 직업 목표들이 보상과는 관련이 없다는 걸 눈치챘을 겁니다. 이건 보상이 중요하지 않아서가 아니라, 여러분의 다음 직장에서 가장 중요한 것이 여러분의 수입과는 거의 관련이 없기 때문입니다. 우리가 보상을 이직의 척도로 삼는 것은 보상이 측정하고 비교하기 좋기 때문이죠. 그러나 여러분은 누구와 일하는지, 어떻게 일하는지, 무엇을 만드는지를 토대로 일자리를 평가해야 합니다.

그렇다면 어떻게 할까요? 사람, 프로세스, 제품을 평가하고 비교할 수 있는 구체적인 방법은 없습니다. 그래서 여러분의 느낌이 중요한 것입니다. 보상에 대한 여러분의 느낌은 알겠지만 함께 일하게 될 사람들에 대한 **느낌**은 어떤가요? 함께 일하는 방식에 관해선 어떤 느낌이 드나요? 그들이 무엇을 만들고 어떤 방향으로 가고 있는지에 대해서는 어떻게 생각하나요?

감정이란 관찰한 내용을 바탕으로 의견을 정리한 후 기분으로 바꾼 것입니다. 저는 여러분이 제안을 공정하다고 느끼는 동시에 성장할 수 있는 환상적인 기회라고 느끼기를 바랍니다.

새로운 직장을 찾을 때 여러분은 새 직장이 이전 직장보다 왜 더 매력적인지, 왜 그걸 더 좋아하는지 빠르게 설명할 수 있어야 합니다. **그들이 여러분을 믿든 말든 스스로를 비즈니스라고 생각해야 합니다!**

8장
집중의 중요성

저는 기억하기 싫은 사람들로부터 좋은 조언을 받은 경험이 몇 번 있습니다. 기억하기 싫은 그 사람들은 이해하기 힘들 정도로 지극히 평범했으며 업무 능력 또한 무난한 일반적인 관리자들이었습니다. 그들은 이따금 아이디어를 제시하기도 했지만 저는 귀 기울여 듣지 않았습니다. 제게 좋은 귀감을 줄 수 있는 사람들이 아니라고 여겼기 때문에 적극적으로 교류하지 않았죠.

제게는 잭^{Zack}이라는 관리자가 있었습니다. 그 회사에서 일을 시작하고 처음 6개월 동안 잭은 저의 모든 일에 관여하지 않았습니다. 처음에는 잭이 본인의 일에 매진하고 있기 때문에 신경을 쓰지 못하고 있다고 생각했습니다. 나중에야 잭이 그 어떤 일에도 관여하거나 개입하지 않는다는 것을 깨달았죠. 저뿐만 아니라 그 누구도 잭이 무슨 일을 하고 있는지 몰랐습니다. 잭은 매일 출근하고 경영진 회의에 참석하지만 정작 제품을 주도하는 것은 프로젝트 관리자들이었습니다. 1:1 미팅을 통해 '요즘 어떻게 지내?'와 같은 시시콜콜한 이야기만 늘어놓을 뿐이었습니다.

그런 잭도 하는 일이 있습니다. 뭔가 일이 잘못되고 있을 때 하는 일이죠. 잭은 임박한 재앙을 예지하는 능력이 있으며 그럴 때마다 저와 미팅을 했습니다. 미팅에서 서로의 노트를 비교한 후 잭은 몇 해가 지나도 제가 잊을 수 없는 한 마디를 했습니다.

> **제가 '집중'이라는 선물을 드릴게요.**

해피 뉴 이어!

엄청난 양의 음식을 먹으며 가족들과 쉴 틈 없이 몇 주간의 휴가를 보내고 오니 새해가 되었습니다. 대부분의 새해 결심은 2월 말쯤 되면 모두 사라져 버립니다. 새해에는 누구나 방대한 계획을 세우고 다짐하지만 곧 그 마음은 온데간데없이 사라지고 평소 습관대로 행동하기 시작합니다. 실패한 것 같지만 사실 이 시기는 여러분의 삶을 다시 상상하고, 목표를 재평가하며, 개선점에 관해 생각해볼 수 있는 좋은 시기입니다.

제 경험에 의하면 매일매일 실천할 수 있는 다짐이 오래갑니다. 또 작고 단순한 다짐이야말로 습관으로 전환될 가능성이 높습니다. 다짐이 매력적일수록 금상첨화겠죠.

저는 여러분에게 집중이라는 선물을 주려고 합니다. 음, 너무 거창한 표현 같네요. 그럼 이렇게 표현해보도록 하죠.

집중하세요.

사라^{Sarah}가 1:1 면담을 위해 여러분의 사무실로 들어오면 그녀를 마주보고 집중하세요. 무엇을 하고 있었든 사라에게 주의를 기울이는 것이 중요합니다.

집중하세요.

테런스^{Terrance}가 많은 사람 앞에서 발표할 때 그의 말을 경청하는 자세를 취하세요. 생각나는 질문은 모두 기록해둡시다. 질문하는 것도 중요하지만 그가 답하는 이야기에 집중하는 것이 더 중요합니다.

집중하세요.

참석자의 절반에게는 불필요한 화상 회의에 참석할 때도 마찬가지입니다. 대화에 참여하고 있지 않을 때도 화면에 눈을 고정하고 모든 말을 이해하려는 자세를 보여주세요.

온전한 집중의 중요성

여기까지 책을 읽다가 중단한 적이 몇 번이나 되나요? 우리는 흥미로운 애플리케이션과 서비스들에 둘러싸여 있습니다. 미디어 매체들은 우리의 관심을 끌기 위해 혈안이 되어 있죠. 정치까지도 하나의 엔터테인먼트처럼 연출되곤 합니다. 이러한 현상은 COVID-19 대유행으로 인해 2년 넘게 각자의 공간에서 일하고 회의하는 동안 우리 주변에 녹아 들었습니다.

일하는 중이더라도 걱정하지 말고 그냥 보세요.

아무도 모를 겁니다.

2년 넘게 화상 회의를 하면서 집중력이 떨어진 제 뇌에는 깊은 정화가 필요했습니다. 어느 한 가지에 온전히 집중할 수 있도록 말입니다. 이 사람, 이 회의, 그리고 이 설계까지요.

잠깐 다른 생각을 해볼까…

아니요, 제가 지금 하는 일은 이것뿐입니다.

저 그룹의 정치적인 상황이 무척이나 흥미로워 보이네.
궁금하군…

아니요, 저는 한 가지 일에 집중하기 위해 이곳에 왔습니다. 일에 참여하기 위해 온 것이죠.

하지만 전처럼 저 사람은 앞으로도 5분 동안 계속 말을 하겠지?
그럼 난…
SNS를 빠르게 확인해야지!
아무도 모를 거야.

다른 사람들은 모르겠지만, 제 자신이 알죠.

고마워요, 잭

관리자로서 여러분의 주요 임무가 정보를 수집하고, 통합하고, 재분배하는 것이라면 때와 장소를 가려야 합니다. 개발자로서의 개발 기술은 여러분이 개인적으로 성취를 통해 보람을 느끼며 실력을 쌓아갈 수 있는 반면, 관리자로서 일하기 위해 필요한 기술은 혼자서는 배울 수 없다는 점이 무척이나 혼란스럽습니다. 그래서 우리는 무능한 관리자인 잭에게 고마워해야 합니다. 잭은 효과적인 팀을 구축하는 대신 현실에 안주하며 자신의 이익을 챙기는 데만 급급했기 때문이죠. 덕분에 우리는 팀에 무엇이 필요한지를 제대로 배울 수 있었습니다.

여러분의 앞에 놓인 업무에 온전히 집중하는 것은 온 힘을 다하는 것과 같습니다. 정보 관리와 관련된 중요한 성과는 필수지만 측정하기 어렵습니다. 온전히 집중할 때 비로소 여러분은 설계를 훌륭하게 바꾸는 중요한 가정을 발견할 수 있고, 수년간의 경험에 기반한 작고 이해하기 쉬운 교훈을 전달할 수 있습니다. 여러분과 함께 집중하는 사람들에게 말이죠.

9장
조직 문화

넷스케이프Netscape[15]에서 근무하던 시절, 저는 매주 수요일마다 회사에 있는 카페테리아 정중앙에서 카드 게임의 일종인 브리지bridge를 하곤 했습니다. 이 카페테리아에서 카드 게임을 하는 것은 마치 정해진 규칙처럼 계속됐죠.

게임에 참여한 플레이어들은 대부분 실리콘 그래픽스Silicon Graphics(SGI)[16] 출신으로, 다양한 부서에서 근무하는 사람들이었죠. 몇 달 후에 저는 이 핵심 플레이어들이 브리지 게임을 통해 회사의 개발 문화를 정의해나가기 시작했다는 것을 알게 되었습니다.

---

15 옮긴이_ 넷스케이프는 초기 웹의 시작을 대표하는 웹 브라우저이며 이를 개발한 회사의 이름이기도 합니다. 파이어폭스의 전신이며 오픈소스 웹 브라우저 생태계에 큰 역할을 한 소프트웨어입니다.
16 옮긴이_ 1990년대까지 3D 그래픽스 관련 기술과 시장을 선도하던 회사입니다.

첫 90일

여러분은 새로운 직장에서 첫 90일 동안 팀이 어떻게 구성되어 있는지를 파악하게 될 것입니다. 팀에 누가 있는지, 누가 무엇을 하는지, 그들이 무엇을 알고 있는지, 누가 독특한 사람인지, 누가 자유로운 영혼인지에 대해 말이죠. 스타트업 같은 소규모 조직이라면 구성원들의 인적 배경을 파악하기 쉽겠지만, 대기업이라면 90일 동안 회사, 동료, 조직 문화에 대해 수박 겉핥기 수준의 힌트만 얻게 될 것입니다.

다행히 대기업에는 문화와 프로세스를 체험하고 동료들의 소속을 파악하는 데 도움이 되는 네트워킹 프로그램과 문서가 있습니다. 여러분이 새로운 직장의 낯선 동료에게서 긴급한 메시지를 받게 되면 가장 먼저 무엇을 해야 할까요? 그 낯선 동료가 자신이 누구이며 무슨 일을 하고 어떤 이유로 메시지를 보냈는지 설명하더라도 여러분에게는 궁금증이 남아있을 것입니다.

과연 이 사람은 누구를 위해 일하는 걸까?

이럴 때 여러분이 참조할 수 있는, 회사의 중요 정보를 정형화한 디지털 문서가 있습니다. 바로 회사 조직도죠. 조직도를 빠르게 훑어보면 다음과 같은 질문에 대한 답을 얻을 수 있습니다.

- 어떤 조직에서 일하고 있나요? 쿨하고 멋진 조직인가요?
- 그 조직의 구성원은 몇 명인가요? 더 많은 권한을 가지고 있나요?
- CEO와 얼마나 가까운 사이일까요? 영향력이 큰가요?

조직도는 조직의 구성을 파악할 수 있는 정보의 출처로서는 중요하지만,

회사를 완전히 이해하는 데는 충분하지 않습니다. 그래서인지 전 자꾸만 넷스케이프 시절이 생각납니다.

브리지 플레이어

제가 회사 조직도에서 핵심 브리지 플레이어 네 명이 누구인지 찾아본 경험을 이야기하면 왜 조직도만으로는 충분하지 않은지 이해할 수 있을 겁니다. 우선 브리지 게임을 주로 함께했던 사람들에 관해 말해보죠. 개발 책임자, 낯선 이름의 플랫폼 팀 사람, 관리자라는 직책은 있지만 직접적인 보고 업무는 없는 사람, 그리고 프로그램 관리자처럼 보이는 사람. 이렇게 네 명이었습니다. 제가 조직도를 보고 네 사람에 대해서 내린 평가는 이랬습니다.

별로네.

몇 달 후 알게 된 사실은 그 정기적인 브리지 게임에 참여하는 사람들이 넷스케이프 브라우저의 큰 부분을 정의하고 있을 뿐만 아니라 개발 문화 즉, 제가 **조직 문화**라고 생각하는 것을 계속 정의하고 있다는 것이었습니다.

조직도와는 달리 조직 문화는 어디에도 기록되어 있지 않습니다. 조직 문화는 회사의 문화를 암묵적으로 나타낸 것으로, 이를 이해하면 여러분이 꼭 알아야 할 중요한 질문에 대한 답을 얻을 수 있습니다.

- 이 조직이 가치 있게 여기는 것은 무엇인가요?

- 이 가치 체계는 누가 만든 것인가요?

- 이러한 가치 체계를 고려할 때 높은 가치를 창출하는 사람은 누구인 가요?
- 이 가치가 어떤 식으로 창출되는지에 대해 가장 잘 알고 있는 사람은 누구인가요?

이러한 질문은 조금 모호하고 철학적인 질문처럼 들릴 수 있습니다. 더 현실적인 예를 들어보죠. 지금 당장 승진하려면 어떠한 노력이 필요한지 말해보세요.

열심히 일해야 합니다.

그렇습니다. 여러분은 승진하기 위해 열심히 일해야 한다는 것을 이미 알고 있습니다. 그러나 저는 승진을 위해 구체적으로 어떤 일을 해야 하는지 반문하고 싶습니다. 커리어를 적극적으로 관리하는 사람이 되고 싶다면 이 질문에 대한 답을 가능한 한 빨리 찾는 것이 중요하다고 봅니다. 그리고 이를 위해서는 먼저 조직 문화를 이해해야만 합니다.

문화 파악하기

승진하고 싶다면 특정 그룹의 사람들이 필요로 하는 것을 제공해야 합니다. 조직을 중심으로 보자면, 아마도 여러분은 '특정 그룹의 사람들'이 바로 경영진일 것이라고 생각하겠죠. 맞습니다. 결재를 담당하는 사람이 당신을 승진시켜줄 수 있는 사람일 것입니다. 여기서 중요한 것은 여러분이 상사보다 한발 앞서 나가는 것입니다. 상사가 원하는 것을 주는 것만으로는 승진하기 어렵기 때문이죠. 승진은 상사가 원하는 것뿐만 아니라 그가 예상치 못했던 것을 제공할 때 이루어집니다.

제가 열심히 여러분의 커리어 개발에 관해 이야기하다가 갑자기 상사가 원하는 것을 쥐여줘야 한다고 말하는 것이 불편한가요? 상사가 원하는 것을 항상 쥐여줘야 하는 것은 아니지만, 저는 상사의 예상치 못한 필요를 충족시킬 때 강렬한 만족감을 얻습니다. 그리고 상사의 예상 범주 밖에 있는 것을 발견하려면 먼저 조직 문화를 파악해야 하죠.

조직의 문화를 알아내려면 그저 귀를 기울이면 됩니다. 문화란 한 집단의 사람들을 결속시키는 무형의 흐름입니다. 문화가 존재하기 위해서는 한 사람에서 다른 사람으로 이야기를 통해 전달되어야 하죠.

> 맥스Max는 제품 출시를 3주 앞둔 시점에 그래프가 그려진 한 장의 종이를 들고 CEO 사무실로 향했습니다. 그는 성능에 집착하는 사람으로, 회사 내에서 유명한 사람은 아니었죠. 맥스는 그래프가 그려진 종이를 테이블에 놓으며 '3주 안에 제품 출시는 불가능하며 못해도 6개월은 걸릴 것입니다'라고 말했습니다. 그러나 CEO는 제품을 출시하지 못하면 300만 달러의 손실이 생긴다며 그의 말을 무시했습니다. 하지만 맥스는 그래프를 가리키면서 '이대로 제품을 출시할 경우 1,000만 달러의 손실이 생긴다'고 말하며 엉터리 제품의 출시를 막아야 한다고 반박했습니다.

이 이야기가 사실인지 아닌지는 중요하지 않습니다. 맥스가 CEO 의견에 반박하며 1,000만 달러의 손실을 막은 이야기는 회사 복도 또는 회식 자리에서 계속 회자됩니다. 이 이야기는 조직 문화에서 가장 중요한 부분을 지속적으로 강조했습니다.

엉터리 제품은 출시할 수 없다.

과연 이보다 확고하게 조직 문화를 정의하는 문장이 있을까요?

여러분은 수많은 이야기를 질리도록 듣게 될 것입니다. 그리고 각각의 이야기 속에는 진정한 기업 가치가 담겨있죠. 재미있으면서도 회사가 중요하게 생각하는 가치에 대해 생각해볼 수 있게 합니다. 그 가치를 높이는 방법을 습득하는 것이 바로 여러분이 승진하는 방법입니다.

물론 이런 이야기들을 듣지 못할 수도 있습니다. 저는 여러분이 개발의 가치를 인정해주는 회사에서 일하고 있기를 바랄 뿐입니다. 만약 반년 가까이 회사 생활을 했는데도 개발자가 회사의 운명을 뒤바꿔놓았다는 이야기를 듣지 못했다면 개발이라는 직무가 여러분의 회사에서 중요한 부분이 아닐 가능성이 큽니다.

개발이 조직 문화에서 중요한 위상을 차지하고 있지 않다면 어떻게 개발자로서 성공하고 승진할 수 있을까요?

문화를 정의하는 사람들

다양한 이야기들을 접하면서 여러분은 조직 문화를 어느 정도 이해하게 될 것입니다. 그러나 이것만으로는 조직 문화를 완전히 알기 어렵습니다.

문화에 관한 이야기를 하는 사람들은 대개 자신이 직접 본 것이 아니라 들은 이야기를 전할 뿐입니다. 모든 이야기에는 항상 시작점이 있습니다. 조직 문화를 정의하는 사람들은 아침에 일어나 갑자기 이렇게 결심하지 않습니다.

오늘부터 내가 조직 문화를 설계를 중시하는 방향으로 이끌어야지!

문화를 정의하는 사람들은 행동합니다. 조직 문화에 가장 큰 영향을 미치는 이들은 자신이 옳다고 생각하는 것을 믿고 행동할 뿐입니다. 이 핵심 개발자들에게 주의를 기울이고 그들이 어느 부서 소속이며 누구인지 알아두면 여러분이 발전하는 데 도움이 될 수 있습니다. 그들이 어떻게 행동하는지를 보면 회사가 어떻게 움직일 것인지 알 수 있기 때문입니다.

게임 오버

회사는 여러분이 상상하는 것 이상으로 훨씬 복잡한 네트워크로 연결되어 있습니다. 팀의 개발 문화를 알아낸다고 해서 회사 전체의 문화를 알 수 있는 것은 아니죠. 어떤 네트워크는 오랜 경험이 있는 사람들로 구성되어 있고, 어떤 네트워크는 위기를 겪었던 사람들로 구성되어 있으며, 또 어떤 네트워크는 과거의 훌륭한 업적을 이룬 사람들로 구성되어 있습니다.

문화를 알아가는 것은 끝없는 정보 싸움과 같습니다. 여러분의 커리어는 회사 문화의 미묘한 변화를 끊임없이 감지하고 적응하는 능력에 달려있습니다.

넷스케이프가 마이크로소프트에 시장 점유율을 뺏기기 시작했을 때 저는 크게 걱정하지 않았습니다. 주가가 횡보할 때도 크게 신경 쓰지 않았죠. 그러나 브리지 팀의 한 멤버가 떠나는 것을 보고 저의 거처에 대해 고민하기 시작했습니다.

브리지 게임은 중단되었습니다. 네 명으로 이루어진 그 그룹은 더 이상 점심을 즐기며 회사의 문화를 정의하는 일을 하지 않았습니다. 이런 변화를 지켜본 모든 이들은 그중 한 사람이 회사를 더 이상 믿지 못해 떠나게 되었다는 사실을 알게 되었죠.

10장
관리자 관리

모두가 무언가 잘못되었다는 것을 알았습니다. 경영진들이 거의 보이지 않았죠. 회의가 취소된 것이 아니라 무시됐습니다. 조직 개편과 비슷한 느낌이 났습니다만, 이 스타트업은 잘 돌아가고 있었습니다. 석 달 전에 또 다른 펀딩을 받는 데 성공했거든요. 회사 전체 회의에서는 긍정적인 말들만 나왔죠. 그런데 대체 경영진들은 어디 간 걸까요?

마침내 경영진들과 고위 관리자들이 함께하는 회의가 급하게 잡혔습니다.

> **개발 부문 부사장을 해임하기로 했습니다.**

제 상사 토니^{Tony}요? 그는 좋은 상사인데… 저는 이해가 되지 않았습니다.

시간이 흐른 후에도 개발 부문 부사장과 다른 임원들 사이의 단절은 명확하게 설명되지 않았지만 이사회의 허튼소리를 이해하는 것이 이번 장의 요점은 아닙니다. 이 장의 핵심을 설명하기에 앞서 이 장의 내용과는 관련 없는 짧은 교훈 두 가지만 짚고 넘어가겠습니다. 첫째, 여러분의 상사가 못되게 굴지 않는다는 것이 다른 사람들과 잘 어울린다는 뜻은 아닙니다. 둘째, 항상 놀랄 준비를 하고 있어야 합니다 .

회사는 개발 부문 부사장 자리를 대체할 훌륭한 사람을 빠르게 찾아냈습니다. 새로운 상사인 김리^{Gimley}는 쉽게 적응했고, 모든 것이 원활하게 진행됐습니다. 그는 곧 저와 회의를 잡았고 20분 동안 솔직하게 하고 싶은 말을 해보라고 했습니다.

> **무엇이든 다 들어줄 테니 하고 싶은 말이 있으면 해주세요.**

무언가를 해결하기 위한 회의가 아니었습니다. 회사 내부의 현황을 대략적으로 파악하기 위한 회의였죠. 관리자와 친해지기 위한 시간이었던 겁니다. 김리는 별다른 말을 하지 않고 고개만 끄덕였습니다. 그리고 마지막에 한 가지 지시 사항에 관해 말했습니다.

> **저를 놀라게 하지만 마세요.**

처음엔 지시 사항이 너무 단순해서 실망했습니다. 믿을 수 없을 정도로 간단한 요청이었지만 생각할수록 제게 힘이 되는 말이었습니다.

> **전 당신이 언제 보고해야 할지 안다고 믿어요.**

관리자 평가하기

제가 관리자에 관해 확실히 아는 것이 한 가지 있습니다. 그들은 여러분과 다르다는 것입니다. 어떤 점이 다른지를 모두 이야기하려면 책을 한 권써야 할 것 같네요. 내용이 방대해질 것 같으니 이번 장에서는 여러분이 상사와 어떻게 소통하는지에 초점을 맞추겠습니다. 여러분이 상사와 소통할줄 모른다면 여러분과 관리자의 차이를 알기 어려울 테니까요.

여러분이 막 새로운 상사를 만났는지, 상사와 3년째 일하고 있는지에 상관없이 이제부터 살펴볼 질문들을 통해 여러분의 관리자(상사)가 어떤 식으로 소통하는지, 어떤 정보에 관심이 있는지 파악해볼 수 있습니다.

1:1 회의가 있나요?

이런 걸 써야 한다는 것 자체가 절 괴롭게 하지만 그래도 여러분의 관리자에 대한 제 첫 질문은 이겁니다. 그가 여러분과 개인적으로 이야기하는데 시간을 쓰나요? 1:1 회의는 여러분과 상사가 규칙적으로 소통할 수 있는 시간입니다. 만약 그런 시간이 없다면 음… 어디서부터 시작해야 할지정말 모르겠네요.

1:1 회의는 여러분의 직업적 안녕을 책임지는 사람, 즉 관리자가 여러분이 어떻게 지내는지 확인하는 시간입니다. 물론 1:1 회의는 팀과 프로젝트의 상황에 관해 확인하는 시간이기도 하죠. 하지만 그런 정보는 다른 곳에서도 얼마든지 찾을 수 있다고 확신합니다. 정기적으로 1:1 회의를 통해 여러분이 회사에서 잘하고 있는지 솔직하게 이야기할 시간이 필요합니다.

구글처럼 크고 성공적인 회사는 관리자와 직원의 비율이 놀라울 정도로 차이가 납니다. 관리자보다 직원의 수가 훨씬 많죠. 그렇기에 규칙적으로 1:1 회의를 진행할 현실적인 방법이 없습니다. 이 직원들은 어떻게 성장하고 있을까요? 물론 코드를 작성하거나, QA 담당자인 펠릭스와 논쟁하거나, 마감 일정에 맞추기 위해 27시간 연속으로 일하는 경험도 분명 도움이 됩니다. 관리자와 이야기하기 싫어하는 사람이라면 이렇게 고생하면서 경험과 지식을 쌓는 것을 훨씬 더 선호하겠죠. 하지만 잊지 마세요. 관리자의 머릿속에는 즉시 아무런 고생 없이 얻을 수 있는 아주 값진 경험과 지식이 많다는 것을요.

조언자 역할도 관리자가 해야 할 일입니다. 그는 여러분보다 더 많은 경험을 했을 것입니다. 여러분이 어떤 질문이나 생각, 또는 실수를 가지고 가든 그가 가치 있는 조언을 해줄 가능성이 높다는 뜻이죠.

1:1 회의가 없다는 것은 그런 조언이 없다는 것이고, 이는 여러분이 현장에서 몸소 경험해야 한다는 의미입니다. 실제 경험을 대신할 수 있는 건 없다지만, 그럼 관리자가 과연 어떤 부가가치를 창출할 수 있는지가 궁금하네요. 그가 경험한 것들을 나누지 않는다면 그냥 프로젝트 관리자 아닌가요?

만약 1:1 회의가 없다면 상사에게 요청해보세요. 매주 아니, 한 달에 한 번일지라도 여러분의 업무와 경력을 돌아보고 계획을 세우는 데 필수적인 시간이 될 것입니다.

직원 회의는 가볍게 진행되나요? 아니면 체계적으로 구성되나요?

관리자가 어떤 정보에 관심이 있는지는 직원 회의 진행 방식을 보면 알수 있습니다. 회의가 어떻게 구성되고 진행되는지를 파악하면 관리자가 정보를 어떻게 제시하길 원하는지 알 수 있죠. 제가 개발자들을 평가할 때 자주 사용하는 스펙트럼이 있는데 이를 관리자에게도 적용할 수 있습니다. 이스펙트럼은 그들이 **유기적인지** 또는 **기계적인지**를 구분할 수 있게 해줍니다. 간단히 설명해보겠습니다.

유기적인 관리자는 감정과 관련된 단어를 사용합니다. 아주 많이요. 그는 1:1 회의를 진행하기 때문에 팀원들의 성격을 잘 이해하고 있습니다. 그는 인간으로 살아가며 겪는 골치 아픈 일들이 팀과 프로젝트에 큰 영향을 미친다는 사실을 알고 있기 때문에 여러분의 기분을 알고 싶어합니다.

반면 기계적인 관리자는 세상을 하나의 체계로 이해합니다. 그는 전형적인 괴짜처럼 세상과 상호 작용합니다. 머릿속에 있는 순서도에 따라 일이 어떻게 돌아가는지 파악하는 것이죠. 기계적인 관리자는 예측 가능성, 일관성, 구체성, 사실을 중요하게 생각합니다.

간단한 설명을 통해 관리자의 성격이 회의를 어떻게 결정짓는지 살펴보도록 하죠.

- 회의 안건이 있나요? → *기계적*
- 안건을 따라가나요? → *기계적*
- 어떤 토론이든 권장되나요? → *유기적*
- 관리자 없이 토론하기도 하나요? → *유기적*

- 토론은 특정 시간에만 이뤄지나요? → *기계적*
- 할당된 회의 시간을 항상 모두 채우나요? → *기계적*
- 회의 시간이 평소보다 길어지기도 하나요? → *유기적*
- 항상 회의가 길어지나요? → *유기적*
- 회의가 즐겁나요? → *유기적*

관리자가 유기적인지 기계적인지 이해하는 일은 결정적인 자료가 아니라 방향을 제시하는 자료입니다. 저는 유기적인 편이지만 기계적인 경향이 살짝 있죠. 여러분의 관리자 또한 그 둘이 혼합되어 있을 것입니다. 상황에 따라 다른 측면이 드러나겠죠. 저의 이전 상사는 굉장히 유기적인 사람이었지만 고위 경영진들이 그를 압박하기 시작하자 완전히 기계적으로 변했습니다.

유기적인 관리자는 상대방이 어떤 방식으로 소통하든 그 방식에 맞출 것입니다. 따라서 여러분이 그를 위해 소통 방식을 바꿀 필요가 없죠. 유기적인 관리자는 사람을 이해하는 능력이 탁월하여 필요한 정보를 얻기 위해 대화를 능숙하게 이끌 것입니다.

기계적인 관리자는 체계와 예측 가능성에 집중합니다. 저는 매우 기계적인 관리자를 경험해본 적이 있습니다. 제가 만약 1:1 회의 중에 보고 순서를 바꾸면 그는 눈에 띄게 허둥지둥했죠.

> 66
> 전에는 제품에 관해 이야기하기 전에
> 사람들에 관해 이야기하지 않았나요?
> 99

기계적인 관리자를 즉흥적으로 대해서는 안 됩니다. 그들에게 무엇을 말할지 먼저 이야기한 다음, 내용을 전달하고 전달이 잘 됐는지 확인하면 됩니다.

의사소통 방식의 차이는 효과적인 의사소통을 방해하는 요소입니다. 기계적인 관리자는 유기적인 관리자를 정신 없는 수다쟁이라 생각하고, 유기적인 관리자는 기계적인 관리자를 냉정한 로봇같다고 생각하죠. 둘 다 틀렸습니다.

만약 여러분이 관리자와 전혀 다른 의사소통 방식을 가지고 있다면 **그 차이를 메우는 일이 여러분만의 일이 아니라는 사실을 기억하세요.**

상황 보고가 있나요?

제가 직장 생활을 하면서 느낀 '상황 보고'의 가치는 조금 오락가락하는 면이 있습니다. 제 안에는 기계적인 관리자와 유기적인 관리자의 측면이 모두 존재하기 때문입니다. 제 안의 기계적인 관리자는 매주 팀원들의 한 주가 어땠는지 확인하고 소통하는 구조화된 리듬을 좋아합니다. 그리고 제 안의 유기적인 관리자는 상황 보고에만 의존해 조직에서 무슨 일이 일어나는지를 파악하려고 하는 제게 '너무 사무실에만 박혀 있었어'라고 알려줍니다.

상황 보고의 존재 자체가 기계적인 관리자라는 것을 뜻합니다. 물론 여러분의 직속 상사는 그렇지 않을 수도 있습니다. 직속 상사의 상사가 기계적일 수도 있죠(흥미로운 이야기는 아니지만요). 만약 관리자가 상황 보고를 요청했다고 가정해봅시다. 여러분은 어떤 것을 알 수 있을까요?

저는 '상황 보고의 존재 = 여러분의 관리자가 조직에서 흐르는 정보를 신뢰하지 않는다는 것'이라고 봅니다. 관리자가 편집증이 있다고 말하는 게 아닙니다. 더 많은 정보를 얻길 바란다는 사실을 말하는 것이죠. 여러분의 관리자는 상황 보고를 정보의 공백을 채우기 위한 수단으로 봅니다.

여러분이 답해야 할 질문은 이겁니다. 관리자는 왜 정보가 부족하다고 생각할까요? 어쩌면 그는 몹시도 기계적인 사람이라 복도에서 정보를 얻는 사회적인 기술이 없는 것일 수도 있습니다. 아니면 그저 상황 보고가 항상 해오던 일이라서 계속하는 것일 수도 있죠. 그것도 아니라면 1:1 회의에서 얻는 자료를 더 선호하는 걸까요?

만약 상황 보고가 상부의 명령이거나 문화의 일부일 뿐이라면 여러분은 상황 보고를 피할 수 없을 가능성이 높습니다. 그냥 받아들이세요. 하지만 상황 보고가 업무에 관해 소극적으로 끄적인 지루한 목록이 되어서는 안 됩니다. 좋은 상황 보고는 이번 주에 무슨 일이 있었고 그게 왜 중요한 일이며 다음으로 무엇을 할지 정리할 수 있는 기회가 됩니다.

만약 관리자가 별다른 목적 없이 상황 보고를 요청한다면 그가 어떤 정보를 얻고자 하는지를 알아내서 거절하도록 하세요.

- 그는 기계적인 관리자이고 대면 대화를 좋아하지 않습니다.
  → 잘 구성된 안건을 미리 보내두고 지정된 시간 안에 끝나는 1:1 회의를 제안하세요. 이건 엄밀히 말해 (앞서 설명한) 1:1 회의와는 조금 다릅니다. 시간이 흘러 그가 좀 더 느긋해지길 기다립시다.

- 그녀는 너무 많은 부하 직원을 관리하고 있어 시간이 모자랍니다.

  → 직원 회의에 1:1 회의의 좋은 특성들을 도입해보는 것은 어떨까요?

저는 사람 대 사람의 직접적인 소통을 강조하는 편입니다. 상황 보고는 구조화되어 있고 믿을 만하지만 누군가의 눈을 보고 그 사람의 말을 듣는 것에 비할 수는 없습니다.

관리자가 어떤 회의를 잡나요?

관리자가 어떤 정보를 원하는지 파악하는 또 다른 좋은 방법이 있습니다. 1:1 회의나 직원 회의를 제외하고 어떤 회의의 일정을 잡는지 살펴보는 것입니다. 그가 참석하는 회의를 말하는 것이 아니라 한 번이든 정기적이든 그가 주최하는 회의를 말하는 것입니다. 이런 회의는 그녀가 '참석해야만 하는' 회의가 아니라 '참석하고 싶은' 회의입니다. 여러분은 두 종류의 회의가 있다는 것을 파악해야 합니다.

■ 기술 회의

기술을 깊이 분석하는 회의입니다. 관리자가 기술에 대해 깊이 알고 싶어서 참석하는 회의죠. 이 회의는 이미 내려진 기술적인 결정에 관해 검토하는 시간이 아니라 앞으로 어떻게 할지 토론하고 결정하는 회의입니다. 관리자가 시간을 잡고 진행하는 기술 회의는 그 또한 한때 개발자였음을 스스로 상기시키는 방법입니다.

■ 조율 회의

조율 회의는 프로젝트 회의, 현황 회의, 전체 직원 회의 등 수많은 다른 이름을 가지고 있지만 결국 하나의 목적을 가진 회의를 가리킵니다. 구성원들이 모두 같은 의견을 가졌는지 확인하기 위한 회의죠. 이런 회의는 일반적으로 프로젝트에 참여하는 부서 간의 협력을 조율하는 프로젝트 또는 제품 관리자의 영역입니다. 그럼 우리는 왜 관리자가 조율 회의를 잡았는지 궁금해집니다. 누가 다른 의견을 가지고 있는 걸까요?

하나의 회의만 보고 관리자의 일정을 파악하기보다는 시간을 두고 지켜봐야 합니다. 즉, 한 걸음 물러서서 관리자가 주최한 지난 2주간의 회의들을 살펴보는 것이죠. 기술 회의가 많나요? 그는 아직도 자신을 개발자라 믿는 것입니다. 조율 회의만 있나요? 그는 다른 의견을 조율하려고 시도하고 있는 것입니다.

관리자가 되면 커리어에서 기술적인 측면을 포기해야 한다는 것이 일반적인 통념입니다. 기술과 가장 밀접한 개발자들이 어려운 결정을 내리도록 하세요.

그렇지만 저는 여기서 **균형**을 맞출 수 있다고 봅니다. 기술적인 것에만 집중하는 관리자는 프로젝트의 거시적인 측면을 보지 못하며 사람들 사이에 까다로운 문제가 발생했을 때 어려움을 겪습니다. 반면 프로젝트 중심적인 관리자는 개발자에게 동기를 부여하는 기본적인 규칙들을 잊었을 가능성이 높죠.

유기적이거나 기계적인 측면처럼 여러분은 관리자가 기술적인 측면과 조율적인 측면 중 어느 쪽에 속하는지 알고 싶을 것입니다. 그래야 관리자가 어떤 말을 듣고 싶어 하는지 알 수 있으니까요. 여러분은 기술적으로 상세한 보고를 할 건가요? 아니면 프로젝트의 세부 사항을 이야기할 건가요?

관리자가 얼마나 자주 선을 넘나요?

모든 것이 잘 되고 있다면 관리자는 여러분과 상사 또는 다른 동료들에게서 필요한 정보를 얻을 수 있습니다. 그러나 회사에서 모든 것이 잘 되고 있는 경우는 매우 드뭅니다. 나중에 이야기하겠지만 사내에서는 수많은 이유로 정보가 서로 다른 속도로 움직입니다. 그리고 여러분의 관리자는 알 수 없는 이유로 선을 넘을 때가 있죠.

여기서 말하는 선은 여러분의 상사가 넘지 말아야 할 **조직의 경계**를 넘나드는 것을 말합니다. 전형적으로는 상급 관리자가 하급 관리자를 건너뛰고 그의 부하 직원에게 직접 이야기하는 경우가 있죠. 물론 관리자가 이런 요청을 해야만 하는 완전히 용인되는 이유가 있겠지만 이 때문에 팀의 소통과 사기가 망가질 가능성이 있습니다.

예를 들어보겠습니다. 상급 관리자 프랭크^{Frank} 아래에 한 무리의 직원을 거느리는 관리자 밥^{Bob}이 있고, 밥의 직원 중에 알렉스^{Alex}가 있다고 해봅시다. 하루는 프랭크가 밥의 그룹에서 버그가 해결되지 않아 밥을 찾았지만 그는 어디에도 보이지 않습니다. 답답한 마음에 프랭크는 버그를 처리하는 알렉스에게 곧장 찾아가 무슨 일이냐고 물었습니다. 알렉스는 방금 막 버그를 완전히 파악했고 사용자의 실수였음을 증명했습니다. 프랭크의 답답함을 바로 해소할 수 있어서 기뻤죠. 모두가 행복한 상황 아닌가요?

이것만 보면 문제가 없어 보입니다. 이제 프랭크는 알렉스와 소통함으로

써 즉각적으로 버그가 해소되는 만족감을 얻을 수 있다는 걸 알게 됐고, 알렉스는 상사의 상사에게 신뢰를 얻게 되었다는 사실을 알았죠. 그럼 대체 밥은 어디에 있는거죠?

지휘 체계에 대한 극단적인 규칙들은 군대에서나 통용될 뿐이지 소프트웨어를 개발할 때는 어울리지 않습니다. 그렇지만 여전히 조직도와 관리자 그리고 직원들 간의 관계는 이유가 있어서 존재하는 것입니다. 이러한 관계는 누구에게 어떤 책임이 있는지를 분명히 합니다. 앞서 예로 든 것과 같이 의도치 않게 선을 넘는 행동은 그 일에 관해 알아야만 하는 사람들을 고립시키죠.

이런 위반 사항은 조직도상에서 어떤 방향으로든 일어날 수 있습니다. 이는 정보와 결정의 흐름에서 의도적으로 특정 사람을 피해가는 것입니다. 만약 여러분의 상사가 선을 넘는 사람이라면 그는 원하는 정보를 얻지 못했거나 팀원들의 의사소통 방식을 이해하지 못하는 것입니다.

필수 요소

본사 3층에서 일이 벌어지고 있습니다. 여러분은 여러 조직이 모인 회의에 참석해 부사장의 발언을 듣고 있습니다. 아무 의미 없이 던진 말인 것 같지만 여러분은 듣자마자 전체 상황을 이해합니다. 그가 여러분의 상사의 팀과 그 팀에 속한 사람들을 데려가려고 수를 쓰는군요. 맞습니다, 일이 벌어지고 있습니다!

여러분이 중요하고 시급하며 논란이 될 만한 이런 정보를 얻는다면 상사에게 어떻게 전달할 건가요? 일단 저는 여러분이 상사를 좋아하고 그와 계속 소통하길 원한다고 가정하겠습니다. 그렇다면 이 정보를 효율적으로 전달하기 위해 어떻게 딱 맞게 가공할 수 있을까요? 유기적인 관리자는 빠르고 열정적인 호소를 원할 것입니다.

> **66**   그가 당신의 팀을 빼앗으려 하고 있어요!   **99**

기계적인 관리자는 적절한 시간에 조리있고 건설적인 자료가 도착하길 바라겠죠.

가공은 여기서 끝나지 않습니다. 무엇을 생략할 것인가요? 어디에 여러분의 의견을 넣을 거죠? 상사에게 모든 것을 전달하고자 하는 것은 충직한 본능이지만 그저 정보를 한 곳에서 다른 곳으로 전달하는 것이 여러분의 전략인가요? 그건 슬랙이나 트위터 아니면 종이컵 두 개랑 실만으로도 할 수 있는걸요.

요령은 이야기를 필수적인 요소만 남기고 간추린 다음, 여러분의 의견을 적절히 넣고 상사의 입맛에 맞게 메시지를 전달하는 것입니다. **세부 사항은 생략할 수 있습니다.** 절 믿으세요. 그는 이미 이 이야기를 이전에도 들었을 것입니다. 완전히 같은 이야기는 아니기 때문에 그가 많은 질문을 할 것입니다. 그는 경험을 바탕으로 여러분이 전달한 이야기가 어떤 버전인지 알아내겠죠.

소통의 통로

김리는 약간의 기계적인 성향을 지닌 명백히 유기적인 관리자였습니다. 규칙적이고 생산적인 1:1 회의를 진행하고, 복도에서 일을 처리하고, 다양한 성격의 사람들과 잘 어울렸죠. 스트레스를 받거나 구석에 몰리거나 화가 났을 때는 극도로 기계적으로 변해서 모든 세부 사항을 깊이 들여다보고 코드를 작성하는 것을 도우며 개발자로 돌아가곤 했습니다.

그가 처음 '놀라게 하지만 마세요'라고 요청한 것은 그가 자신의 성격적 특성을 알고 있었기 때문입니다. 그는 하늘이 무너지는 상황이 오면 자신의 역할을 다하지 못할 것이란 걸 알고 있었기에 팀원들에게 놀라게 하지 말아 달라고 한 것이죠. 즉, '제가 놀라는 상황은 여러분도 받아들이기 힘들 거예요'라는 의미입니다.

11장
에스컬레이션

저는 예전 회사에서 부사장이 그만두기를 간절히 기도했습니다. 아키텍트와 제품 관리자 역시 부사장이 회사를 나가길 바랐죠. 스타트업이었기에 회사를 성장시키려고 주말에도 쉬지 않고 많은 노력을 기울였지만 부사장은 코빼기도 비치지 않았습니다. 회의실에서 그는 충동적으로 행동했고, 그가 내놓는 아이디어는 우리의 이야기에 반응하는 수준이었죠. 아무런 비전도 보이지 않았습니다. 최악인 것은 우리가 영혼을 갈아넣고 있는 동안 우리에게 그 어떤 영감도 주지 못했다는 것이죠.

그래서 우리 셋은 사흘 동안의 회의를 통해 화이트보드에 적절한 이유를 나열하고, 경험을 정리하고, 증거를 확인하며 CEO에게 전달할 의견을 정리했습니다. 그런 다음 바로 CEO와의 미팅을 잡았죠.

> **"** 무슨 일인가요? **"**

우리의 제안은 간단명료했습니다. 우리는 부사장이 왜 아무런 도움이 되지 않는지를 뚜렷하게 설명하고 의견을 피력했죠. 특히 직무와 관련하여 부사장이 구체적으로 왜 쓸모없는지를 20분간 주장했습니다. 아주 탄탄했죠. 말을 끝마쳤을 때 우리는 원하는 바를 이룰 가능성이 높다고 생각했습니다.

> 66 그래서요? 99

CEO가 답했습니다.

그래서?

우린 조용히 생각했죠.

> 66 그래서 말하고 싶은 게 뭔가요? 99

뭘 말하고 싶냐고? 당신이 우두머리잖아. 당신이 무엇을 할지 결정해야지!

> 66 부사장한테 실망한 건 알겠는데, 그래서 어떻게 할 건가요? 99

우리보고 어떻게 할 거냐고? 당신이 어떻게든 해야지!
당신이 우두머리잖아.

경험

이 장을 제대로 이해하려면 상사의 경험이 가치 있는 것이었다고 믿어야 합니다. 즉, 상사의 의견이 더 정확하고 옳다는 사실을 받아들여야 합니다.

여러분보다 더 많은 사회 경험을 가지고 있기 때문에 상사의 결정은 그의 직감이나 환상이 아닌 그 이상의 무언가에 기반한 것이라고 생각해야 하죠.

우리는 지식 노동자knowledge worker입니다. 일할 때 가장 중요한 자본이 지식인 사람들이죠. 지식 노동자라는 말은 물리적으로 만질 수 있는 것을 만들지 않는다는 것을 어색하지만 멋지게 표현하는 단어이기도 합니다. 우린 머리로 물리적이지 않은 것들을 만들죠. 우리는 동굴에 틀어박혀서 0과 1로 이루어진 흥미로운 배열을 만들고 아이디어를 통합해 다른 누군가가 돈을 지불해가며 사용하는 유용한 무언가를 만듭니다.

개발자가 일을 더 쉽게 할 수 있는 물리적인 도구는 사실 없습니다. 꼭 가지고 있어야 하거나 창고에 둘 만한 도구가 없죠. 말 그대로 도구 창고는 비어있습니다. 개발자의 기술은 온전히 개발자의 두뇌에만 의존합니다. 그렇기에 여러분의 커리어에 상사가 제공할 수 있는 유일한 것이라고는 그의 경험뿐이며 여러분은 상사에게 그 경험을 알려달라고 요청해야 합니다.

저는 권력이라는 것에 문제가 있다고 생각합니다. 권력이 어떻게 똑똑한 사람들을 망치고 관리자들의 의심을 키우는지 잘 알죠. 이런 상황에서 여러분은 필시 문제를 스스로 해결하려고 하겠지만 그보다는 상사에게 어떤 문제가 있는지 설명하고 그가 의견을 내도록 만드는 것이 더 효율적일 수 있습니다. 물론 여러분이 해결책을 직접 찾는다는 만족감은 얻지 못하겠죠. 하지만 그렇게 함으로써 팀워크의 가장 첫 번째 규칙을 실천하게 됩니다. '함께라면 더 많은 것을 할 수 있다'는 규칙 말이죠. 함께한다면 팀은 더 성장할 수 있습니다.

성장 또는 확장이라는 단어는 다분히 경영학적인 용어로 보입니다. 경영진은 이 단어를 사용해서 '우리는 더 나은, 더 많은, 더 빠른 것을 원한다'라는 말을 하기도 하죠. 저는 개인적으로 경영진이 말하는 이런 단어들이 꺼림칙하게 느껴지지만 적어도 '확장'의 정의로써는 맞는 말이긴 합니다.

직장에서 여러분의 업무가 개인적인 일이든 관리자로서 해야 할 일이든 언젠가는 다른 사람의 경험을 토대로 문제를 해결해야 할 때가 옵니다. 여러분이 할 일은 그게 언제인지를 정하는 것이죠.

다른 사람의 경험을 토대로 문제를 해결하는 것에는 위험과 보상 두 가지 측면이 모두 존재합니다. 문제가 생길 때마다 도움을 요청한다면 여러분이 회사에서 하는 일이 도대체 무슨 의미나 가치가 있는지 스스로 돌아볼 필요가 있습니다. 아무런 도움도 요청하지 않는다면 그 문제를 효율적으로 해결한 적이 있는 주변 사람들의 경험을 무시하고 불필요하게 일을 망치고 있는 것이죠.

그럼 언제 상사에게 문제 해결을 도와달라고 요청해야 할까요? 한번 알아봅시다.

에스컬레이션

조직도를 보면, 부서별로 관리자가 있으며 각 관리자에게는 해당 부서에 속한 직원들을 관리할 책임이 있습니다. 말 그대로 관리자죠. 그리고 CEO에게는 조직의 모든 직원을 관리할 책임이 있습니다. 그렇다고 해서 CEO

가 여러분의 일거수일투족을 지켜보고 세세한 부분까지 속속들이 다 안다는 것은 아닙니다. CEO는 여러분과 여러분의 복지에 대한 책임을 지며 여러분이 친 대형 사고로 인해 해고될 수도 있죠.

수천 명이 있는 조직의 경우 CEO가 어떻게 모든 직원을 관리할 수 있을까요? 답은 간단합니다. CEO는 추종자들을 거느리고 있습니다. CEO에게는 그만의 스태프가 있고 추종자들 역시 그들만의 스태프가 있습니다. 이런 식으로 계층적으로 구성됩니다. 그리고 우리는 이것을 조직도라고 부릅니다. 인사 부서에서는 조직이 보고 관계로 구성된다고 말하지만 사실 조직을 구성하는 것은 정보의 흐름입니다.

전통적인 관점에 따르면 정보, 의사 결정, 전략은 조직도상에서 위쪽에 있는 경험이 많은 사람들이 설계합니다. 그 정보는 조직도의 아래쪽으로 조금씩 천천히 흘러가죠. 이를 낙수 효과^{trickle down} 라고 합니다. 그리고 아래로 내려오는 것만큼 많은 중요한 정보들이 조직도의 위쪽으로 향해 가는데 이것이 바로 에스컬레이션^{escalation} 입니다.

조직도만으로 이런 정보의 흐름이 어떻게 일어나는지를 알아내기는 역부족입니다. 조직도로 유추할 수 있는 정보는 수박 겉핥기에 불과하죠. 제 생각에 여러분의 회사 조직도는 아주 재미있고 다양한 이유로 엉망진창일 가능성이 큽니다(엉망진창인 조직도에 관한 내용은 다른 장에서 살펴보도록 하죠). 여러분의 임무는 상사가 언제 어떤 정보를 원하는지를 알아내는 것입니다. 그게 가능하다면 상사에게 최신 정보를 계속 전달할 수 있을 뿐만 아니라 여러분의 삶도 편안하고 윤택해질 것입니다.

단편적인 정보

문제 그 자체부터 시작해봅시다. 문제의 세부 사항에 관해서는 다루지 않습니다. 중요한 것은 그 문제 때문에 여러분이 할 일을 하지 못하고 제자리에 서 있다는 점입니다. 독특하고 생소한 경험이죠. 아마 여러분은 문제를 마주하고 나서 이런 생각을 했을 것입니다.

이걸 어떻게 해야 하지?

괜찮습니다. 사실 모르는 것을 해결하는 것이야말로 무언가를 배울 수 있는 가장 좋은 방법이죠. 여기서 여러분이 확실히 해야 할 것은 이 문제를 해결하기 위해 상사를 끌어들일 것인지 여부입니다. 가장 간단한 방법은 상사에게 직접 물어보는 것입니다. 상사가 절반만 참여하는 경우는 없습니다. 여러분이 문제가 있다고 이야기하면 공식적으로 문제가 됩니다.

상사가 일에 대한 지식이 부족하고 돕겠다는 선의가 없다고 말하려는 것이 아닙니다. 다만 상사는 단편적인 정보들만 알고 있기 때문에 지속적으로 두려움에 시달리고 있을 것입니다. 그 두려움은 상사가 더 이상 개발자로 일하지 않고 경영에 뛰어들기로 결심한 순간부터 시작되죠. 여러분의 상사 역시 여러분과 마찬가지로 코드만이 유일한 진실이라고 믿지만 더 이상 코딩을 하지 않기 때문에 다음과 같은 비이성적인 두려움을 가지게 됩니다.

나를 망칠지도 모르는 무서운 일이 벌어지고 있는 건 아니겠지?

모순되게도 상사는 여러분이 업무를 잘 수행하고 팀에서 일어나는 모든 문제를 처리하길 원하면서 동시에 자신에게 모든 것을 말해주기를 기대합니다. 하지만 여러분은 그렇게 할 수 없고 해서도 안 됩니다. 여러분이 월급을 받는 이유는 정확히 그 반대의 일을 하기 위해서입니다. 팀에서 발생한 문제를 독립적이면서도 효율적으로 처리할 때 회사가 잘 굴러갑니다. 상사는 생산성이라는 아주 효율적인 침묵 외에는 아무런 소리도 듣지 못해야 합니다.

그럼에도 몇몇 문제는 상사에게 알려야만 합니다. 다음 체크리스트는 상사에게 알려야 할 문제를 판단할 때 도움이 될 것입니다.

■ 여러분의 문제인가요?

여러분이 책임지고 처리해야 할 문제인가요? 아니면 문제에 관해 많은 것을 알고 있는 이상한 사람이 불쑥 나타나 이 문제가 여러분의 것이라고 했나요? 문제가 여러분의 것이라면 당연히 여러분이 처리해야 합니다. 그런데 여러분의 문제가 아니라고 해서 처리하면 안 되는 것도 아닙니다. 여러분의 전문 지식이나 책임을 벗어난 문제를 처리하는 것은 회사 내의 정치적 관점에서 큰 이점을 가져올 수 있지만 그만큼 위험도 존재합니다. 그 문제를 성공적으로 해결하면 영웅이 되겠지만, 실패한다면 애당초 왜 끼어들었는지 공격받게 되겠죠.

■ 문제를 처리할 수 있나요?

본능적으로 문제에 대해 어떤 생각이 드나요? 처리할 수 있을까요? 이전에 비슷한 문제를 본 적이 있나요? 아니면 다른 문제와 유사한 점이 있나요? 상위 관리자의 도움 없이도 해결할 수 있는 문제로 보이나요? 그렇다면 나머지 체크리스트도 마저 살펴보도록 하죠.

■ 얼마나 중요한 문제인가요?

문제가 얼마나 중요한지도 알아봐야 합니다. 중요도가 일정 수준 이상이라면 즉시 상사에게 보고해야 합니다. 이를테면 인사나 법률 문제, 까다로운 사람과 관련된 문제, 팀과 관련된 자극적인 문제들이죠. 여러분이 문제를 처리할 수 있는지 여부와 상관없이 이런 중요한 문제는 가급적 빨리 상사에게 알려야 합니다.

■ 문제가 상사의 관심 영역과 관련된 것인가요?

상사가 항상 관심을 가지고 있는 세 가지 영역을 꼽아봅시다. 아마도 성과, 확장, 그리고 다른 부서의 책임자들과 관련된 모든 영역일 것입니다. 제말이 맞죠? 그럼 상사의 고질병은 무엇인가요? 상사의 책상 위에 슬그머니 올려두면 무조건 화를 내는 주제는 무엇인가요? 지금 발생한 문제가 상사가 항상 관심을 두는 영역과 관련된 내용인가요? 그런 문제를 상사에게 비밀로 해야 할 그럴듯한 이유가 없다면 오히려 여러분은 상사의 참여를 유도하는 것이 좋습니다. 여러분의 상사가 관심 있어 하는 분야와 관련된 문제를 미리 알려주지 않는다면 나중에 여러분은 된서리를 맞게 될지도 모르거든요.

■ 상사의 도움 없이 문제를 해결했을 때 이점이 무엇인가요?

상사의 개입 없이 문제를 깔끔하게 처리하면 무슨 일이 벌어질까요? 문제를 혼자서 해결하면 문제 해결 경험을 쌓을 수 있고 다른 사람의 신뢰를 얻을 수 있겠죠. 심지어 여러분이 책임져야 할 문제가 아니었더라도 아무도 여러분의 의도를 의심하지 않을 것입니다. 문제가 해결됐으니까요. 상사의 관심 영역과 관련된 문제였더라도 상사는 이렇게 말하고 넘길 것입니다.

■ 그렇다면 단점은 무엇인가요?

여러분이 문제를 해결하다가 망칠 경우 어느 정도의 피해가 생길지 예상할 수 있나요? 상사가 더 이상 여러분을 믿지 않게 될까요? 아니면 해고당할 수도 있나요? 여러분의 실수로 인해 더 많은 사람들이 개입하게 되지 않을까요? 문제를 제대로 해결하지 못하면 더 많은 문제가 생길까요? 한 번도 다뤄보지 못한 문제라면 이를 예상하기란 정말 어려운 일입니다.

■ 무엇을 배울 수 있나요?

이 질문은 제가 바로 답할 수 있습니다. 여러분이 문제를 주의 깊게 관찰하고 이 체크리스트를 보면서 신중하게 혼자서 문제를 해결할지 말지를 결정하는 동안, 단언컨대 여러분은 무언가를 배우게 될 것입니다. 성공이든 실패든 문제 해결에 도전한다는 선택은 지식과 경험을 얻게 해줄 것입니다.

도움 없이도 모든 문제를 처리할 수 있는 직장이라면 좋겠지만, 여기서 우리는 상사가 문제를 해결하는 데 도움이 될 것이라고 가정하고 있습니다. 상사의 경험은 여러분이 문제를 더 빠르게 해결하는 데 도움이 될 것입니다. 왜냐고요? 상사도 예전에 비슷한 일을 겪어 봤기 때문이죠. 이 사실만으로도 때로는 상사에게 의지하는 것이 합리적이라고 판단할 수 있지만, 또다른 이유도 있습니다.

멍청이 조심

상사의 경험이 문제 해결에 도움이 될 것이라고 가설을 세우긴 했지만, 사실 별 도움이 안 되는 상사들도 많습니다. 쓸모없다거나 도움이 안 되는 상사의 유형은 다양합니다. 저는 그중에서도 특히 한 유형의 상사에 관해 이야기해보고 싶군요. 바로 멍청한 상사죠.

멍청이들은 어쩌다보니 충분한 성공을 거뒀고 스스로 모든 문제를 해결할 수 있다고 믿기 시작했을 것입니다. 아니면 모든 것을 알고 있기 때문에 더 이상 놀라운 일이 없어서 게을러졌을지도 모르죠. 어쨌든 이런 식으로 멍청이가 탄생합니다.

멍청이는 스스로 모든 것을 안다고 믿기 때문에 한발 뒤로 물러나 팔짱을 끼고 모든 일이 일어나도록 내버려둡니다. 그러다가 문제가 멍청이의 책상에 도착하게 되면 멍청이는 과거의 비슷한 경험을 떠올려 간단히 판단한 다음 별 다른 도움 없이 여러분에게 문제를 다시 넘깁니다.

멍청이의 답답한 점은 스스로 무슨 말을 하는지 잘 알고 있는 것처럼 행동한다는 점입니다. 문제를 들고 가서 설명하면 다 안다는 듯 고개를 끄덕이고 무엇을 해야 할지 잘 알고 있다는 인상을 주는 질문을 하죠. 여러분은 아마 회의를 마치고 회의실을 나오면서 이렇게 생각할 것입니다.

그래, 상사한테 말했으니 내 할 일을 다했어.

그리고 일주일이 지나 다시 상사와 1:1 회의를 합니다. 그 자리에서 여러분은 다시 문제에 관해 이야기하죠. 일주일 전과 똑같은 기분 좋은 대화를 나누게 될 것입니다.

여러분은 멍청이에게 속았습니다! 여러분은 두 가지 이유로 상사와 회의를 했습니다. 하나는 의사소통이고, 다른 하나는 도움 요청이죠. 하지만 멍청이한테 도와달라고 말해봐야 둘 중 그 어떤 것도 이룰 수 없습니다. 수많은 멍청이들과 일해본 제 경험에 비추어 보았을 때 이런 결과에는 제 잘못도 조금 있는 것 같습니다.

훌륭한 상사는 언제 도움을 주어야 하는지 잘 압니다. 상사가 할 일은 팀의 상태를 파악하고 앞으로 무슨 일이 일어날지 몇 수 앞을 내다보는 것입니다. 하지만 이들 역시 중요한 부분을 놓칠 때가 있습니다. 팀으로 일할 때의 장점은 서로의 실수를 바로 잡아줄 수 있다는 점이죠. 여러분이 해야 할 일은 두 가지입니다. 상사나 팀이 놓친 부분을 잡아내고, 여러분이 놓친 것에 대해 도움을 요청하는 것입니다.

상사에게 도움을 요청할 때 가장 중요한 점은 상사에게 문제를 단순히 알리는 것이 아니라 '도움을 요청'해야 한다는 것입니다. 멍청이들은 그동안의 성공 경험, 문제를 풀었다고 생각하는 환상들이 겹겹이 쌓여서 탄생합니다. 상사에게 문제를 알리고 도움을 요청하기로 결정했다면 여러분은 상사의 관리 방침뿐만 아니라 상사가 어떤 경험을 가지고 있는지 알아내야 합니다. 그렇지 않고 멍청한 상사가 내뱉는 그럴싸해 보이는 말을 믿는다면, 여러분 역시 멍청이를 만드는 데 일조하게 되는 것입니다.

모든 것

전 제가 일하고 있는 이 분야가 정말 좋습니다. 이 분야의 사람들은 모두 스스로가 무엇이든 할 수 있다고 믿으니까요.

당당하게 무엇이든 결정할 수 있는 경험, 지식, 자신감을 갖춘 세상에서 살고 싶다는 여러분의 욕망은 이해하지만 그건 불가능한 일입니다. 문제 해결에 참여하고 경험을 쌓다 보면 다음에 더 나은 결정을 내릴 수 있게 되겠지만 언제 스스로 문제를 해결하는 것보다 도움을 요청하는 것이 더 나은지도 잘 알게 될 것입니다. 물론 여러분의 커리어에서 목표하는 바는 도움을 요청하는 쪽에서 도움을 제공하는 쪽으로 바뀌는 것이겠지만, 그래도 항상 도움이 필요한 상황이 생길 것입니다.

우리가 그토록 회사에서 내쫓고 싶었던 그 부사장이 바로 멍청이였습니다. '그래서 말하고 싶은 게 뭔가요?'라는 CEO의 질문은 '문제를 가져오지 말고 계획을 가져오세요'라는 의미의 아주 적절한 질문이었죠.

문제는 우리가 CEO만이 할 수 있는 일에 관해 도움을 요청했다는 점입니다. 우리는 CEO와 대화하기 전에 모든 위험과 질문을 검토했습니다. 부사장에게 문제가 있다는 점도 알았죠. 그 문제는 상당히 심각했고 부사장을 내보내면 큰 이점이 있을 것이라는 점도 파악했습니다. 하지만 우리는 문제를 설명할 수만 있을 뿐 변화를 만들어낼 수 없었습니다.

CEO의 사무실을 나오면서 우리가 실패했다는 느낌을 받았고 크게 실망했습니다. 그래서 이 이야기를 또렷이 기억하고 있죠. 문제를 정의하는 데도 실패했지만 해결책을 내놓지도 못했습니다. 그리고 몇 년이 지난 후 당시의 실망감이 좌절감으로 바뀌었습니다. CEO가 멍청이로 퇴보하는 것을 막지 못했다는 좌절감 말이죠.

12장
리퍼 The Leaper: 변명과 진실

다른 사람과의 경쟁에서 살아남기 위한 저만의 차별점은 '받은 편지함 관리 전략'입니다. 저는 어떤 이메일이든 바로 읽습니다. 강력한 이메일 필터가 광고성 이메일들을 처리해주기 때문에 상당수의 이메일을 무시하게 되지만, 제 이메일 주소로 직접 보내온 메일들은 꾸준히 빠르게 읽는 편이죠.

언제, 어떻게 답을 해야 할지 파악하기 위해 사용하는 또 다른 전략도 있지만, 이러한 전략들의 조합이 완벽하지는 않습니다. 저는 이메일을 읽고 응답할 의도가 있음에도 불구하고 답장을 보내지 않는 경우가 있습니다. 답하기 싫은 이메일을 무시하기도 하고, 그저 답장하는 것을 잊기도 하죠. 이메일에 대한 사회적 합의를 위반했다고 누군가 비판한다면 저는 조심스레 변명합니다. 다음 문장은 답장에 소홀했을 때 사용하는 표준적인 서문이라 볼 수 있죠.

> **❝** 죄송합니다. 그동안 너무 바빠서… **❞**

이건 거짓말은 아닙니다. 핑계일 뿐이죠.

저는 지금 바쁘게 움직이는 삶을 살고 있는 것에 자긍심을 느낍니다. 맞아요, 제가 바쁘다는 사실이 자랑스럽죠. 지루한 클럽 모임에 참석해봤지만 역시나 지루했습니다. 그래서 저는 바쁜 클럽의 행복한 회원이 되기로 했죠.

하지만 불가피하게 이런 일이 일어나면 자부심은 사라지고 소홀했다는 죄책감만 남습니다. 답하는 것을 잊었고 어떤 식으로든 실수한 것이죠. 여기에는 '너무 바빠서'라는 제 표준 면책 조항이 함께 있네요. 죄책감은 오래 머무는 감정입니다. 제 보낸 편지함을 확인해보니 20,483개의 이메일 중 712개에 '너무 바빠서'가 포함되어 있습니다. 정말이지 진부하고 한심하네요.

그러다 가장 나쁜 부분이 기억났습니다. 바쁘다는 핑계를 대고 아무런 답장도 보내지 않았던 때죠.

변명에 관하여

제게는 한 상사가 있었습니다. 그 상사를 리퍼 leaper 라고 부르기로 하죠. 이유는 곧 알게 될 겁니다. 리퍼는 똑똑한 사람이었고, 훌륭한 조언자였으며, 정치적인 요령도 있었고, 일반적으로 팀원들을 잘 챙기는 사람이었습니다. 리퍼는 부사장으로서 많은 책임이 있었고 그의 관리 전략은 무작위로 한 팀을 뽑아 펄쩍 뛰어오를 leap 곳을 찾는 것이었습니다. 그는 화가 많이 나면 펄쩍 뛰어오르는 버릇이 있거든요.

리퍼는 특히 헛소리를 탐지하는 특출난 능력을 가지고 있었습니다. 똑똑한 전직 개발자로서 문제 영역에도 익숙했기 때문에 누군가 그를 속이려는 것을 알아낼 수 있었죠. 그는 거짓말을 들으면 바로 알 수 있었습니다. 일반적으로 그는 모호한 말을 들었을 때는 이해하고 넘어가는 편이었지만, 질문에 대한 답이 변명일 땐 펄쩍 뛰었죠.

리퍼는 그런 변명에 대해서는 사적인 모욕을 섞어가며 강하게 비난했습니다. 그는 누군가 변명했다는 사실과 그것이 용납할 수 없는 일이라는 점, 다시는 그런 일이 발생하지 않도록 적절한 조치가 취해졌다는 점이 명백해질 때까지 아무도 회의실을 떠나지 못하게 했습니다.

처음 변명하는 사람들은 관점을 바꿔 생각하는 일이 괴로웠을 것입니다. 그들은 리퍼가 대답하기 곤란한 질문을 하면 제가 이메일을 무시했을 때 변명하는 것과 같은 일을 한 것이죠. 겉으로 보기엔 별거 아닌 반사적인 반응이지만 리퍼의 입장에서는 그렇지 않았습니다. 그의 눈엔 설득력 없는 책임 회피와 허술한 변론일 뿐이었습니다.

변명은 책임을 회피하는 것이므로 건강한 변명 따위는 존재하지 않습니다. 이에 관해선 뒤에서 설명하도록 하죠.

전달에 관하여

> 66
>
> 하지만 이건 정말 안토니오의 잘못이라고요!
> 그가 결과물을 가지고 있는데 마감을 놓쳤어요.
> 이건 그의 실수에요!
>
> 99

진정하세요. 지금은 변명의 잘못된 부분에 관해 이야기하고 있습니다.

변명은 내용과 전달이라는 두 부분으로 나뉩니다. 안토니오와 관련된 사실이 정확할지는 몰라도 리퍼가 여러분에게 달려든 것은 **여러분이 그 사실을 전달하는 방법 때문입니다.** 여러분이 책임을 전가하거나 거짓말하는 것처럼 들립니다. 여러분은 사실을 전달했지만 듣는 사람에겐 감정이 더 크게 와닿습니다. 정말 안토니오의 잘못일 수도 있겠지만 그는 왜 마감을 놓쳤을까요? 여러분은 알고 있나요? 아니겠죠. 여러분은 그가 실수했다는 사실에 갇혀 있습니다. 그리고 그가 여러분을 곤란하게 했다는 사실에 말이죠. 그게 여러분이 전달한 내용인 동시에 상대방이 들은 내용입니다.

여러분은 자신 있게 설득력 없는 사실을 전달하고 그가 펄쩍 뛰지 않게 할 수 있습니다. 하지만 이건 그저 피할 수 없는 일을 뒤로 미룰 뿐입니다. 대담함으로 사실을 숨길 수는 있겠지만 여러분은 실제로 자신이 무슨 말을 하고 있는지 잘 모를 것입니다. 그럼 결국 여러분의 평판이 깎이겠죠. 문제가 발생한 사실이 드러났을 때 한 번, 여러분이 가짜 자신감을 바탕으로 설득력 없는 사실을 전달했을 때 한 번. 그리고 이후에 같은 사람들이 여러분이 한 말을 듣고 의문을 가질 때마다 평판이 깎일 것입니다.

본인이 무슨 말을 하는지 알고 말하는 걸까?

거짓말과 변명으로 겹겹이 쌓인 모순의 벽은 두텁습니다. 여러분은 스스로 무슨 말을 하는지 모르는 모습을 숨기기 위해 입을 열었지만 혼란만 더한 셈이죠. 만약 여러분이 리퍼에게 이렇게 말했다면 그는 펄쩍 뛰지 않았을 것입니다.

큰 회사든 작은 회사든 직장 생활은 여러분이 가진 정보의 양, 정확성, 시의성으로 평가받는 경기입니다. 이 경기는 여러분이 관리자가 되었을 때 더 복잡해지는데, 일개 사원일지라도 주변 환경을 파악하고 있어야 하고 그 것들을 다른 사람들에게 설명할 수 있어야 합니다.

여러분이 여섯 달 동안 작업한 것을 높은 사람이 30초 정도 본 후 바로 명백한 결함을 찾아냈을 때의 기분을 저도 알고 있습니다. 여러분의 머릿속은 '그럴 리가 없어…'로 시작해서 '내가 왜 저걸 못 봤지?'로 흘러가겠죠. 혼란스러울 것입니다. 그리고 "왜 그걸 생각하지 못했나요?"라는 질문을 받았을 때 변명을 하는 이유도 잘 알고 있습니다. 그건 불안함의 표출인 동시에 엉망진창인 설득이며 불편하게 죄책감을 인정하는 것이죠.

그럼 어떻게 해야 할까요? 평판은 이미 손상됐는데 어떻게 해야 바로잡을 수 있을까요?

처음에 변명했기 때문에 이런 상황을 마주하게 된 것임을 기억하세요. 누군가가 제품의 중요한 부분에 대한 책임을 다하지 못했고 그게 이 회의실에서 모두가 서로를 아무 말 없이 쳐다보는 이유죠. 사실을 말하는 데 시간을 조금 써 보세요. 솔직하고, 명확하고, 간결하게 말입니다. 물론 경영진이 화를 낼 수도 있습니다. 하지만 이런 상황에서 여러분이 해야 할 일은 불편한 정적을 비집고 들어가 불을 지피는 것입니다.

일부 경영진은 결함이 발견되는 과정에서 여러분이 몹시 당황스러워하는 것을 보는 일을 즐깁니다. 하지만 그들에게 잔인하게 굴 권리는 없습니다. 결함이 드러난 후 고의적으로 침묵하는 것에 관해 이야기하는 것입니다. 이제 모두가 사실을 알았고 궁금하겠죠.

> **"** 어떻게 그걸 놓칠 수 있죠? **"**

그 순간 누군가는 무슨 말이든 해야 합니다. 이때가 바로 여러분이 가치 있는 말을 할 기회입니다.

진실을 말하세요

리퍼 밑에서 몇 년 동안 일한 뒤 저는 변명을 하기 직전의 순간을 감지할 수 있게 됐습니다. 제가 설득력 없이 책임을 피하려고 할 때 일어나게 될 일련의 사건들을 상상할 수 있죠.

제 잘못이 아니에요.

이런 변명을 머릿속에서 되뇌다 멈출 수 있습니다.

가장 마지막으로 했던 대화에서 여러분이 말하지 않았던 한 가지를 떠올려보세요. 아마 여러분은 급한 나머지 누군가의 질문을 무시했을 수도 있습니다. 멋진 대화를 나누고 있었을 수도 있고, 아버지와 대화하고 있었을 수도 있죠. 그때 여러분이 해야 했던 말은 무엇인가요? 대화를 더 가치 있게 만들기 위해 여러분이 할 수 있었던 그 사소한 말은 무엇이었을까요?

변명을 멈추고 나면 이런 생각들이 머릿속을 스쳐 지나갑니다. 좀 더 가치 있는 말을 할 수 있는 순간에 대충 내뱉은 말들이 모두 생각납니다. 저는 '여러분이 어쩌고저쩌고 말할 때마다 문예 창작 강사 한 명이 죽습니다'라고 한 적이 있는데 그 말은 여지없는 사실입니다. 여러분은 입을 열 때마다 무언가를 만들 수 있습니다. 이것이 바로 불편한 정적 속에서 여러분이 명심해야 할 사실입니다.

정말로 바쁘더라도 그것이 진실을 말할 시간을 조금도 내지 않은 것에 대한 핑계가 될 수는 없습니다.

13장
상사의 유형

- 15만 달러짜리 실수
- 배포 3주 전, 고칠 수 없는 치명적인 설계 결함 발견
- 정말 나쁜 고용

이런 것들은 실수가 아니라 재난이라 해야 맞습니다. 앞으로 일어날지도 모르는 일이 아니라 현실이죠. 여러분의 눈앞에 닥친 현실입니다. 재난을 발견한 순간 여러분의 폐에서 공기가 빠져나가고 뒷머리가 쿡쿡 쑤시며 입 안에선 이상한 금속 맛이 날 겁니다. 머릿속은 새하얗게 변해서 스스로 불러온 재앙의 선명한 그림만이 남겠죠.

이런 재난을 여러분이 처음 발견했을 때도 큰 충격을 받겠지만 제가 살펴보고 싶은 것은 재난의 두 번째 발견입니다. 바로 여러분의 상사가 재난을 알게 됐을 때죠. 그녀의 입에서도 이상한 금속 맛이 날지 걱정할 필요는 없습니다. 대신 여러분은 그녀가 어떤 모습으로 변할지 걱정해야 합니다.

상사의 변신

이상적인 상황이라면 여러분의 상사가 냉철한 유형이고 수년간의 경험을 가지고 있어 여러분이 일으킨 재난을 깔끔하고 쉽게 처리할 것입니다. 그래도 여전히 재난은 평정심을 잃게 만들고 안전 지대 밖으로 밀려나게 만듭니다. 또 재난은 커다란 스트레스를 유발합니다. 그리고 스트레스는 평상시 멀쩡하던 사람들을 알아보기 힘든 모습으로 바꾸곤 하죠. 어떤 상사가 나타날 수 있는지 이야기해봅시다.

심문관

심문관 유형의 상사는 끊임없이 질문을 던집니다.

> 고객이 처음 전화한 게 언제라고요?
>
> 누가 버그를 처음 분류했죠?
>
> 결과는 어땠나요?
>
> 거기서 어떻게 진행했죠?
>
> ⋮

이런 식으로 계속될 겁니다. 이런 상사가 짜증나는 점은 사실 그가 원하는 것은 분명한데 맥락을 알기 위해서 여러분을 몰아붙인다는 것에 있습니다. 이런 연속적인 질문들은 결국 그 하나의 질문과 연관성을 보이죠. 바로 그 하나의 질문이 유일하게 의미있는 질문입니다. 그 질문이 나왔다면 이제 회의를 시작할 때입니다.

여러분이 질문을 받는 동안에는 한 가지를 기억해두기 바랍니다. 심문관은 끝없는 질문으로 화를 풀고 있는 것입니다. 이런 질문과 답변 과정이 힘들지라도 여러분이 제공한 자료에 따라 재난에 대한 자세한 그림을 그릴 수 있게 되죠. 이를 통해 그가 도움을 줄 수 있는 가능성을 높일 수 있습니다.

어떤 심문관들은 도움이 되는 질문을 하나도 하지 않는 경우가 있는데 이런 상사들은 관리가 필요합니다. 만약 여러분이 1:1 회의에서 명확한 방향성 없이 수많은 질문을 받는다면 이렇게 물어봐야 합니다.

> **"** 팀장님, 정말 알고 싶은 게 뭔가요?
> 그냥 화를 내시는건가요? 아니면 뭔가 해보려고 하는 건가요? **"**

우선순위 결정자

이 유형의 상사와의 회의는 완전한 할 일 목록을 작성하는 것으로 시작됩니다. 그는 여러분이 재난을 해결하기 위해 세운 모든 계획을 알고자 하죠. 그런 목록이 존재하지 않거나 완성되지 않았다면 회의를 다시 잡아야 할 것입니다. 목록 없이는 그를 만족시킬 방법이 없거든요.

우선순위 결정자는 목록을 손에 들고 여러분에게 모든 작업 하나하나에 우선순위를 부여하는 고통스러운 과정을 겪게 할 것입니다. 그의 기분이 정말 나쁘다면 각 작업에 대해 여러분이 매긴 우선순위를 하나씩 검토하려고 하겠죠. 이를 통해 여러분이 이런 작업들에 대한 지식이 부족한지 알아보는 것입니다. 만약 그가 뭔가를 찾아낸다면 여러분은 망한거죠. 지식이나 자신감이 없다는 사실은 여러분에게 계획이 있을 거라는 그의 믿음이 무너뜨리기 때문입니다.

심문관과는 다르게 여러분이 그를 이해할 수 있는 명확한 지점은 없습니다. 그는 모든 걸 알고 싶어합니다. 여러분이 만든 재난으로 놀라서 이에 대해 가능한 한 많은 자료를 모으려고 하는 거죠. 사소한 일까지 관리하는 것처럼 느껴지죠? 맞습니다. 이에 대해서는 잠시 후에 설명하도록 하죠.

무작위 결정자

우선순위 결정자의 미친 버전입니다. 이런 관리자는 선한 의도로 상황에 뛰어들지만 그 끝없는 좋은 의도로 인해 대부분 팀을 무질서하게 만들죠.

무작위 결정자라는 신호는 쉽게 알아볼 수 있습니다. 재난을 해결하기 위한 그의 요구가 몇 시간마다 바뀌거든요. 무작위 결정자가 상사이기 때문에 처음에는 알아보기 어려울 수도 있습니다. 모두가 실수를 해결하려고 하고 있기 때문에 그의 열정과 긴급함에 도취되기 쉽죠. 세 번 정도 계획을 급격하게 뒤집고 나면 팀원들은 머리를 긁적이며 이렇게 생각하게 됩니다.

이렇게 뛰어다니며 부딪히는 게 정말 도움이 될까?

무작위 결정자의 부하 직원으로서 여러분이 해야 할 일은 1:1 회의로 돌아가 문을 닫고 우선순위 결정자를 부를 수 있는지 알아보는 겁니다. 여러분의 상사는 전략적인 뮤즈가 되어야 하는 것이지 전술적인 악몽이 되어서는 안 됩니다.

현자

현자는 우리가 앞서 말한 상사들과 같은 임무를 수행하지만 좀 더 섬세하게 접근합니다. 여러분은 1:1 회의에서 현자가 방에 있는지조차 모를 수도 있습니다. 저는 현자를 좋아합니다. 현자가 되는 순간을 좋아하죠.

우선 여러분은 망했다고 생각하면 됩니다. 현자는 여러분을 심문하거나 한 시간 동안 우선순위에 대해 말하지 않습니다. 대신 그는 우아하고 침착하게 상황이 중대하다는 것을 일깨워주죠. 또한 여러분이 합리적인 대응 방안을 제안할 수 있도록 도와줄 것입니다. 여러분은 회의 도중 얻게 된 깨달음에 이마를 치며 스스로를 자랑스러워할지도 모르죠.

와, 이런 일이니까 이렇게 하면 되겠구나!

초월적인 현자는 조용하게 인도하며 방향을 잡아주지만 여러분이 그 사실을 눈치채지 못할 것입니다. 가장 좋은 점은 이런 관리 기법을 알아채더라도 이렇게 생각한다는 점이죠.

그는 나를 도우려고 하는구나.

적

현자의 반대편에 있는 유형입니다. 현자와 마찬가지로 자신의 색을 바로 드러내지 않지만 공격하는 것을 좋아합니다. 적은 잔뜩 화가 나 있습니다. 여러분이 만든 재난으로 분노가 치밀어서 여러분이 그 분노를 경험하는 것이 좋은 학습이 될 것이라 생각합니다.

적이 무서운 점은 제가 말한 다른 성격 유형들과는 다르게 여러분의 편이 아니라는 데 있습니다. 여러분의 실수가 법을 어긴 것이 아니라면 보통 여러분의 상사는 여러분의 편을 들어줍니다. 여러분을 관리하는 것은 그의 책임이기 때문에 비록 화가 났을지라도 여러분을 도우려고 하겠죠.

상사가 적으로 변한다면 재난은 즉시 두 배로 커질 것입니다. 여러분은 재난뿐만 아니라 여러분을 믿지 않는 상사도 상대해야 하죠. 상사가 적으로 변한 상황이 찰나이길 간절히 바랍니다. 여러분의 실수로 인해 화가 머리 끝까지 나서 적으로 변했을지라도 운 좋게 다시 침착한 성격으로 돌아오길 말이죠. 그리고 그가 다시 침착해졌더라도 여러분은 그가 흥분했을 때 여러분을 믿지 못했던 이유를 파악해야 합니다.

참견쟁이

맞습니다. 현자 외에는 모두 참견쟁이죠. 사소한 일까지 관리하는 마이크로매니저는 정말 짜증나지만 여러분의 손에 재앙이 쥐어져 있다는 사실을 잊으면 안 됩니다. 여러분의 관리자가 평정심을 유지하면 좋겠지만 인간은 질척거리고 변덕스러운 존재이기 때문에 재난에 대처하는 방식이 날마다 다를 수 있습니다.

여러분이 심문을 받든 우선순위를 정하든 다음 두 가지만 기억하세요.

첫째, 여러분이 해야 할 일은 **상사를 차분하고 침착하게 만들 방법을 찾는 것입니다.** 현자를 제외한 모든 유형은 같은 답을 찾고 있습니다.

> **66**
> 이 문제를 해결하기 위해 무엇을 할 것이며,
> 왜 그게 해결책이고, 언제까지 할 수 있는지 알려주세요. **99**

둘째, 낯선 모습이 된 상사를 바라보면서 경험이 많은 상사가 여러분에게 가르침을 줄 수 있지만 **가르침엔 기다림이 필요할 수 있다는 사실을 기억하세요.**

폭풍이 지나가길 기다리는 동안 재난을 막기 위한 조언을 하나 해도 될까요? 여러분의 상사가 적이 아니라면 그는 결국 도와줄 것입니다. 여러분이 만든 재난을 완전히 이해하고 다시 일어나지 않게 하기 위해 바꾸어야할 사항들을 결정하는 데 적극적으로 참여하세요. 그게 장기적인 성공을 위해 좋을 것입니다.

14장
불가능한 일

한 스타트업의 CEO가 앞에 서서 말하고 있습니다. 85명의 스타트업 구성원 전체가 모인 회의에서 말이죠.

> **앞으로 90일 동안 우리는 불가능한 일을 해내야만 합니다.**

어떤 종류의 불가능한 일인지는 중요하지 않습니다. 중요한 것은 그가 말했을 때 회의실 안의 모두가 경악했다는 것이죠. 격렬한 침묵이 이를 말해줍니다.

우리가 뭘 할 거라고요?

누가 이 사람에게 불가능한 일을 요구할 권리를 줬을까요? 물론 그는 이 회사의 CEO입니다만 그렇다고 해서 구성원들에게 공중 부양 장치를 만들어내라고 요구해도 되는 건가요?

네, 그렇습니다. 하지만 CEO가 실수하지 않는 완벽한 인간이기 때문에 불가능해 보이는 일이 사실은 가능하다는 것을 알고 그런 일을 하라고 지시한다는 뜻은 아닙니다. 그냥 CEO로서 말도 안되는 것을 요구할 수도 있다는 뜻이죠.

불가능한 일을 요구하는 것은 고급 경영 기법의 하나입니다. 그리고 개발자들은 특히 이렇게 불가능한 일을 요구하는 것을 혐오스러워하죠. 개발자들은 모든 가능한 방법들을 만들어서 측정하는 것이 일이기 때문에 무엇이 가능하고 불가능한지 매우 명확하게 알고 있습니다. 개발자에게 불가능한 일을 요청한다면 그들은 여러분의 눈앞에서 대놓고 비웃을 것입니다. 그들은 그게 불합리하고 부조리한 요구라고 생각할 뿐만 아니라 그걸 증명할 증거도 가지고 있기 때문이죠.

반박할 수 없는 증거가 있음에도 우리는 여전히 이런 요청을 고려해야 합니다. 불가능한 일을 성취하는 데는 긍정적인 면도 있기 때문이죠. 사기를 북돋아줄 뿐만 아니라 다른 모든 경쟁자가 불가능한 일에는 도전하지 않을 것이기 때문에 엄청난 이득을 얻을 수도 있습니다. 타임머신은 누구나 원하잖아요?

불가능한 일을 요청받았을 때 여러분은 CEO와 그의 요청에 관해 세 가지를 가늠해봐야 합니다. 이것은 기적을 이루는 데 도움이 되지는 않지만 기적의 가능성과 CEO의 성격을 판단하는 데는 도움이 됩니다.

미친 계획의 징조

우선 여러분의 CEO가 제정신인지 확인해봅시다. 실제로 뭘 요구하는지 주의 깊게 들어보세요. 만약 CEO가 개발 팀 앞에서 납을 금으로 바꿔달라고 요청한다면 여러분은 그냥 미소를 짓고 끄덕이면서 머릿속으로는 이력서를 편집하면 됩니다. 아직 회의실을 뛰쳐나가진 마세요. 만약 그가 여러분에게 소프트웨어의 배포 주기를 90일에서 10일로 줄여달라고 한다면 경악하겠지만 적어도 납을 금으로 바꾸는 연금술은 하지 않아도 되니 다행으로 여기면 됩니다.

미친 짓과 불가능한 일 사이에는 미묘한 간극이 있습니다. 속으로 그가 미친 것 같다는 느낌이 든다면 여러분의 직감을 따르는 편이 좋습니다. 하지만 그래도 듣는 것을 멈추지는 마세요. 아직 수집할 데이터가 남아있기도 하고 때론 미친 방법이 옳은 일이 될 때도 있습니다.

우리가 다음으로 평가할 것은 'CEO가 얼마나 발품을 팔았는가'입니다. CEO가 불가능해 보이는 계획이 진짜 가능한 것인지 조금이라도 미리 알아봤나요? 미친 계획에 대한 그의 전략적인 직감은 무엇인가요? 왜 이 계획이 회사를 위해 필요한지, 여러분이 어떻게 해낼 수 있을지를 그가 막연하게나마 설명할 수 있나요? 여러분에겐 분명한 계획이 아니라 대략적인 전략과 관리자들이 세부 사항을 그려나갈 수 있는 큰 그림이 필요합니다.

주의할 점은 자신감 하나로 불가능한 일을 추진하는 관리자와 경영진이 있다는 사실입니다. 그들은 실현 가능성에 대한 직감이나 증거 없이도 팀의 동의를 얻어낼 수 있습니다. 이런 배짱을 가진 사람들은 분명 우리에게 영감을 줍니다. 하지만 집에 돌아갈 때가 되면(흥분이 가라앉으면) 아무런 전략도 없다는 사실에 공허함을 느끼게 됩니다. 이런 공허함은 자신감 빼고는 아무것도 없는 CEO의 요청이 가져온 결과죠. 불가능한 일을 어떻게 해낼지에 대한 계획이 없다는 건 여러분이 망하는 길로 가고 있다는 것을 뜻합니다.

카리스마 너머에 희미한 계획조차 없다는 것은 희망 또한 없다는 것을 의미합니다.

승부의 책임

다음으로 여러분은 CEO가 여기에 얼마나 큰 투자를 하고 있는지 알아봐야 합니다. 얼마나 많은 자원이 이 요청을 위해 투자되고 있나요? 만약 이 불가능한 일에 회사의 사활이 걸려있다면 CEO가 자신의 자리를 걸고 밀어붙인다는 사실에 마음이 좀 편해질 것 같군요. 그도 이 일이 실패한다면 모두가 새로운 직장을 찾아야 한다는 걸 압니다. 그게 동기를 유발하죠.

만약 팀의 사활을 거는 정도의 작은 요청이라면 위험은 좀 더 국한될 것입니다. 실패로 인한 책임을 요청과 관련된 선임 직원들이 지게 될 확률이 높죠. 이것이 CEO가 이 불가능한 요청을 덜 중요하게 생각한다는 의미는 아닙니다. 하지만 그는 분명 팀이 실패해도 자신의 자리를 잃지 않는다는 사실을 알고 있습니다.

여기서 여러분이 평가해야 할 것은 두 가지입니다. 요청의 규모와 경영진의 헌신 수준이죠. 이 두 가지에 대해 직감을 가지는 것은 보통 무의미합니다. 조직에서의 위치에 따라 불가능한 일을 맡을지 여부를 선택할 기회조차 없을 수도 있기 때문이죠. 그러나 처음부터 역량을 키워둔다면 불가능한 일이 닥쳤을 때 가장 먼저 행동에 나설 수 있습니다.

존중의 중요성

어렴풋한 계획과 자신감. CEO는 이 흐릿한 두 가지 요소만으로 불가능한 일을 요청하기로 했겠지만, 여기에는 고려해야 할 것이 한 가지 더 있습니다.

여러분이 받은 것이 '불가능한 요청'이란 사실을 기억하세요. 이건 '이 버그 10개를 이번 금요일까지 고칠 수 있나요?'나 '혹시 처음 만들었던 것보다 두 배 정도 빠르게 다시 구현할 수 있을까요?' 같은 요청이 아닙니다.

회사는 팀의 사기를 올리기 위해 금전적인 보상, 진급, 신규 상장, 미래의 멋진 프로젝트에 대한 약속과 같은 인센티브를 내세우지만 불가능한 일에 뛰어들기로 한 구성원은 이런 생각을 가장 먼저 떠올립니다.

내가 불가능한 일에 달려들 만큼 존중받고 있나?

조직에서 존중받는 법은 책으로 쓸 만큼 방대합니다. 제 조언은 여러분이 받은 모든 불가능한 요청에 대해 신중하게 고려해보란 것입니다. 그가 매달 불가능한 일을 요청하나요? 매달이 아니라 매주 월요일마다 그런가요? 불가능한 요청에 대해 후속 조치를 하나요? 아니면 그냥 여러분이 받아들이고 처리하길 바라나요? 불가능한 일을 성공적으로 완료한 적은 있나요? 일요일 새벽 3시에도 일주일간 면도하지 않은 것 같은 모습으로 다른 사람들과 함께하나요?

여러분이 얼마나 자주 불가능한 요청을 받는지는 모르겠지만, 불가능한 요청들이 존중받는다는 느낌을 약화하고 신뢰를 무너뜨린다는 것은 알고 있습니다. 즉, CEO가 구성원들에게 마법을 부리라고 요청하면 구성원들 모두가 '또 헛소리야?'라고 생각하겠죠.

그가 정말 원하는 것

제가 지금까지 설명한 것들은 구체적이지 않습니다. 또 CEO가 완전히 불합리하고 부조리한 일을 요청할 때 여러분이 개발자로서 느낄 강렬하고 부정적인 심정을 달래주지도 않죠.

이건 더 나빠질… 아니, 더 나아질 것입니다.

때로는 CEO가 회사의 현실에 얽매이지 않아야 하는 경우도 있습니다. 때론 CEO가 제품의 영역이나 생애 주기에 관해 잘 알지 못하는 것이 중요할 때도 있죠. 하루하루 사업을 운영하려면 합리적인 기대치와 계획 준수가 필요하지만 사실 그것들이 놀라운 결과를 가져다주지는 않습니다. 놀라운 결과는 불가능한 요청 같은 촉매를 필요로 하죠.

중요한 점은 CEO의 불가능한 요청이 팀의 달성 가능성을 높인다는 것입니다. 아마 CEO는 아이디어와 가능성에 대한 느낌만 가지고 있을 것입니다. 그걸 현실로 만드는 건 그의 일이 아니죠. 여러분이 활약할 때입니다. 어렴풋한 계획과 자신감을 실행으로 바꾸는 것은 여러분이 할 일입니다.

여러분이 바로 그 불가능한 일을 해내야 하는 사람입니다. 불가능한 일에 뛰어드는 것은 정상적인 상태를 부수고 두려움을 무시하는 일이기 때문에 불가능한 요청을 받았다면 그 요청에 대해 깊이 고려해보기 바랍니다.

15장
동료의 반응과 후속 조치

오늘 아침 롤러 하키roller hockey[17] 경기에서 싸움이 벌어졌습니다. 애너하임Anaheim 선수가 필라델피아Philadelphia 선수에게 엄청난 속도로 돌진해 부딪혔고, 필라델피아 선수는 화가 나 애너하임 선수의 가슴을 팔꿈치로 강하게 쳤습니다. 그러자 애너하임 선수가 필라델피아 선수의 가슴팍을 세게 밀쳤고 필라델피아 선수는 넘어졌죠. 욕설과 폭력이 계속되었고 결국 5분간 경기가 중단되었습니다.

이 롤러 하키 경기는 1995년부터 2000년 사이에 일어난 소위 닷컴 버블의 유산입니다. 유래 없는 IT 기업에 대한 투자 광풍이 몰아쳤던 닷컴 버블 시절 넷스케이프는 하키 경기장을 건설했고, 1998년 이후부터 그곳에서 매주 토요일마다 경기가 열렸습니다. 경기에 참여하는 대다수 사람들은 서로를 잘 알기 때문에 대체로 차분한 분위기 속에서 게임이 진행됩니다. 싸

---

17 옮긴이_ 바퀴가 네 개인 롤러 스케이트를 신고 스틱으로 퍽(puck)이라는 단단한 공을 상대 팀 골대에 넣어 득점하는 단체 스포츠입니다.

움이 아닌 섬세함이 강조되는 분위기죠. 싸움은 흔치 않아서 한 해에 한 번 일어날까 말까 하는 수준입니다.

저는 필라델피아 선수에게 이 상황의 책임이 있다고 생각했죠. 저와 비슷한 생각을 가진 누군가가 벤치에 앉은 필라델피아 선수에게 무슨 일이 벌어진거냐고 물었습니다. 그러자 필라델피아 선수는 이렇게 답하더군요.

> **66** 애너하임 선수가 저한테 달려들었고 전 스스로를 방어했을 뿐이에요. **99**

1/8초

마지막으로 놀랐을 때를 떠올려봅시다. 좋은 일인지 나쁜 일인지는 중요하지 않습니다. 언제 여러분이 마지막으로 깜짝 놀랐는지 기억하나요? 좋습니다, 그럼 이번에는 그 놀라운 일을 접하고 가장 처음에 한 일을 생각해봅시다. 그 상황을 어떻게 마무리했는지가 아니라 그 일을 접했을 때 가장 처음 보였던 반응 말이죠. 어떻게 반응했나요? 놀라는 경우 대개 그런 식으로 반응하나요? 아마 그렇겠죠.

하키 경기에서 필라델피아 선수는 놀란 나머지 1/8초만에 팔을 들어 자신을 보호했습니다. 스스로를 보호하는 것은 타고난 본능이지만 재미있는 부분은 필라델티아 선수의 본능적인 반응이 아니라 그 상황을 지켜본 다른 사람들의 해석입니다. 관중들은 필라델피아 선수가 애너하임 선수의 공격을 받고 팔을 들어올렸을 때 1/8초만에 이렇게 생각했습니다.

와, 저 선수 그냥 깡패네.

두 명 이상이 모인 그룹에서는 예상하지 못한 상황에 대한 충동적인 반응이 자주 일어납니다. 이런 반응의 범위와 영향을 이해하는 것은 어색하고 긴장감이 가득한 일이며, 아주 까다로운 상황을 헤쳐나가는 데 무엇보다 중요합니다.

반응 유형

이런 충동적이고 공격적인 반응에 대해서 알아두어야 할 점이 있습니다. 우선은 아무런 판단 없이 이러한 반응을 보아야 한다는 점입니다. 저는 심리학자가 아니기 때문에 왜 어떤 사람은 공격적인 반응을 보이고 어떤 사람은 소극적으로 대처하는지 잘 모릅니다. 또한 이런 반응이 어린 시절의 교육으로 인한 결과인지 유전적인 것인지도 모릅니다. 하지만 인간이 이런 충동적인 반응을 제대로 조절할 수 없고 반응의 종류가 매우 다양하다는 사실은 알고 있습니다.

제가 알고 있는 모든 충동적인 반응은 '싸움' 또는 '도망'으로 분류됩니다. 이런 충동적인 반응을 이해하는 첫 번째 단계는 그 반응이 싸움과 도망 사이의 어느 지점에 위치하는지를 알아내는 것입니다. 그 사람이 놀라운 일에 맞서는지, 그냥 흘러가게 내버려두는지, 문을 걸어 잠그는지, 한발 물러서는지를 봐야 하죠. 아마 여러분이라면 주변 사람들이 놀라운 일을 마주했을 때 그에 맞서는지 아니면 도망치는지 그들의 성향을 빨리 알아보고 싶을 것이라 생각되는군요.

다시 말하지만 판단하면 안 됩니다. 어떤 사람이 맞서는 성향이라고 해서 그 사람이 나쁜 사람은 아닙니다. 갑작스러운 상황에서 보이는 기본적인 본능에 불과하죠. 저는 팀원 중에 어떤 사람이 충동적이고 공격적인 반응을 보일지 알고 있습니다. 그런 사람들은 깜짝 놀랄 만한 일에 뛰어들기 일쑤죠. 어떤 사람이 조용히 그 일을 수행할지도 알고 있습니다. 그들은 놀라움을 잘 처리한 후 3시간 혹은 3일 후에 완전히 다른 태도로 돌아옵니다.

뜻밖의 상황에 맞서느냐 아니면 도망가느냐로 분류하는 방법은 예외 상황이 발생했을 때 그 사람이 가장 처음 어떤 반응을 보일지 예상할 수 있게 해줍니다. 그리고 맞서거나 도망가기만 하지 않고, 다른 반응을 보이기도 하죠. 사람이 어떤 상황에 반응하는 방식을 이해할 수 있으면 그 사람이 다음에 어떤 행동을 취하고 이때 여러분이 무엇을 해야 하는지도 알 수 있습니다.

이 장에서는 여러분이 깜짝 놀랄 소식을 말하게 되는데, 불행히도 그것이 나쁜 소식이라고 가정하겠습니다. 게다가 그 소식은 팀에 부정적인 영향을 주는 소식이죠. 이제 놀라운 소식이 전해졌을 때 회의실에 어떤 유형의 사람이 나타날 수 있는지 살펴봅시다.

아니오 박사

> 66　　　　　　　　　　　아니오.　　　　　　　　　　　99

이게 반응입니다. 그 놀라운 소식이 합당한지, 이해할 수 있는지, 설명가능한지와는 상관없이 부정적인 반응을 보입니다. 아니오 박사는 싸우자는 식으로밖에 반응하지 않으며 그 시작은 "아니오"라고 말하는 것입니다.

> " 아니오. 그 사람은 떠나면 안 됩니다.
> 아니오. 전 부서 이동을 하지 않을 거예요.
> 아니오. 이 팀을 해체하지 않을 거예요. "

기억해야 할 점은 이런 충동적인 반응은 이성적이지 않고 전략적으로도 유용하지 않으므로 고려할 필요가 없다는 점입니다. 전술적으로는 흥미로울 수 있겠네요. 아무튼 아니오 박사의 부정은 그 사람이 그 주제에 대해 가지고 있는 생각이 아니라 놀라운 소식에 대해 그 사람의 뇌가 반응하는 방식입니다.

만약 구성원 모두가 놀랄 만한 소식이고 아니오 박사와 회의실에 함께 앉아있는 사람들 모두가 "아니오"를 외치고 있다면, 구성원 전체가 궤도를 이탈할 가능성이 있습니다.

아니오 박사가 "아니오"라고 했고
나도 그 말에 동의하니까 "아니오"라고 해야지.

놀라운 소식이 전해진 이후에는 사람들이 반응하도록 내버려두고 그 어떤 조치도 취하지 않는 것이 좋습니다. 여러분이 회의의 주최자라면 그들이 그냥 반응하고 말하도록 내버려두어야 합니다. 아니오 박사를 비롯한 모든 사람들의 반응을 이끌어내고 다음으로 해야 할 일을 알아내야 하죠.

☀ 후속 조치

좋은 소식은 아니오 박사가 스스로 이 소식을 체계화한다는 점입니다. 아니오 박사는 불만을 표출했으니 게임의 절반이 끝난 것과 다름없습니다. 다음에도 여러분이 말하면 여전히 "아니오"라고 말하겠지만 최소한 아니오 박사는 자신의 불만을 여러분이 들었다는 사실을 알고 다음 단계를 논의할 준비를 할 것입니다.

성난 황소

어쩌면 가장 위험한 반응은 성난 황소의 반응일 것입니다. 성난 황소는 말 그대로 싸움을 원합니다. 성난 황소는 놀라운 소식을 개인적인 일로 받아들이고, 거부하고, 그에 맞서 싸우려고 합니다. 행동을 취하는 아니오 박사라고 할 수 있죠.

회의실에 성난 황소가 있다면 여러분은 놀라운 소식을 전할 때 성난 황소를 통제해야 할 것입니다. 가능하다면 여러분은 반드시 성난 황소를 안전한 장소로 이동시켜서 그가 다른 사람에게 정신적인 충격을 주거나 다른 작은 황소 무리들에게 자신의 기분을 전파하는 것을 막아야 합니다. 불가능한 상황이라면 회의를 되도록 빨리 끝내는 것이 좋습니다. 아니오 박사와 마찬가지로 성난 황소 역시 자신의 충격을 스스럼없이 표현할 것입니다. 하지만 아니오 박사와는 달리 감정이 다 풀릴 때까지 다른 사람과의 싸움을 끝내지 않을 것입니다.

☀ 후속 조치

누구에게나 감정을 추스릴 시간이 필요하지만 성난 황소만큼 긴 시간이 필요하지는 않습니다. 대부분의 충동적인 반응은 어떤 일에 대한 심리적인 간극을 채우려는 행동이라 볼 수 있습니다. 성난 황소의 경우 다른 사람이 자신의 정신적, 언어적 격분에 동참하는 것이 좋은 생각이라고 믿습니다.

하지만 그렇지 않습니다. 저는 모든 반응 유형 중에서 성난 황소의 싸우려는 행동은 이후에도 반복될 가능성이 가장 높다고 봅니다. 성난 황소는 처음 소식을 접한 이후 며칠 동안 계속해서 다른 사람들과 싸우려 들 것입니다. 이 상황에서 여러분이 해야 할 일은 성난 황소가 빨리 다음 행동을 생각하도록 만드는 것입니다. 놀라운 소식에 어떻게 대처할 것인지 구체적으로 생각하고 해결하도록 해야 합니다.

잔잔한 물

잔잔한 물 유형은 싸우지 않기 때문에 도망치는 것처럼 보입니다. 그냥 회의실에 앉아있는 것 같지만 사실 모든 것을 인지하고 있죠. 잔잔한 물은 그 어떤 것도 놓치지 않고 완전히 침묵하면서 무표정한 얼굴로 뒤이어 일어날 수 있는 모든 일들, 최상의 경우와 최악의 경우, 일상에 미칠 수 있는 잠재적인 영향까지 철저하게 분석합니다.

이 과정에서 잔잔한 물 유형은 두 가지로 나뉩니다. 진정으로 잔잔한 물은 놀라운 소식이 전해지는 동안 계속 차분한 상태를 유지합니다. 그리고 분석을 통해 일을 어떻게 처리할 것인지 안정된 계획을 내놓습니다. 그 놀라운 일을 스스로가 어떻게 대하고 처리할지 알고 있다고 믿기 때문에 편안한 상태가 됩니다.

또 다른 잔잔한 물은 이성을 잃고 있습니다. 겉보기에는 차분하지만 내면에서는 분석을 통해 최악의 시나리오를 도출해내고 있죠. 신속한 조치가 없다면 잔잔한 물은 점점 미쳐서 성난 황소가 되어버리고 말 것입니다.

💡 후속 조치

잔잔한 물은 잔잔하지 않습니다. 따라서 여러분은 되도록이면 빨리 잔잔한 물을 안전한 곳으로 대피시켜야 합니다. 아니오 박사나 성난 황소와 달리 잔잔한 물은 머릿속에 맴도는 생각을 말하지 않습니다. 그리고 그 생각은 시간이 흐를수록 최악의 시나리오로 바뀌어갑니다.

그래서 여러분은 잔잔한 물이 놀라운 소식을 접했을 때 어떤 기분을 느꼈는지 말하도록 해야 합니다. 성난 황소와 마찬가지로 잔잔한 물이 그 놀라운 소식에 대한 생각을 회의 테이블 위로 끄집어낼 수 있도록 만들어야 합니다.

정제자

제가 가장 좋아하는 충동적인 반응 유형인 정제자distiller는 놀라움을 질문으로 맞받아칩니다.

> "
> 왜 그런 일이 일어난거죠?
> 왜 이런 일이 닥칠 줄 몰랐던 거죠?
> 어떤 영향이 있죠?
> 좋습니다, 그럼 우리가 뭘 해야 하죠? "

싸우자는 반응 같기도 하지만 매우 건설적인 반응입니다. 정제자 또한 다른 사람들과 마찬가지로 놀라움을 불편하게 받아들입니다. 하지만 적절한 대처를 위해 상황을 적극적으로 이해하려고 하죠. 정제자는 실제로 어떤 일이 일어난 건지 완전히 이해할 때까지 질문을 멈추지 않을 것입니다.

팀 구성원 전체가 모여 있는 상황이라면 저는 정제자가 끊임없이 질문하도록 내버려둡니다. 그러면 팀 구성원 모두가 실제로 무슨 일이 일어났는지 파악하는 데 도움이 됩니다. 정제자는 놀라운 일을 마주하면 감정이 아닌 사실에 초점을 맞추기 때문에 가능한 일이죠.

💡 후속 조치

정제자의 끝없는 질문으로 인해 여러분은 정제자의 상태와 기분을 어느 정도 파악했다고 느낄 것입니다. 하지만 그런 순간이야말로 놀라운 소식을 들었을 때 사람마다 다른 방식으로 받아들인다는 사실을 설명하고 개별적인 후속 조치가 필요하다는 점을 알려줄 절호의 기회입니다. 정제자는 하룻밤 사이에 성난 황소가 될 수도 있습니다. 아니면 잔잔한 물이 정제자가 될 수도 있습니다. 하루가 지난 후에 어떻게 변할지 알 수 없게 되는 것이죠. 이런 이유로 회사에서는 놀랄 만한 소식을 주말 이전에 전하는 경향이 있습니다. 주말 동안 진정될 것이라고 예상하기 때문인데, 실제로 그럴지도 모르죠.

해결사

해결사는 '도망'으로 분류되는 첫 유형으로, 언뜻 보면 도망치는 것 같지 않아 보입니다. 해결사는 놀라지 않습니다. 어떤 일이 일어나든 처리할 생각에 기분이 좋아지죠. 그리고 마치 놀라운 일이 언제 일어날지 알고 있었던 것처럼 행동합니다. 해결사는 겉으로 보기에는 아주 차분해 보입니다. 정제자가 질문을 통해 모든 것을 이해하려고 든다면, 해결사는 모든 것을 다 알고 있다는 착각을 심어줌으로써 상황에 대처합니다. 다른 사람보다 열 수 앞을 내다본 것처럼 말이죠. 이런 해결사의 태도는 회의실에 싸우자고 덤벼드는 성난 황소가 있을 때 무척이나 편리합니다.

💡 후속 조치

해결사는 다른 반응 유형에 비해 가장 심하게 무너지는 편입니다. 해결사의 내면은 아니오 박사와 같지만 겉으로 "아니오"라고 말하지 않을 뿐입니다. 해결사는 한밤중에 갑자기 스스로 아무것도 해결할 수 없다는 점을 깨닫게 될 것이며, 그 후부터가 해결사의 진짜 반응입니다.

자책가

자책은 강한 책임감에서 비롯됩니다. 이렇게 반응하는 사람들은 놀라운 일이 일어난 이유가 자신이 뭔가를 잘못했기 때문이라고 생각합니다. 자신이 딱 한 가지 일만 다르게 처리했더라면 이 놀랄 만한 일을 겪지 않아도 됐을 것이라고 믿습니다.

자책가를 보고 있으면 희망이 느껴집니다. 아니오 박사나 성난 황소의 파괴적인 반응과 비교하면 정말 건설적이죠. 하지만 여러분은 그들이 과도한 책임감에 빠져 허우적대는 것을 원하지는 않을 것입니다.

💡 후속 조치

자책가는 놀라운 사건에 아무런 책임도 없습니다. 그들의 책임감은 칭찬받아 마땅합니다. 하지만 그들도 이런 일이 왜 일어났는지 원인을 정확히 이해할 필요가 있습니다. 우선, 그들이 이런 결과를 초래한 것이 아니므로 자신의 탓을 하게 두어서는 안 됩니다. 자신의 탓을 할수록 상황을 타개하기 위해 필요한 에너지와 집중력이 줄어들게 됩니다.

비관론자

> **❝** 우린 망했어. **❞**

대부분의 사람들이 보이는 가장 흔한 반응이 아닐까 싶습니다. 바로 절망이죠. 개발자들로 가득 찬 방에서 깜짝 놀랄 소식을 전하면 대부분은 일단 상황을 파악하고 현실을 깨달은 다음 당황하죠.

내 멘털 모델mental model[18]이 이 일을 어떻게 처리할 수 있을까?

이 놀랄 만한 상황을 자신의 멘털 모델에 매핑하지 못하면 불편한 현실을 마주하게 됩니다.

세상은 내가 예상한 대로 돌아가지 않는다.
따라서 이런 놀라운 일은 무작위로 발생한다.

— 증명 끝 —

---

18 옮긴이_ 도널드 노먼의 저서 『디자인과 인간 심리(학지사, 2016)』에 따르면 멘털 모델은 사람들이 자기 자신, 다른 사람, 환경, 자신이 상호 작용하는 사물에 대해 가지는 모형을 의미합니다.

💡 후속 조치

세상을 이해할 수 없다거나 통제하지 못한다는 사실은 개발자의 자신감을 갉아먹는 요소 중 하나죠. 개발자에게 이런 절망을 극복하는 가장 좋은 방법은 프로젝트를 진행하는 것입니다. 프로젝트가 반드시 그 놀라운 일과 연관될 필요는 없습니다. 개발자에게 무언가를 만든다는 기쁨과 산만함을 선사할 수만 있으면 됩니다. 건설적인 산만함과 분주함 속에서 개발자는 자신이 그 놀라운 일을 어떻게 느끼는지 파악하게 될 것입니다.

탈주범

비관론자의 극단적인 버전으로, '도망' 유형 중 가장 강렬한 반응을 보이죠. 이름만 듣고도 어떤 반응인지 쉽게 유추할 수 있을 것입니다. 바로 현재의 상황에서 벗어나려고 하는 것입니다.

그렇다고 진짜 그만두지는 않습니다. 물론 그만둘 수도 있지만 지금 당장은 아니죠. 여러분은 탈주범의 "때려칠래"라는 말을 다음과 같은 말로 알아서 번역해야 합니다.

> 66   나 정말 놀랐어. 그리고 이렇게 놀라는 게 싫어.   99

탈주범의 행동은 집단 공황 상태를 일으킬 수 있습니다. 따라서 여러분은 누군가 이런 반응이 보이면 즉각 통제에 나서야 합니다. 탈주범에게 지금의 기분이 하룻밤 자고 나면 완전히 바뀔 수 있다는 점을 잘 설명하고 진정시켜야 하는 것이죠.

💡 후속 조치

탈주범은 곧 진정하고 생각을 바꾸겠지만 이런 반응은 또 다른 큰 문제의 신호가 되기도 합니다. 놀랄 만한 일이 무엇이든 간에 때려치겠다는 반응은 그 자체로 놀랄 일이며, 그 사람이 직장의 가치보다 마음의 평화를 우선시한다는 것을 뜻하기 때문이죠.

반응의 단계

하지만 실제로 사람들의 반응을 예상하기란 쉽지 않습니다. 여기서는 충동적인 반응들을 쉽게 설명하려고 이름을 붙여 구분한 것이지 실제로 사람들은 훨씬 더 복잡한 반응을 보입니다.

회사에서 갑작스럽게 충격적인 소식을 접했을 때 사람들이 보이는 충동적인 반응은 다양합니다. 감정이 부정, 분노, 타협, 우울, 수용으로 흘러가는 것과 비슷하게 충동적인 반응에도 여러 단계가 있죠. 여러분이 직장 동료 또는 관리자로서 해야 할 일은 생각보다 복잡하지 않습니다. 그저 이야기를 잘 들어주기만 하면 되니까요.

충동적인 반응을 보이는 이유는 예상하지 못한 일이 일어났기 때문입니다. 사람들은 충격을 받아들이기 위한 과정을 시작하는데, 우리가 관심을 두어야 할 것은 '충격에 대해 어떻게 반응하는가'가 아닌 '충격을 어떻게 받아들일 것인가'입니다. 사람들은 저마다 다른 반응을 보이지만 이는 결국 무슨 일이 일어났는지를 이해하려는 과정입니다. 그리고 그 과정에서 신뢰할 수 있는 사람이 그들의 이야기를 들어주는 것이 필요합니다. 사람들은 자신의 생각을 말로 표현하면서 생각을 더욱 구체화하고 조직화하며 건설적인 결론을 찾게 되기 때문이죠.

저 역시 성난 황소를 보면 불편함을 느낍니다. 하지만 전 성난 황소의 반응이 수없이 많은 충동적인 반응 중 하나에 불과하다는 것을 알고 있습니다. 또한 그 반응이 그 사람의 본질이 아니라는 점을 잘 알고 있죠. 다양한 반응을 이해하는 것은 충격을 받아들이는 첫 번째 단계입니다. 여러 유형의 반응을 이해한다면 여러분이 충격을 받아들인 다음 무엇을 해야 할지 파악하는 데 큰 도움이 될 것입니다.

16장
지루해지기 위한 투자

인정합니다. 전 세상이 망하는 것을 좋아합니다. 코앞에 닥친 재앙만큼 더 짜릿한 경험은 없을 테니까요.

저는 수많은 악조건 속에서도 많은 일을 훌륭히 해왔습니다. '우린 망했어' 상태에서 팀을 이끌고 '우린 해냈어'로 만들어왔죠. 어떤 날에는 크리스마스 계획을 취소해야 했고 또 어떤 날에는 3일 동안 사무실을 벗어나지 못했지만 극한의 혼란 속에 빠지지 않았다는 점에서 그만한 가치가 있었습니다. 인간은 본능적으로 위험 상황을 벗어나도록 설계되어 있으니까요.

위험 상황에서 팀을 구출하면 여러분이 얻게 되는 명성이 있습니다. 바로 '해결사'라는 타이틀이죠. 희망이 더 이상 보이지 않을 때 모든 사람이 여러분을 찾을 것입니다. 해결사는 훌륭한 타이틀이긴 하지만 과장일지도 모릅니다. 일은 돌고 돕니다. 누군가 일을 제대로 망쳤는데 알고보니 그 사람이 여러분일지도 모르죠. 뭔가가 망해간다는 것은 누군가가 프로젝트를 과소평가했거나, 결정을 내리지 않았거나, 아주 사소한 실수가 큰 재앙으로 이어지도록 방치했다는 것을 뜻합니다. 재앙과도 같은 문제를 고치면 기분은 좋아지겠지만 슬프게도 지금 여러분은 그 무엇도 고치지 않고 있습니다. 아니, 지금 당장은 아무것도 고칠 수 없다는 말이 더 정확할지도 모르겠군요.

위기에 따른 경영은 정말 흥미진진하지만 완성도보다 속도를 중요시하고, 발전하고 있다는 환상을 위해 창의성을 희생하죠.

하지만 지금은 하늘이 무너지고 있는 상황이며 그대로 하늘이 무너지도록 내버려두기보다는 즉각적인 조치를 취해야 합니다. 그리고 제가 하고 싶은 조언은 다같이 심호흡하라는 겁니다.

한숨

다가오는 위기 상황을 목격했을 때 사람들이 보이는 자연스러운 반응이 있습니다. 바로 길고 깊은 숨을 쉬는 것입니다. 여러분은 잘 느끼지 못할 수도 있겠지만 제가 여러분 옆에 앉아있었다면 여러분이 한숨을 쉬는 것을 들었을 겁니다.

한숨은 절망과 관련이 있습니다.

우린 망했어. (한숨)

하지만 제 생각은 조금 다릅니다. 이 길고 깊은 숨은 준비 과정 중 하나입니다. 이렇게 생각해보죠. 숨을 들이쉬세요. 힘을 모으세요.

아니, 이걸 어떻게 처리하라는 거야?

잠시만요. 잠시만요. 좋아요. 숨을 내쉬세요.

좋아, 어떻게 될지는 잘 모르지만 일단 해보자.

심호흡에서 재미있는 부분은 숨을 들이쉰 후 참을 때입니다. 지금 바로 해보세요. 숨을 깊게 들이마시고 참으세요. 숨을 참으면서 여러분은 무엇을 하고 있나요? 우선 여러분은 서서히 질식하고 있는 상태일 것입니다. 생명을 위협받을 수 있는 이 긴장된 순간에 여러분은 재미있는 일을 할 수 있습니다. 긴장 상태를 만들었다가 긴장을 푸는 순간으로 변화시킬 수 있죠. 아니면 의도적인 사색의 순간을 만들 수도 있겠네요.

이제 숨을 내쉬어 보세요. 은유적인 표현이라서 이해하기 힘들 수도 있지만 저는 심호흡을 기반으로 팀의 의사소통 구조를 구축합니다. 설명하기 전에 우선 제 이야기를 해보죠.

스타트업에서 몸담았던 팀은 설계상 위기에 봉착해있었습니다. 제품의 1.0 버전은 출시되어 잘 작동하고 있었으며 모든 사람이 사용하고 싶어 했습니다. 사람들은 제품으로 모든 것을 하고 싶어 했죠. 그래서 모든 기능을 고려해야 했습니다. 첫 일주일 동안은 이 무제한으로 뻗어 나가는 야심찬 계획들이 아무런 문제가 되지 않았죠. 하지만 한 달 후에는 지원 수준이 서로 다른 세 가지 설계 방향이 나오게 되었습니다. 새 릴리스release를 개발하기 위한 창의성은 세 가지로 나뉜 진영이 서로 소통하지 않고 각자의 전략적 요새를 구축하는 바람에 쓸모없어지고 말았죠. 결정은 내려졌지만 의사소통을 하지는 않았습니다. 혼란이 창의성을 대체하는 상황이었죠.

이런 위기의 순간에 사람들이 취하는 몇 가지 행동은 상황을 더 악화시킬 수 있습니다.

- 방향성이 없으면 사람들은 이야기를 만들어냅니다. 자연은 진공 상태를 내버려두지 않죠. 구체적인 정보가 없는 곳이면 사람들은 정보를 만들어서 빈 공간을 채웁니다. 사람들은 거짓말을 하는 것이 아니며 악의도 없습니다. 혼란 속에서 구조를 만드려고 노력하는 것뿐입니다. 그리고 이런 상황은 다음 사실들로 인해 더욱 악화됩니다.

- 사람들은 끊임없이 현재의 위기 상황에 대해 이야기하며 서로를 치유합니다. 하지만 이는 새로운 콘텐츠를 만들어내는 것이 아니라 가장 최근 뉴스를 소화하는 것에 불과하죠. 적절한 시기에 복도에서 나누는 잡담은 생각을 발전시키는 데 더할 나위 없이 좋은 방법이지만 위기에 대해서 단지 이야기만 나눌 뿐이라면 위기를 해결하는 것이 아니라 수박 겉핥기에 불과하죠.

- 사람들은 모든 것을 알고 싶어 합니다. 의사소통의 공백과 서로에 대한 치료를 빙자한 잡담은 걷잡을 수 없을 만큼 방대하고 미심쩍은 콘텐츠를 만들어냅니다. 그리고 팀원들은 이 모든 것을 알고 싶어 하겠죠.

소통의 재앙이군요. 복도에서는 기발한 아이디어로 끊임없는 대화가 오가고 모니터에는 훌륭한 아이디어가 적힌 쪽지들이 붙어있지만 정작 의사소통 구조가 혼란스러워서 모두가 당황하며 이리저리 뛰어다니고 그 누구도 심호흡을 하지 않는 상태입니다.

세 가지 회의

월요일부터 새로운 회의 구조를 도입했습니다. 먼저 회의의 유형을 설명한 후 회의의 목적이 무엇인지 설명하겠습니다.

회의에는 세 가지 유형이 있습니다.

팀원과의 1:1 회의

월요일 아침입니다. 이번 주의 첫 번째 회의죠. 별 탈 없는 사람과는 30분, 위기에 처한 사람과는 한 시간을 진행합니다. 안건은 간단한 심호흡입니다.

> 66
> 팀장: 뭐가 걱정되나요?
> 팀원: 제가 걱정하는 바는 이렇습니다.
> 팀장: 그것에 관해 논의해볼까요?　　99

팀 회의

1:1 회의 때 심호흡한 공기가 아직 폐에 남아있는 상태에서 팀 회의를 진행합니다. 1:1 회의가 끝나고 바로 이어서 두 시간 동안 말이죠. 긴 회의처럼 들리겠지만 적절한 사람들과 제대로 된 회의를 한다면 항상 눈 깜짝할 사이에 회의가 끝나죠.

팀 회의는 공개적으로 걱정을 할 수 있는 시간이기도 하지만 아무도 보지 못하는 구석에 숨어 긴 숨을 내뱉고 싶은 시간이기도 합니다.

걱정은 충분히 했으니 이제 무엇을 하면 좋을까요? 팀 회의의 분위기나 내용은 개발 주기에 따라 다릅니다. 초기 단계라면 제품의 설계에 관해 이야기할 것이고 마지막 단계에 가깝다면 품질의 신뢰성을 확인해보겠죠.

제가 팀 회의에서 다루는 주제는 크게 세 가지 범주로 나눌 수 있으며 각 주제들은 매끄럽게 이어지죠. 먼저 운영(현재 위치는 어디인가?)으로 시작해서 전술(무엇을 할 것인가?), 전략(어떻게 할 것인가?) 순서로 진행됩니다. 각각을 살펴보죠.

■ 운영: 우리 팀의 현재 위치는 어디인가요?

운영이라는 주제는 아주 딱딱하고 토론할 여지가 없는 정량적인 내용이죠.

> 66
> 버그가 얼마나 많은가요?
> 채용 과정이 어디까지 진행되었나요?
> 새로운 사옥으로 언제 이사가나요?
> 99

차트, 그래프, 또 그래프… 토론도 조율도 없습니다. 데이터를 정렬하기만 합니다. 측정할 수 있는 것은 고칠 수 있다는 뜻이죠.

■ 전술: 무엇을 할 것인가요?

이제 일할 차례입니다. 전술은 1:1 회의에서 발견한 문제들을 해결하기 위해 팀 단위로 다음 주에 수행할 변경, 작업, 이벤트, 그 외 일들을 의미합니다. 운영과 마찬가지로 전술 역시 측정하고 처리할 수 있는 내용들이지만 차이점이라면 단순히 보고하기 위한 것이 아니라 진짜 행동을 취하는 것이라는 점이죠. 제품의 마일스톤에 있는 모든 버그를 스크럽해서 마일스톤에 해당하는 것이 맞는지 확인합니다.

> **66** 제이슨이 목요일까지 새로운 디자인을 제공할 것입니다. **99**

이런 전술을 정의함으로써 마지막 회의의 안건을 정하게 되지만 그에 앞서 전략에 대해 이야기할 필요가 있겠군요.

■ 전략: 아니 그래서 진짜 무엇을, 어떻게 할 건가요?

잘 정의한 전술은 모두 훌륭합니다. 작업이 끝날 때쯤에는 가시적인 진전을 보여줄 만한 진짜배기죠.

하지만 일주일, 아니 한 달이 지나도 처리할 수 없는 조직이나 제품 또는 인력 문제가 있습니다. 전략은 정책과 문화에 대한 심층적인 변화를 수반합니다. 제품 품질이 좋지 않기 때문에 코드 리뷰 문화를 도입합니다. 디자인이 뒤죽박죽이기 때문에 스타일 가이드를 정의합니다. 전략적 주제는 혁신적인 변화에 대한 가장 큰 기회를 나타내기 때문에 가장 좋아하는 부분이지만 정의하기도, 측정하기도 가장 어려운 주제죠. 더 나쁜 점은 전략적인 변화는 하늘이 무너지고 있는 상황에서는 실현하기가 어렵다는 점입니다. 하늘이 무너지지 않도록 열심히 일하고 있는 모든 열정적이고 전술적인 사람들 때문이죠.

그렇다고 회의 도중에 전략적 주제에 관해 이야기하지 말라는 것은 아닙니다. 전략적 변화를 발견하지 못해도 토의만으로도 과호흡에 시달리는 사람들에게 희미하게나마 미래에 대한 희망을 줄 수 있기 때문이죠.

회의가 끝나면 깊은 숨을 들이마시는 것을 멈추고 길게 숨을 내쉽니다.

이제 이번 주에 뭘 해야 할지 알겠군.

하지만 대부분의 사람들이 여기에서 실수하죠. 숨을 내쉬면서 느끼는 안도감을 실제로 진전되는 사항과 혼동합니다. 3시간 동안 회의실에 앉아있는 것 말고는 사실 아무것도 하지 않았는데 말이죠. 그리고 회의가 하나 더 남았습니다.

'우리가 만든 것 좀 봐봐' 회의

금요일 오후 4시에 진행되는 이 회의의 목적은 단 한 가지입니다. 회의 동안 정의한 전술들을 평가하는 것이죠.

우리가 할 것이라고 말한 것들을 했는가?

회의 안건의 관점에서 이 회의는 단순한 결정들로 이루어집니다. 월요일 회의에서는 아마 주제나 전술을 잘 정의하고 항목들을 측정했을 것입니다. 내용은 개발 주기에 따라 다르겠지만 어쨌든 금요일에는 어떤 형태로든 이 회의가 열립니다.

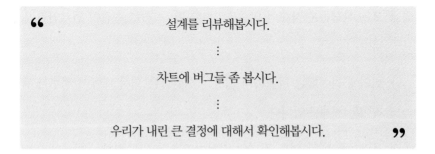

> 설계를 리뷰해봅시다.
>
> ⋮
>
> 차트에 버그들 좀 봅시다.
>
> ⋮
>
> 우리가 내린 큰 결정에 대해서 확인해봅시다.

'우리가 만든 것 좀 봐봐' 회의는 진행된 내용을 시연하고 하늘이 무너지고 있는 상황에서도 어떻게 진전을 만들어낼 수 있는지 보여주는 시간입니다. 그리고 그간 한 일에 대해서 축하하는 시간이기도 합니다. 간단하게나마요.

다른 무언가를 위한 공간

회의 패턴이 차분하고 반복적입니다. 이런 패턴의 회의는 비단 위기 상황에서뿐만 아니라 항상 유용합니다. 여러분이 가장 좋아하는 설계자와 3년간 일해왔다고 가정해봅시다. 여러분은 설계자와 여러분이 서로를 속속들이 이해한다고 생각하고 있겠죠. 그렇다고 자만심에 빠져 설계자와의 1:1 회의를 거르면 안 됩니다. 위기 상황이 아닐 때도 걸러서는 안 됩니다.

조직 내 사람들과 의사소통하는 것은 사람들 간의 의견을 조율하기 위한 끊임없는 활동입니다. 여러분이 팀을 아무리 잘 알아도 팀 내부의 대화가 어떻게 흘러갈지 절대 예측할 수 없을 것입니다. 그렇기에 이런 회의 구조에서 이룰 수 있는 것은 다음과 같은 직원들의 기대치를 충족하는 것밖에 없습니다.

- 모든 사람들은 자신의 의견을 이야기할 수 있는 순간이 언제인지 압니다.
- 회의에 참여했든 참여하지 않았든 사람들은 회사 내에서 정보가 움직이는 체계를 압니다.
- 사람들은 매주 어느 정도의 진척이 있었는지 측정하는 방법을 알며 위기 상황이 왔다는 사실도 압니다.

이런 회의의 존재만큼이나 중요한 것이 회의가 강박적일 만큼 규칙적으로 이루어져야 한다는 것입니다. 하다못해 몇 년이 지나 여러분의 팀이 해체된 이후에도 월요일 오전 10시 15분에 문득 시계를 보고 15분 후에 팀장과 1:1 면담이 있다고 생각할 수준이었으면 좋겠습니다. 이렇게 규칙적인 회의는 걸림돌도 아니고 무서운 일도 아닙니다. 바로 팀 내에서 신뢰를 만드는 기반이 되는 일입니다.

제일 좋은 점이 뭔지 아세요? 이런 구조, 이 모든 지루한 회의의 반복, 이것들이 다른 무언가를 위한 공간을 만들기 위한 것이라는 사실입니다. 여러분이 팀장 또는 팀원으로서 설계를 할 때 창의적인 사람이 되기 위해서는 두 가지가 필요합니다. 바로 무작위성을 이끌어낼 수 있는 환경과 그 환경에 머무를 수 있는 충분한 시간이죠. 강박적인 회의 일정은 지루함을 느끼게 할 수 있지만 이렇게 지루함이 존재할 시공간을 정의하면 여러분은 **다른 모든 순간에 창의적인 잠재력을 발휘할 수 있습니다.** 여러분은 이렇게 무작위성을 이끌어낼 수 있으며 그 무작위성이 결국 여러분을 승리로 이끌 것입니다. 무작위성은 다른 누구도 찾지 못한 문제에 대한 해결책을 알려주며 심호흡을 시작하게 만들어줄 것입니다.

17장
게임 시스템

저는 극단적인 상황에 대응하기 위한 몇 가지 창의적인 해결책을 가지고 있습니다. 그중 제가 주로 사용하는 방법은 **바퀴 달린 화이트보드**입니다.

제가 근무한 스타트업에서 바퀴 달린 화이트보드는 특이한 물건이었습니다. 그 화이트보드는 문 정도 되는 크기였고 바퀴가 달려 있어 회의실과 사무실 어디로든 옮길 수 있었습니다. 누구의 것인지 알 수 없었지만 절박한 순간에는 마치 제 것인 양 사용하곤 했습니다.

때는 바야흐로 프로젝트의 최종 단계였습니다. 프로젝트를 진행 중에 택한 꼼수, 대충 작성한 명세서, 개발자들이 수차례 언급했지만 무시한 경고들에 대한 대가를 치르는 단계죠. 모든 수치는 암울했으며, 버그 발생률은 급증했지만 버그 처리 속도는 참담할 정도로 느렸습니다. 다른 기능을 완성하느라 버그를 고칠 시간이 없었거든요. 절망적인 상황이었습니다.

끊이지 않는 나쁜 소식은 프로젝트에 참여한 사람들의 심기를 불편하게 했습니다. 이미 3주 동안 주말을 반납한 채 일하고 있었고 끝이 보이지 않았죠. 평소에는 유쾌했던 개발자들도 어색할 정도로 침묵했습니다. 프로젝트 구성원 모두 만기일에 프로젝트를 완성하지 못할 거란 사실을 알고 있는 듯했습니다.

게임이 필요했습니다.

재미있는 시스템

개발자는 모든 것을 시스템으로 생각합니다. 복잡한 세상을 원인과 결과로 도식화하여 하나의 순서도로 표현할 수 있죠. 이 거대한 순서도는 우리가 혼란스러운 세계를 통제하고 이해할 수 있다는 환상을 불러일으킵니다. 이러한 환상은 시스템을 분석하고, 추론하고, 구축하는 삶을 살면서 생긴 유용한 부산물이기도 합니다. 그리고 이는 우리가 게임을 좋아하는 이유와 일맥상통합니다. 게임은 재미있는 시스템이기 때문이죠. 이런 게임의 매력을 더 많이 이해할수록 스스로를 관리하는 데 더 능숙해질 것입니다.

개발자의 모든 사고 과정처럼 게임을 접하는 과정도 다음과 같이 정의할 수 있습니다.

- 발견
- 최적화와 반복, 그리고 승리
- 성취

발견: 혼란에서 통제로

처음 플레이하는 게임에서 가장 큰 즐거움은 '발견'에서 비롯됩니다. 발견의 즐거움은 게임을 처음 접했을 때 느끼는 혼란스러움과 게임을 점차 알아가는 것 사이의 균형이라 볼 수 있습니다. 처음에는 아무것도 모른다는 혼란스러움이 게임을 더 매력적으로 느껴지게 하는데, 이 무질서해 보이는 혼란 속에도 항상 규칙과 구조에 대한 힌트가 있죠.

이 게임의 규칙은 뭐지? 어떻게 알아내지?

게임의 초기 플레이에서는 발견을 통해 느끼는 기쁨과 알려지지 않은 목표를 향해 나아가는 즐거움을 느낄 수 있습니다. 우리는 게임 안에서 이 세계를 움직이게 하는 엔진과 그 엔진에 숨겨진 비밀을 찾아내기 위해 고군분투합니다. 왜냐하면 게임의 비밀을 발견하고 해석하는 순간, 게임 속 공간이 유한하며 이해할 수 있고 통제 가능한 공간임을 깨닫기 때문입니다.

규칙을 발견하는 과정에는 언제나 예측 불가능한 변화가 함께합니다. 이 예측 불가능한 변화는 게임의 규모와 설정된 목표에 따라 다릅니다. 예를 들어 〈테트리스〉는 게임을 시작하는 순간 규칙이 명확하게 드러납니다. 반면 〈월드 오브 워크래프트 World of Warcraft[19]〉처럼 큰 규모의 온라인 게임은 규칙이 변화무쌍합니다. 우리는 규칙을 발견하는 과정에서 해당 게임이 취향에 맞는지 빠르게 판단할 수 있습니다. 하지만 발견의 단계를 지났다는 것이 우리가 게임에 완전히 몰입했다는 것은 아닙니다.

---

19 옮긴이_ 월드 오브 워크래프트는 2004년 블리자드 엔터테인먼트에서 개발하고 출시한 대규모 다중 사용자 온라인 롤플레잉 게임(MMORPG)입니다.

최적화와 반복, 그리고 승리: 모순과 경고

기본 규칙을 발견하고 정의했다면 그 다음은 최적화 단계입니다.

좋아, 게임하는 방법은 알겠어.
그럼 어떻게 이 게임에서 승리할 수 있을까?

이 단계는 깨달은 규칙을 바탕으로 무언가를 시도하는 시기입니다.

규칙에는 분명한 패턴이 존재합니다. 정해진 순서가 있으며 이를 따르면 보상을 받을 수 있죠. 〈테트리스〉에서 세 블록 앞을 생각하는 것이나 〈비쥬얼드 Bejeweled[20]〉에서 하이퍼큐브를 유지하는 것처럼요. 이것은 규칙을 이해하는 또 다른 방법인 동시에 더 큰 재미를 느낄 수 있는 방법입니다.

최적화와 반복에는 모순이 있습니다. 이 모순은 승리와 관련된 것입니다. 우리는 게임 속 규칙을 발견하기 위해 시간을 쏟고 발견한 규칙을 사용해 어떻게 승리할 수 있을지 고민합니다. 하지만 승리하는 방법을 알아내는 것은 따분하죠. 진정한 재미는 미지의 세계를 발견하고 정복하는 것에서 옵니다. 모순적이게도 이런 관점에서 보면 게임을 계속 즐기려면 승리해서는 안 됩니다. 승리를 원할지라도요.

한번 생각해보세요. 여러분은 팩맨에 최고 점수가 있다는 것이 거슬리나요? 저는 거슬리더라고요.

---

20 옮긴이_ 비쥬얼드는 2001년에 출시된 퍼즐 게임으로, 팝캡 게임스(Popcap Games)의 데뷔작이며 희대의 히트작 중 하나입니다. 비쥬얼드에서 '하이퍼큐브'는 동일한 색상의 보석 5개가 일렬로 놓이는 것을 말합니다.

〈월드 오브 워크래프트〉처럼 구독하는 게임의 경우 이런 모순을 막기 위해 게임 디자이너들이 정기적으로 규칙을 변경합니다. 그들이 말하는 '플레이성 playability 개선'은 실제로 이런 의미인 것이죠.

> 플레이어는 모든 규칙을 알아내면 구독을 취소할 것이니까
> 새로운 규칙이 적용된 패치 버전으로 업데이트해야겠어!

하지만 이러한 모순이 모든 게임에 적용되는 것은 아닙니다. 〈테트리스〉처럼 무한히 플레이하는 게임도 있으니까요. 여기서 생각해볼 점이 있습니다.

게임을 반복하고 최적화하는 과정에는 대부분의 사람들이 의아하게 여기는 부분이 있습니다. 바로 반복을 통해 치유된다는 느낌을 받을 수 있다는 점입니다. 〈월드 오브 워크래프트〉 같은 게임에서는 수많은 반복 작업을 해야 합니다. 예를 들면 '천 명의 적을 죽이고 오면 상을 줄게' 같은 퀘스트가 있죠. 만약 적 한 명을 죽이는 데 1분이 소요된다면 천 명을 죽이기 위해서는 16시간이 필요합니다. 이런 퀘스트는 딱히 기술이나 생각이 필요하지 않죠. 이것이 포인트입니다.

만약 여러분이 653번째로 트롤을 죽이고 있는 저를 본다면 기계 같다고 생각할지도 모릅니다. 실제로 기계였죠.

> 나는… 기계다…

기계는 걱정 따윈 하지 않습니다. 그것이 기계의 본질이죠. 플레이어는 기계적인 행동을 반복하며 심리적으로 복잡한 세상에서 벗어났다고 느낍

니다. 또 반복의 결과로 작은 목표를 달성하게 되면 기쁨을 느끼죠. 즉, 사람들은 반복을 통해 내면의 긴장을 완화시키고 스스로가 뛰어나다는 자신감까지 얻을 수 있는 것입니다.

게임 디자이너를 변호하자면, 그들은 '16시간 동안 아무것도 하지 마세요'와 같은 퀘스트는 만들지 않습니다. 대신 다양한 작업들을 하나로 연결하여 지루함을 알아차릴 수 없는 퀘스트를 만듭니다. 그들은 플레이어가 목표를 달성하기 위해 작업을 계속 수행하도록 만드는 것이 게임을 지속하는 동기가 된다는 사실을 알고 있습니다.

저는 게임을 디자인하고 출시해본 경험은 없지만 게임의 중요한 매력은 최적화와 반복에서 나온다고 확신합니다. 게임을 플레이할 때 많은 시간과 노력을 들이고 큰 즐거움을 느낄 수 있는 부분이 바로 최적화와 반복이기 때문이죠. 이는 게임이 자꾸만 생각나게 하는 요소임이 틀림없습니다.

이제 마지막으로 고려해야 할 단계는 성취입니다.

성취: 혼자 이긴다고 누가 알아주나요?

게임의 규칙을 배우고 승리하는 방법까지 알게 되면 우리는 더 높은 수준의 승리, 이를테면 상대방보다 훨씬 더 높은 점수를 획득하는 것 등에 관심을 갖게 됩니다. 나의 승리가 다른 사람의 승리보다 얼마나 대단한지 궁금해하죠.

내 점수가 다른 사람의 점수보다 더 높은가?

게임에서 성취감은 다른 플레이어들이 인정해줄 때만 진정한 가치가 있습니다.

인터넷이 보급되기 전에 승리는 지극히 개인적인 것이었습니다. 오락실에서 〈팩맨Pac-Man〉 게임 점수판에 이름 이니셜 세 글자를 입력하고는 곧바로 동키콩을 찾아 떠났죠. 인터넷이 보급된 후 게임은 네트워크로 연결되었고, 이 가상 세계 안에서 서로의 업적을 비교하기 시작했습니다. 업적은 단순히 게임을 잘하는 것을 넘어 잘한다고 인정받는 것 또한 중요하다고 생각하게 만들었죠.

게임이 복잡해질수록 업적도 복잡해지기 때문에 단순히 점수, 즉 수치로 업적을 비교할 수 없는 게임도 있습니다. 〈월드 오브 워크래프트〉에서 트롤을 사냥하는 일에 몰두하다 지루함을 느낄 때쯤 엘프가 지나가는 것을 보게 되었다고 해봅시다.

저 엘프가 들고 있는 건 뭐지? 지팡이인가?
지팡이는 어디서 얻은 거지? 멋지다!
저 지팡이를 갖게 된다면 세상을 다 가진 것 같은 기분일 거야.

아마 트롤을 잡는 일을 그만 두고 지팡이를 얻기 위한 모험을 시작할 겁니다.

'승리하기 위해서는 그 지팡이가 필요하다'와 같이 정해진 규칙은 없습니다. 물론 지팡이를 얻는 것보다 트롤 200마리를 더 잡는 것이 더 쉬울 수 있지만 이것이 게임을 하는 유일한 동기가 될 수는 없습니다. 지팡이는 여러분의 능력을 보여주는 수단, 즉 배지 같은 것이죠. 자기 자신을 위한 것이 아니라 다른 사람에게 과시하기 위해 갖는 것입니다.

대부분의 성취는 실제로 가치가 있지만 그게 중요한 것은 아닙니다. 성취의 진정한 의미는 (아는 사람이든 모르는 사람이든) 누군가가 여러분의 비룡[21]을 보고 "와, 저거 대박이다"라고 말하는 데 있습니다. 그것은 마치 스택 오버플로Stack Overflow에서 전설 배지를 받으려면 얼마나 노력해야 하는지 궁금해하는 것과 같습니다.

실제로 만날 일 없는 사람들이겠지만 이러한 성취가 여러분의 정체성을 대변해주기도 합니다.

게임의 규칙

이제 게임이 어떻게 개발자의 관심을 끄는지 알게 되었으니 비즈니스 중심의 게임을 만드는 데 사용할 규칙을 정의할 수 있을 겁니다. 여러분이 처한 상황에 따라 다르겠지만 창의성이 필요한 시점입니다. 혹시 고쳐야 하는 버그의 수가 많나요? 사람을 채용하는 데 어려움을 겪고 있나요? 얼마나 곤경에 처해 있는지 알 수조차 없나요? 아마 여러분은 어떤 게임이 필요한지는 몰라도 다음과 같은 게임의 일반적인 규칙을 따라야 한다는 사실은 알고 있을 겁니다.

---

21 옮긴이_ 원문에는 'Violet Proto-Drake'로 표기되어 있는데, 이는 게임 〈월브 오브 워크래프트〉에서 검투사가 타고 다니는 하늘을 나는 용을 가리킵니다.

■ 규칙이 명확해야 합니다

어떤 게임을 설계하든 검증은 필수입니다. 게임의 규칙에 대한 검증을 팀 구성원 일부에게 맡기고, 게임을 출시하기 전에 반드시 규칙의 결함을 찾아내세요. 모호성, 모순, 누락이 있다면 결코 좋은 게임이 될 수 없습니다.

■ 규칙을 철저히 지켜야 합니다

규칙을 따르지 않는 것은 불분명한 규칙을 따르는 것보다 곱절은 나쁩니다. 개발자에게 있어 규칙은 게임을 공정하게 만드는 요소입니다. 따라서 규칙 위반은 시스템에 결함이 있다는 신호로 해석될 수 있으며, 게임 플레이 중단으로 이어질 수 있습니다.

■ 게임은 포용적이고 공개적이어야 합니다

팀의 모든 구성원을 포함해야 할 뿐만 아니라 팀원이 아닌 사람들도 진행 상황을 알 수 있어야 합니다.

■ 금전적인 보상은 마지막 수단입니다

관리자들은 인센티브를 돈으로 주는 것을 당연하게 생각합니다. 그런데 돈은 갈등의 원인이 되기도 합니다. 게임을 설계하는 동안 팀원들이 누가 돈을 얼마나 받는지에 대해 스트레스를 받기를 원하나요? 아마도 일과 관련된 스트레스만 받기를 원할 것입니다.

동기를 부여하는 데 보상을 사용하지 말라는 의미는 아니지만, 돈보다는 성취에 대해 생각해보세요. 제가 주었던 최고의 보상은 핏불[22] 크기의 못생긴 청색 세라믹 코뿔소 트로피였습니다. 보상을 받은 사람은 이 코뿔소 트로피를 몇 년 동안 자랑스럽게 사무실에 전시해두었습니다.

■ 게임이라고 해서 가볍게 여겨서는 안 됩니다

이 장에서 계속 '게임'이라는 단어를 사용한다고 해서 그것이 사소하거나, 간단하거나, 가벼운 것이라는 의미는 아닙니다. 여러분이 게임을 구축하고 실행하는 데 얼마나 진지하게 임하느냐에 따라 팀은 이 게임을 동기부여의 도구로써 진지하게 받아들일 것입니다. 왜냐하면 그들은 이기고 싶기 때문이죠.

화이트보드 게임

모두가 일하고 있던 일요일 밤에 저는 사무실에서 빈 화이트보드를 바라보고 있었습니다. 주말 동안 복도에서 나눈 대화, 버그 정리, 비공식적인 테스트를 통해 제품의 상태가 불안정하고, 발견된 버그들이 상당히 심각하며, 그 수도 매우 많다는 사실을 확인했습니다.

그래서 게임을 해보기로 결심했습니다. 이 게임의 이름은 '집중'이며 우리는 제품의 가장 나쁜 부분을 구조화하는 데 초점을 맞출 것입니다. 우선 주말 동안 발견한 가장 심각한 버그 열 가지를 화이트보드에 나열했습니다. 그리고 각 버그 옆에 네 개의 공란을 그려넣었습니다.

---

22 옮긴이_ 아메리칸 핏불 테리어, 아메리칸 스태퍼드셔 테리어 등과 같은 견종을 통칭하는 단어입니다. 핏불은 중대형견에 속합니다.

원인 파악	수정 방법 확인	수정 완료	테스트 완료

저는 펜 몇 개를 집어들고 아키텍트의 집무실로 화이트보드를 끌고 갔습니다.

> 66   나: 우리가 작업할 내용들입니다.   99

그는 10분 동안 보드를 바라본 후 마침내 고개를 끄덕였습니다.

> 66 아키텍트: 좋네요. 하지만 사람마다 고유한 색을 정하고 각 업무별로 점수를 할당해야 합니다. 원인 파악과 수정 방법 확인에 10점, 수정과 테스트에 5점씩이요.
>
> 나: 점수를 왜 할당하죠?
>
> 아키텍트: 점수는 단지 점수일 뿐입니다. 우리는 개발자니까요.
>
> 나: 모두가 색을 정해야 하나요?
>
> 아키텍트: 네, 그럼 어떤 사람의 점수가 가장 높은지 알 수 있죠. 저에게 파란색 펜을 주세요. 이미 3번 버그의 원인을 파악했어요.
>
> 나: 파란색이요?
>
> 아키텍트: 네, 저는 파란색을 좋아해요.   99

18장
인간관계 속 마피아 관리하기

조금이라도 움직이면 저는 죽을 것입니다. 거의 확실하게 마피아로 추정되는 제인Jane이 플레이어들 사이를 넘나들며 그들의 의지를 시험하고 약점을 찾고 있죠. 그녀는 플레이어들을 관찰하며 죄책감이나 불편함의 징후를 찾습니다. 이런 행동을 하는 건 그녀뿐만이 아닙니다. 이 방 안은 다음 희생자를 찾는 사람들로 가득합니다.

이건 마피아 게임입니다. 정말 즐겁지만 동시에 무서운 게임이죠. 이상하게 들리겠지만 저는 이 무서운 게임을 매일 하면서 돈을 받고 있습니다. 회사 생활은 마피아 게임 그 자체죠.

위험한 시나리오

마피아 게임은 상호 작용 게임입니다. 제작자는 이 게임을 '고발, 거짓말, 허세, 추측, 암살, 집단 히스테리의 게임'이라고 설명합니다. 게임의 방식을 이해하고 나면 왜 이 게임이 직장에서 비판적으로 사고하는 능력을 기르는 데 도움이 되는지 알 수 있습니다.

게임은 사회자가 플레이어들에게 각자의 역할이 적힌 카드를 나눠주는 것으로 시작됩니다. 역할에는 시민, 경찰, 마피아가 있죠. 모든 카드를 다 나눠주고 나면 각 플레이어는 자신의 역할을 발표합니다. 아마 모두가 똑같이 말할 것입니다.

> " 안녕하세요. 저는 시민입니다. "

몇몇은 거짓말을 하고 있네요. 마피아들은 절대 정체를 드러내지 않습니다. 시민들은 마피아에게 죽임을 당하기 전에 먼저 마피아들을 죽이려고 할 테니까요.

사회자가 밤이 되었음을 알리면 모든 플레이어는 눈을 감습니다. 그럼 사회자는 마피아들을 깨워 시민 중 누구를 죽일지 지목하게 하죠. 마피아들은 조용히 희생자를 고르고 다시 눈을 감습니다. 다음으로 사회자는 경찰에게 한 명을 지목하게 합니다. 사회자는 경찰이 고른 사람이 마피아인지 아닌지를 손가락을 통해 알려줍니다. 경찰이 다시 눈을 감으면 사회자는 아침이 되었음을 알리고 누가 죽었는지 발표합니다.

그럼 이제 진짜 게임이 시작됩니다. 시민들은 힘을 합쳐서 누굴 마피아로 지목할지 골라야 하죠. 자기소개에서 얻은 빈약한 정보와 지난 밤 죽은 사람을 단서로 누가 마피아인지 알아내야 합니다. 정보는 별로 없지만 누군가는 반드시 죽어야 하죠. 매일 밤 마피아들이 시민들을 한 명씩 죽이고 있으니까요. 그러다 시민의 수가 마피아보다 적어지면 마피아가 승리하게 됩니다. 마피아가 이기게 둘 수는 없습니다!

지금까지 기본적인 게임 방식을 설명했습니다. 하지만 아직 이 게임의 진짜 멋진 부분을 설명하지 않았습니다. 저는 마피아 게임을 정말 좋아합니다. 최악의 회의에서 만날 수 있는 최악의 사람들을 대하는 방법을 안전하게 배울 수 있기 때문이죠.

악한 거짓말쟁이와 그냥 거짓말쟁이

저는 오랫동안 낙관적으로 살고자 노력했습니다. 그게 리더가 된 후 저의 첫 결심이었죠. 저는 우리 팀을 '옳은 일을 하기 위해 힘을 합쳐 일하는 팀'이라 생각했습니다. 전략으로써 낙관주의는 제게 도움이 되었지만 나쁜 소식도 있습니다.

- 세상에는 의사소통이 서툰 사람부터 노골적인 거짓말쟁이까지 다양한 사람들이 있습니다.

- 정치와 절차는 사람들의 가치관을 자주 그리고 심각하게 망가뜨립니다.

- 나쁜 일들은 무작위로 일어납니다.

개발자 혹은 관리자로서의 커리어에서 여러분은 나쁜 의도를 가진 사람들과 엮여 예상치 못하게 엉망진창인 상황을 마주하게 될 수 있습니다. 인사 부서에서는 갈등 관리, 상황별 리더십 등과 관련된 워크숍을 열심히 준비하겠지만, 누군가 여러분에게 거짓말을 하고 다음에 무엇을 할지 고민하는 상황을 막을 수는 없습니다.

이제 마피아 게임의 가장 중요한 부분으로 돌아가봅시다. 고발 단계죠. 아침이 되면 시민들은 누구를 희생시킬지 골라야 합니다. 어떤 절차가 필요할까요? 누가 이 절차를 이끌죠? 어떻게 잠재적인 마피아를 고를 수 있을까요? 사회자가 시간을 재는 동안 시민들은 유기적으로 이 절차를 따르게 됩니다.

항상 시민 중 누군가가 나서서 이 과정을 이끕니다. 사람들을 심문하고 고발하는 과정을 지휘하죠. 왜 그 사람이 이끌고 있나요? 동기가 뭐죠? 이 상황에서는 모든 단어와 행동이 다르게 받아들여질 수 있습니다. 사람이 죽는다는 점만 **빼면** 직원 회의와 유사하죠.

시민들이 잠재적인 희생자를 지목하면 사회자는 첫 고발자에게 왜 이 사람을 마피아라고 생각하는지 묻습니다. 이유는 다양합니다.

> **66**　　　　　　그가 불안해했어요.　　　　　　**99**

> **66**　　　　누군가는 죽어야 하잖아요?　　　　**99**

지목을 당한 희생자에게는 스스로를 변호할 기회가 주어집니다. 만약 그 희생자가 마피아라면 그 사람은 죄책감 없이 방 안의 모두에게 거짓말을 하겠죠.

이게 제가 마피아 게임을 좋아하는 이유입니다. 이런 인간관계의 필수적인 기술을 연마할 수 있는 곳이 또 어디 있을까요? 마피아 게임에서 배울 수 있는 인간관계의 기술은 다음과 같습니다.

■ 말할 때의 태도를 관찰해 빠르게 평가하기

> **"** 저는… 시민이에요. **"**

어딜 보면서 말하나요? 눈을 마주쳤나요? 안절부절못했나요? 평소에도 그런 사람인가요? 왜 말을 더듬죠? 꼭 마피아 같네요…

■ 압박감이 큰 시나리오에서 역할의 변화 관찰하기

누가 앞에서 이끌고 있나요? 누군가 이의를 제기하나요? 계속 살아남나요? 왜 지금 그 사람이 이끌고 있을까요? 지난 번에는 조용했잖아요. 그가 누구에게 질문하나요? 어떤 질문을 했나요? 어떤 비언어적 표현을 사용하고 있죠? 왜 특정 인물을 공개적으로 지지할까요?

■ 모르는 사람들 속에 자연스레 녹아드는 방법 알아내기

어떻게 그들은 작은 정보만으로 파벌을 이루는 걸까요? 누가 서로에 관해 이미 알고 있죠? 그들은 어떻게 소통하나요? 누가 연기를 하고 있고, 누가 그걸 파악하려고 하는 것일까요? 누가 저랑 단번에 가까워졌죠? 제가 어떻게 이 파벌에 속할 수 있었을까요?

> **"** 저는 그녀를 믿지 않는데 그녀가 어째서인지 저를 도왔어요. **"**

■ 들키지 않고 죄책감 없이 거짓말하는 법 배우기

정보의 누락, 사실의 왜곡, 노골적인 거짓말의 차이는 무엇일까요? 거짓말이 일시적으로 편리한 때와 장기적으로 골칫거리가 될 때는 언제인가요?

일관성 있게 얼마나 많은 거짓말을 할 수 있나요? 그럴듯한 거짓말을 하기 위해 중요한 것은 뭘까요? 특정 사람들이 듣고 싶어 하는 이야기는 무엇일 까요?

> 절 죽이면 안 돼요.
> 저는 경찰이고 누가 마피아인지 알고 있어요. 진짜로요…!

■ 뻔뻔한 태도만으로 사람들의 관심을 다른 사람에게로 돌리기

방 안에서 누가 제일 약해 보이나요? 그 사람은 어떻게 스스로를 약해 보 이게 만들었나요? 절박함과 신뢰 사이의 균형을 어떻게 유지해야 할까요? 언제 질문에 질문으로 답해야 하죠? 여러분이 적극적으로 무언가를 숨기고 있다는 것을 사람들이 알까요? 이끄는 사람의 권위와 신뢰를 어떻게 꺾을 수 있을까요?

> 저는 마피아가 아니에요.
> 그녀가 마피아인 게 확실해요!

■ 완벽한 포커페이스 유지하기

여러분의 감정과 반응을 숨길 수 있나요? 적절한 눈맞춤, 몸짓, 목소리 톤을 유지할 수 있나요? 언제 침착하게 행동해야 그럴듯할까요? 그럼 반 대의 경우는요? 냉정함을 유지하면서 눈을 마주칠 수 있는 사람은 누구죠? 누가 골칫거리인가요? 언제 태도를 완전히 바꿔서 목소리를 내야 할까요?

> 저는… 시민이에요.

이건 역할 놀이가 아니라 삶과 죽음입니다

마피아 게임처럼 게임은 여러분이 평소에는 할 수 없는 것들을 허용하는 규칙들과 역사를 바탕으로 만들어진 단순화된 가상의 삶입니다.

현실에서 사람들 사이의 상호 작용에는 미묘하게 느껴지는 흐름이 있습니다. 사람마다 역할이 있으며 어떻게 행동할지에 관한 확실한 규칙도 가지고 있습니다. 불행히도 이러한 규칙이 사람마다 달라 전부 나열할 수는 없습니다.

마피아 게임의 규칙은 몇 가지뿐입니다.

- 시민들은 최선을 다해 마피아들을 죽입니다.
- 마피아들은 최선을 다해 시민들을 죽입니다.
- 사회자가 잠들라고 하면 잠듭니다.
- 살아남습니다.

이런 규칙들이 엮여 탄탄한 게임이 만들어집니다. 인간관계의 핵심이자 즉흥적이고 지적인 전투죠. 단 몇 시간의 짧은 게임을 진행하며 여러분은 상상할 수 있는 최악의 회의를 현실적으로 경험하게 됩니다. 이 상황에 대처하기 위한 동기와 임기응변도 함께 말이죠. 여러분도 죽기 싫을 테니까요.

저는 여전히 낙관적이고 때로는 현실적입니다. 일반적인 상황에서는 누군가가 의도적으로 거짓말할 것이라고 생각하지 않으며, 그런 사람이 있다 할지라도 순수하게 악한 사람일 것이라고 생각하지 않습니다. 그저 저랑 다른 생각을 하는 사람들이 있고 제 이익에 반하는 것이 그들에게는 이익이 되기 때문이라 생각하죠. 그들은 저를 괴롭히려는 게 아니라… 그저 저처럼 성공하고자 할 뿐입니다.

실제로 대부분의 회의는 이런 커다란 압박 속에서 진행되는 적자생존의 싸움이 아닙니다. 대개 피 한 방울 흘리지 않고 평온하게 진행됩니다. 그리고 여러분이 회의에서 발언하는 순간은 지금 무슨 일이 일어나는지 이해하고 있고, 이런 상황에서의 애매한 규칙들도 잘 알고 있으며, 이기기 위해 참여하고 있다는 것을 설명하는 시간이 될 것입니다.

마피아가 이기게 둘 수는 없습니다

제가 제인을 마피아라 의심하는 이유는 그녀가 이번 라운드를 주도하고 있기 때문입니다. 그녀는 모든 이목을 집중시키고 있는데, 이건 그녀가 흥분했고 에너지가 넘친다는 의미입니다. 저는 그녀가 저를 고발하기를 기다리고 있습니다. 그녀는 분명 그럴 겁니다.

저는 일부러 조용히 있습니다. 함정을 준비하고 있죠. 전에도 그녀와 함께 게임을 해봤기 때문에 그녀 또한 저와 같은 생각을 하고 있다는 것을 압니다.

> **66** 우리는 도움이 되지 않는 조용한 사람들을 죽여야 합니다. **99**

19장
BAB 게임: 일하지 않고도 경험을 얻는 방법

제가 예전에 몸 담고 있던 회사에서는 관리자들 사이에 불협화음이 있었습니다. 특히 레오Leo와 빈센트Vincent가 심했죠. 각자의 팀에서 진행하는 프로젝트는 잘 굴러갔습니다. 팀의 생산성도 좋았죠. 하지만 모든 팀의 관리자가 모인 회의에서 두 사람은 서로의 민감한 부분을 공격해댔습니다. 그러던 어느 날, 아주 사소한 주제에 관한 전체 관리자 회의에서 이런 일이 일어났습니다.

> **레오:** 빈센트, 수요일에 출시하는 제품은 준비가 다 되었죠?
>
> **빈센트:** 일정에 따라 진행 중입니다.
>
> **레오:** 수요일?
>
> **빈센트:** 일정에 맞출 겁니다.
>
> **레오:** 수요일?

공격적인 말투로 끝없이 빈정대고 보이지 않는 전쟁을 치르고 있습니다. 둘 다 소심한 성격이면서 자존심이 센 사람들이죠. 제가 레오나 빈센트와

1:1로 회의할 때는 생산적이었지만 전체 회의에서 두 사람의 의견 충돌에 관해 이야기하면 그들은 즉시 상대방을 향해 삿대질을 했습니다.

> 66 전 저 사람의 문제가 뭔지 도대체 모르겠어요. 99

전 잘 압니다. 둘은 서로를 신뢰하지 않죠.

신뢰라는 주제

여러분은 함께 일하는 동료와 얼마나 가까워져야 한다고 생각하나요? 직장 동료와 적정 거리를 유지하는 사람들도 있습니다. 이런 사람들은 함께 일하는 동료들과 적당히 먼 거리를 유지하는 것이 좋다고 생각하죠.

직장 동료와 거리를 유지하는 이유는 사적인 이유보다는 회사의 관리 측면이 더 큽니다. 관리자는 대부분 회사의 대표나 임원이며 비즈니스에 대한 의지와 실행을 강요받는 때가 많습니다. 누구를 해고하고, 누구의 연봉을 동결하며, 누구에게 성과급을 더 줄지 등 많은 부분에 책임이 있습니다. 다른 사람들과 직장에서 거리를 유지하든 그렇지 않든, 이런 책임들 때문에 관리자들은 항상 다른 직원들과 달라 보입니다.

그럼 이런 질문을 하나 해보죠. 여러분은 도움이 필요한 누군가가 도움을 요청할 수 있는 신뢰할 수 있는 사람이 되고 싶은가요, 아니면 그 반대의 사람이 되고 싶은가요? 여러분이 관리자이든 아니든 누군가가 여러분을 신뢰하는 것이 여러분의 성격과 어울린다고 보나요?

직장 동료 사이에서 지켜야 할 선이 있긴 하지만, 거의 매일을 함께하는 사람들과 거리를 벌리고 유지하는 것은 업무를 하는 데 필요한 사람들 사이에 일부러 장벽을 쌓는 일이기도 합니다. 여러분은 그런 사람이 되고 싶은가요?

제게 '신뢰'라는 주제는 개인적인 철학이자 경영과 관리에서의 철학이기도 합니다. 저는 신뢰와 존중을 바탕으로 구축된 팀이 평소에는 거리를 두다가 가끔 만나서 회의하는 팀보다 훨씬 더 생산적이고 효율적이라고 믿습니다. 그렇다고 여러분이 모든 사람과 친구가 되어야 한다는 것은 아닙니다. 여러분이 가져야 할 목표는 서로 신뢰하고 진실로 대하며 서로의 능력과 장점을 믿는 건강한 관계를 구축하는 것이죠.

생각만 해도 대단한 일입니다. 그리고 여러분은 다음에 설명할 카드 게임으로 이런 관계를 만들 수 있습니다.

BAB

BAB은 '밥'이라고 읽으면 됩니다. 사람 이름 같죠. 하지만 BAB은 게임의 약어입니다. 이 게임을 조금만 연습하면 팀원들을 하나로 묶을 수 있죠. BAB은 '백 앨리 브리지Back Alley Bridge'의 약자입니다. 같은 팀인 플레이어들 간에 은밀한 거래back alley와 소통이 필요하죠. 게임의 세부 규칙은 〈붙임: 백 앨리 브리지 게임 규칙〉에서 확인할 수 있으며, 웹 페이지[23]에도 잘 나와 있습니다.

---

23 https://randsinrepose.com/assets/BAB.pdf

이 게임이 왜 팀 빌딩에 좋은 게임인지 이해하기 위해 몇 가지 규칙을 알아봅시다.

■ BAB은 브리지 게임이 아닙니다

게임 자체는 브리지^{bridge} 게임의 주요 부분과 비슷합니다. 첫째, 네 명의 플레이어가 참가해서 두 팀을 이룹니다. 마주보는 위치에 있는 두 사람이 같은 팀이 되고 점수를 공유하죠. 둘째, 이 게임은 트릭^{trick}을 기반으로 합니다. 각 팀의 목표는 가능한 한 많은 트릭을 획득하는 것입니다. 각 플레이어가 카드를 뒤집었을 때 가장 높은 카드를 소유한 플레이어가 트릭을 획득합니다. 다만 브리지 게임과 마찬가지로 무적 카드인 트럼프^{trump} 무늬 카드를 낸 플레이어가 있다면 해당 플레이어가 트릭을 획득합니다. BAB에서는 스페이드를 트럼프 무늬로 합니다.

■ 비딩

브리지 게임과 마찬가지로 BAB 역시 비딩^{bidding}을 할 수 있습니다. 비딩은 다른 카드 게임의 베팅^{betting}과 비슷한 개념입니다. 비딩은 각 팀이 자신들의 카드를 가지고 얼마나 많은 트릭을 획득할 수 있는지를 예상하고 입찰하는 것입니다. 점수 계산은 입찰한 트릭 수를 획득한 팀에게 최적화되어 있으며 반대로 입찰한 만큼의 트릭을 획득하지 못한 팀에게는 엄격한 벌칙이 주어집니다. 비딩은 다른 팀 플레이어의 카드가 무엇인지 모르는 상태로 진행됩니다. 여러분은 같은 팀 플레이어가 입찰하는 형태를 보고 어떤 카드를 손에 들고 있는지 유추할 수 있을 뿐이죠.

■ 손에 드는 카드의 수가 점점 줄어듭니다

브리지와 달리 각 플레이어가 손에 드는 카드의 수가 점점 줄어듭니다. 모든 플레이어는 첫 번째 핸드hand[24]에서 13장의 카드를 들고, 두 번째는 12장, 세 번째는 11장 순으로 줄어들죠. 그렇게 손에 한 장의 카드만 남을 때까지 계속 게임을 하다가 다시 13장으로 돌아갑니다. 저는 회사 점심 시간에 잠시 하기 좋게 손에 드는 카드의 수를 2장씩 줄이는 방식도 사용합니다. 13 → 11 → 9장으로 줄어드는 것이죠.

■ 회심의 일격

BAB에는 보드Board와 보스턴Boston이라는 특별한 비딩이 있습니다. 보드는 팀이 모든 트릭을 획득할 것이라고 예상하고 입찰하는 것입니다. 보스턴은 팀이 첫 6개의 트릭을 차지할 것이라는 데 거는 것이죠. 보드나 보스턴은 조건이 까다롭기 때문에 아주 후한 점수를 받을 수 있습니다. 하지만 실패하면 역시 점수 측면에서 큰 타격을 입게 됩니다. 하이 리스크 하이 리턴High Risk High Return이죠. 이런 특별한 비딩을 통해 점수가 뒤처진 팀이 역전하는 상황을 만들 수 있습니다.

점수 계산이나 게임 플레이 방법 등의 정보는 전체 규칙을 확인해보기 바랍니다. 지금은 제가 왜 이 게임을 매주 한 번씩 점심 시간에 팀에서 하기로 했는지 설명하겠습니다.

---

24 옮긴이_ BAB에서는 한 회(turn), 즉 카드 패를 돌리고 점수를 계산하는 것까지를 의미합니다.

말이 많아집니다

저는 지금까지 세 팀에서 BAB을 해봤는데, 플레이어들이 게임에 익숙해지면 잡담을 엄청 많이 한다는 점이 인상적이었습니다. 물론 제 성격도 한몫했겠지만 똑똑한 사람들이 건전한 경쟁을 함으로써 얻게 되는 부수적인 효과이기도 합니다. 그리고 잡담이 많다는 것은 건강한 팀을 나타내는 지표이기도 합니다. 왜냐고요? 잡담은 눈앞에 주어진 정보와 자극만으로 즉흥적인 개그를 만드는 기술이기 때문이죠. 그래서 저는 다음 BAB 게임 참가자를 물색할 때 누가 더 잡담을 많이 하게 될지, 누가 그것을 받아칠 것인지를 중점적으로 고민합니다.

우리는 잡담을 통해 진실의 경계를 주의 깊게 탐험할 수 있습니다. 누군가가 잡담을 시작하면 사람들은 정직하게 약간 불편한 말을 하게 됩니다. 잡담에서 항상 주의해야 할 점은 선을 넘지 않는 것입니다. 선을 지키면 다른 사람에게 상처를 주지 않고도 재미있게 잡담을 이어갈 수 있습니다. 이런 정직하면서도 위험한 관찰은 팀원 간 신뢰의 기초를 형성합니다. 직장 동료가 여러분을 주의 깊게 관찰하고 이를 다른 플레이어들과 공유한다는 것은 누군가가 여러분을 지켜본다는 것을 의미합니다. 말만 들으면 문제의 소지가 있어 보이지만 지금 우리는 카드 게임을 하고 있는 것이란 사실을 잊지 마세요. 우리 모두 안전합니다!

다음 번 BAB 게임에는 서로 잡담이 필요한 플레이어들을 참여시켜서 대화를 나누도록 만들고 싶습니다. 이를테면 레오와 빈센트 같은 사람들이죠. 서로 적대적인 직장 동료들이 게임에서 같은 팀을 이루게 해서 비즈니스를 게임으로 대체하도록 만들어야 합니다. 업무에서 벗어난 관계도 존재할 수 있다는 점을 이해시키는 데는 유쾌한 농담과 가벼운 잡담만 한 것이 없죠.

우연히 무언가를 알게 됩니다

사람들과 게임을 하다 보면 여러분은 두 가지를 배울 수 있습니다. 첫째는 연습을 하면 잡담을 더 잘할 수 있다는 점이고, 둘째는 사람들이 모인 곳에서는 정보가 예상할 수 없는 방향으로 흘러간다는 점이죠.

> **66**
> 플레이어 1: 3에 걸게요.
> 플레이어 2: 저는 1에 걸게요.
> 플레이서 3: 패스하겠습니다.
> 플레이어 4: 케빈이 그만둔대요. 저는 케빈이 그만둘 줄 알았어요.
> 플레이어 1: 저도 그렇게 생각했어요.
> 플레이어 2: 유감이네요…
> **99**

게임 도중 뜬금없이 다른 직원이 그만둔다는 사실을 알게 되었네요. 저는 이런 대화가 활기차고 건강한 BAB 게임의 징조라고 봅니다. 팀 사람들이 서로를 믿기 시작했다는 증거죠. 게임이라는 안전한 환경 안에서 게임 테이블에 각자의 걱정을 쏟아낼 수 있다는 사실은 상당히 인상적입니다. 게임에 참여하는 모든 사람이 BAB이라는 게임이 잡담하기 좋은 게임이라는 사실을 알고 있기 때문에 가능한 일이죠.

일하지 않고도 업무 경험을 얻을 수 있습니다

사람 간의 관계는 천천히 만들어집니다. 신뢰도 마법처럼 어느 날 갑자기 생기지 않습니다. 신뢰는 경험을 공유하면서 천천히 형성되는 것입니다. 그리고 경험은 대개 함께 일하면서 쌓게 됩니다. 직장에서의 건강한 관계는 아마 대부분 이렇게 함께 일하면서 만들어질 것입니다. 전 제 팀원들이 서로 좀 더 가까워졌으면 좋겠습니다. 서로 껴안고 함께 춤추고 노래를 부르라는 것이 아닙니다. 일하는 모습만 보여주는 것이 아니라 서로를 조금 더 이해할 수 있는 기회를 줄 수 있었으면 했죠.

직장 동료들의 성향을 이해하면 협업하기가 쉬워집니다. 더 많이 이해할수록 동료들을 그 사람의 역할, 직급, 회사 내 정치적 목적과는 무관하게 한 명의 사람으로 바라보게 됩니다. 저 사람은 그냥 필립이죠. 그리고 제가 필립에 대해 아는 게 뭔지 아세요? 필립은 회의에서 발언하기까지 정말 오랜 시간이 걸렸던 사람입니다. 필립은 중요한 내용을 전하고자 하는 의사는 있었지만 부끄러움이 너무 많아서 말하지 못했던 것 같아요.

저는 두 달간 함께 BAB 게임을 하면서 필립이 왜 망설이는지 알게 되었고, 드디어 필립을 회의에서 발언하도록 만들 수 있었습니다. 필립은 몇 번의 시도 끝에 자발적으로 발언하기 시작했죠. 몇 주가 지나고 나니 아무도 필립의 입을 막을 수 없을 지경에 이르렀습니다.

두 번째 관리자 회의

이 게임은 제가 넷스케이프에 있던 시절 정기적으로 이루어지던 브리지 게임에서 영감을 얻은 것입니다. 사실 BAB은 점심 시간에 하기 좋은 게임이라는 것 외에는 특별한 점이 없습니다. 제가 BAB을 고른 이유는 단지 짧은 점심 시간 동안에 충분히 플레이할 수 있었기 때문이죠.

여러분은 제가 레오와 빈센트를 같은 팀으로 BAB 게임에 참여시켰을 것이라 짐작하고 있겠죠. 맞습니다. 물론 갑자기 마법이라도 부린 것 마냥 단한 번의 게임만으로는 둘 사이가 좁혀지지 않았습니다. 레오와 빈센트는 회의에서 계속 충돌했지만 시간이 지나자 공격적이던 말투가 장난스럽게 변했습니다. 끝없는 경쟁자 관계에서 좀 더 건강하고 즐거운 관계로 변한 것이죠.

BAB이라는 게임을 통해 건강하게 경쟁하면서 이기는 것이 꼭 일정을 맞추거나, 돈을 더 받거나, 승진하는 것이 아니라는 사실을 알게 되며, 다른 동료와 함께 더 잘 일하는 방법을 배우게 됩니다. 승리는 생각보다 더 단순하고 즐거운 것일 수 있습니다.

더 중요한 것은 BAB을 통해 일로만 정의되는 관계가 아닌 새로운 관계를 형성할 수 있다는 점입니다. 서로가 업무 이외의 상황에서 어떤 사람인지를 알 수 있죠.

20장
네트워킹: 내 사람 찾기

여러분의 커리어에 필수적이지만 눈에는 보이지 않는 것들이 있습니다. 성공하기 위해 반드시 필요한데, 계량하기 어려울 뿐만 아니라 연봉 인상과 직접적으로 관계가 있지도 않습니다. 하지만 사회 생활을 하다 보면 이런 눈에 보이지 않는 것들이 여러분의 성장에 꼭 필요하다는 것을 알게 될 것입니다. 이번 장에서는 그중 하나인 네트워킹에 관해 이야기해보겠습니다.

네트워킹에는 두 가지 유형이 있습니다. **기본적인 네트워킹**은 직장 생활에서 이루어집니다. 직장에는 동료, 상사 등 여러분이 관심을 갖고 네트워킹할 만한 사람들이 많습니다. 여기에도 노력이 필요하지만 교류하기 쉬운 편이죠. 업무에 국한되긴 해도 여러분이 하루 종일 의지하는 사람들이기도 하고, 이런 사람들과 친해지면 정보를 쉽게 얻을 수 있다는 사실도 알고 있습니다.

다른 유형은 **인맥 네트워킹**이라 부르는데, 좀 더 어렵습니다. 여러분이 밖으로 나가야만 할 수 있는 일이죠. 아는 사람이 없는 콘퍼런스에 참석하거나 특정 프로그래밍 언어에 관해 낯선 사람 10명과 카페에서 이야기하는 걸 말합니다. 내향적인 사람에겐 큰 도전이지만 드물게 '내 사람'이 될 사람을 만나게 될 수 있죠.

'내 사람'을 어떤 말로 딱 정의하기 어려워 그냥 특징들을 목록으로 만들었습니다. 여러분이 이 목록을 읽으면서 '내 사람'들 중 한 명을 떠올릴 수 있길 바랍니다.

- '내 사람'과의 관계는 즉각적이고 분명하며 나이와 경험을 초월합니다.

- '내 사람'인지 확인하는 가장 좋은 방법은 그 사람의 부재입니다. 그 사람이 다시 돌아왔을 때 마치 떠난 적이 없었던 것처럼 느껴집니다.

- '내 사람'은 여러분의 생각보다 더 많습니다. 여러분의 일상에 녹아들어 있어서 잘 보이지 않을 뿐이죠.

- '내 사람'에게 시간을 투자하면 가치 있는 것을 얻을 수 있지만 여러분이 예상할 수 있는 방식은 아닐 것입니다. 그게 요점이죠.

- '내 사람'이 여러분을 화나게 할 수도 있습니다. 진실한 관계니까요. 그들은 여러분을 애지중지하지 않고 솔직하게 대할 것입니다. 결과적으로 다른 이들이 할 수 없는 방식으로 여러분의 실수를 고쳐주겠죠.

- 여러분과 '내 사람'은 서로를 아무 때나 찾아갈 수 있습니다. 이렇게 이유 없이 찾아가도 누구도 알아채지 못할 만큼 시간이 순식간에 흘러갑니다.

- 반대로 긴 침묵 또한 괜찮고 편안합니다.

- '내 사람'은 여러분이 필요로 할 때 나타나는 재주가 있습니다. 그가 오기 전까지는 도움이 필요한지조차 몰랐을 수도 있죠. 어떻게 이런 일이 일어나는지는 모르겠지만 '내 사람'이 많을수록 이런 일이 더 자주 벌어집니다.

- '내 사람'은 여러분에게 아무것도 요구하지 않습니다. 그러나 서로 무언가를 요청한다고 해서 문제가 되지는 않습니다.

- '내 사람'은 여러분이 균형을 유지하게 해줍니다. '내 사람'의 존재는 여러분이 혼자가 아니라는 사실, 그리고 모든 이야기에는 양면성이 존재한다는 사실을 상기시켜주죠.

- '내 사람'은 본능적으로 여러분이 누구인지 알고 있으며, 여러분에 관한 아주 적은 데이터로도 정확하고 가치 있는 조언을 해줍니다.

- 여러분은 하루 종일 많은 사람에게 이메일과 메시지를 받지만 '내 사람'에게서 연락이 왔을 땐 하던 일을 일단 멈추고 답을 합니다.

- '내 사람'은 여러분에게 아무 때나 즐겁게 연락합니다.

- '내 사람'이 여러분이 있는 곳을 떠나서 다시 돌아오지 않는다고 해도 그는 항상 '내 사람'으로 남을 것입니다.

제가 말하는 '내 사람'은 여러분의 가장 친한 친구를 의미하는 게 아닙니다. 저는 여러분의 친구나 가족이 아닌 더 넓은 범위의 사람들에 관해 이야기하고 있습니다. 여러분은 '내 사람'을 찾으려 하기 때문에 정말 다양한 장소에서 여러 이상한 사람을 만나게 될 수 있습니다.

그리고 저는 '내 사람'이 아닌 이들이 덜 중요하다고 말하는 것이 아닙니다. 사실 여러분의 삶에서 친한 사람들보다 친하지 않은 대부분의 사람들에게 들여야 할 노력이 더 많습니다. 잘 알지 못하는 사람과 여러분 사이의 간극을 메우는 일은 눈에 보이진 않지만 필수적인 기술이죠.

마지막으로 '내 사람'들은 인생에서 만나기 더 어려운 사람들입니다. 이들은 여러분이 제자리를 맴돌지 않게 합니다. 또 거울을 들고 여러분이 마주하고 싶지 않은 고통스러운 것들을 상세하게 설명해주기도 하죠. 이런 일을 하지 않는다면 '내 사람'이 아닐 겁니다.

여러분이 만든 것 공유하기

동굴에서 나와 새로운 사람을 발견할 수 있는 상황으로 나아가려면 상당히 많은 노력이 필요합니다. 제가 적은 것보다 두 배 더 긴 목록을 내밀어도 여러분은 쉽게 움직이지 않을 것입니다. 새로운 사람을 만나면 낯설고 서먹하니까요. 게다가 그들은 여러분의 진실한 친구가 되어줄 생각도 전혀 없고, 예상하기도 어려운 존재일 뿐입니다.

저는 사회적 불안감에서 도피하기 위해 글쓰기라는 취미를 가졌습니다. 늦은 월요일 밤, 제 블로그에 썼던 글들을 한 권의 책으로 만들기 위해 T'Pau의 노래를 요란하게 틀어놓았죠. 조명을 모두 꺼둔 상태로 후드티를 입고 히트곡이 하나뿐인 가수의 노래를 듣는 게 취향에 잘 맞았습니다. 이번 달엔 머리를 가려야 글이 잘 써지더군요. 상상이 되나요?

이 멋지고 어두운 반사회적인 공간에서 글을 쓰는 취미는 운 좋게도 제가 모르는 사람들의 흥미를 끌 수 있다는 장점이 있습니다. 그리고 제 글을 통해 더 많은 '내 사람'을 찾으려 하고 있죠. 블로그에 글을 올린 후에는 모든 댓글을 꼼꼼히 읽으면서 제가 답변해야만 하는 사람들을 찾습니다.

저는 책의 일부 내용을 프레젠테이션으로 만들어 낯선 사람들로 가득 찬 곳에서 발표하기도 합니다. 발표가 끝난 후 제가 혼자 있을 때 종종 사람들이 다가와 제 글에 관해 이야기하고는 하죠. 이런 발표는 제가 알아야 할 사람들이 많은 콘퍼런스에서 주로 합니다.

개발자들은 무언가를 만듭니다. 구체적으로 무엇을 만드는지는 잘 모르지만 그들은 아무도 보고 있지 않을 때도 무언가를 만들고 있죠. 아마도 요청 받은 일들을 하는 것과는 다른 종류일 것입니다. 그리고 여러분은 완전히 여러분의 소유인 일에 더 많은 자신감을 가지고 있죠. 그 자신감을 무언가 만드는 걸 좋아하는 다른 사람들과 대화를 하는 데 활용하지 못할 이유가 전혀 없다고 봅니다.

더 좋은 소식은 이겁니다. '내 사람'이 될 만한 후보자는 가까운 곳에 있습니다. 이미 그들이 누군지 알고 매일 이야기를 하고 있을 수도 있지만 한 번도 본 적이 없을 수도 있습니다.

그저 여러분의 트위터 팔로워 수가 수백이거나 디스코드에 아는 이름들이 가득하다고 해서 '내 사람'을 찾았다고 할 수는 없습니다.

저는 여러분의 페이스북 친구들이 삶에서 중요하지 않다고 말하는 게 아닙니다. 하지만 직접 만나 새벽 2시까지 술집에서 여러분이 제일 좋아하는 프로그래밍 언어의 상대적인 이점에 대해 논쟁을 벌여보지 않는 한 여러분은 그들이 어떤 사람인지 모르는 것입니다.

인터넷은 사람들을 서로 연결해주지만, 동시에 흥미로운 인간적인 측면들은 전달하지 못합니다. 여러분은 저를 직접 만나 이야기하기 전까진 저에 대해 알 수 없을 것입니다.

여러분의 이야기

여러분의 머릿속에서는 끊임없이 이야기가 만들어집니다. 하루 종일 말이죠. 여러분은 지금 제가 쓴 이 문단을 읽는 중이라고 생각하겠지만 실제로는 이 문단을 읽고 있다는 이야기를 스스로에게 하고 있는 것입니다. 내면의 대화이자 종종 여러분에게 유리한 쪽으로 치우친 편리한 거짓말이죠.

여러분이 일부러 스스로를 속이고 있다는 뜻은 아닙니다. 사실 그렇게 말한 것일 수도 있습니다. 우리는 모두 그런걸요. 사람들은 하루를 살아가면서 자료를 수집하고 그 자료, 즉 각자의 경험과 기분을 기반으로 이야기를 만들어냅니다. 따라서 각자에게 유리한 방향으로 이야기하는 것은 완전히 자연스러운 현상이죠. 우리는 보고 싶은 대로 세상을 보기 때문에 일상을 하나의 이야기로 다듬는 동안에는 항상 허구를 만들어낼 위험이 있습니다. 그러니 여러분은 '내 사람'을 찾고 관계를 구축해야 합니다.

여러분은 이런 이야기를 '내 사람'들에게 솔직하게 전달합니다. 그들은 허구이든 아니든 여러분의 모든 이야기를 좋아하죠. 여러분이 그들에게 말하는 방식도 좋아합니다. 그들은 여러분의 거짓말에 웃고는 잠시 멈춰서 진실을 이야기하죠.

네트워킹은 여러분의 이야기를 듣고 비평해줄 사람들을 찾는 기술입니다. 여러분의 받은 편지함을 살펴보세요. 아니면 보낸 편지함을 확인해도 좋고요. 여러분의 전화를 확인해서 누구에게서 전화가 가장 많이 왔고 누구에게 가장 많이 전화했는지 보세요. 지금 이 순간에도 '내 사람'은 여러분의 이야기를 듣거나 여러분에게 할 말이 있을 것이라고 저는 확신합니다.

21장
채용하기

제시^{Jesse}는 오지 않았습니다.

월요일은 신규 입사자들을 위한 날입니다. 모든 신입사원은 회사에 대해 배우고, 계정을 만들고, 회사 문화를 익히는 데 시간을 보내죠. 점심 시간이 되면 관리자들은 신입사원과 함께 점심을 먹으러 갑니다.

일정은 9시에 시작됩니다. 그런데 9시 15분에 인사 팀에서 전화가 왔습니다.

> **제시가 없어요.**

교통 사정이 나빴거나 일정이 잘못 전달되었거나 하는 등 그녀가 제시간에 오지 못할 만한 이유는 많았지만 저는 순간적으로 위장에 돌이 가득 찬 듯한 느낌을 받았습니다.

제시를 놓쳤군.

바로 채용 담당자에게 전화를 걸자 수수께끼가 풀리기 시작했습니다.

> **❝** 채용 담당자: 제시가 금요일 오후 5시에 전화로 이야기하고 싶다고 하
> 더라고요. 그런데 전 금요일에 휴가였어요. 지금 전화 걸어볼까요?
> 나: 네, 걸어봐요. 제 짐작이 맞는지 확인해주세요. **❞**

채용 담당자는 제시가 조용히 원래 다니던 회사를 다니기로 결정했다는 걸 알아냈습니다. 지난 금요일 전화가 채용을 포기하는 전화였던 것이죠. 제시는 3개월간의 전화 면접과 대면 면접, 연봉 협상 과정을 거친 후에 원래 다니던 회사에 그만둔다고 말했는데 이때 마지막 카운터 오퍼가 있었다고 했습니다. 마지막 근무를 하는 날 오후 4시 45분에… 제시는 그 회사에 남기로 결정했죠.

저는 책상에 앉아 볼펜으로 이마를 가볍게 두드리며 그냥 화를 내는 게 낫겠다고 생각했습니다. 제시는 존중, 신뢰, 전문성 이 모든 측면에서 저를 곤란하게 만들었지만 이건 사실 제 잘못입니다. 저는 우리에게 제시가 얼마나 필요한지를 설명하지 않았으니까요.

채용 상황

여러분이 관리자든 아니든 저는 두 가지를 확실히 알고 있어야 한다고 생각합니다. 첫째, 여러분은 채용이 얼마나 긴급한 일인지 알아야 합니다. 둘째, 채용된 이들이 실제로 출근하게 만드는 방법을 알아야 하죠. 채용 과정에는 전화 면접, 대면 면접, 연봉 협상 같은 많은 일들이 있지만 이 장에

서는 과정이 아니라 시작과 끝에 집중해보려고 합니다. 우선 전체 채용 과정이 어떻게 시작되는지 알아봅시다. 첫 번째로 증원 요청에 관해 살펴보도록 하죠.

많은 회사에서 채용은 증원 요청을 통해 시작됩니다. 그럼 채용 요청을 한 여러분에게 채용 권한이 부여되는데, 여기에는 두 가지 목적이 있습니다. 하나는 새로운 정규직 근로자를 채용하는 과정을 문서로 남기고 공식화하는 것입니다. 그리고 더 중요한 다른 한 가지 목적은 경영진에게 회사의 성장 상태를 보여주는 것이죠.

회사마다 다르지만 증원을 위한 채용의 경우 회사의 성장 상태를 파악하고 제어하기 위해 경영진이 흔히 사용하는 조직적 수단입니다. 소프트웨어 업계에서 회사가 지출하는 큰 비용 중 하나가 직원에게 지급하는 기본급이기 때문에 회사의 미래가 불확실해지는 순간 증원을 위한 채용이 가장 먼저 중단됩니다.

이 점은 증원 요청과 관련된 고통스러운 교훈 1번으로 이어집니다.

교훈 1번
증원을 위한 채용은 예고 없이, 이유 없이 사라지기도 하며
가장 필요할 때 없어지기도 합니다.

큰 회사에서는 증원을 허락받기 위해 따라야 할 절차가 어마어마합니다. 잘 모르는 17번째 사람이 최종적으로 승인하면 굉장한 업적을 달성한 것

같은 느낌이 들 정도죠. 이 증원 요청으로 원하는 사람을 뽑을 수 있으리라 생각하겠지만 실제로 채용이 완료되기 전까지는 어림도 없습니다.

미래에 대한 불확실성만이 채용을 사라지게 하는 것은 아닙니다. 여러분의 상사가 TO[25]를 가로채는 범인일 때도 있죠.

> **❝** 안톤Anton이 지금 팀에 딱 맞는 사람을 알고 있어요.
> 우리에겐 빈자리가 하나 남아있고요.
> 우선 그 사람을 채용하고 다음번에 당신이 맞는 사람을 찾으면
> 증원 요청을 넣을게요. **❞**

여러분은 이 말을 믿습니다. 상사를 신뢰하기 때문에 그 자리를 넘기죠. 안톤은 만족해하고 여러분은 팀에 도움이 됐다고 느낍니다. 그런데 여러분이 정말 뽑고 싶은 사람을 찾았을 때 어떤 일이 벌어질까요? 여러분의 팀에는 새로 사람을 뽑을 자리가 없습니다. 여러분이 빈자리를 안톤에게 넘긴 시점과 정말 필요한 사람을 찾은 시점 사이에 첫 번째 교훈이 적용된 것이죠. 회사의 모든 채용이 동결되었습니다.

저의 경우에는 간신히 승인받은 자리 중 절반 정도만이 실제 채용으로 이어졌습니다. 동전을 던지는 것과 같은 확률이죠.

증원이 필요할 것 같은 예감이 조금이라도 든다면 여러분은 바로 움직이기 시작해야 합니다. 그래야 채용할 확률이 조금이라도 올라갑니다. 가능

---

25 옮긴이_ 'table of organization'의 약자로 어떤 규정에 의해 정한 인원을 뜻합니다. 채용할 수 있는 빈자리의 수라고 이해하면 쉽습니다.

한 한 빨리 누군가를 찾아서 전화 면접을 하고 1, 2차 대면 면접을 거친 다음 연봉 협상을 수락하게 만들어서 회사에 입사시켜야 하는 것이죠. 반짝이는 새 빈자리를 보면서 생각해보세요. 승인된 채용 공고에 대한 업계 평균 채용 기간은 3개월 정도로, 누군가가 여러분의 빈자리를 훔쳐 가기에 충분한 기간입니다. 따라서 여러분은 지금부터 설명할 일들을 수행해야 합니다.

하루에 한 시간씩 투자하세요

채용을 시작하려면 준비가 필요합니다. 제 이전 상사가 유용한 조언을 해줬죠.

> **여러분이 채용할 수 있는 빈자리 하나당**
> **하루에 한 시간씩 투자하세요.**

> *한 시간이나요?*

여러분이 새로운 채용을 승인받았다면 여러분은 팀을 성장시킬 기회를 얻은 것입니다. 새로운 기술을 도입할 수도 있고 더 많은 것을 만들 수도 있죠. 관리자로서 팀을 성장시키는 것보다 더 중요한 게 뭔가요? 매우 엄격하게 한 시간을 투자하라는 것이 아닙니다. 여러분이 누군가를 채용할 때까지 그 자리를 채우기 위한 노력을 매일 해야 한다는 걸 기억하기 위함이죠.

> **아직 후보자가 없는걸요.**
> **채용 승인도 방금 받았고요…**

다시 말하지만, TO는 사라집니다. 예고 없이요. 하루 업무가 끝날 때마다 여러분은 이런 생각을 해야 합니다.

휴, 아무도 내 TO를 훔쳐 가지 않았어.

한 시간 동안 해야 할 일은 다음과 같습니다.

- 인터넷에서 후보자를 탐색하세요. 제가 모르는 완벽한 사람 없을까요?

- 완벽한 사람을 알만한 친구들에게 이메일을 보내세요. 아는 사람 없나요?

- 여러분의 채용 담당자를 괴롭히세요. 이력서 들어온 거 없나요?

- 여러분의 제안을 거절했던 사람들에게 연락해보세요. 혹시 지금은 이직 생각 있으신가요?

- 여러분의 이메일 보관함에서 필요했지만 잊혀진 사람들을 찾아보세요. 지금은 이직 생각 있으신 거죠?

- 여러분이 쓴 직무 기술서를 읽어보면서 뭐가 더 필요할지 생각해보세요. 제가 누굴 찾고 있는지가 잘 드러나 있나요?

하지만 이건 채용 담당자의 일 아닌가요?

채용 담당자가 있다면 다행입니다. 그들은 전체 채용 과정을 줄여줄 것입니다. 하지만 그래도 여러분은 여전히 빈자리마다 한 시간씩 투자해야 합니다. 좋은 채용 담당자는 후보자를 찾아내서 시간을 아낄 수 있는 전화 면접을 진행하고 채용 과정에 있는 후보자들이 포기하지 않도록 돕습니다. 그리고 협상 단계에 도달하면 채용 담당자는 여러분에게 관련된 정보를 제공할 것입니다. 게다가 나쁜 역할을 하는 데도 능숙하죠. 하지만 후보자를 원한다는 것을 보여주는 건 여전히 여러분의 몫입니다.

온다는 사람을 찾았어요! 해냈습니다!

아니요, 아직 안 끝났습니다.

> " 정말이에요! 그가 제안을 수락했어요.
> 2주 안에 출근하겠다고요. "

아닙니다. 채용에 관한 고통스러운 교훈 1번이 갑자기 사라지는 빈자리였다면 2번은 다음과 같습니다.

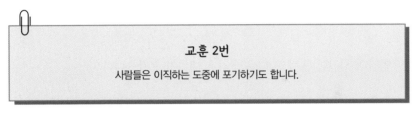

교훈 2번
사람들은 이직하는 도중에 포기하기도 합니다.

지난 이직 과정을 생각해보세요. 언제 새로운 직장으로 옮기기로 확정했나요? 저는 이직하고 두 달이 지난 뒤에야 확정할 수 있었습니다.

여러분은 신입이 사무실에 출근할 때까지 채용을 진행하며 완벽한 직원을 찾습니다. 수락한 제안을 거절하는 일은 자주 있는 일은 아니지만 한 번쯤은 반드시 일어납니다. 그럼 여러분은 새로운 교훈을 얻게 되죠.

처음부터 다시 해야 하네…

신규 직원이 사무실에 출근해서 마음을 잡기 전까지 여러분은 누구도 채용한 것이 아닙니다.

신중한 채용

미셸^{Michele}의 팀은 기술적 방향을 새로 설정했습니다. 팀에는 인재들이 있었지만 두 사람이 더 필요했고 빈자리도 있었죠. 채용을 위한 브레인스토밍을 통해 팀에 필요한 사람의 특징을 정리했습니다.

> 66 좋아요. 우리에겐 알렉스^{Alex}가 필요해요. 알렉스는 지금 다른 회사의 선임 아키텍트로 있는데, 기술적으로도 탁월하고 열정이 크더라고요. 우리에겐 기술적인 능력이 있고 방향성을 잡을 수 있는 사람이 필요해요. 처음부터 다시 시작하는 거니까요. 99

약간의 시간이 흘렀고, 다음과 같은 대화가 오갔습니다.

> 66 미셸: 왜 알렉스를 고용하지 않는 건가요?
> 나: 알렉스는 스타트업을 떠날 리가 없거든요.
> 미셸: 물어봤나요?
> 나: 아니요.
> 미셸: 제가 물어볼게요. 99

미셸은 알렉스에게 직접 연락했고, 6개월이라는 긴 시간이 걸렸지만 팀과 프로젝트에 완벽하게 들어맞는 알렉스가 팀에 합류했습니다. 알렉스를 채용하는 과정에서 그가 이직할 것 같지 않자 저는 또 다른 완벽한 후보자인 션Sean을 찾아냈죠.

> **"** 션에게도 물어볼까요? **"**

알렉스가 합류하고 한 달 뒤에 션도 합류했습니다.

우리가 절대 성공하지 못할 것 같았던 두 사람의 채용이 성사되었죠. 몇 개월 내로 두 명 모두 팀에 합류했습니다. 그 비결이 무엇이었을까요? 답은 굉장히 단순합니다. 조심스럽게 접근해서 지속적으로 그리고 점점 강력하게 우리가 그들을 필요로 한다는 사실을 표현한 거죠.

두 사람 모두 이전 직장에서 매력적인 직무를 맡고 있었습니다. 유명한 회사의 첫 제품을 개발하는 선임 개발자 직무였죠. 그리고 이들은 업계 최고였습니다. 유명인들이었죠. 따라서 실리콘밸리 전역에 매력적인 기회들이 많았습니다. 그런데 우리가 어떻게 그들을 채용할 수 있었을까요? 우리는 지속적으로 끈질기게 우리 팀에 그들이 필요하다는 것을 설명했습니다.

새로운 직장 또는 새로운 출발이란 개념은 단순한 이유로 매력적입니다. 여러분은 새로운 팀에 관해 아무것도 알지 못합니다. 어떤 끔찍한 강행군이 기다리고 있을지도 모르고 누군가가 여러분을 아무 이유 없이 괴롭힐지도 모르죠. 미래를 낙관적으로 보는 것은 미래의 일이 아직 일어나지 않았기 때문입니다.

이런 낙관주의는 한밤중에 깜짝 놀라 눈을 뜨면서 사라집니다.

나를 아는 많은 사람들과 밝은 미래를 두고

내가 왜 이 훌륭한 직장을 떠나려고 하는 거지?

이유야 무수히 많겠지만 그게 중요한 게 아닙니다. 중요한 것은 어떤 큰 결정을 내릴 때 여러분은 모든 측면을 고민할 것이라는 거죠. 여러분은 끝없는 내면의 대화를 나누게 될 것입니다. 스스로를 설득해 새로운 일을 시작하고, 또 스스로를 설득해 일을 그만두겠죠. 정말 피곤한 일입니다.

전체 채용 과정 동안 미셸이 채용 후보자들에게 보낸 메시지는 다음과 같았습니다. 익명의 지원자가 아니라 우리가 직접 고른 후보자들 말입니다.

> **66** 당신은 이 일을 위한 최고의 인재에요. 우린 당신이 필요합니다. **99**

미셸은 면접을 보기 전에 항상 그들을 직접 찾아갔습니다. 직무에 관해 설명한 후 이렇게 말했죠.

> **66** 당신이 이 직무에 가장 적합해요. 우린 당신이 필요합니다. **99**

첫 번째 면접이 끝난 뒤에도 마찬가지였죠.

> **66** 보세요. 이 직무는 당신에게 딱 맞아요. 우린 당신이 필요해요. **99**

연봉 협상 단계에 접어들었을 때 그녀는 후보자들을 우리 회사로 끌어들이기 위해 무엇을 해야 하는지 정확히 알고 있었습니다. 알렉스는 기본급을 중요하게 생각하고, 션은 주식에 특히 까다롭다는 것을 알고 있었죠. 그래서인지 연봉 협상이랄 것도 없었습니다. 미셸은 항상 거절할 수 없는 제안을 했습니다.

> **당신이 원하던 제안입니다. 직무도 당신에게 딱 맞죠.**
> **우린 당신이 필요해요.**

제안이 받아들여진 후에도 미셸은 태도를 바꾸지 않았습니다. 이전에 그녀는 실력이 아주 뛰어난 개발자를 놓친 적이 있었기 때문에 후보자들이 어떤 내적 갈등을 겪는지 잘 알고 있습니다. 또한 변화가 또 다른 변화를 낳으며, 후보자들이 이직하기 직전이 가장 큰 고비라는 사실도 알고 있죠. 그래서 그녀는 팀원들과 후보자들이 함께 식사하는 자리를 마련했습니다. 앞으로 해야 할 일들의 씨앗을 뿌린 것이죠. 그리고 다시 한번 그들에게 말했습니다.

> **우린 당신이 필요합니다.**

이 전략은 관심에 굶주린 뛰어난 개발자를 과하게 띄워주는 것처럼 보이지만 실제로는 그렇지 않습니다. 여러분이 직접 직무에 맞는 후보자를 미리 찾았든 쌓여 있는 이력서에서 운 좋게 잘 맞는 후보자를 찾았든 전략은 항상 같습니다. 여러분에게 그들이 필요하다는 사실을 지속적으로 상기시키는 것이죠. 이때 여러분과 직무에 관한 메시지는 변하지 않아야 합니다. 후보자들이 이직하면서 정신적 혼란을 겪을 때 변함 없는 존재가 되는 것이죠.

채용은 여러분의 커리어를 위한 것입니다

채용 담당자는 인간관계를 전문적으로 다루는 사람인지라 후보자에 대한 본능적인 판단이 놀라울 정도로 정확하지만 그들의 업무는 채용 그 자체이기 때문에 채용이 완료되면 관계가 끝이 납니다. 반면에 제가 제안한 채용 관련 전략은 채용 이후의 관계도 중요시합니다. 따라서 실제 채용 담당자들의 기분을 나쁘게 만들 수 있습니다. 채용 실패의 원인을 채용 담당자가 채용 이후의 관계를 중요하게 생각하지 않았기 때문이라고 여길 수 있으니까요. 기억하세요, 채용 담당자는 채용 자체만을 담당하기 때문에 제가 제안한 전략은 채용 담당자와는 맞지 않을 수 있습니다.

그러나 여러분의 경우에는 다릅니다. 여러분이 채용하고 함께 일하는 사람들과의 직업적 관계는 절대 끝나지 않습니다. 여러분이 채용을 잘 해낸다면 현 직장뿐만 아니라 전체적인 커리어에 좋은 영향을 미치겠죠. 이들은 좋든 싫든 여러분과 일하는 것에 대해 다른 사람들에게 말하고 다닐 것입니다. 여러분의 별난 점이나 약점 혹은 장점 같은 것들도요. 따라서 그들이 팀을 떠날 때 여러분의 평판도 그들과 함께 퍼져나갈 것입니다. 여러분이 그들과 다시 이야기할 일은 없을 수도 있지만 그들은 계속해서 여러분에 관해 이야기하고 다니겠죠. 어떤 이야기를 하고 다닐지 궁금하네요.

여러분이 매일 시간을 투자해 직접 관리하는 채용은 채용 과정뿐만 아니라 여러분의 커리어도 개선할 것입니다. 미래의 직원과 처음 소통한 순간부터 여러분이 그들에게 관심이 많다는 것을 보여줄 수 있기 때문이죠.

제시는 마지막 날 오후 4시 45분에 채용 제안을 거절하기로 결정한 것이 아닙니다. 그보다 훨씬 전에 결정됐지만 제가 듣지 못한 것이죠. 제가 전화 면접에 참여하지 않았기 때문에 제시가 현재 직장에서 만족하는 부분들을 알 수 없었습니다. 또한 면접에서 충분한 신뢰를 쌓지 못했기 때문에 제시가 대학 졸업 후 애정을 가지고 다니던 첫 직장을 그만둘 때의 걱정들에 관해 알지 못했죠. 우리는 연봉 협상을 하는 동안 제시의 마음이 떠나고 있다는 것을 몰랐습니다.

3부

일상적인 도구들

개발자의 삶에서 일상적으로 필요한 능력들은 대체로 학교에서 배울 수 없는 것들입니다. Big-O 표기법을 설명할 수 있다고요? 대단하군요! 그럼 상사에게 보고하는 법은 어떤 과목에서 배웠나요?

흔히 사람들은 개발자가 코드를 작성하는 걸 좋아한다고 생각합니다. 하지만 사실은 사람들을 피해 은신처 속에 숨어서 코드만 짜고 있는 겁니다. 개발자에게는 코딩이 최고죠. 그렇다고 코딩이 개발자가 원하는 전부는 아닙니다. 여러분이 이 책을 절반 정도 읽었다는 것은 어느 정도 경험이 있는 개발자라는 뜻이며 현재의 모습처럼 성공적인 개발자가 되기 위해 이미 많은 기술들을 배웠을 것입니다.

이제 여러분에게 필요한 것은 시간을 잘 관리하는 방법입니다. 시간은 그 무엇보다 중요합니다. 여러분이 쓰는 도구들을 깊이 파고들고, 주변 사람들에 대해 이해하는 데 시간을 들여보세요. 어떻게 하면 여러분의 멋진 아이디어를 사람들에게 전달할 수 있을지 그들의 언어를 배워보는 겁니다.

22장
빌런의 역설: 빌런을 바라보는 관점 바꾸기

사람들은 다른 사람과 상호 작용할 때 자기 자신을 조금씩 조절할 줄 압니다. 여러분이 누군가와 대화하고 있을 때를 떠올려보세요. 여러분은 진짜 여러분의 모습에서 약간 벗어나서 대화하는 상대방과 조금 닮은 모습을 취하죠. 이건 스스로를 배신하는 행위가 아닙니다. 타협하는 것이죠. 즉, 사람들과의 의사소통을 위해 타협 지점을 선택하는 것이라고 볼 수 있습니다.

어떤 사람들은 이런 타협 지점을 빨리 찾고 그 지점에 쉽게 도달합니다. 반 년 동안 보지 못했어도 상대방과의 익숙한 지점에 도달하는 데 12초밖에 걸리지 않아서 반 년이라는 세월을 무색하게 만들어버리는 그런 사람이죠.

당연하게도 어떤 사람에게는 이것이 정말 어려운 일입니다. 더 많은 노력이 필요하죠. 이런 사람들은 맥락을 이해하고, 자신만의 언어로 번역하고, 신중하게 확인하는 과정을 거쳐야 합니다.

내가 "안녕"이라고 말했는데 너도 그렇게 들은거 맞니?

이러한 대화의 기술을 습득하기 위해서는 많은 노력이 필요합니다. 몇 년의 세월을 거쳐 다듬어야 제대로 구사할 수 있는 것이죠. 능숙한 대화 기술은 지속적으로 낯선 사람을 만나게 되는 관리자에게 특히 필수적입니다. 서로를 파악하는 것에서 더 나아가 함께 일하는 단계로 빠르게 넘어가야 하기 때문이죠.

인간관계의 대부분은 자연스럽게 형성될 수도 있고 노력을 통해 맺어질 수도 있습니다. 직장 안팎에서 여러분을 둘러싸고 있는 사람들과의 관계는 대부분 관리할 수 있는 관계일 것입니다. 모든 관계가 자연스럽게 형성된 것은 아니겠지만 어쨌든 함께 일하고 있고 그 사람들과 지낼만 하기 때문에 관계를 유지하기 위해 노력하는 것이죠.

그리고 마지막으로 여러분이 관계를 유지할 수 없는 부류의 사람도 있습니다. 여러분이 결코 이해할 수도, 납득할 수도, 정의할 수도 없으며 절대 좋아하지 않을 만한 행동을 하는 사람이죠.

우린 이런 사람을 '빌런villain'이라고 부릅니다.

빌런에 대한 가정

먼저 매우 불편한 두 가지 가정을 해보겠습니다.

첫 번째 가정은 누군가에게 여러분과 빌런 사이의 심각한 문제에 관해 말했을 때 그에 대한 의견이 두 부류로 나뉜다는 가정입니다. 제가 만약 여러분에게 펠릭스Felix가 빌런이라고 말한다면 여러분은 펠릭스와 시간을 보내면서 펠릭스가 저에 대해 어떻게 생각하는지 알아보는 것이 좋습니다. 물론 여러분은 이미 펠릭스의 성격을 알아보기 위해 다양한 관점에서 관찰하고 정보를 얻으려고 노력했겠지만 그래도 펠릭스에게서 직접 얻을 수 있는 정보들이 반드시 있을 것입니다.

어떤 사람을 빌런이라고 정의하는 것은 누군가에 의한 판단입니다. 때로는 조직에 의해 정의되기도 하고, 어떤 경우에는 영향력 있는 개인이 정의하기도 하죠. 여기서 여러분이 명심해야 할 점은 당사자에 관해 직접 알아보지 않고 다른 사람들의 말만으로 그 사람을 빌런이라고 정의해서는 안 된다는 점입니다.

이 장에서는 빌런을 고치는 방법이 아니라 **빌런을 바라보는 여러분의 관점을 바꾸는 방법**을 다룹니다. 여기서 두 번째 가정을 말해야겠군요. 두 번째 가정은 여러분이 빌런과의 간극을 좁히려고 노력하다 결국 실패했을 것이라는 가정입니다. 여러분이 관리자라면 아마 수개월 동안 신중하게 교섭하고 조심스럽게 타협하고 수없이 많은 의사소통을 시도했겠죠. 또, 팀의 원활한 의사소통을 위한 다양한 아이디어와 기술을 제공해주는 전담 부서가 회사 내에 있고 여러분이 이러한 부분을 모두 활용했다고 가정합니다.

저는 이 장에서 빌런을 어떻게 다루는지에 대한 전략을 설명하지 않습니다. 여러분은 이미 그 단계를 지났기 때문이죠. 빌런은 팀을 오염시키고 있으며, 여러분은 그 빌런이 팀에 매일매일 얼마나 큰 피해를 입히고 있는지 과소평가하고 있을 것입니다. 그래서 이 장에서는 여러분이 변화를 꾀할 때가 되었다는 사실을 알리고자 합니다.

팀워크와 빌런

빌런은 파괴자입니다. 여기서 '파괴'는 팀워크^{teamwork}의 파괴입니다.

'팀워크'라는 단어는 잘못된 동기 부여 수단으로 사용되는 유행어입니다. 주로 어설프게 잘난 체 하고 싶을 때 쓰이며 관리자를 고통스럽게 만들죠.

> **66** 효율성과 생산성을 향상시키려면 팀워크를 개선해야 됩니다. **99**

무슨 말인지 압니다. 하지만 더 정확한 표현이 있을 겁니다. '팀 구성원들이 실제로 함께 일한다'는 뜻의 팀워크는 마법과도 같은 일이죠.

사실 마법이 아니긴 합니다. 팀워크는 유치원이나 초등학교 시절에 배우는 것들, 이를테면 말하고 싶을 땐 손을 들고, 부탁할 때는 정중한 표현을 사용하고, 종이를 붙일 때 쓰는 풀을 먹어서는 안 된다는 사실을 다년간 반복해서 습득한 기술입니다. 여러분은 학교에서 다양한 성격의 사람을 대하는 방법을 배우죠. 직장도 학교와 별반 다르지 않습니다. 여러분은 회사 생활을 하기도 전에 이미 수년간 다양한 사람들과 상호 작용하는 방법을 연습한 것이죠. 하지만 손을 들고 말하거나 풀을 먹지 않는 연습을 아무리 해도 빌런을 어떻게 대하는지는 알 수 없었을 것입니다.

이 장을 시작하면서 여러분에게 사람의 성격을 세 가지로 나눌 수 있다고 설명했었죠? 자연스럽게 관계를 맺는 사람과 어느 정도의 노력이 필요한 사람, 그리고 빌런들로 분류할 수 있다고 말이죠. 자연스러운 관계에 소요되는 사회적 비용을 1이라고 가정해봅시다. 자연스러운 관계를 기본 단위라고 할 수 있겠네요. 자연스러운 관계를 맺는 데는 별다른 노력이 필요하지 않습니다. 노력이 필요한 관계는 비용이 2입니다. 간극을 줄이고 의사소통하기 위해서 여러분이 두 배의 노력을 기울여야 하지만 어렵지는 않습니다. 여러분이 더 많은 경험을 쌓고 더 많은 사람을 알게 될수록 노력은 줄어듭니다. 그렇지만 절대 자연스러운 관계처럼 비용이 1이 되지는 못합니다. 삶의 진리죠.

빌런과의 관계는 그 비용을 측정할 수 없습니다. 왜냐하면 제대로 된 관계가 아니기 때문이죠. 여러분은 빌런과 절대로 편안하게 의사소통할 수 없습니다. 불확실할 뿐만 아니라 생산적이지도 않습니다. 당연하죠. 빌런과의 관계는 계속해서 망가지기만 할 테니까요. 여러분은 이런 유해한 관계를 지속하다 어느 날 갑자기 이런 깨달음을 얻게 됩니다.

저 사람은 내가 이렇게 말할 때마다 항상 저렇게 반응하는군.
좋아, 그럼 이제는 이렇게 하지 않겠어!

이런 깨달음의 순간은 오래가지 않습니다. 여러 가지 이유로 여러분은 이 관계를 절대 이해할 수 없으며 빌런의 성격이나 반응 패턴을 분석할 수 없습니다. 이러한 관계를 이해하려고 노력하다 결국 이 위태로운 관계가 끊어지는 것은 시간 문제일 뿐이죠. 이것이야말로 최악의 시나리오입니다.

어떤 집단은 구성원 모두가 비슷한 문화를 공유하기 때문에 함께 잘 지낼 수 있습니다. 구성원 각각은 모두 독특한 면을 가지고 있지만 비슷한 면 또한 가지고 있고 같은 목표를 추구하기 때문에 잘 어울릴 수 있죠. 비슷한 면이 있다는 점에는 여러 좋은 측면이 있지만, 회사의 입장에서 보았을 때는 조직 내부의 마찰을 줄여준다는 점이 가장 좋은 점일 것입니다. 사람들끼리 열띤 논쟁을 벌일 수도 있지만 이는 비슷한 면 때문에 생기는 논쟁이며 그 말인즉슨 이 논쟁이 언젠가는 해결된다는 뜻이죠.

이제 여러분이 빌런과 대화하고 있다고 상상해봅시다. 여러분은 회의실 한편에 앉아 빌런과 이야기하고 있습니다. 회의 주제는 간단합니다.

> **여러분:** 아키텍처를 약간 수정해야 할 것 같습니다.
> 당신이 큰 부분을 맡아서 하고 있으니 당신의 의견을 듣고 싶어요.

합리적이고 전문적이며 정중하군요.

> **빌런:** 이건 약간 수정해서 될 일이 아닙니다.
> 제대로 생각해보지 않았군요. 왜 일이 이 지경이 될 때까지
> 가만히 있었죠? 14개월 전에 제가 똑같은 내용을 말했을 때는
> 무시했으면서 왜 지금 와서 이야기하는 거죠?

여기에는 과거에 저지른 모두의 실수가 포함되어 있긴 하지만 그래도 이해하기 어렵네요. 이 대화를 다시 한번 읽어보세요. 대화의 내용이 보이나요, 아니면 해로움만 느껴지나요? 고작 한 번의 회의일 뿐이니까 모두가 진정될 때까지 잘 참고 진행하면 성공적으로 회의를 마칠 수 있습니다. 그러나 회의의 초반 30분을 빌런의 공격을 받는 데 소모하겠죠. 더 나쁜 점은 팀원 대부분이 비슷한 경험을 한다는 것입니다. 빌런과 상호 작용을 하는 사람들은 대부분 업무를 처리하는 대신 빌런이 폭발하지 않도록 막는 데 거의 모든 시간을 쏟아 붓습니다. 그리고 이런 상황이 지속될수록 그 피해는

점점 더 커집니다. 사람들은 빌런과 회의하는 일을 피하고 빌런이 있는 곳 근처에는 얼씬도 하지 않게 됩니다. 다시 말하지만, 이런 문제는 한두 사람에게만 국한되는 것이 아니라 팀 전체에 일어나는 문제입니다.

빌런에 대한 제 정의는 여러분이 빌런과 사회적인 관계를 유지할 능력이 없다는 가정에 기반하지 않습니다. 오히려 여러분이 속한 조직이 빌런을 배척한다는 가정에 기반하고 있습니다. 회사나 팀의 모든 사람이 빌런을 피하려고 하며 이는 생산성과 사기에 엄청난 영향을 미치게 됩니다. 매일매일 느끼는 심리적 부담감으로 인해 사기가 떨어지고 좌절감을 느끼게 되죠.

한 사람 때문에 조직의 문화가 바뀌는 경우는 극히 드뭅니다. 빌런이 있다면 문화는 그 사람을 배척함으로써 스스로를 보호하죠.

빌런의 역설

그 사람은 그냥 사람들과 어울리지 못하고 있을 뿐인데요?

아닙니다. 잘못 생각하고 있어요. 여기는 고등학교가 아닙니다. 전 지금 파벌 따위를 이야기하는 것이 아닙니다. 문화에 대해 말하고 있죠. 파벌은 외모나 취향 등이 비슷한 사람끼리 모인 집단입니다. 하지만 문화는 한 집단의 신념이나 가치관, 공통된 목표 등을 나타내는 더 광범위한 틀입니다. 그리고 건강한 문화는 포용적입니다. 어떤 문화 속에 새로운 사람이 들어오면 그 문화는 더 새롭고 나은 것으로 진화합니다. 문화는 그 문화에 속한 사람들 덕분에 아주 흥미로운 방향으로 계속 발전해 나갑니다.

문화에 의한 배척은 그 문화에 속한 사람들에게 썩 달가운 일이 아닐 것입니다. 또한 문화에 의한 배척은 한 사람의 취향에 기반한 것도 아니고 누군가가 다른 누군가를 싫어하기 때문에 일어나는 일도 아닙니다. 핵심적인 신념을 공유하지 못하기 때문에 일어나는 것입니다. 성격이 아주 다른 사람들도 공통된 목표 아래에서는 잘 어울릴 수 있습니다.

여러분도 알다시피 사람은 생각보다 쩨쩨합니다. 별거 아닌 이유로 서로를 싫어하기도 하고 싸우기도 합니다. 관리자 또는 인사 부서는 이러한 사람들 사이에서 건강하고 건설적인 업무 관계를 형성하는 방법을 찾고 적용해야 합니다. 그런데 이는 제가 지금 설명하고 있는 상황과는 전혀 상관이 없습니다. 제가 설명하려는 것은 문화적으로 잘 맞지 않는 빌런을 업무에 억지로 끼워넣으려는 상황입니다. 어떻게 해도 제대로 되지 않습니다. 애당초 될 일이 아닌 것이죠.

빌런이 여러분을 향해 소리치고 있는 와중에 이런 사실을 기억해내기란 쉬운 일이 아니죠. 하지만 그 빌런은 여러분에게 소리치는 것이 아닙니다. 그 사람은 문화에 대고 소리치고 있는 것이죠. 빌런이 화가 난 이유는 그의 신념이 다른 사람들의 신념과 맞지 않기 때문입니다. 맞습니다, 문화와 맞지 않는 것이죠. 그 사람은 논쟁에서 절대 이기지 못한다는 사실을 알고 있습니다. 자신이 논쟁에서 이기려면 스스로 회사의 문화를 바꾸는 방법밖에 없다는 것을 알죠. 그런데 문화를 바꾸기 위해 들여야 하는 노력은 정말 어마어마합니다. 조직을 개편하는 일은 그에 비하면 공원을 산책하는 것처럼 단순한 일입니다.

더 최악인 것은 뭔지 아세요? 그 사람이 옳을 수도 있다는 점입니다.

실리콘밸리의 역사는 이런 빌런들의 이야기로 가득 차 있으며 결과적으로 그 사람들이 옳았습니다. 그 빌런들은 회사의 기존 문화 속에서 어울리지 못해 결국에는 회사에서 쫓겨났지만 그들의 목표와 아이디어는 회사를 위해 옳은 것들이었죠. 그저 회사의 기존 문화와 맞지 않았을 뿐입니다.

역설적이게도, 우리에게는 이런 빌런들이 필요합니다. 회사의 문화를 완전히 무시하고, 인식할 수 없을 정도로 모든 것을 뒤섞어버리고, 철저히 자기중심적인 빌런들 말입니다. 그들에게는 사회적인 우아함이나 카리스마가 필요하지 않습니다. 빌런의 가치는 그 자신의 문화에 대한 강력한 믿음에 있죠.

그렇다고 해서 빌런 때문에 팀의 분위기와 생산성을 포기할 수는 없습니다. 빌런이 회사의 미래에 있어서 핵심이 되는 가치나 믿음 또는 문화를 만들어낼 수 있을지도 모르지만 그 사람으로 인한 피해가 어느 정도일지는 반드시 계산해보아야 합니다. 그 사람의 아이디어를 받아들이는 비용이 (그 사람과는 도저히 같이 일할 수 없어서) 팀원 절반 이상이 퇴사하는 것이라면 어떨까요? 해볼 만한 일일까요?

빌런을 추방할지 말지는 판단의 문제입니다. 적응은 쉽지만 변화는 어렵다는 생각이 그 판단의 기초가 됩니다.

모두가 조절이 필요한 사람입니다

여러분의 커리어는 두 가지 일로 정의됩니다. 여러분이 **어떤 어려운 문제를 해결했는지**, 그리고 **누구와 그런 문제를 해결했는지**입니다. 개인적으로는 문제가 복잡할수록 까다로운 사람들과 일하는 것이 더 좋았습니다. 불가능한 도전 속에서도 배울 만한 교훈이 있는 법이죠.

진짜 빌런은 방해가 되는 정도가 아니라 그 자체로 재앙입니다. 한 사람으로 인한 피해와 고통의 정도를 측정할 때는 '무엇을 측정할 것인가'가 아니라 '얼마나 빨리 측정할 수 있는가'가 핵심입니다.

23장
리더의 역할

제가 처음 스타트업에서 일할 때의 일입니다. 회사는 세 번째 정리해고를 준비 중이었습니다. 새로운 개발 부문 부사장은 '뱃머리를 돌려라'라는 요청을 받고 합류했죠. 기술 산업 전반이 가라앉고 있었기에 그의 첫 공식적인 조치는 선원들을 배 밖으로 집어 던져서 배가 가라앉지 않도록 한 것이었습니다.

이것이 세 번째이자 마지막 해고였습니다. 현재 세 명의 책임자가 이끄는 각각의 팀은 초임 부사장이 진행한 첫 번째 정리해고와 임시 부사장이 진행한 두 번째 정리해고에서 살아남았습니다. 임시 부사장은 사업 개발 부서의 책임자였는데… 이건 기회가 된다면 이야기하겠습니다. 아무튼 두 번의 정리해고는 경영진이 최신 수치를 검토한 후 늦은 오후에 열린 회의에서 갑작스럽게 시작됐습니다.

회의 후에 다음과 같은 요청 사항이 내려왔습니다.

> **"** 이럴 필요까진 없을 것 같긴 하지만, 이 스프레드시트에
> 팀원들이 진행 중인 프로젝트에 각각 얼마나 기여하고 있는지
> 적어주시겠어요? 천천히 해주세요. **"**

24시간이 지나고 경영진이 제 사무실에 찾아와 물었습니다.

> **"** 경영진: 다 하셨나요?
> 나: 천천히 하라고 하지 않았나요…?
> 경영진: 맞아요. 그런데 한 시간 내로 그 정보가 필요해졌어요.
> 중요한 일이에요.
> 나: 네, 알겠어요. **"**

그로부터 4주 후, 팀마다 하나씩 총 세 개의 스프레드시트가 만들어졌습니다. 이 스프레드시트를 통해 팀에 누가 있는지, 어떤 역량을 갖추고 있는지, 어떤 제품을 개발 중인지, 그 제품이 회사에 얼마나 기여할 수 있는지를 파악할 수 있었습니다.

그러나 이 세 스프레드시트는 편향되어 있었습니다. 세 명의 책임자 모두 자신의 팀원이 남아야 하는 이유를 보여주기 위해 신중하게 작성했기 때문이죠. 이는 회사를 살릴 전략을 찾는다는 의도에 부합하지 않는 행동이었습니다. 책임자들의 이런 행동을 초임 부사장과 임시 부사장 모두 알고 있었고, 추가로 기준에 따라 구분하는 작업이 필요하다는 걸 알았죠. 책임자들은 각각 원칙을 정하고 설명한 다음 스프레드시트에 적용하여 이 복잡한 작업을 완수했습니다.

그렇습니다, 그 복잡한 작업은 스프레드시트 위에 선을 긋는 일이었죠. 선 위의 사람들은 남고 선 아래의 사람들은 떠나야 했습니다. 원칙에 따라 선이 크게 움직이기도 하는데, 이렇게 되면 책임자 중 한 사람은 다른 두 책임자보다 더 많은 팀원을 떠나보내야 합니다. 누구도 원치 않는 끔찍한 과정이죠.

이제 세 번째 정리해고 시간이 왔습니다. 저를 포함한 책임자 세 명은 모두 편향된 스프레드시트를 준비했습니다. 팀을 보호할 수는 있지만 회사의 전체적인 측면에는 도움이 안 되는 일 말입니다.

부사장에게 그 편향된 스프레드시트를 넘기자 그는 대충 훑어보더니 우리가 작업을 제대로 하지 않았다는 것을 빠르게 알아차리고는 말했습니다.

> **부사장:** 더 많이 잘라야 해요. 이만큼 더요.

혼란스러웠습니다.

> **나:** 도와주시진 않을 건가요?
> **부사장:** 네, 당신이 책임자잖아요. 당신 역할이죠.

막간

저는 몇 년 동안 트위터를 특별한 방식으로 보았습니다. 특별한 방식이란 누군가가 아무렇게나 한 말을 그 사람의 실제 생각으로 번역하는 것입니다.

만약 여러분이 트위터에 '꽤 간단해 보이는데요'라는 트윗을 올렸다면 저는 그 트윗을 '제가 볼 수 있는 부분은 모두 이해한 것 같아요'라고 번역합니다. 물론 이건 그냥 예시입니다. 대부분 이런 트윗을 올리지는 않죠.

사실 이렇게 속으로 대화를 번역하는 건 트위터가 존재하기 한참 전부터 제가 가지고 있던 습관입니다. 그리고 지금도 회사에서 해고할 사람을 파악하는 방법에 관한 신임 부사장의 말에 대해 생각합니다.

> **네, 당신이 책임자잖아요. 당신 역할이죠.**

저는 '당신 역할이죠'라는 말을 '일일이 당신에게 설명하는 것이 귀찮네요'로 이해했습니다.

다시 세 번째 정리해고로 돌아가봅시다. 세 명의 책임자는 최선을 다해 합의를 도출하려고 했지만 실패했습니다. 결국 우리는 팀마다 다른 원칙을 적용했고, 이를 떠날 사람과 남을 사람 모두와 공유했습니다. 팀마다 서로 다른 이야기를 들었기 때문에 떠나야 하는 사람은 왜 떠나야 하는지 잘 몰랐고, 남는 사람 또한 왜 남게 되는지 몰랐습니다.

이건 비인간적이었고 재난과 같았습니다. 그리고 리더로서의 제 커리어에서 이보다 더 명확한 교훈을 얻은 적은 없었습니다.

리더로서 해야 할 일

여러분이 리더로서 해야 할 일은 어려운 결정을 내리는 것이 아닙니다.

그건 오만한 말이죠. 리더로서의 역할은 여러분이 어떻게 어려운 결정을 내렸는지 명확하게 설명해서 팀원들이 여러분의 생각과 전략, 원칙을 이해할 수 있도록 돕는 것입니다.

여러분에게 전략이 없다면 시간을 들여 만들어야 합니다. 결정을 내리기 위한 원칙이 없다면 최대한 빨리 가능한 한 많은 사람과 협력하여 정의해야 하죠. 원칙은 근본적인 진리입니다. 신념, 행동 및 추론의 체계를 위한 기반이 되죠. 물론 어려운 일이지만 그게 여러분의 역할입니다.

24장
관리자에게 필요한 친절과 리더십의 핵심

이 장에서는 관리에 관해 간단하게 정의해보려고 합니다. 관리자로서 **리더, 해결사, 코치** 이렇게 세 가지 역할을 수행해야 한다고 가정해봅시다. 각 역할에 대해 간략하게 설명하고 제가 그 역할을 어떻게 망쳤는지 알려드리겠습니다. 긴장감을 조성하기 위해 역할을 역순으로 설명하겠습니다.

코치

표준적인 역할입니다. 여러분은 팀에서 가장 경험이 많은 사람이기 때문에 여러분의 경험과 지식을 팀원들에게 전수해야 합니다. 비즈니스 세계에서는 모든 것이 빠르고 즉흥적으로 움직입니다. 따라서 지식을 전수하는 일은 대부분 계획되지 않지만, 지식과 경험의 전수는 우리를 승리로 이끄는 중요한 방법입니다.

문제가 발생하면 갈등으로 이어집니다. 어떤 것은 여러분의 눈으로 직접 보고 어떤 것은 일이 벌어진 후에 듣게 됩니다. 어느 경우든 여러분이 할 일은 문제를 확대하는 것이 아니라 교육하는 것이죠.

아마 여러분은 이런 말을 하게 될 것입니다.

- 이런 관점에서 생각해봤나요?

- 제가 이런 일을 겪은 적이 있는데, 이런 일은 대개 그런 이유로 생기
  더군요.

- 과거에 어떻게 일을 망쳤는지 설명해드리죠.

경험과 지식, 지혜를 전달하는 것은 팀을 구축하고 친절한 코치로 자리매
김하는 데 필수적인 일입니다. 그리고 전 다음과 같이 코치 역할을 망쳤죠.

이전 직장을 그만두고 한 달쯤 지났을 때 제 역할을 이어받은 사람에게
서 이메일을 받았습니다. 아주 친절한 내용이었죠. 그 사람은 제가 팀원들
에게 무엇을 가르쳤고 어떻게 코치했는지 알고 싶어했습니다. 전 당연히 알
려주겠다고 답했죠.

저는 그 사람과 많은 대화를 주고받았습니다. 그 사람은 4개월도 채 되지
않았는데 팀을 잘 파악하고 있었죠. 저는 팀원들의 직업적 꿈과 관련하여
제가 알고 있는 것들을 알려주고 더 도울 것은 없는지 물었습니다.

그 사람은 제가 매일 생각하고 있는 것에 관해 즉흥적으로 말하기도 했
습니다. 어느 날은 제가 그만둔 후로 저에 대해 달라진 인식에 관해 이야기
한 적이 있습니다. 어떤 이야기를 주고받았는지 자세한 내용은 기억나지 않
지만 이 문장은 또렷이 기억납니다.

그 사람은 이 말을 했었다는 것을 잊었겠지만, 전 아직도 잊지 못하고 있고 앞으로도 잊지 못할 것 같습니다.

코치는 좋은 사람입니다. 코치는 팀원들의 호감을 얻고 싶어 하고, 항상 친근하게 다가가고 싶어 하며, 긍정적인 분위기를 좋아하고, 갈등을 피하려고 합니다. 저를 좋아했다고요? 그것도 정말 많이? 저는 그 말이 이렇게 들렸습니다. 이전 직장의 팀원들이 저를 코치이자 조력자로서는 인정하지만 제가 팀원들과의 관계가 나빠질까봐 두려워했기 때문에 '어려운 결정을 내릴 수 있는 사람인가'를 생각했을 때는 믿음직하지 못했다고 말입니다.

그리고 그들의 생각이 맞았습니다.

해결사

전문화된 역할이죠. 우리가 아무리 재빠르게, 열심히 움직여도 절망적인 상황은 찾아오기 마련입니다. 그런 상황에서 어떻게 해야한다고 명백하게 정해진 것은 없습니다. 그리고 그 절망적인 상황에서 해결사는 앞으로 뛰쳐나가 손을 흔들면서 "제가 할게요!"를 외치죠.

해결사가 필요한 상황은 재미가 없지만 해결사의 역할은 재미있습니다. 왜냐고요? 첫째, 관료주의를 무시하고 움직일 수 있습니다. 둘째, 모두가 해결사를 돕고 싶어합니다. 셋째, 아주 빠르게 움직일 수 있습니다. 굉장히 재미있고 기분 좋은 변화를 느낄 수 있죠.

저는 해결사가 되는 것을 좋아합니다. 그래서 지난 몇 년간 해결사가 된 상황에 대한 다양하고 많은 글[26]을 썼습니다. 여기서는 제가 일을 망친 경험을 이야기해보죠.

부사장은 여러 가지 이유로 기존 플랫폼을 새로운 플랫폼으로 이전할 것을 요구했습니다. 다른 임원들이 이미 두 번이나 시도했지만 모두 실패했고 결국 수백만 달러의 비용이 드는 낡은 플랫폼을 사용하고 있었죠. 이전에 플랫폼을 이전하려는 시도는 제 전문 분야가 아닌 곳에서 진행되었지만 부사장은 제가 예전에 이와 비슷한 문제를 해결한 것을 봤기 때문에 저에게 플랫폼 이전을 처리해달라고 부탁했습니다.

자, 그럼 임무를 수행하러 가볼까요? 우선 저는 주말 동안 이전에 두 번의 시도가 왜 실패했는지 조사했습니다. 그런 다음 옮겨갈 새로운 플랫폼에 대해 공부하고, 아주 멋드러진 장단점 목록을 작성했으며, 모두를 놀라게 할 비용 분석과 첫 2주간의 실행 계획을 세웠습니다. 그리고 나서 월요일 아침 전체 회의 일정을 잡았죠.

날 좀 봐! 제일 앞에서! 문제를 해결하고 있어! 아주 열정적으로!

수요일 퇴근 무렵 부사장이 제 사무실에 들러 잠시 이야기를 나누자고 했습니다.

---

26 Michael Lopp, "Kobayashi Maru Management" (https://randsinrepose.com/archives/kobayashi-maru-management), Rands in Repose (blog), August 8, 2018. 이 외에도 다른 글을 많이 확인할 수 있습니다.

> 부사장: 고마워요. 문제를 해결하기 시작했군요.
>
> 당신은 정말 빠르고 정확하게 움직이지만 문제가 하나 있어요.
>
> 당신이 그렇게 행동하는 것은 병으로 누워있는 환자에게
>
> 곧 죽을 것이라고 말하는 것과 다름이 없어요.

환자? 죽음? 무슨 말이지?

> 부사장: 예전에 플랫폼을 이전하려고 시도했던 사람들이 일을 망쳤다고 생각하나요?
>
> 나: 네, 두 번 망쳤죠.
>
> 부사장: 맞아요. 그렇지만 당신이 그 사람들을 대하는 태도를 보면 그들이 불만을 가질 수도 있다고 생각해요.
>
> 나: 하지만 망쳤잖아요.
>
> 부사장: 그 사람들이 그걸 모를 것 같나요?

리더

이것도 망쳤습니다. 셀 수 없을 만큼 많이요. 제가 코치 역할에 너무 집중한 나머지 팀원들이 제가 어려운 결정을 내리고 팀을 이끌 수 있다고 믿지 못하게 만들었죠. 해결사로서도 일을 해결하겠다는 의욕이 앞선 나머지 다른 사람들이 어떻게 일을 망쳤는지 너무 많이 파헤쳤고 결과적으로 팀원들의 사기를 떨어뜨렸습니다.

관리자는 관리자로 승진하는 것이 아니라 관리라는 새로운 직업을 갖게

되는 것입니다. 리더십은 관리가 아닙니다. 리더십은 팀원들에게 여러분이 중요하다고 생각하는 것을 보여주는 일련의 원칙이며, 팀원들이 여러분에게 무엇을 기대하는지를 배우는 방법입니다. 관리자는 팀원이 어디에 있는지 알려주고 리더는 팀원이 어디로 가고 있는지 알려줍니다.

관리자로서 여러분은 이따금 코치와 해결사 역할을 수행해야 하겠지만 결국 이 둘은 같은 것입니다. 해결사는 해결책을 알려주고 코치는 문제를 해결합니다. 큰 차이가 없죠.

저는 항상 강연을 '사람들을 변함없이 친절하게 대하는 법'에 관해 제가 쓴 글[27]로 마무리합니다. 한번 읽어보세요. 강연이 끝난 후에 질문과 답변 시간을 가지면 항상 누군가 직장 내에서의 친절에 대해 질문합니다. 친절이 실천으로 이어지는지 확인하기 위해 고안한 시나리오가 있기 때문에 저는 늘 진지하게 답변하죠.

> **❝   누군가를 해고하기 위한 친절함을 말하는 것인가요?   ❞**

강연장이 침묵으로 가득 찹니다. 직감적으로 '아니오'라고 생각하겠지만 여러분은 아마 무의식적으로 누군가가 사전 통보 없이 해고되는 상황을 생각하고 있을 것입니다. 해고되는 사람은 충격을 받을 것이고 그것은 친절한 것이 아닙니다.

---

27 Michael Lopp, "Be Unfailingly Kind" (https://randsinrepose.com/archives/be-unfailingly-kind), Rands in Repose (blog), August 3, 2015.

누군가가 문제에 직면했다는 사실을 처음 알게 되면 여러분은 그 사람과 문제에 대한 건설적이고 명확한 이야기를 나눌 것입니다. 여러분은 그들의 반응을 듣고 코칭을 시작하겠죠. 몇 주에 걸쳐서 여러분은 문제에 대해 이야기할 것입니다. 몇 달이 될지도 모르죠. 그리고 결국 그 문제를 해결하지 못할지도 모릅니다.

여러분은 그들에게 사실을 설명한 다음 반응을 보고 코칭 방식을 조정하며 더 많은 이야기를 나눌 것입니다. 해고하게 되더라도 놀라지 않을 것입니다. 아마 실망은 하겠지만 당사자와 여러분 모두 해고에 관여한 것이죠.

이 시나리오에서는 모든 토론과 코칭이 이루어진 후 그 사람이 다른 역할을 하도록 하는 것이 여러분이 내릴 수 있는 해결책입니다. 현재 회사에서의 다른 역할일 수도 있고 다른 회사에서의 역할일 수도 있습니다. 그리고 여러분은 그것을 해고라고 부르지 않을 것입니다. 친절하지 않기 때문이죠.

코치는 듣습니다. 해결사는 행동하죠. 코치든 해결사든 둘 다 친절함을 바탕으로 합니다. 그게 좋은 리더의 행동 방식이기 때문입니다. 그리고 친절과 리더십의 핵심은 바로 존중입니다.

25장
너드 설명서

우린 이제 이 책의 절반을 지나고 있어요. 좀 쉬어 갈 때죠. 이 책 대부분은 여러분에 관한 내용입니다. 여러분의 현재 직장과 미래의 커리어에 대한 것이죠. 그렇다고 이 훌륭하면서도 자아도취 같은 여정을 혼자서만 헤쳐나갈 필요는 없습니다. 여러분 곁엔 훌륭한 도우미들이 있거든요!

도우미는 비단 여러분의 상사나 동료만을 말하는 게 아닙니다. 여러분의 친구들도 포함되죠. 몇 년 동안 알고 지낸 르네Renee라는 친구가 있다고 해봅시다. 석 달에 한 번씩은 꼭 술 한잔하면서 직장 생활에 대한 불평을 쏟을 수 있는 친구죠. 라이언Ryan이라는 친구는 기차에서 종종 보는 귀찮은 사람이지만 그래도 가끔 여러분의 하루를 바꿔줄 재밌는 이야기를 해줍니다. 여러분이 아침마다 들르는 커피숍의 주인인 로레인Lorraine도 있군요. 그녀의 기분과 커피에 따라 여러분의 하루가 영향을 받습니다. 알아챘을지 모르겠지만 여러분 주변에 있는 많은 사람들이 여러분을 돕고 있습니다. 그런데 아직 전 가장 중요한 사람인 여러분의 반려자에 대해선 언급하지 않았네요!

이번 장은 여러분을 위한 것이 아닙니다. 여러분을 돕는 사람들을 위한 것이죠. 책에서 잠시 눈을 떼고 소파에 앉아있는 그 사람을 바라봅시다. 그 사람은 분명 어떻게 사람이 다섯 시간이나 연속으로 컴퓨터 앞에 앉아있을 수 있는지 궁금할 거예요. 여러분이 재밌긴 한데 왜 재밌는지도 모르고요.

그 사람에게 이번 장을 읽어보라고 하세요. 만약 지금 곁에 아무도 없다면 책 귀퉁이를 접어 표시해둡시다. 여러분을 돕는 사람들의 이해 또한 여러분이 성공하기 위해서 필요하니까요.

여러분의 너드 이해하기

안녕하세요? 갑자기 누군가 여러분에게 이걸 읽어보라고 해서 당황했으리라 생각합니다. 여러분은 아마 여러분에게 중요한 누군가에게서 이 책을 받았을 겁니다. 왜냐하면 제가 조금 전에 여러분에게 이번 장을 읽어보게 하라고 시켰기 때문이죠. 그리고 여러분에게 이 책을 읽어보라고 한 그 사람은 아마도 너드^{Nerd}겠죠. 가끔 여러분이 이해하지 못할 이상한 일들을 벌이는 바로 그 사람이요. 이번 장을 읽으면 아마 그를 이해하는 데 조금은 도움이 되지 않을까 싶네요.

너드는 괴짜, 찐따, 오타쿠, 찌질이 등 다양한 이름으로 불립니다. 사전적인 의미로도 멍청하고 따분한 사람이나 컴퓨터만 아는 괴짜로, 긍정적인 의미의 단어는 아닙니다. 하지만 너드하면 빼놓을 수 없는 특징도 있죠. 똑똑하다는 겁니다. '똑똑하지만 괴상한 사람' 정도로 이해하면 될 것 같습니다. 좀 더 긍정적으로 부르고 싶으시면 긱Geek이나 구루Guru[28]라고 부르는 것도 좋겠네요.

너드는 프로젝트가 필요합니다. 너드는 항상 뭔가를 만들고 있죠. 저녁을 먹으면서 대화하고 있는데 갑자기 조용해진다면 분명 머릿속에 프로젝트 아이디어가 떠오른 걸 겁니다.

너드의 프로젝트가 그의 직장과 관련됐을 가능성은 낮습니다. 이미 회사에서 할 만큼 하고 퇴근했거든요. 이 보잘것없어 보이는 집중력의 결과는 잠시 후에 다시 얘기하기로 하고 지금은 너드가 만들고 있는 프로젝트에 관해 살펴봅시다. 전 너드가 뭘 하고 있는지 모르지만 여러분은 알아야 하죠.

어느 시점엔 분명 너드와 함께하는 여러분이 바로 그 프로젝트 자체였을 겁니다. 너드는 모든 집중력을 여러분에게 쏟았겠죠. 여러분이야말로 너드 인생에 밝고 빛나는 커다란 진전이었습니다. 아직도 여전히 그의 프로젝트일 수 있죠. 하지만 너무 편해지면 안 됩니다. 언젠가 그는 여러분을 떠나서 또 다른 걸 찾게 될 테니까요. 그럼 그 모든 관심이 어디로 갔는지 궁금하게 될 겁니다. 그때 이 안내서가 도움이 조금 되겠죠.

너드와 컴퓨터의 관계 이해하기

너드와 컴퓨터가 떼려야 뗄 수 없는 관계라는 건 널리 알려진 사실입니다. 여러분은 왜 그런지 이해해야만 합니다.

---

28 옮긴이_ 산스크리트어로 '선생'을 뜻합니다.

우선 지구에 사는 대부분의 사람들은 컴퓨터가 어떻게 작동하는지 모릅니다. 그냥 마술처럼 작동한다고 여기기도 하죠. 너드는 컴퓨터가 어떻게 작동하는지 알고 있을 뿐만 아니라 아주 세세하게 파악하고 있죠.

> **66** 이걸 클릭하면 창이 뜨는 데 오래 걸리는데 왜 그런지 알아? **99**

여러분이 너드에게 이렇게 묻는다면 분명 그는 답을 알고 있을 겁니다. 너드의 머릿속엔 하드웨어와 소프트웨어가 작동하는 방식들이 시뮬레이션되고 있거든요. 사람들이 컴퓨터에서 마술을 볼 때 너드는 그 마술이 어떻게 작동하는지 생각합니다. 그게 여러분의 화면을 굉장한 속도로 지나가는 수많은 0과 1이라는 것뿐만 아니라 어떻게 하면 더 빠르게 움직일 수 있는지도 알죠.

너드는 그의 직업뿐만 아니라 어쩌면 인생까지도 컴퓨터에 기반하고 있습니다. 앞으로 알아보겠지만 이런 밀접한 관계는 너드가 세상을 보는 방식을 다르게 만들죠. 세상 또한 하나의 시스템에 불과하며 충분한 시간과 노력을 들인다면 모두 알아낼 수 있다고요. 너드가 가진 이 깨지기 쉬운 환상은 *그가* 기분 좋게 하루를 보낼 수 있게 하지만, 이 환상이 깨졌을 때 여러분은 다음과 같은 사실을 발견하게 됩니다.

너드는 뭐든지 통제하려고 합니다

너드는 글자 너비가 모두 동일한 글꼴들 속에서 살아갑니다. 다른 사람들이 다양한 글꼴들 사이를 거닐며 세상을 표현할 때 너드는 신중하게 너비가 모두 똑같은 글꼴을 고르죠. 그러곤 남들이 마우스로 더듬거릴 동안 그

글꼴로 이뤄진 명령줄을 통해 재빨리 세상을 바꿔 나갑니다.

물론 이런 글꼴을 고르는 건 실용성 때문입니다. 이 글꼴로 구성된 텍스트의 너비는 항상 예측할 수 있습니다. 아무 글자나 10개를 늘어놓아도 각각의 글자의 너비가 항상 같거든요. 덕분에 기분 좋게 세상을 X, Y 좌표로 이뤄진 그리드 형태로 표현할 수 있습니다.

이를 보면 알 수 있듯이 너드는 급격한 환경 변화에 민감합니다. 여행이나 이직 같은 것 말입니다. 이런 종류의 근본적인 변화들은 너드로 하여금 세상이 완전히 알 수 있는 곳이 아니란 걸 깨닫게 합니다. 자신만의 환상 속 세계로 다시 돌아갈 때까지 너드는 좌절하고 어디로 튈지 모르게 되죠. 저는 이런 변화가 일어날 때 굉장히 다혈질이 됩니다. 정말 사소한 것에도 쉽게 화를 내고는 하죠. 이런 이유로…

너드는 은신처를 만듭니다

너드의 은신처에 대해선 이 책에 걸쳐 여러 번 언급하고 있지만 여기서 기본적인 것들을 설명하겠습니다. 은신처는 너드가 가장 좋아하는 일, 즉 프로젝트를 할 수 있는 공간입니다. 여러분이 너드를 이해하기 위해서는 이 은신처를 오랫동안 자세히 봐야 합니다.

> 물건들이 어떻게 배치되어 있죠?
> 너드는 어떨 때 거기에 가나요?
> 얼마나 오랫동안 머물죠?

은신처 속 물건들은 각각의 위치와 목적을 가지고 있습니다. 난장판처럼 보이더라도 그렇습니다. 믿기지 않는다고요? 바닥에 두 달 동안 뒹굴고 있는 맥 미니를 숨겨봅시다. 10분도 되지 않아 너드가 튀어나와 물어볼 것입니다.

이 은신처가 속세를 떠나 있다는 느낌 때문에 여러분의 마음에 들지 않을 수 있습니다. 사실 그게 정확합니다. 올바르게 설계된 은신처에서 너드는 물리적인 세상을 떠나 그가 필요한 장난감들로 가득 찬 가상의 세계로 향하거든요. 왜냐하면⋯

너드는 장난감과 퍼즐을 사랑하니까요

너드에게 프로젝트는 문제를 해결하고 새로운 걸 발견할 수 있는 재미있는 일입니다. 프로젝트가 조금씩 완성되어 가면서 너드는 아드레날린에 취해 기분이 좋아지죠. 마치 약에 취한 것처럼요. 어떤 일이든 이런 순간이 있습니다. 일에 큰 진전이 있어 성취감을 느끼는 순간 말이죠. 많은 직업에서 이런 순간은 쉽게 눈에 띄게 마련입니다.

좋아, 이제 문을 달았어!

그렇지만 너드의 비트^{bit} 기반 세상에선 이런 진전이 쉽게 눈에 보이지 않습니다. 원자로 이뤄진 세상에 존재하지 않는 코드, 알고리즘, 효율성 등에 숨어있죠. 소소한 정신 승리는 덤이고요.

너드가 성취감을 얻는 또 다른 방법이 있습니다. 항상 하고 있고요. 너드가 비디오 게임을 좋아하는 건 너무 흔해 빠진 이야기죠. 하지만 정확히는 비디오 게임을 좋아하는 게 아닙니다. 비디오 게임은 그냥 또 다른 시스템이죠. 너드는 그 안에서 시스템이 어떻게 작동하는지 알아내는 일을 하는 겁니다. 그러면서 게임을 즐기는 거죠. 맞아요, 개발자는 수많은 폴리곤 polygon[29] 으로 이루어진 게임들을 바라보고 있는 걸 좋아합니다. 물론 〈비쥬얼드 Bejeweled[30]〉를 플레이하거나 〈월드 오브 워크래프트 World of Warcraft[31]〉에서 나이트 엘프 캐릭터를 만렙까지 찍거나, 큐브를 가지고 놀거나, 뭘 하든 기분이 좋아지죠. 그리고 그건 다음과 같은 사실에 딱 맞죠.

너드는 굉장히 재밌습니다

너드와 컴퓨터의 이상한 유대감은 너드가 어린 시절의 대부분을 외톨이로 지내게 했습니다. 이렇게 그의 유머의 토대가 되는 쓸쓸한 인생관이 만들어지죠. 이제 모든 것에 대한 그의 불신과 타고난 다른 재능을 합쳐보면 너드가 유머를 또 다른 놀이로 여기고 있다는 사실을 깨닫게 될 것입니다.

유머는 지적인 퍼즐입니다.

어떻게 하면 이런 난해한 사실들로

빠르게 사람들을 빵 터지게 할 수 있을까?

---

29 옮긴이_ 컴퓨터 그래픽스에서 입체 도형을 구성하는 최소 단위의 다각형을 말합니다. 여기서는 게임 화면 속의 여러 구성 요소들을 가리키는 것으로 이해하면 쉽습니다.

30 옮긴이_ 비쥬얼드는 2001년에 출시된 퍼즐 게임으로, 팝캡 게임스(Popcap Games)의 데뷔작이며 희대의 히트작 중 하나입니다. 비쥬얼드에서 '하이퍼큐브'는 동일한 색상의 보석 5개가 일렬로 놓이는 것을 말합니다.

31 옮긴이_ 월드 오브 워크래프트는 2004년 블리자드 엔터테인먼트에서 개발하고 출시한 대규모 다중 사용자 온라인 롤플레잉 게임(MMORPG)입니다.

재밌는 걸 찾기 위해 너드는 열심히 듣습니다. 그리고 사람들을 웃기기 위해 그가 알고 있는 것들 중에서 관련된 것을 찾기 위해 머릿속을 빠르게 뒤진답니다.

이 재치는 다음과 같은 사실로 더 돋보이게 됩니다.

너드는 정보에 대해 굉장히 탐욕스럽습니다

여러 해 전에 저는 너드 주의력 결핍 장애 Nerd Attention Deficiency Disorder(NADD) 라는 말을 만들었습니다. 너드는 TV를 어떻게 시청할까요? 아마 둘 중 하나일 겁니다. 하나는 여러분과 함께 보는 거죠. 소파에 같이 앉아서 하나의 프로그램을 보는 겁니다. 다른 하나는 너드 혼자 한 번에 세 가지 프로그램을 동시에 보는 거죠. 정상으로 보이진 않을 겁니다. 방에 들어갔을 때 너드가 5분마다 채널을 바꿔가며 보는 걸 발견할 수도 있습니다.

다 알아듣고 있는 건가?

물론 너드는 모든 걸 알아듣고 있습니다. 왠지 아세요? 이미 너드는 세 프로그램을 여러 번 봤거든요. 그는 이미 이야기의 중요한 부분들을 다 알고 있고 세 프로그램을 보면서 머릿속으론 그만의 새로운 버전을 편집하고 있을 겁니다.

이렇게 바로 맥락을 바꿀 수 있는 능력은 디지털 세상에서의 삶에서 나옵니다. 너드의 머릿속에서는 정보가 한 창에서 다음 창으로 넘어가기 쉽게 적당한 크기로 정리된 창들 안에 담겨 처리됩니다. 이런 창들 사이에 관계가 없다는 건 별로 상관없습니다. 너드는 맥락을 크게 뛰어넘는 것에 익숙하거든요. 한 메신저 창에선 친구와 얘기하고, 또 다른 웹 브라우저 창에선 사뒀던 금을 걱정하며, 또 다른 창에선 제2차 세계대전에 관한 글을 읽는 식입니다.

여러분이 너드의 이런 모습을 본다면 아마 너드가 집중하지 못하고 있다고 의심할 수도 있습니다. 부분적으로는 맞는 말이죠. 모든 멀티태스킹이 효율적이진 않습니다. 너드는 많은 것들에 대해 조금씩만 알고 있죠. 다양한 주제에 대해 굉장히 얕고 넓은 지식을 가지고 있습니다. 어떤 주제에 대한 깊은 지식이 필요하면 키 입력 몇 번으로 찾을 수 있기 때문에 너드는 불편을 느끼지 않습니다. 왜 그러냐면…

너드의 머릿속엔 짜증스러울 정도로 효율적인 관련성 엔진이 있습니다

저녁 늦게 여러분과 너드는 소파에 앉아 함께 시간을 보내고 있습니다. TV는 꺼져있고요. 주변에 컴퓨터도 없습니다. 여러분은 오늘 있었던 일들을 너드에게 털어놓죠.

> 66 당신 어머니께 소포를 보내려고 우체국에서 한 시간을 보냈어.
>
> 그리고 그 꽃집 옆에 식당 알지?
>
> 거기에 갔는데 문을 닫았더라고! 이게 말이 돼? 99

그럼 너드는 이렇게 말합니다.

> 66 오… 멋지네. 99

멋지다고? 뭐가 멋질까요? 그 가게가 문을 닫은 것? 그 소포? 대체 어떤

게 멋질 수 있죠? 하나도 안 멋집니다. 너드는 여러분이 말한 모든 것이 자신과 관련이 있다고 생각하지 않습니다. 아마 그는 '우체국에서 한 시간을 보냈어. 어쩌고저쩌고…' 정도로 알아들었을 겁니다.

이런 무례하기 짝이 없는 행동에 화가 날 수도 있겠지만, 일단 제 설명을 들어주세요. 너드의 두뇌는 끝없는 정보에 대한 탐구와 흥분으로 인해 흥미롭게 작동합니다. 어떤 정보가 도착하면 빠르게 관련성이 있는지 없는지 판단합니다. 여기서 관련성은 지금 너드가 신경 쓰고 있는 것들과 관련이 있는지 여부를 의미하죠. 여러분이 이 관련성을 건드린다면 너드는 활발하게 대화에 참여할 겁니다. 만약 무관하다고 생각된다면 그걸 표현하는 말들이 있을 겁니다. 저는 보통 '멋지네'라고 합니다. '멋지네'라는 건 제가 안 듣고 있단 뜻이죠.

관련없다고 생각하는 동안 너드가 들은 정보들은 거의 즉시 사라집니다. 정말이에요. 다음에 만약 '멋지네'를 듣게 된다면 바로 물어보세요.

> **"** 　　　　　　　　　내가 방금 뭐라고 했지?　　　　　　　　　**"**

너드의 그 어색한 미소는 그가 대화에 집중하지 않았음을 인정하는 첫 번째 신호입니다. 이런 행동이 바로…

너드가 사람을 별로 좋아하지 않는 것처럼 보이는 이유입니다

잡담. 두 사람이 강제로 나눠야 하는 괴로운 5분의 시간이죠. 잡담이야말로 너드가 세상에서 싫어하는 모든 것들의 조합으로 구성된 골칫거리 그 자체입니다. 너드가 잘 모르는 사람을 볼 때 하는 생각은 이렇습니다.

난 내 앞에 있는 이 난잡한 사람을 이해할 방법이 전혀 없어.

이게 그가 수줍음이 많은 이유죠. 이게 바로 너드가 사람들 앞에서 발표하는 걸 싫어하는 이유고요.

사람들과 이야기하는 법을 모르는 건 아닙니다. 그저 사람을 상대하는 잘 정의된 체계가 없을 뿐입니다.

고급 너드 최적화 기법

아직 읽고 있나요? 그렇다면 여러분의 너드는 데리고 살만하다는 것이겠죠. 가끔 몇 시간 동안 사라지고, 이상한 유머 감각이 있으며, 그의 물건을 만지는 걸 싫어하고, 종종 여러분이 하는 말을 듣지 않겠지만 그래도 여러분은 괜찮은 거겠죠. 이제 그를 이해할 방법을 찾아봅시다.

제 조언은…

그가 잘 못하는 것들과 사랑하는 것들을 연결하세요

여러분은 여행을 사랑하지만 너드는 즐거움을 찾아 은신처에서 몇 시간이고 숨어있는 걸 좋아한다고 해봅시다. 여러분은 너드가 두 가지를 받아들이게 하면 됩니다. 첫째, 여러분이 최선을 다해 새로운 환경에 그의 은신처를 만들어주리란 사실입니다. 여러분은 그저 너드를 위해 어둡고 조용한 공간을 준비하면 됩니다. 그가 적응해서 안심하고 화장실에 갈 수 있도록 말이죠. 해외로 간다고요? 첫 사흘 정도는 조용한 곳에서 지내봅시다. 여행을 떠난다고요? 바다를 보러 가기 전에 그가 반나절 정도 침대에서 뒹굴뒹굴할 수 있게 해줍시다.

둘째가 더 중요한데요. 그의 만족할 줄 모르는 정보에 대한 탐욕을 잊지 말아야 합니다. 새로운 발견을 사랑하는 그의 마음에 호소하는 것이죠. (이탈리아어를 한마디도 할 줄 몰라도) 베니스의 대운하가 내려다보이는 호텔에서 눈을 뜨는 것보다 새로운 것들이 쏟아지는 곳은 없다는 사실을 이해시키는 겁니다.

프로젝트를 만드세요

여러분은 아마 너드가 음식을 대하는 모습이 이상하다는 것을 눈치챘을지도 모릅니다. 그가 음식을 빠르게 먹나요? 만약 그렇다면 음식은 아마 지금 그가 신경 쓰는 것과는 전혀 관계없는 존재인 것입니다. 방해물인 것이죠. 운동도 마찬가지입니다. 문제는 여러분은 너드가 건강하게 먹고 앞으로 30년을 더 같이 살길 바란다는 것이죠. 그럼 어떻게 해야 할까요? 식단과 운동을 프로젝트로 만드는 겁니다.

저는 10년 전 끔찍한 이별 이후로 운동이 프로젝트가 됐습니다. 헤어진 연인을 잊고자 운동에 몰두했죠. 제가 어떤 운동을 했는지 차트도 만들고 제 무게 변화를 그래프로 그리기도 했어요. 열심히 운동했습니다. 2년 동안 매일 하루도 거르지 않고 운동했어요. 하루 종일 아무것도 먹지 않고 운동한 다음 맥도날드에서 쓰러지기 전까지 말입니다. 맞아요, 너드는 적당한 걸 모릅니다. 그건 다른 책에서 다룰 주제지만요.

너드가 이 프로젝트에 열과 성을 다하지 않으면 그의 행동은 크게 바뀌지 않을 겁니다. 그냥 자신과 상관없다고 느낄 거예요.

사람이야말로 제일 흥미로운 콘텐츠입니다

만약 여러분 곁에 있는 너드가 심각할 정도로 부끄러움이 많다면 이렇게 해보세요. 너드에게 얼마나 많은 친구가 있는지 물어보는 겁니다. 페이스북 친구가 몇 명이죠? 트위터에선 몇 명이나 팔로우하고 있나요? 제 생각엔 여러분이 생각하는 것보다 10배는 더 많은 사람과 이야기를 나누고 있을 겁니다. 컴퓨터 속 세상은 너드에게 훨씬 이해하기 쉬운 곳이니까요.

너드도 사람들이 흥미롭다는 것을 압니다. 그가 여러분의 절친들을 똑바로 보지 못한다고 해서 그와 친해지고 싶지 않다는 건 아니에요. 여러분이 중간에서 잘 전달해줄 필요가 있을 뿐이죠. 여러분이 너드와 친구 사이의 공통 분모를 찾아주기만 한다면, 그도 흥미를 느끼고 대화에 참여할 겁니다.

그다음 성취감

여러분이 너드의 프로젝트였을 땐 그 모든 관심이 기분 좋으면서도 부담스러웠을 것입니다. 그러다 갑자기 끝나기도 하지만요. 너드는 뭔가를 완전히 이해했다고 생각하면 더 이상 도전하지 않고 다음 성취감을 찾아 나섭니다.

저는 여러분을 모르고 여러분이 왜 너드를 동반자로 선택했는지도 모르지만, 여러분이 쉽게 이해할 수 있는 존재가 아니란 것은 잘 알고 있습니다.

여러분은 골치 아픈 사람이에요. 여러분의 너드처럼요. 그러니 여러분답게 살아가는 것만으로도 너드에게 새롭고 흥미로운 도전을 줄 수 있을 것입니다.

게다가 여러분을 이해하는 건 너드의 일입니다. 어딘가에서 누군가가 여러분의 별난 점에 대한 글을 쓰고 있을지도 몰라요. 그리고 너드는 아마도 그걸 읽고 있을 겁니다.

26장
개발자의 하루 일과

이런 상상을 해봅시다. 여러분은 언제 어디서든 절대적인 진실을 찾아낼 수 있는 직업을 가지고 있습니다. 누가 여러분에게 '이 일이 왜 일어난 거죠?'라고 물어볼 때마다 여러분은 100% 확신을 가지고 답을 찾아낼 수 있죠. 아마 지구상에 존재하는 개발자, 아니 공학자 모두가 꿈꾸는 정말 이상적인 직업일 것입니다.

저는 이것이 가능할 수도 있다고 생각합니다. 개발자들도 모르는 분야가 있긴 하지만 최소한 자신이 맡은 분야의 업무와 비트^{bit} 덩어리들에 대해서는 전지전능한 존재입니다.

저는 개발자 외에도 정육점 직원, 비디오 대여점 직원, 변호사 비서, 서점 직원 등 다양한 직업을 가져보았습니다. 15년도 지난 오래전 일이지만 아직도 그 일을 할 때 느꼈던 공허함이 잊혀지지 않습니다.

내가 뭘 만들고 있는 거지?

사실 무엇을 만들지는 않았습니다. 물건을 팔거나, 물건을 자르거나, 포장하거나, 문서 작업을 했죠. 무언가를 만드는 것이 아니라 그냥 일을 했습니다.

그러던 어느 날, 저에게 첫 번째 개발 일이 주어졌죠.

> **"** 저희는 데이터베이스 애플리케이션을 만들고 있어요.
> 앞으로 이 부분을 책임지고 만들어주세요.
> 절대로 망치면 안 됩니다! **"**

맛있는 자료 구조, 달달한 함수 정의, 개발자로서 정말 신나지 않을 수 없는 일이죠.

개발자가 스스로의 업무에 만족하도록 만드는 이런 기본적이고 필수적인 요소들이 오히려 개발자를 끔찍한 관리자로 만드는 원인이 됩니다. 개발자는 괴짜로 거듭나도록 훈련받았으며 괴짜를 통제하는 것을 좋아하죠.

새 직장

이제 여러분이 새로운 직장에서 일하게 되었다고 가정해봅시다. 여러분은 관리자이기 때문에 별도의 출입문이 있는 사무실을 사용하게 됩니다. 책상에는 여러분이 사무실에 혼자 얼마나 오랫동안 있었는지 확인할 수 있는 초 단위 타이머가 있습니다. 누군가가 여러분의 사무실에 들어오면 타이머는 신기하게도 0으로 초기화됩니다. 오늘 제 최고 기록은 47초군요.

많은 사람들, 정치적인 음모 같은 방해로 가득한 세상이네요. 이런 세상은 개발자에게 익숙치 않습니다. 관리자가 아무것도 하지 않는다는 평판은 바로 여기에서 시작되죠. 그리고 이렇게 생각하는 사람도 바로 관리자입니다. 하루 일과가 끝나면 관리자는 스스로 되묻습니다.

> *내가 오늘 사무실로 몰려드는 사람들을 상대하는 것 말고*
> *실제로 한 일이 있긴 한가?*

뭘 해도 조용하던 자료 구조와 함수 정의의 세상은 사라졌습니다. 디지털 세상에서 전지전능했던 시대가 저문 것이죠.

개발자에서 관리자로의 전환에는 엄청나게 큰 변화가 뒤따릅니다. 편안하고 아늑한 비트의 세계를 떠나 여러분을 당황하게 만드는 실제 세계를 겪게 될 것입니다. 그리고 함께 일하는 사람들을 신뢰할 수 있는 방법을 알아내야 하죠. 사람들이 스스로 결정을 내리고 행동하도록 알려줌과 동시에 여러분에게 도움을 요청해도 좋다는 것을 이해시켜야 합니다. 모든 일을 추적하고 끊임없이 일의 우선순위를 조절해야 하지만 전략적으로는 여유를 가져야 합니다.

이 모든 것을 해내려면 여러분이 전략적으로 까먹을 수 있는 작업 추적 시스템이 필요합니다.

하루 일과

지금부터 제 시스템을 소개하겠습니다. 제가 관리자이긴 하지만 이 시스템은 관리자 외에도 스스로가 업무에 파묻혀있다고 느끼는 사람들 모두에게 효과가 있을 것이라고 생각합니다. 이 시스템은 제가 할 수 있는 것보다 할 일이 더 많은 저의 현실과 체계적인 사고 능력을 결합한 결과물입니다. 10년 동안 이 시스템을 조금씩 변형하면서 사용하고 있으며 저의 하루와 한 주를 꾸려나가는 방식입니다.

모든 것은 작업 시스템을 중심으로 운영됩니다. 첫 번째로 여러분이 해야 할 질문은 이겁니다.

> **"** 어떤 작업 추적 시스템을 사용하나요? **"**

그럼 저는 이 질문에 이렇게 답할 것입니다.

> **"** 저에게 잘 맞는 것이면 무엇이든지요. **"**

저는 직접 만든 엑셀 시스템인 Tasks를 사용해왔고 최근에는 Things를 사용하고 있습니다. 곧 깨닫겠지만 어떤 작업 추적 시스템을 사용하느냐가 아니라 작업 추적 시스템을 '항상' 사용하는 것이 이 전략의 핵심입니다.

이 시스템은 실제로 할 수 있는 일들로 이루어진 '살아 숨 쉬는 관리 가능한 목록'을 만들도록 설계되었으며, 다음과 같이 시작됩니다.

아침 스크럼

하루를 시작하는 첫 번째 작업은 머릿속을 정리하는 일입니다.

오늘은 어떤 하루가 될까?

달력을 훑어보면 어떤 하루가 될지 짐작할 수 있죠.

조용히 일할 수 있는 날인가?

회의의 연속인 지옥 같은 날인가?

세상이 멸망할 것 같은 날인가?

매일매일이 다르기 때문에 전 아침 스크럽을 통해 생각과 마음을 다잡습니다. 아침 스크럽은 제가 할 수 있는 일, 제 능력, 오늘 만나야 하는 사람들, 그 사람들에게 필요한 것이 무엇인지 대략적으로 파악할 수 있게 해줍니다. 그리고 더 중요한 것은 이러한 일들을 **상대적인 우선순위**에 따라 정리할 수 있다는 점입니다.

사람은 새로운 것에 항상 자극을 받습니다. '반짝이 콤플렉스'에 늘상 시달리는 것이죠. 여러분이 가장 최근에 구입한 도메인으로 뭔가 한 일이 있나요? 아마도 대답은 '아니오'일 것입니다. 여러분은 화요일 아침에 번뜩이는 아이디어가 떠올라 들뜬 마음으로 출근해서는 즉시 도메인을 구입했을 것입니다. 그런 다음 점심 시간에는 공책에 열심히 설계하고, 퇴근 후 집에서는 HTML/CSS 작업을 하리라 마음 먹었을 것입니다. 하지만 여러분은 퇴근 후 집에서 드라마를 봤을 겁니다.

이 반짝이 콤플렉스를 여러분의 조직 전체에 적용해봅시다. 각자의 영감에 따라 우선순위를 정해 하루를 설계하고 살아가는데도 모두가 힘을 합쳐 무엇이든 해낸다는 놀라운 사실을 깨닫게 됩니다.

심호흡을 하고 하루를 상상해봅니다. 반짝이 콤플렉스를 버리고 하루를 보는 관점을 가지려고 노력합니다.

오늘 중요한 일이 무엇일까?

대략적인 우선순위를 염두에 두고 오늘 할 일 목록을 전부 정리합니다. '전부'요. 5분 내에 이 목록을 훑어볼 수 없다면 할 일이 너무 많거나 스크럽에 서툴다는 뜻입니다. 그렇다고 벌써 걱정할 필요는 없습니다.

아침 스크럽의 목적은 해야 할 일들을 다음 세 가지 목록 중 하나에 담는 것입니다.

'안 함'에 적는 작업들은 절대 하지 않을 일들입니다. 버리세요. 나중에 이야기하겠지만 어떤 일을 하지 않을 것이라고 정하는 것은 정말 중요하고 필수적인 결정입니다.

처음에는 작업을 이런 범주로 분류하는 것이 정말 어려울 것입니다. 어떤 작업은 당장 하고 싶은 욕구가 들거든요. 하지만 그래서는 안 됩니다. 이 스크럽의 핵심은 앞으로 나아가는 원동력을 얻는 것이 아니라 모든 작업에 우선순위를 매기는 것입니다. 스크럽에서 조금만 벗어나도 전체 목록을 완료할 가능성이 줄어듭니다.

스크럽의 작업들을 완료하면 오늘 해야 할 작업이 몇 개 남나요? 여러분이 어떤 사람인지, 어떤 일을 하는지에 따라 작업을 어느 정도로 세분화할지 모르지만 대개 10~20개 정도의 작업이 남습니다.

아침 스크럽이 끝나면 전 항상 주차장을 하나 마련합니다. 키보드 왼쪽에 215.9×355.6 크기의 리갈legal[32] 종이를 비치하는 것이죠. 반드시 새 종이여야 합니다. 매일 말이죠.

이 종이는 기억할 만한 가치가 있지만 그렇다고 지금 당장 실행에 옮기면 생산성을 떨어뜨릴 수 있는 아이디어나 작업 등을 위한 주차장입니다. 아침 스크럽과 마찬가지로 번뜩이는 아이디어를 포착해서 여러분의 주차장에 주차해두는 것 역시 후천적으로 습득할 수 있는 기술입니다. 여러분은 아마 새로운 아이디어를 재빠르게 실행에 옮기고 싶을 것이고 그것이 때로는 옳은 결정이겠지만 그렇게 하기 전에 항상 다음 질문에 정확하고 빠르게 답할 수 있는지를 생각해봐야 합니다.

---

32 옮긴이ㄴ 미국에서는 A4 용지를 사용하지 않고 리갈 또는 Letter 용지를 사실상 표준으로 사용합니다. 용지 규격이 중요한 것은 아니기 때문에 그냥 A4 용지를 써도 됩니다. 한국에서도 리갈 용지를 구하는 것이 어렵지 않기 때문에 똑같이 따라해보는 것도 좋을 것 같아 이 문장을 그대로 번역했습니다.

지금 하고 있는 일들을 끝내는 것보다

새로운 아이디어로 넘어가는 것이 더 중요한가?

생산성 미니멀리즘 실천

여기서는 여러 가지 생산성 관련 도구들의 장단점에 대해 논하지 않습니다. 사용할 생산성 도구는 여러분의 개인적인 취향이나 성격에 맞는 것을 사용하면 됩니다. 이제부터는 어떤 생산성 도구를 사용하든 여러분의 하루 일과에 맞춰 도구를 더 잘 사용할 수 있는 방법을 소개하겠습니다.

- 저는 작업 목록을 계층 구조로 구성하지 않습니다. 예전에는 프로젝트나 유형 등으로 작업을 묶어서 관리하는 도구를 사용했습니다. 그러다 보니 나중에는 작업 그 자체보다 작업의 구조를 유지하는 것에만 신경 쓰게 되었죠. 그 점에 열받아서 다른 도구로 바꿨습니다.

- Things 앱 안에서 태그를 사용하긴 하지만 해당 작업에서 가장 중요한 사람이 누구인지 표시하는 용도로만 사용합니다. 이렇게 하면 1:1 면담을 진행할 때 편리하기도 하죠. '밥[Bob]과 관련된 모든 사항을 표시해줘'라고 물어볼 수 있으니까요.

- 우선순위는 없습니다. 정말입니다. 다시 말하지만 우선순위는 상대적인 것입니다. 작업을 만들 때 우선순위를 매기는 것이 맞다고 생각할 수도 있지만 이틀 뒤에는 우선순위가 바뀔 수 있기 때문에 이는 잘못된 방법입니다. 우선순위는 중요한 문제입니다. 관리자로서 제때 작업을 완료하고 싶겠지만 더 중요한 우선순위는 일주일 전에 작업 목록을 작성하면서 구상한 우선순위가 아니라 지금 당장 머릿속에

떠오르는 우선순위입니다.

- 날짜는 기록하지 않습니다. 맞습니다, 저는 지금 생산성 도구 덕후들을 괴롭히고 있습니다. 저 역시 마감일을 관리하지 않습니다. 저는 완료한 작업들을 목록에서 완전히 삭제합니다. 작업 일정과 관련해 끊임없이 실시간으로 결정하고 있는 것이죠.

개발자는 본능적으로 작업을 추적하고 관리하는 더 복잡한 시스템을 구축하려고 합니다. 하지만 목록에 구조가 많아질수록 유지 관리해야 하는 항목이 많아지며, 유지 관리할 일들이 많아질수록 실제로 작업을 완료하는 데 사용할 시간이 줄어듭니다.

저녁 스크럼

일을 마친 후나 잠들기 전에 저는 또 다른 스크럼을 합니다. 바로 저녁 스크럼이죠. 저녁 스크럼은 약간 다르게 진행됩니다.

먼저 주차장에 기록한 아이디어들을 '나중에' 목록으로 넣습니다. 실제 하루가 어떻게 흘러갔는지 처음으로 되돌아보는 부분입니다.

새로운 작업이 많나요? 어떤 종류의 일인가요? 주차장의 아이디어들을 스크럼한 이후 잠깐 시간을 내어 오늘 하루를 평가해봅니다.

오늘 하루는 어땠지?

전 회의에 시달린 악몽 같은 하루였는데 여러분도 그런가요? 이 스크럼은 우선순위를 정하는 또 다른 연습이 됩니다. 오늘 여러분이 적절한 결정을 내렸는지는 중요하지 않습니다. 중요한 것은 여러분의 머릿속 생각들을 다시 정리하고 우선순위를 정하는 것이죠.

마지막으로 '오늘' 목록에 있는 일들 중 완료하지 못한 일들을 스크럽합니다. 완료하지 못한 일이 있다면 질문해야 합니다.

내가 이 일을 왜 완료하지 못했지?

대부분의 경우 답은 '시간이 충분하지 못해서'입니다. 그런 작업들을 '나중에' 목록으로 옮겨놓습니다. 물론 어떤 작업들은 그냥 지울 때도 있습니다. 그럼 여러분은 아마 이런 질문을 하고 싶을 겁니다.

오늘 아침에만 해도 '오늘' 목록에 있었던 작업이
어떻게 갑자기 아무 상관없는 작업이 된 거지?

효율적이며 버전 관리를 좋아하는 정보 수집가이자 관리광이라면 작업을 머릿속에서 지우는 것이 매우 어려울 수 있습니다. 아마 이런 생각을 하겠죠.

그래. 지금 당장은 중요하지 않을 수 있어.
하지만 만약에…

그만하고 지우세요. 중요하지도 않고 재미도 없는 작업에 쓸데없는 미련을 가지느라 37초나 허비했습니다. 그냥 지우세요. 작업을 목록에서 지우고 머릿속에서도 지우면 공간을 확보할 수 있습니다. 정말 중요한 작업이라면 다시 주차장으로 돌아올 테니 걱정할 필요 없습니다.

지우는 것은 고도의 작업 관리 기술입니다. 그리고 이 기술은 생산성을 떨어뜨리기 때문에 신입 관리자에게는 알려주고 싶지 않은 인사이트, 즉 '해야 할 일을 모두 완료할 수는 없다'는 통찰에서 비롯된 기술입니다.

전 모든 것을 다 할 수 있어요!

네, 물론 다 할 수 있습니다.

저한테 할 수 없을 거라고 말하지 마세요!

저는 그렇게 말한 적이 없습니다. 제가 여러분에게 하려는 말은, '관리'란 **무엇을 하지 않을지** 선택하는 기술이라는 것입니다. 잠들기 전에 하루를 돌아보며 스스로에게 이렇게 물어볼 수 있어야 한다는 것이죠.

오늘 아침에 아주 긴급한 일이 있었어.
그래서 그 일을 결국 처리하지 못했네.
그럼 무슨 문제가 생길까?

우선순위는 상대적인 것입니다. 지난 주 수요일에 그 무엇보다 중요하다고 느꼈던 작업이 5일 후나 일주일 후 또는 여러분의 커리어라는 큰 맥락에서 보았을 때는 중요하지 않을 수 있습니다. 여러분은 지능적으로 아이디어나 작업을 버리는 '전략적인 정보 흘려보내기' 습관을 기를 필요가 있습니다.

잘 관리된 할 일 목록은 여러분이 매일매일 직업적인 행복을 느끼게 해줍니다. 당장 내일 무슨 일이 일어날지 모르는 불확실한 세상에서 내 일을 통제할 수 있다는 기분 좋은 환상을 심어주기 때문이죠. 제가 만든 이 시스템은 가벼우며 여러 제약 조건들을 감안하여 실용적으로 사용할 수 있도록 고안된 것입니다. 하루 동안 끝없이 쏟아지는 정보를 선별할 수 있도록 설계된 시스템이죠. 하지만 여전히 불완전합니다.

아이디어 주차장만 봐도 이 시스템이 불완전하다는 것을 알 수 있습니다. 주차장은 제가 해야 할 일들을 모아두는 곳으로, 관리라는 엔진을 끊임없이 가동하기 위해 필요한 전략들의 목록입니다. 하지만 이 할 일 목록들을 뒤따르는 것은 관리가 아니라 **실제로 수행해야 할 작업**입니다. 따라서 여러분의 팀, 커리어, 그리고 여러분의 가치를 위한 전략을 관리할 수 있는 또다른 목록이 필요합니다.

다음 장에서 '트리클^{trickle} 목록'이라고 불리는 이 목록에 대해 살펴보겠습니다.

27장
트리클 목록 만들기

〈26장 개발자의 하루 일과〉에서 살펴본 시스템에는 구멍이 있습니다. 다루기 쉬운 작업 관리 시스템이지만 아직 불완전하죠. 작업들을 계속해서 스크럽하고 아이디어 주차장을 통해 여러분의 작업 목록 분류 작업을 방해할 수 있는 요소를 차단하지만 정확히 작업 관리에 어떤 도움이 되는지는 불분명합니다.

현재 제 작업 목록에는 다음 세 가지가 있습니다.

- 인원 보충 요청
- 데이비드와의 점심 식사
- 유럽 여행 일정 변경

이것이 오늘 제가 해야 할 일입니다. 잘 정의되어 있고 예측이 가능하며 전략적이죠. 빠뜨리지 않고 업무를 처리한다는 것 자체는 직업적으로 높게 평가받을 만한 일입니다. 하지만 이것들은 작업에 불과합니다. 이런 작업들을 처리하고 나면 남는 것이라고는 '일을 처리했다'는 사실밖에 없죠.

온종일 그런 일을 하고 싶은가요? 그저 일이나 작업들을 처리하는 것?

여러분이 시니어 개발자, 개발 관리자, 프로젝트 관리자라면 이런저런 작업들이 회사 업무의 일부일 것입니다. 그런데 그 작업들이 여러분이 하는 일의 전부라면 여러분은 생산성은 높지만 제자리에서 뛰고 있는 사람입니다. 전술적이지만 전략적이지 않죠. 작업은 여러분이 하는 일과 해야 할 일에 대한 불완전한 그림입니다.

효율적인 작업 관리 시스템은 업무를 파악하고 우선순위를 정해서 실행하는 데 능숙해진 나머지 단순히 작업들을 완료하는 것만으로도 여러분의 커리어에 큰 도움이 된다고 생각하도록 저주를 겁니다. 업무 관리를 10년 동안 꾸준히 한 결과, 저는 작업과 함께 특별한 시스템을 도입해야 한다는 것을 깨달았습니다. 작업을 전략적으로 지원하면서도, 제 직업이 그저 업무를 처리하는 것이 아니라는 점을 상기시켜주고, (관리자나 개발자 혹은 제품 관리자와 같은) 제 직책에 걸맞는 관심사가 떠오르게 만들어주는 시스템이죠. 그리고 그런 관심사들이 바로 제가 해야 할 일들입니다.

저에게는 목표를 향해서 나아가고 전략을 정의하고 개선할 방법이 필요했습니다. 전 이것을 트리클 목록이라고 부릅니다(그림 27-1).

그림 27-1 트리클 목록

트리클 만들기

트리클^{trickle}이라는 단어는 트리클 이론이라는 것에서 처음 접하게 되었습니다. 트리클 이론은 아주 간단합니다. 적은 시간을 꾸준하게 투자하면 생각하는 것보다 더 많은 일을 할 수 있다는 것이죠.

트리클 목록을 이해하려면 먼저 목록 상단의 머리말을 봐야 합니다. 머리말은 트리클 목록의 핵심이며 머리말을 어떻게 정의하느냐에 따라 여러분이 무엇을 하고자 하는지가 결정됩니다.

시작하기 좋은 방법은 먼저 여러분의 현재 직업이 무엇인지를 파악하는 것입니다. 필요하다면 작업 목록을 검토하는 것도 좋습니다. 트리클 목록을 시작하기 전 여러분에게 꼭 묻고 싶은 것이 있습니다.

> **❝**   여러분의 직업이 무엇이어야 하나요?   **❞**

대답했나요? 관리자가 되고 싶다고요? 좋습니다, 그것만으로 충분합니다. 그럼 관리자가 되기 위해 간단하지만 정기적으로 할 수 있는 일은 무엇일까요? 인맥이 필요할까요? 아니면 버그를 더 많이 찾아야 할까요? 소프트웨어 사양 요구서를 더 많이 작성해야 하나요? 저는 여러분이 어디에서 누구와 일하는지, 목표가 무엇인지, 여러분의 회사가 어떤 가치를 더 중요시하는지 모릅니다. 하지만 트리클 목록은 완벽할 필요가 없다는 점에서 그 가치를 발휘합니다. 불완전함은 무언가를 시작하기 좋은 출발점이죠.

제 현재 트리클 목록은 다음과 같습니다.

- People – 복도에서 누군가와 이야기하기
- Write – 뭐가 되었든 쓰기
- V – 영양제 먹기
- Biz – 업무와 관련된 공부하기
- Book – 책 읽기

이건 그냥 주기적으로 하는 일들인 것 같은데?

아닙니다. 트리클 목록은 더 높은 잠재력을 가지게 될 순간을 계획하고 설계합니다. 어떻게 그게 가능한지 설명해보겠습니다.

복도에서 이야기를 나누는 것이 커리어에 큰 영향을 미치지는 않을 것입니다. 10번의 대화 중 9번은 정말 쓸데없는 이야기일 수도 있죠. 복도에서 이야기를 나누기 때문에 다른 사람들의 눈에 띄기도 쉽습니다. 하루 일과 시간의 90%를 회의로 때우는 직장에서 이 정도면 시간을 정말 잘 투자하는 것입니다. 그리고 중요한 것은 열 번째 대화에서 아주 큰 것을 배우게 된다는 것이죠.

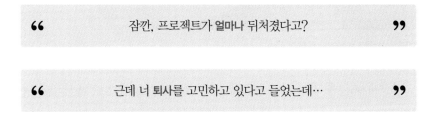

> " 잠깐, 프로젝트가 얼마나 뒤처졌다고? "

> " 근데 너 **퇴사**를 고민하고 있다고 들었는데… "

잘 구조화된 일상에서 잠시 벗어나 이런 대화를 나누며 정보를 얻을 수 있는 기회를 만드는 것이죠. 처음에는 투자한 시간에 비해 얻는 것이 별로 없어 보일 수도 있습니다. 하지만 시간이 지남에 따라 이런 대화를 통해 얻은 정보들이 예상치 못한 잠재력을 만들어내고 있음을 알게 될 것입니다.

트리클 목록의 항목들이 대단한 것일 필요는 없습니다. 오히려 항목이 목표하는 바가 클수록 실천하기 어려워진다는 것을 금방 깨닫게 될 것입니다. 트리클 목록의 항목들은 여러분이 가고자 하는 방향과 일치해야 합니다. 항목이 작더라도 여러분이 어디로 가고 있는지 상기시켜줄 수만 있으면 됩니다. 트리클 항목의 영향력은 반복에서 비롯됩니다. [그림 27-2]는 제가 지난 3개월간 완료한 트리클 목록입니다.

그림 27-2 완료한 트리클 목록

영양제 90알을 잊지 않고 챙겼을 뿐만 아니라 복도에서 47번 대화를 나누며 매력적인 소문들을 들었고, 조용하게 진로에 대해 조언할 수 있었으며, 예방 가능한 재앙 몇 가지를 발견할 수 있었습니다. 가장 기억에 남는 것은 고화질 TV에 대한 이야기였지만요.

트리클 프로세스

트리클을 몇 개 정의했나요? 그럼 이번에는 트리클을 하루 일과에 어떻게 적용할지 알아봅시다. 〈26장 개발자의 하루 일과〉에서 설명한 프로세스를 기억하나요? 하루 일과는 아침 스크럼, 주차장 만들기, 저녁 스크럼으로 구성되었죠. 트리클 목록은 이 모든 것과 함께 사용할 수 있습니다.

아침 스크럼을 마치고 새로운 주차장을 만든 후 전날의 트리클 목록을 확인합니다. 어제 체크하지 못한 항목이 있다면 잠시 생각해봅니다.

왜 어제 체크하지 않았지? 온종일 사무실 밖에 있었나?

그렇다면 체크할 수 없었겠네요.

트리클 목록은 죄책감을 불러일으키기 위해 만드는 목록이 아닙니다. 저 역시 체크되지 않은 항목이 있다고 해서 스스로를 자책하지 않습니다. 이건 그저 데이터입니다.

왜 아무것도 체크하지 못했지? 내가 엄청 바빴었군.
일주일간 아무 항목도 체크하지 못했나?
이 트리클들을 꼭 해야 할까?
더 큰 일로 바꿔야 할까?

트리클 목록이 '반드시 해야 할 일 목록'이 된다면 여러분은 아마 트리클 목록을 더는 살펴보지 않을 것입니다. 반드시 해야 한다는 압박감으로 인해 트리클 목록은 서서히 다음과 같이 바뀌게 됩니다.

난 하지 못했어. 난 실패자야. 실패자가 되고 싶지 않으니까
트리클 목록을 치워버려야겠어. 쓰레기통으로 말이야!

아침에 마지막으로 해야 할 일은 목록에 새로운 항목을 추가하고 오늘 날짜를 기재한 다음, 트리클 목록을 하루 일과 동안 우연히 볼 수 있는 곳에 두는 것입니다. 그럼 모든 것이 준비된 것이죠. 그리고 평온한 순간이 잠시 찾아왔을 때 이 목록을 빠르게 훑어봄으로써 동기 부여가 되길 바랍니다.

저녁 스크럽 동안에는 아침과 마찬가지로 트리클 목록을 평가합니다. 하루를 마무리하면서 무엇을 해냈는지 살펴보는 것이죠.

어라, 이 트리클은 일주일 동안 한 번도 못 했네.
왜일까?

다시 말하지만, 트리클 목록은 죄책감을 가지라고 만드는 것이 아닙니다. 평가하기 위해서죠. 여러분은 트리클 목록의 트리클을 기쁜 마음으로 추가하고 삭제해야 합니다. 만약 주기적으로 트리클 목록에 트리클을 추가하거나 삭제하지 않는다면 저는 여러분이 트리클 목록을 제대로 사용하지 못하고 있다고 말할 것입니다. 여러분의 커리어가 진화하길 원하나요? 그러려면 여러분도 진화해야 합니다. 지난 일주일간 복도에서 잡담할 필요가 없다고 느껴서 체크하지 않았나요? 그럼 지우고 다른 것을 찾아봅시다.

여러분의 트리클이 너무 복잡한 것일지도 모릅니다. 전 트리클을 일부러 단순하지만 모호하게 만듭니다. 몇 분 이상 생각해야 하는 항목들은 체크하기 어렵기 때문이죠. 트리클은 여러분이 쉽게 할 수 있는 것이어야 합니다.

효과가 아니라 완료 가능성을 고려해서 트리클을 만들어야 하는 것이죠. 다시 말하지만, 효과는 반복에서 나옵니다.

제 트리클 목록에서도 볼 수 있듯이, 저는 글자나 기호를 머리글로 사용할 때가 많습니다. 제 개인적인 생각이지만 각 트리클 항목에 의미를 덜 부여하면 각 항목을 완료할 수 있는 창의적인 방법이 많아진다고 생각하기 때문이죠.

구조화된 즉흥성

생산성과 작업 관리 시스템에 대한 지속적인 고민은 늘 구조와의 갈등을 불러옵니다. 저의 본능은 모든 것을 추적하고 관리하는 시스템을 만들고 싶어 하지만 이는 정말 멍청하기 짝이 없는 목표죠. 모든 것을 추적하고 완료할 수 있는 방법은 없습니다. 달력을 보고 내일 무엇을 할지 생각하는 것은 가능하지만 그 작업을 실제로 하기 전까지는 어떤 일을 하게 될지 알 수 없습니다.

따라서 저는 작업을 추적할 때 사용할 구조를 결정하는 데 무척 신중합니다. 중요한 작업을 놓치지 않을 수 있는 충분한 구조가 필요하지만 세상이 무너져도 무너지지 않는 구조까지는 필요 없습니다.

세상은 늘 무너집니다. 항상 위기가 찾아오죠. 이틀이 지났는데도 깜짝 놀랄 만한 일이 일어나지 않으면 제가 세상에 충분한 주의를 기울이지 않고 있는 것은 아닌지 걱정되기 시작합니다. 따라서 생산성 시스템은 **즉흥성** improvisation을 촉진해야 합니다.

제가 작업 목록을 하루에 두 번 스크럽하는 데는 이유가 있습니다. 또 화이트보드에 트리클 목록을 붙여놓는 데도 이유가 있습니다. 작업 목록과 트리클 목록을 언제나 제 눈 앞에 두려고 하는 이유는 작업이나 트리클 목록의 항목을 완료할 수 있는 기회를 끊임없이 찾고 싶을 뿐만 아니라 두 목록에 존재하는 더 큰 그림을 찾고 싶기 때문입니다. 이는 저의 즉흥성을 향상시키며 즉흥성은 큰 힘을 발휘할 수 있게 해주죠.

여러분이 해야 할 일은 완료한 일에 체크하는 것이 아닙니다. 바로 하루 일과 중에 중요한 깨달음을 얻어서 갑자기 트리클 목록에 항목을 하나 추가하는 것입니다. 저 또한 그렇게 해야 합니다. 여러분이 아주 커다란 전략적 깨달음을 얻으려면 여러분의 전체 작업 목록과 트리클 목록들을 언제나 머릿속에 집어넣고 다녀야 합니다. 외우라는 것이 아닙니다. 여러분이 해야 할 일에 대한 전체적인 그림을 그리고 전략적인 결론을 즉흥적으로 내릴 수 있도록 해야 한다는 것입니다.

회의에서 필^{Phil}이 한 말을 듣고 기회를 포착하는 순간이 왔습니다. 기회를 포착할 수 있었던 것은 제게 필과 관련된 12개의 작업과 2개의 트리클 항목이 있었기 때문이죠. 말로 묘사할 수는 없지만 어떤 느낌적인 느낌으로 제 작업 목록과 트리클 목록과 필이 말한 내용이 서로 교차합니다.

전략적 통찰력은 잘 정리된 혼돈 속에서 나옵니다. 구조화된 작업 목록에서 얻은 전략적인 정보와 유연하고 건강한 트리클 목록에서 얻은 희망적인 전략을 결합하면 생산성에 대한 일시적인 관점을 만들 수 있습니다.

생산성 시스템의 핵심은 여러분의 작업을 절대적으로 추적하고 관리하는 것이 아닙니다. 중요한 정보를 잊지 않도록 해서 즉흥성을 향상시키고 변덕스러운 순간에 대처할 수 있도록 하는 것이 핵심이죠. 작업 추적 시스템은 여러분에게 딱 필요한 만큼의 정보를 제공해서 어떤 혼란이 닥쳐올 것인지 짐작할 수 있도록 해야 하며, 동시에 여러분이 미래에 대한 높은 잠재력을 가지는 어떤 순간을 만들고 행동해야 한다는 사실을 계속 상기시켜 주어야만 합니다.

28장
우리가 잃어버린 것

영화 〈로그 원: 스타워즈 스토리 Rogue One: A Star Wars Story[33]〉의 마지막 부분에서 깜짝 놀랄만한 부분은 단연코 레아 공주의 등장일 것입니다. 레아 공주는 영화에서 데스 스타와 관련된 계획을 전달받습니다. 그런데 여기에 나오는 레아 공주는 실제 레아 공주가 아니라 아닌 컴퓨터 그래픽입니다!

여러분이 자주 쓰는 웹 브라우저를 켜서 '캐리 피셔 Carrie Fisher'를 검색해보세요. 그러면 캐리 피셔가 레아 공주를 연기하기 위해 공주 옷을 입은 사진을 볼 수 있습니다. 그 사진을 보면 실제 레아 공주와 컴퓨터 그래픽으로 만든 레아 공주의 차이점을 금방 알아차릴 수 있을 것입니다.

우리의 뇌는 컴퓨터 그래픽으로 표현된 레아 공주를 어떻게 구분할 수 있는 것일까요? 사실은 모릅니다. 여러분의 뇌는 뭔가 이상하다는 사실만 알아챘을 뿐입니다.

---

33 옮긴이_ 이 영화에 관한 자세한 내용은 https://ko.wikipedia.org/wiki/로그_원:_스타워즈_스토리 페이지를 참고해주세요.

눈이 너무 커서 비현실적이야.

그리고 캐리 피셔가 실제로 웃는 모습과 영화 속에서 웃는 모습이 달라.

제 뇌는 영화 속의 사람이 캐리 피셔라는 사실을 인지하고 있습니다. 그리고 동시에 '뭔가 이상하다'라는 경고 신호를 보내죠. 아마도 제 뇌가 사람의 얼굴과 관련된 시각 정보를 전달받아서 분석하는 능력이 엄청나게 뛰어나기 때문일 것입니다. 저에게 있어 주변 사람들에 대한 정보를 수집하고 분석하는 능력은 그 무엇보다 중요합니다. 아주 빠르고 효율적으로 분석하는 능력 말이죠.

다음으로 이미지를 하나 살펴볼 것입니다. COVID-19가 대유행하던 시절 전 인류가 공통으로 겪은 문제를 보여주는 이미지라 할 수 있죠.

이건 회의가 아닙니다

먼저 몇 가지 사실을 짚고 시작하겠습니다.

- 저는 사람들과 함께 일하는 것을 좋아합니다. 항상 그랬죠.

- 원격 근무 환경이 요구되며 앞으로도 그럴 것입니다.

- 저는 원격 근무의 효율성을 믿어 의심치 않습니다. COVID-19 대유행 이전에도 믿고 있었으며 지금은 더욱 더 굳게 믿습니다.

이 사실들을 기억하면서 [그림 28-1]을 살펴봅시다.

그림 28-1 **가짜 회의**

이건 회의하는 모습이 아닙니다. 제 생각에 이 이미지는 아마도 줌^{Zoom}이 회사를 홍보할 목적으로 만들었을 것입니다. 어떻게 아냐고요? 모든 사람들이 웃고 있으니까요.

그럼 이번에는 [그림 28-2]를 봅시다. 이 이미지 역시 제가 인터넷에서 검색해서 찾은 것인데, [그림 28-1]보다는 좀 더 현실적으로 보입니다.

그림 28-2 **진짜 회의**

좀 더 익숙한 광경이죠? 사람들 대부분이 딴 곳을 쳐다보고 있습니다. 제 생각에 대부분의 사람들은 분명히 제대로 듣지 않고 있을 것입니다. 심지어 한 명의 카메라는 꺼져있군요.

그럼 질문을 하나 던져보겠습니다. 이 회의에 몇 명의 사람이 참여하고 있을까요?

정답은 0명입니다. 이 점을 놓치면 안 됩니다. 이 회의에는 사람이 없습니다. 영상을 켠 참가자 14명과 영상을 끈 참가자 1명, 그리고 전화 참가자 1명이 있을 뿐입니다. 이 한 장의 이미지만으로도 재미있는 사실을 많이 찾을 수 있지만 어쨌든 중요한 것은 이 이미지가 형체도 목적도 없는 형편없는 상황을 2차원으로 표현한 것이라는 점이죠.

일곱 가지 감각

사람은 시각, 청각, 후각, 미각, 촉각이라는 다섯 가지 감각을 가지고 있습니다. 사실 감각은 모두 일곱 가지입니다. 신비로운 나머지 두 감각은 다음과 같습니다.

■ 전정 감각 vestibular sensation

개발자인 여러분에겐 자이로 센서 Gyro sensor 가 더 익숙할지도 모르겠군요. 전정 감각은 이동이나 균형을 감지해서 몸의 방향이나 위치를 알려줍니다. 전정 감각 덕분에 사람은 앉거나 서거나 걸을 때 올바른 방향을 바라볼 수 있죠.

■ 고유 감각proprioception

고유 수용 감각 또는 심부 감각이라고도 하는 이 감각은 우리 몸의 각 부위의 위치와 운동 상태, 몸에 가해지는 저항이나 중량 등을 감지합니다. 얼마나 많은 힘을 사용해야 하는지에 대한 정보도 알려주기 때문에 달걀이 깨지지 않을 만큼의 힘만 가할 수도 있죠.

화상 회의에서는 전정 감각과 고유 감각을 포함한 여러분의 모든 감각을 전혀 사용하지 못합니다. 시각이요? 기껏해야 사람의 상체 정도만 볼 수 있습니다. 수 밀리초만큼 지연된 소리가 들리며 회의 도중 중요한 이야기를 하려고 마이크를 켜는 사람 때문에 기분 나쁜 잡음이 생기기도 합니다. 이 글을 읽는 많은 사람들은 냄새나 맛은 중요하지 않다고 생각하겠지만 그건 저처럼 거의 집에서 혼자 2년 이상을 보낸 사람들이 산책이나 사회적 활동을 하지 않아서 냄새의 중요성을 까먹었기 때문일 것입니다. 냄새는 아주 중요하지 않을 수 있지만 사람의 체취를 통해서도 많은 정보를 얻을 수 있죠. 촉각은 또 어떤가요? 여러분 앞에 놓인 회의 탁자의 촉감, 누군가 탁자에 커피 잔을 올려 놓을 때 느껴지는 약간의 떨림을 경험할 수 있죠.

이 외에도 여러분이 잊었다고 생각할 수 있지만 실제로 잊어버리지 않은 것들을 끝없이 나열할 수 있습니다. 사람은 다른 사람들로부터 무한한 양의 아주 미묘한 신호들을 감지할 수 있도록 만들어졌습니다. 사람은 동굴에서 혼자 사는 게 아니라 사람들과 함께 살도록 만들어졌습니다.

끝없는 마찰

COVID-19 대유행 기간 동안 제가 스스로에게 2년 동안 물어온 가장 큰 직업적 질문은 바로 '우리가 무엇을 잃었는가'입니다. 같은 곳에서 일하지 않은 팀에게 생길 수 있는 측정 가능하고 객관적인 손실 지표는 무엇일까요? 저는 혹시나 생겼을지도 모르는 팀의 균열이나 미래에 닥칠지도 모르는 재앙의 신호를 찾고자 합니다. 대퇴사The Grate Resignation[34] 현상은 일종의 균열로 보입니다. 하지만 사람들이 직장을 그만두는 이유가 함께 일하지 못해서 그런 건지, 직장이 만족스럽지 못한 건지, 아니면 모두가 회사를 그만두는 공포스러운 분위기 속에서 진정으로 중요한 것을 깨달아서인지는 잘 모르겠습니다.

제 눈에는 그저 끝없이 많은 마찰만 보입니다.

> 음소거되어 있어 들리지 않습니다.

> 공유한 화면이 보이지 않아요.

> 당신의 기분이 좋은지 나쁜지 모르겠어요. 이전 세 번의 회의와 마찬가지로 음소거된 2차원의 얼굴 사진만 보일 뿐이죠.

---

34 Emma Goldberg, "You Quit. I Quit. We All Quit. And It's Not a Coincidence" (https://www.nytimes.com/2022/01/21/business/quitting-contagious.html), New York Times, January 23, 2022.

> **"** 당신이 방금 제안한 아이디어를 다른 사람들이 좋아하는지
> 싫어하는지 잘 모르겠어요. 회의실의 분위기가 어떤지 알 수 있는
> 방법이 전혀 없어요. 아이디어가 내키지 않아서
> 조용한 건지 화상 회의 도중에 말하는 것이 번거로워서
> 가만히 있는 건지 구분할 수가 없어요. **"**

> **"** 대화가 당신과 연관된 내용인데 당신이 집중하지 않고 있어서
> 계속 이름을 부른 거예요. **"**

> **"** 고개를 끄덕이거나 엄지 이모지(👍)를 사용해서
> 동의를 표시하는 것에 대해 고맙게 생각하지만 그런 거 없이도
> 서로를 이해하고 동의할 수 있었던 때가 있었다는 사실을
> 기억하고 있나요? **"**

> **"** 화상 회의에서 제 모습을 보는 데 대부분의 시간을 쓰고 있습니다.
> 정말 어처구니없는 일이죠. **"**

화상 회의는 무미건조하고 비인간적인 경험으로 느껴집니다. 사람과 사람이 직접 만나서 회의하는 것이야말로 환상적인 재즈 연주와 다름없죠. 대면 회의는 자신이 만들고 있는 것에 대해 깊은 관심을 가지는 사람들 간의 우아한 대결이며 그 대결에 참여하고 지켜보는 것은 직장 생활에서 큰 기쁨 중 하나입니다.

그리고 그건 레아 공주가 아닙니다

영화 〈로그 원: 스타워즈 스토리〉를 본 직후에 대화를 나눈다고 상상해 봅시다. 아마도 여러분과 저 사이엔 이런 대화가 오갈 것입니다.

> **&&** 나: 레아 공주가 맞나요?
>
> 여러분: 컴퓨터 그래픽 아닌가요?
>
> 나: 네, 컴퓨터 그래픽 맞습니다. 하지만 그 컴퓨터 그래픽에 무슨 문제가 있나요? 레아 공주가 아니라는 걸 어떻게 알 수 있죠?
>
> 여러분: 글쎄요. 눈이 이상해서? **"**

여러분이 컴퓨터 그래픽 전문가가 아닌 이상 여러분은 레아 공주 이미지의 이상한 점을 정확하게 설명할 수 없을 것입니다. 하지만 정확하고 구체적인 내용을 몰라도 여러분의 뇌는 뭔가 이상한 일이 벌어지고 있다는 것을 알아챌 수 있습니다. 뇌는 아주 단순한 얼굴 표정에서도 수없이 많은 정보를 분석하고 끄집어내는 훈련을 해왔기 때문이죠. 게다가 말을 듣고 각 단어의 뜻이 무엇인지 이해할 수 있으며 대화 중간에 침묵이 흐르는 것이 어떤 의미인지도 이해할 수 있습니다.

여러분은 회의에 참석했습니다. 모든 사람이 회의에 참석했고 절대 그 회의를 잊지 못할 것입니다. 그녀가 회의 도중에 갑자기 벌떡 일어나 책상을 쾅 내려치면서 "도대체 왜 일이 이 지경이 된거야!"라고 소리쳤기 때문입니다. 저 역시 왜 일이 그 지경이 되도록 놔뒀는지 이해할 수 없었습니다.

왜 하루 종일 화상 회의를 하고 나면 피곤한지 알고 있나요? 우리의 뇌가 절대 수집할 수 없는 중요한 정보들을 긁어 모으려고 끊임없이 일하기 때문입니다. **사람은 함께일 때 더 많은 것을 이룰 수 있습니다.**

29장
사용하는 도구에 관한 몇 가지 규칙

교외에 살고 있던 처남은 다섯 그루의 나무를 베어야 했습니다. 커다란 나무는 아니었고 높이가 10~15피트(약 3~5m), 두께가 6인치(약 15cm) 정도인 나무였죠. 큰 문제는 아니었습니다.

저는 캘리포니아 북쪽의 삼나무숲 가장자리에 살고 있었습니다. 커다란 삼나무뿐만 아니라 튼튼한 참나무, 선명한 단풍나무, 사랑스러운 마드론 Madrone 나무, 잡초 같은 월계수나무들이 있었죠. 하지만 숲속에 사는 즐거움에는 대가가 따르기 마련입니다. 나무들이 쓰러지고 죽어가는 일은 어느 정도 규모가 되는 숲에서는 항상 일어나는 일이죠.

이런 곳엔 전기톱이 필요합니다. 제 경우에는 세 개가 필요했죠. [그림 29-1]은 작은 일을 처리하기 좋은 주니어입니다. 가볍고 사다리와 함께 쓰기도 좋았죠.

그림 29-1 주니어

[그림 29-2]는 마티입니다. 마티는 대부분의 일상적인 일들을 해결할 수 있는 중간 크기의 톱이죠. 마티는 교외에서 하는 일들에 완벽하게 들어맞습니다.

그림 29-2 마티

마지막으로 [그림 29-3]은 로켓입니다. 모든 나무는 로켓의 숙적이죠.

그림 29-3 로켓

전기톱을 한 번도 다뤄보지 않은 사람도 아마 작은 톱은 써봤을 겁니다. 작은 톱을 사용하는 것은 끊임없는 육체노동이죠. 3분 정도는 재밌지만 그 뒤로는 의문이 생깁니다.

이거 되는 거 맞나?

처남은 작은 톱을 들고 나무 중 하나에 달려들었습니다. 그는 3분 만에 잘라냈습니다⋯ 가지 하나를요. 제가 마티와 함께 나타나 다섯 그루의 나무를 모두 베어 넘기고 가지를 정리한 다음 버릴 가지들을 쌓기까지 한 시간이 걸렸습니다.

여기서 교훈은 다음과 같습니다. 올바른 도구는 생산성을 기하급수적으로 높인다는 사실이죠. 당연한 걸 너무 길게 이야기했네요. 사실 더 길게 설명할 수도 있지만 여기서 잠시 시간을 내어 처남의 머릿속을 살펴보도록 하죠.

저는 없애고 싶은 나무가 몇 그루 있는데⋯

제 차고엔 두 개의 망치와 페인트 캔을 가득 채운 못,

쓰고 남은 나무 조각…

그리고 톱이 있네요. 완벽해요. 톱이라니!

맥락이 관점을 형성합니다. 차고에 물건들이 있었기 때문에 그는 전기톱의 존재를 알 수 없었습니다. 전기톱에 대해 들어보긴 했지만 힘들고 땀나는 톱질보다 훨씬 더 빠르지는 않을 것이라 생각했습니다. 어차피 전기톱이 없었기 때문에 그는 나름 행복하게 톱질을 할 수 있었죠. 여러 전기톱을 가지고 있던 저에게는 불합리한 선택이었지만요. 범죄 수준의 시간 낭비죠.

다시 교훈을 이야기하자면 올바른 도구는 생산성을 기하급수적을 향상시킵니다.

열광하는 규칙

개발자는 짧은 도구 목록에 열광해야 합니다. 극단적으로요. 호들갑을 떨면서 입에 거품을 물 정도로 말입니다. 이를테면 프런트엔드 개발부터 백엔드 개발까지 이맥스Emacs[35] 하나로 다 해치울 수 있다고 자랑하면서 어떻게 설정하고 사용하는지를 열광적으로 설명할 정도로 말이죠.

개발자에게 짧은 도구 목록은 사실 정말 뻔합니다. 누구나 쓰는 도구일 것이며 여기에 여러분이 개발자로 일하며 들어본 적 없는 도구는 아마도 없

---

35 옮긴이_ 널리 사용하는 유명한 텍스트 기반 편집기 중 하나입니다. 다른 유명한 텍스트 기반 편집기로 Vim이 있습니다.

을 것입니다. 어떤 도구를 사용하는지보다 중요한 것은 여러분이 도구 자체에 관심을 갖는 것입니다. 어째서 검은 배경에 초록색 글씨가 코딩을 위한 유일한 방법인지 자세히 설명할 수 있어야 합니다. 즉, 여러분이 사용하는 도구에 대한 열정이 있어야 하며, 열정은 **적합성**에서 시작됩니다. 이게 무슨 뜻인지 알아보도록 하죠.

저는 데이터베이스 개발자로 시작했다가 브라우저 개발자가 됐고 어느 순간 웹 애플리케이션 개발자가 됐습니다. 각 분야마다 눈부시게 빛나는 도구들이 있었지만 도구는 중요하지 않았습니다. 도구 내부의 특정 기능도 그다지 흥미롭지 않았죠. 저는 기능이 많은 개발 환경인 Xcode나 Visual Studio에서 개발하든, 여러 개의 터미널 창을 띄워놓고 개발하든 똑같이 생산성을 높일 수 있다고 믿습니다. 중요한 것은 어떤 도구를 쓰느냐가 아니라 **도구의 형태, 느낌, 기능이 여러분이 도구를 보고, 움직이고, 사용하는 방식에 얼마나 적합한가**입니다.

이제 제가 열광하는 규칙들을 설명하겠습니다. 이는 여러분이 생각하는 것과는 상당히 다를 수 있습니다. 여러분의 개발 경험과 제 경험이 다르니까요. 제가 컴퓨터로 일하기 시작했을 땐 마우스가 출시되기 전이었기 때문에 저는 키보드를 더 신뢰합니다. 또 제가 개발을 시작했을 때 통합된 디버거가 막 등장했기 때문에 저는 명령줄에서 디버깅하는 것을 더 좋아합니다. 다시 말하지만, 중요한 것은 여러분이 너무 좋아해서 열광하게 만드는 것들이 최고의 결과를 가져다준다는 사실입니다.

제 규칙은 다음과 같습니다.

제 도구는 믿기 힘들 정도로 단순해 보입니다

Visual Studio[36], MacOS의 터미널, Transmit[37], LaunchBar[38], 드롭박스Dropbox[39]와 같은 도구를 설정하는 데는 보통 몇 분이면 됩니다. 30분 정도면 새 컴퓨터에 개발 환경을 만들 수 있죠.

제가 사용하는 도구들은 손쉽게 접근할 수 있고 가볍습니다. 운영체제를 제외한 모든 것들을 짧은 시간 안에 설치할 수 있죠. 게다가 이 도구들은 별도의 설정이나 구성도 거의 필요 없습니다.

제가 이렇게 단순한 도구들만 사용하는 이유가 컴퓨터를 언제든 고장날 수 있는 물건이라고 보기 때문이라고 생각할지도 모르겠군요. 하지만 그렇지 않습니다. 이 도구들은 단순하지 않으며 잘 조율되어 있습니다. Visual Studio의 사용자는 이 도구가 양파처럼 새로운 기능이 계속 튀어나오는 애플리케이션이라는 사실을 알고 있습니다. 여러분이 껍질을 벗길 때마다 개발 속도를 더 빠르게 만들어줄 새로운 기능이 튀어나오죠. 터미널과 LaunchBar 또한 마찬가지입니다. 기본적인 기능뿐만 아니라 개발자의 가려운 곳을 긁어줄 수 있는 기능까지 갖추고 있죠.

제 도구는 작업을 어디서 하든 상관하지 않습니다

여러분은 이런 경험이 몇 번이나 있나요? 로컬 머신에서 기발한 작업을

---

36 https://visualstudio.microsoft.com
37 http://www.panic.com/transmit
38 https://oreil.ly/Ivq36
39 https://www.dropbox.com

하기 위해 빠르게 스크립트 하나를 작성했다고 해봅시다. 미세 조정한 스크립트를 운영 중인 서버에 넣었을 때 수정해야 할 코드를 다시 발견하게 됩니다. 실제 서비스가 작동하는 운영 환경과 똑같은 곳은 없으니까요.

운영 환경에서 바로 개발하는 것이 불가능한 도구는 제 작업 속도를 떨어뜨립니다. 누군가 저에게 Transmit을 사용해서 원격으로 파일을 편집하는 것을 알려줬을 때, 이전에는 해결하지 못했던 운영 환경에서의 문제가 사라지는 것을 보았습니다.

맞아요, 로컬에서 편집하는 것은 빠릅니다. 특히 지연 시간이 문제가 되는 삼나무숲 가장자리에 살면 더 그렇습니다. 하지만 네트워크 너머에서 개발할 수 없는 도구는 도구가 아니라 장애물일 뿐입니다.

수정을? 운영 환경에서 직접? 미쳤나?

아니요. 제가 단언하건대 여러분이 운영 환경에서 뭘 하고 있는지 잘 모른다면 그건 여러분이 개발 팀에 진정으로 속하지 않았다는 뜻입니다.

결론적으로 저는 제가 어디서 일하든 상관없습니다. 운영 환경 작업이 아닌 경우, 예를 들어 책을 쓰는 일이라면 어디에 가장 최근 작업물이 있는지 신경 쓰고 싶지 않을 것입니다. 맞습니다, 저는 버전 관리에 대해 이야기하고 있습니다. 그렇지만 그냥 버전 관리 말고 드롭박스라고 부르기로 합시다. 네트워크만 연결되면 이 도구는 마법처럼 각 기기에 있는 공유 디렉터리를 갱신합니다. 제가 작업하던 문서의 버전을 신경 쓴 게 언제였는지 기억이 나질 않는군요. 걱정할 시간에 더 많은 일을 할 수 있다는 뜻이죠.

제 도구는 반복적인 작업을 없애도록 설계됐습니다

저는 제 두 번째 컴퓨터 과학 수업 중 정렬 알고리즘을 배울 때 처음으로 알고리즘에 대해 경이로움을 느꼈습니다. 교수님은 명쾌하게 다양한 알고리즘의 구조와 장단점을 알려준 후 퀵 정렬quick sort[40]에 관해 설명했습니다. 경이로웠죠.

이건 그냥 멋진 게 아니었습니다. 재귀적인 단순함이 놀라운 것도 아니었죠. 상상력을 발휘하면 훨씬 더 효율적이고 간결한 방법을 찾을 수 있다는 발견이었습니다. 컴퓨터 과학 너드로 정식 훈련을 받았든 아니든 여러분은 효율성의 가치를 알고 있을 것이고 효율적으로 움직이면 사랑하는 일들을 할 수 있는 시간이 더 많아진다는 걸 알죠.

이것이 제가 사용하는 모든 도구가 키보드를 완벽하게 지원해야 한다는 단순한 요구 사항을 가지고 있는 이유입니다. 일회성 작업에는 마우스를 사용할 수도 있겠지만, 반복적으로 하게 될 가능성이 있는 작업의 경우 어떻게 하면 효율적으로 할 수 있을지 고민하곤 하죠.

이렇게 생각해보세요. 제가 여러분에게 파일을 저장할 때마다 일어나서 의자 위에 올라섰다가 내려와야 한다고 말했다고 해봅시다. 그것도 이렇게 소리치면서요.

> **66**   지금 저장할게요!   **99**

---

40 https://en.wikipedia.org/wiki/Quicksort

처음에는 재밌을지도 모르지만 결국은 이 행동이 여러분을 완전히 미치게 할 것입니다. 제가 마우스에 손을 댈 때마다 비슷한 느낌을 받거든요. 시간을 낭비하는 불필요한 행동을 한다는 느낌을 받습니다. 마우스를 사용하다 보면 때때로 실수를 하게 되는데, 이로 인해 많은 시간을 낭비하기 때문이죠.

어떤 파일이나 애플리케이션을 찾는 데는 키를 네 번 누르는 것이 가장 이상적입니다. [command]−[space bar]를 눌러 LaunchBar를 띄운 다음, 첫 번째 글자, 두 번째 글자, [Enter]. 때때로 운이 좋으면 세 번만 입력하면 되는데 그럴 때마다 제 얼굴엔 미소가 피어오르죠.

제 도구는 제가 시킨 것만 합니다

어도비Adobe의 드림위버Dreamweaver[41]가 처음 나왔을 때를 돌이켜보면 저는 그 도구를 좋아하고 싶어했습니다. HTML 페이지를 만드는 반복적인 작업에 너무 진저리가 났거든요. 그런 힘든 작업을 시각적으로 처리하는 도구라는 것이 매력적이었습니다. 문제는 드림위버가 제 코드를 고쳤다는 것입니다… 제게 물어보지도 않고요. 드림위버는 도움이 되고자 했겠지만 그게 제 코드의 서식을 바꾼 순간 저는 화가 났습니다.

감히 내 코드를 건드려!

드림위버는 불쾌한 첫인상에서 벗어나지 못했죠. 저는 아직도 화가 나 있습니다.

---

41 https://oreil.ly/88vBX

저는 탄탄하게 통합된 개발 환경이 무슨 일이 벌어지고 있는지를 시각화하는 데 많은 도움이 된다고 생각합니다. 볼랜드[Borland][42]는 최고의 코드 빌드 환경을 개발했지만 저는 아직도 Visual Studio에서 코드를 최적화하고 몇 개의 터미널 창에서 디버깅하는 극단적으로 원시적인 개발 환경을 사용하는 제 모습을 발견하고는 합니다.

저도 통합된 디버깅 환경이 얼마나 멋진지 다 알고 있어요. 하지만 제가 몇 년 동안 개발하면서 알게 된 점은 화려한 도구를 사용하려면 도구가 여러분이 원하는 대로 작동하도록 조작하는 데 많은 시간을 들여야 한다는 것입니다.

따라서 이번 규칙은 제가 사용하는 도구들엔 설정할 것들이 많지 않다는 사실로 귀결됩니다. 견고한 개발 도구를 사용하면 드림위버와 같이 제멋대로 코드를 수정하는 일은 거의 일어나지 않지만 화려한 도구를 사용하는 데는 여전히 대가가 따릅니다. 여러분은 적극적이고 열정적으로 그런 대가들을 받아들일 수 있겠지만 저는 그렇지 않습니다.

제가 여러분보다 더 효율적일까요? 아마도 그럴 거라 생각합니다. 제 수준이 도구 때문에 뛰어나 보이는 것인지 아닌지 제가 스스로를 잘 알고 있을까요? 그렇습니다. 화려한 도구를 만든 사람이 더 훌륭한 도구를 만들면 제가 개발 과정을 다시 배워야 할까요? 아닙니다.

---

42 옮긴이_ 1990년대 초 Turbo C, Turbo C++ 같은 컴파일러와 개발 환경을 만든 미국의 유명한 소프트웨어 기업입니다. 현재는 Micro Focus에 인수되었습니다.

제 도구는 제가 선택합니다

무언가를 고르는 것은 여러분의 선택입니다. 선택은 여러분의 논리, 미신, 고집, 경험 등이 조합된 결과물입니다.

여러분이 짐작하는 것이 맞습니다. 제 도구는 초록색 텍스트에 검은 배경이죠. 왜 그런지 지금부터 설명하겠습니다. 저는 DOS를 쓰던 오래된 사람입니다. 제 첫 워드 프로세서는 WordStar였는데 그건 마치 푸가를 연주하는 것처럼 제 생산성이 극대화된 상태를 떠오르게 만드는 프로그램입니다. 그래서 저는 가장 좋아하는 편집기인 Visual Studio에서도 검은 배경과 컬러 텍스트 테마를 계속 사용하고 있습니다. 이 색들은 도구가 본연의 목적을 달성하도록 설계됐던 오래되고 안전한 곳, 즉 방해 요소 없이 생산성을 훨씬 높일 수 있는 곳을 떠오르게 합니다.

그래서 개발자는 잘 작동하는 도구를 계속해서 고수합니다. Vim이나 이맥스 같은 도구들이 여전히 널리 사용되는 이유죠. 자신에게 맞는 도구를 찾아 사용하다 보면 계속해서 그 도구를 고수하게 됩니다. 그리고 더욱 열광하게 만들죠.

이제 마지막 규칙을 살펴봅시다.

발전하는 열정

처남에겐 전기톱이 필요하지 않았습니다. 저는 다섯 그루의 나무를 베어냈지만 그건 그 집에 있던 나무의 절반을 제거한 것이었습니다. 전기톱은 소리, 힘, 톱밥의 조합이라는 아주 기분 좋은 결과물을 만들어냈지만 처남의 집은 나무가 공격적으로 자라나는 곳이 아니었기 때문에 이를 방어할 무기가 필요하지 않았던 겁니다.

처남의 시간은 소중하기 때문에 그는 전기톱이 존재하는 세상에 대해 알 필요가 있었습니다. 원숭이와 인간을 구분하는 차이점은 작업에 적합한 도구를 선택하는 능력이 아니라 최고의 도구를 선택하는 능력이니까요.

여러분은 탐색을 멈추지 않을 것입니다. 그래서 제 마지막 규칙이 가장 중요한 거죠.

> **"** 제 도구는 항상 발전합니다. **"**

현재 제가 사용하는 도구들은 저의 모든 경험에 영향을 받았습니다. 저에겐 vi의 품격 있는 단순함이 매력적으로 다가옵니다. 복잡하지 않던 그 시절의 개발을 떠올리게 하거든요. 하지만 Visual Studio를 처음 봤을 때 느꼈던 경이로움과는 비교가 되지 않습니다.

이 도구는 항상 나보다 다섯 수는 앞서 있네. 마음에 들어.

하지만 Visual Studio도 저의 다른 도구들처럼 발전해야만 합니다.

지금 당장 일어나서 여러분의 회사에 있는 최고의 개발자에게 가봅시다. 두 가지를 장담하죠. 그 개발자는 기꺼이 자신의 개발 환경을 장황하게 설명해줄 것입니다. 그리고 여러분은 더 효율적으로 작업하는 방법을 적어도 한 가지 이상 배우게 되겠죠. 그건 여러분이 들어본 적 없는 도구에 대한 것일 수도 있고, 당연하게 여겼던 도구를 능숙하게 관리하는 방법일 수도 있습니다.

여러분이 어떤 것을 배우게 될지는 모르지만 여러분의 세상을 빠르고 확실하게 더 작고 생산적인 공간으로 만들어줄 방법을 알게 될 것이란 건 알고 있습니다!

그림 29-4 이제 전기톱의 시대입니다.

30장
아무것도 하지 않기

실리콘밸리에선 많은 에너지를 쓰게 됩니다.

직장에서만 에너지를 소모하는 것이 아닙니다. 계속해서 발전하는 실리콘밸리에서 뒤처지지 않기 위해 하는 모든 일에도 에너지를 씁니다. 사람들은 새로운 서비스에 가입할 때마다 3.7분 동안 의미 있는 서비스인지를 판단합니다. 인터넷을 돌아다니고 트위터를 쓰고 슬랙에서 이야기하고… 선별하고 정리해서 평가할 새로운 데이터가 끊임없이 쏟아지죠.

이런 에너지 소모를 함께하는 동료도 있습니다. 그들은 여러분의 사무실 또는 일상에 들어와서 더 많은 에너지를 소모해야 할 추가적인 이유를 들이밀죠.

> **"** 이거 봤어요? 한번 써봐요.
> 당신이 이 중요한 것에 흥분해서 펄쩍펄쩍 뛸 때까지
> 안 떠날 거랍니다~ **"**

우리는 열정을 가지고 무언가 해내는 것과 새로운 것을 발견하는 일에 중독된 업계에 속해있습니다. 하지만 잠시 멈춰서 그런 세상을 뒤로 미뤄두는 게 옳은 일일 때가 있죠. 여러분은 삶의 균형을 맞추기 위해서 아무것도 안 하고 조용히 있는 법을 배워야 합니다.

제가 서점에 가는 이유죠.

휴식은 필수

서점에 들어간 순간 제가 서점의 어떤 점을 좋아하는지 생각났습니다. 서점은 머릿속이 차분해지는 오아시스와 같죠. 멋진 표지 뒤에 숨겨진 아이디어들의 잠재력 때문일지도 모르겠습니다. 어쩌면 도서관 같은 고요함에 대한 사회적인 숭배일지도 모르죠. 서점에서는 큰 소리를 내면 안 됩니다. 책들을 화나게 할 테니까요.

저는 끊임없이 에너지를 소모하는 실리콘밸리의 삶에 중독되어 있지만, 서점에 가면 아무것도 생각하지 않는 내적 고요함 상태에서만 느낄 수 있는 평온이 필요하다는 사실을 다시금 깨닫고는 합니다. 아무 생각을 하지 않는 것도 노력과 연습이 필요하며, 이러한 행동에는 모순이 있습니다. 해야 할 일들에 대해 더 많이 생각할수록 원하는 것들을 더 적게 발견한다는 사실입니다. 혼란스럽겠지만 여러분의 일상은 여러 가지 일로 가득 차 있기 때문에 아무 생각 없이 휴식하는 기술이 필요합니다.

여러분의 하루는 아마도 스펙트럼의 두 가지 측면 중 하나에 해당할 것입니다. 한 가지는 눈앞에 나타나는 것들에 반응하는 것이고, 다른 하나는 무언가를 직접 찾고 어떻게 처리할지 고민하는 것이죠. 즉, 수동적 또는 능동적으로 하루를 보내게 됩니다.

서점 나들이는 해야 할 일이 없는 휴식 기간에 필수적인 활동입니다. 가장 최근에 저는 도쿄와 런던에서 2주간 시간을 보냈는데 이때 동네에 있는 반스앤노블Barnes & Noble[43]에 갔습니다. 40시간 동안 비행기를 타고 가서 5일 동안 끊임없는 생각과 창의력, 집중력이 필요한 회의에 참여했죠. 그러다 잠시 미국에 돌아와 일상을 보낼 때 조카를 위한 책을 사오라는 지시를 받았습니다.

동네 반스앤노블의 어린이 도서 코너는 3년 연속으로 '세상에서 가장 엉망인 서점'으로 뽑혔습니다. 그곳 특유의 어수선한 혼돈과 시차로 인한 피로가 합쳐지자 머릿속은 정리되지 않은 것들로 넘쳐나고 쉽게 짜증나는 상태가 됐죠. 더 나쁜 것은 제가 특정한 책을 찾고 있는 게 아니었다는 점입니다. '조카가 좋아할 만한 책을 찾아와'라는 임무를 수행 중이었으므로 성공하려면 약간의 영감이 필요했습니다. 따라서 영감을 얻는 데 방해되는 모든 것을 제 머릿속에서 없애버려야 했습니다.

저와 여러분 모두 그냥 할 일이 아닌 잘 정의된 일로 가득한 삶에 익숙하기 때문에 의외로 이런 임무가 어렵게 느껴질 겁니다. 체계, 방향성, 정책이 없으면 뇌는 혼란에 빠지며, 보통은 이때 좌절감에 두 손 두 발 들고 서점을

---

43 옮긴이 미국의 가장 큰 서점 체인입니다.

나오게 됩니다. 제 뇌는 체계 없이 미지의 세계를 탐색하는 것을 거부하고 있습니다.

탐색을 시작할 때의 제 머릿속을 들여다봅시다.

여긴 어디지?

어린이 도서 코너 같긴 한데 장난감만 가득하고 책은 없네.

좋은 책을 읽지 못한 지 한참 된 것 같아.

자, 일단 찾는 게 나올 때까지 움직이자.

대체 언제부터 서점에서 사탕을 판 거지?

오, 공룡이다!

조카가 공룡을 좋아하니까…

근데 잠깐만, 조카가 글자를 읽을 줄 아나?

여긴 참 혼란스러운 곳이네요. 서점에 관해 이야기하고 있다고 생각했는데 사실 제 머릿속이 혼란스러운 것 같습니다.

아무것도 하지 않고

일터로 돌아가서 여러분의 평소 하루를 생각해봅시다. 여러분이 무엇을 하고 있는지 명확하지 않을 때가 자주 있나요? 앞으로 30분 동안 해야 할 일이 제대로 정의되어 있지 않은 경우는 얼마나 자주 있나요? 여러분 모두 회의의 안건이 명확하지 않아 시간이 낭비되고 있다고 느끼며 고통받은 적이 있을 것입니다. 그런데 그런 회의에서도 한 가지는 명확합니다. 바로 우리 모두가 '형편없이 운영되는 회의의 참가자'라는 사실이죠. 저도 이미 겪어봐서 잘 알고 있습니다.

회의도 없고, 바쁜 일도 없고, 사무실에 아무도 없다면 무슨 일이 일어날까요? 사무실을 자유롭게 돌아다니고, 웹 서핑을 하고, 벽에 있는 달력을 바라보며 생각하겠죠.

왜 또 윤년인 거지?

그러다 마음이 불편해집니다.

일해야 하는데…
달력만 쳐다보고 있으라고 월급을 받는 게 아니니까…
무언가를 해야만 해…

사무실에서 이런 죄책감이 쌓였습니다. 여러분이 아무것도 하지 않는 걸 다른 사람들이 볼까봐 걱정이 된 것이죠. 사실 여러분은 아무것도 하지 않고 있는 게 아닙니다. 목적 없이 정신적으로 방황하고 있죠. 이런 행동은 '샤워 중에 떠오르는 기발한 아이디어'로 유명해진 행동입니다. 샤워할 때를 생각해보세요. 여러분이 몸을 움직여 바쁘게 씻는 동안 뇌는 무엇을 하고 있나요? 물론 정리해고와 관련된 스트레스를 받고 있다면 뇌는 정리해고에 대해 걱정할 겁니다. 하지만 압박하는 게 아무것도 없는 아침이라면 어떤가요?

아마 뇌는 머릿속에 있는 정신적인 표류물이나 폐기물로 무언가를 만들어낼 것입니다. 필요한지도 몰랐던 질문에 관한 유용한 답을요. 아니면 흥미로운 생각들의 조합으로 탄생한 어떤 이야기일지도 모릅니다. 꿈꾸는 것 같겠지만 여러분은 깨어있죠.

서점으로 돌아갑시다. 해야 할 일을 기억해보죠. 저는 조카를 위한 좋은 책을 사야합니다.

체계 없이 미지의 세계를 탐색하는 것에 대한 거부감을 극복하기 위해 제게 필요한 것은 '발견'입니다. 고요함 속에서 버티려면 밝고 빛나는 무언가를 발견해야 하는데, 그 무언가가 나타나기 전까지는 그게 뭔지 전혀 알 수 없습니다. 그건 제 기분, 최근 관심사 10가지, 누군가가 제게 한 말, 제가 좋아하는 색 등에 기반할지도 모릅니다. 이 목록은 끝이 없고 정의하기도 힘들며 완전히 제 머릿속에만 있죠.

하지만 발견은 그게 무엇이든 모호하거나 불분명하지 않고 명확합니다. 제가 몰랐던 공백을 즉시 채워주죠.

이번 서점 나들이에서는 검은 책 한 권을 발견했습니다. 어린이 도서 코너를 가득 채운 화려하고 다양한 색들 사이에 검은 책이 있는 것이 이상했지만 거기 있었죠. 마스킹 테이프로 감싼 검은색 표지에 손으로 쓴 듯한 제목이 쓰여있습니다(그림 30-1).

그림 30-1 『이 책을 파괴하라Wreck This Journal』[44]의 표지 그림

---

44 옮긴이_ 2012년에 출간된 케리 스미스(Keri Smith)의 책입니다. 케리 스미스가 누군지 궁금하다면 45번 주석의 링크를 참고하세요.

흥미롭네요. 저는 책을 펼쳐서 손으로 쓰여진 지시 사항을 확인했습니다.

> 여러분이 어디를 가든 이 책을 들고 가세요.
> 모든 페이지에 있는 지시 사항을 따르세요.
> 순서는 중요하지 않습니다.
> 지시 사항은 해석하기 나름입니다.
> 실험해보세요(더 나은 판단을 하기 위해 노력하세요).

정확히 제게 필요한 책입니다. 처음부터 제가 서점에 와야 했던 이유를 상기시켜주는 글이었죠. '어떤 영양가도 없는 환경에서 정신적으로 혼란한 상태로 돌아다니기 위해서'라는 이유 말입니다.

『이 책을 파괴하라』는 스스로를 게릴라 아티스트라 부르는 케리 스미스 Keri Smith[45]의 책입니다. 도대체 이 책이 왜 어린이 도서 코너의 어수선함 속에 있었는지 모르겠네요. 이 책은 이 책 자체를 파괴하는 것에 관한 일지입니다. 어떤 페이지에는 '여기에 흙을 문질러보세요' 같은 지시 사항이 있고, 또 다른 페이지에는 '다른 사람에게 빌린 펜으로 그 펜을 어디서 빌린 건지에 관해 거칠게 휘갈겨 써보세요'라고 지시하고 있습니다. 이 책에는 여러분이 잠시 일상에서 벗어나 의미 없어 보이는 활동을 하게 만드는 아이디어가 가득합니다.

---

45 http://kerismith.com

아무것도 찾지 않기

보자마자 의문이 드는 혼란스러운 기술입니다. 그럼 필요한지도 모르는 것을 어떻게 찾죠?

첨단 기술 산업에서 아무것도 하지 않는 활동을 권장하는 경우는 없습니다. 아무것도 하지 않는 것은 가성비가 좋지 않은 활동이죠. 보고서에 쓸 수 있는 것도 아닙니다. 아무것도 하지 않으면 나쁜 평가를 받게 될 것이며, 필요한지도 모르는 것을 찾으려고 노력할수록 더 유용하지 않은 활동이 되겠죠.

아무것도 하지 않는 순간들은 창의력을 발휘하거나 사색하는 순간이 아닙니다(물론 그럴 수도 있습니다). 이런 순간들은 뇌가 가만히 있지를 못하기 때문에 오래 지속되지 않죠(더 오래 가만히 있을수록 더 좋습니다). 뇌는 항상 에너지를 소비하도록 훈련되어 있으니까요.

여러분의 뇌는 본능적으로 주어진 것들을 활용해서 무언가를 만들려고 합니다. 서점에서 약간만 노력하면 일상의 무언가를 벗어던지고 찾고 있는 지조차 몰랐던 무언가를 찾을 수 있습니다.

31장
발표를 망치지 않는 방법

대학에서 학위를 받았든 밤새도록 파이썬 코드를 짜면서 기술적인 즐거움을 느꼈든, 여러분은 다양한 이유로 개발자가 되기로 결심했을 것입니다. 그리고 결심의 순간에 여러분은 더 이상 사람들 앞에서 발표할 일이 없을 것이라 생각했을 수도 있죠.

물론 그 생각이 맞을 수도 있습니다. 하지만 여러분이 대단한 것을 생각해냈거나 만들었을 때 이메일, 블로그, 화상 회의, 슬랙을 통해 공유하는 것만으로는 그 대단함을 제대로 표현하기가 어렵습니다. 여러분의 대단함을 알고 싶어 하는 사람들은 여러분이 앞에 서서 직접 설명해주길 원하죠.

여기서 기대와 현실 사이에 충돌이 일어납니다. 여러분의 빛나는 생각을 사람들에게 설명하고 싶겠지만 마지막 발표가 당황해서 횡설수설했던 초등학교 방학 과제 설명이었을지도 모르죠. 생각만 해도 끔찍하네요.

여러분은 번뜩이는 아이디어를 설명할 자격이 충분하지만 사람들 앞에서 발표할 자격은 없습니다. 발표 연습을 해보지 않았을뿐더러 사람들 앞에서 발표를 하다가 갑자기 말문이 막히거나 기절하거나 토할지도 모른다는 생각을 가지고 있기 때문이죠.

발표를 망치지 않기 위한 두 가지 단계

이 장에서는 발표 내용이 아닌 발표 그 자체를 다룹니다. 물론 발표에 있어서는 발표와 내용 모두 중요합니다. 하지만 여기서는 내용을 어떻게 구성하고 작성하는지는 설명하지 않으며 내용이 그럭저럭 괜찮다고 가정하고, 그 내용을 어떻게 발표하는지에 대해서만 설명합니다.

슬라이드 30장으로 구성된 발표 자료를 만들었다고 생각해보죠. 초보자는 발표 자료를 이렇게 만들 것입니다.

1. 슬라이드를 엄청 많이 만듭니다.
2. 슬라이드를 글로 가득 채웁니다.

가능한 한 많은 슬라이드를 만들고 각 슬라이드를 가능한 한 많은 내용으로 채우는 것이죠. 이건 실제 발표에서 스트레스를 받지 않으려는 미약한 시도라 볼 수 있죠. 아마 슬라이드에 정보를 가득 채운 다음 그걸 그대로 읽으려고 할 것입니다. 저는 여러분이 긴장감 때문에 이렇게 행동한다는 것을 잘 알고 있습니다. 그럼 이렇게 질문해보죠.

> **❝** 나: 왜 긴장되나요?
>
> 여러분: 500명 앞에서 발표하는 건 처음이라서요.
>
> 나: 그럼 발표할 자신이 없다는 말인가요?

> 여러분: 맞아요.
>
> 나: 좋아요. 그럼 끔찍한 슬라이드를 만들기보다는 청중 앞에서 자신감을 갖는 데 집중해봅시다. **"**

1단계 끝없이 연습하기

자신감은 슬라이드 내용을 외운다고 생기지 않습니다. 그 내용을 뇌의 한쪽에서 다른 한쪽으로 옮겨야만 자신감이 붙습니다. 이게 무슨 말인지 천천히 설명해보겠습니다.

지금 슬라이드의 내용은 여러분의 왼쪽 뇌, 그러니까 아주 실용적인 부분을 처리하는 쪽에 저장되어 있습니다. 왼쪽 뇌는 슬라이드를 만들 때 사용하기에는 좋지만 발표할 때는 오른쪽 뇌, 즉 창의적인 부분을 담당하는 쪽을 사용하는 것이 좋습니다. 따라서 무대에 오르기 전에 슬라이드의 내용을 왼쪽에서 오른쪽으로 옮겨서 그 내용을 느낄 수 있어야 합니다.

발표는 스토리텔링입니다. 하나의 퍼포먼스죠. 500명의 청중에게 왜 여러분의 생각이 대단한지 이야기해주는 것입니다. 그러니 당연히 긴장되겠죠. 500명 앞에서 슬라이드 내용을 더듬거리며 발표할 모습을 상상하면 신경이 곤두설 것입니다.

> **"** 그걸 아는 사람이 발표를 하나의 퍼포먼스라고 말하는 건가요? 가비지 컬렉션의 성능 향상에 대한 제 발표는 절대 퍼포먼스가 아니라고요. **"**

아니요, 퍼포먼스가 맞습니다. 그렇지 않고서야 왜 500명이나 되는 사람이 여러분의 발표를 듣고 앉아있겠어요? 단언하건대 발표는 예술과 퍼포먼스가 조합된 것이며 그것이 어떤 형태인지 알아내는 가장 좋은 방법은 끝없이 연습하는 것뿐입니다. 최고의 연습 방법은 아무도 없는 곳을 돌아다니며 발표를 시뮬레이션하는 것입니다. 계속 말이죠.

그리고 시간이 조금 필요하겠지만 사무실이나 방 안에서 자신의 목소리를 듣는 것에 익숙해져야 합니다. 바로 그 목소리를 청중이 듣게 되니까요. 여러분은 이야기를 들려주는 사람인 동시에 듣는 사람이기도 합니다. 연습이 필요하죠.

슬라이드 3장부터 시작해봅시다. 3장의 슬라이드를 설명하고 어떻게 들리는지 들어봅시다. 이해가 되나요? 흐름이 매끄럽나요? 단순히 슬라이드 내용을 읽고 있나요, 아니면 이야기를 하고 있나요? 다음 슬라이드로 어떻게 넘어가나요? 여러분이 입으로 발표한 것을 귀로 듣게 되면 지금까지 발견하지 못했던 사실들을 알게 됩니다.

이건 말이 안 되네.
재미있어야 하는 부분인데 재미가 하나도 없네.
이 내용은 주제와 아무 관련이 없구나.

몇 시간씩 연습하다 보면 점점 슬라이드의 내용뿐만 아니라 그 흐름을 기억하게 됩니다. 발표에서 가장 중요한 부분이 어디인지 알게 되며 슬라이드 순서를 바꾸거나 수정하는 일도 잦아지죠. 좋습니다, 연습을 계속 반복하세요.

그럼 책상에 앉아 눈을 감고도 슬라이드의 내용을 전부 다 떠올릴 수 있게 될 것입니다. 이제 더 이상 발표가 걱정되지 않고 내용을 어떻게 말할 것인지에 더 집중하게 됩니다. 발표 내용에 익숙해지니 자신감도 생깁니다.

그래도 여전히 발표를 망칠 가능성이 존재합니다.

2단계 망치지 않기

불과 몇 년 전 저는 같은 날 두 대학교에서 채용과 관련된 발표를 한 적이 있습니다. 똑같은 또래 학생들에게 똑같은 내용을 발표하는 것이었고, 발표 시간이 오전과 오후라는 차이만 있었죠.

오전 발표는 사람들로 가득 찬 방에서 진행됐습니다. 오전 10시 정각에 시작했죠. 전 이미 커피를 세 잔이나 마셨고 다른 사람들도 마찬가지였습니다. 세 번째 슬라이드에서 전 이 발표가 간단하게 끝날 것임을 알았습니다. 사람들은 고개를 끄덕이고 생각하지 못한 슬라이드에서 빵 터졌으며 '질문이 있으면 해주세요'라는 제 요청에 적극 참여했습니다. 청중을 휘어잡은 분위기, 발표 시간 40분, 질문과 답변 시간 20분. 성공적이었습니다.

5시간 후 저는 약 80km 떨어진 다른 대학의 강연장에 도착했고 절반 정도 차 있었습니다. 오전에 마신 커피의 약빨이 떨어지는 시간이라 조금 피곤했지만 머릿속으로 이 발표를 30번도 넘게 했기 때문에 자연스럽게 첫 번째 슬라이드부터 시작했습니다. 그런데 왜 사람들이 전부 세 번째 슬라이드에서 잠드는 거죠? 웃음이 터져나오지도 않았고, 열 번째 슬라이드부터는 사람들이 일어나서 강연장을 나가기 시작했습니다. 맙소사…

이런 상황이 일반적으로 발표가 망한 상황입니다. 하지만 대부분의 발표자들은 발표가 제대로 되고 있지 않다는 사실을 잘 모르기 때문에 망했다고 생각하지 않죠. 초보 발표자들은 이런 경우가 많지만 저는 경험 많은 관리자들조차도 발표할 때 발표가 망했다는 사실을 모르는 경우를 자주 봤습니다.

이럴 땐 발표를 멈추고 청중이 무엇을 원하는지 들어야 합니다. 발표가 원활하지 않다면 5분 동안 멈추세요. 5분간 멈추고 주위를 둘러보세요. 청중이 여러분을 보고 있나요, 아니면 자신의 노트북 화면을 들여다보고 있나요? 10초 넘게 여러분이 말 없이 청중을 바라본다면 청중은 여러분이 말문이 막힌 것인지 아니면 다른 일을 하는지 궁금해할 것입니다. 여러분은 긴장감을 조성하는 중이죠.

더 중요한 점은 여러분의 발표에서 가장 중요한 것이 무엇인지를 알아내고 있다는 것입니다. 바로 청중이 누구인가죠. 이게 가장 문제입니다. 여러분이 설득력 있는 슬라이드를 만들고 40번 넘게 연습했더라도 누가 발표에 참석할지는 예측할 수 없습니다. 그렇지만 참석한 사람들을 위한 발표를 해야 하죠.

임기응변

손에 든 패를 바꾸는 건 어려운 일입니다. 마찬가지로 발표를 그때그때 바꾸는 것도 힘듭니다. 발표를 수없이 많이 한 시니어들이 실수하는 이유도 여기에 있습니다. 우선 시니어들은 더 이상 발표에 대해 고민하지 않기 때문에 발표에서 열정이나 에너지가 느껴지지 않습니다. 그래서 귀를 닫고 발표하며 청중이 침묵을 통해 발표가 지루하다는 신호를 보내도 알지 못합니다. 청중과 소통하려 하지 않죠. 마치 내 말을 절대 들어주지 않는 악질 중고차 딜러처럼 보입니다. 악질 중고차 딜러들은 중고차의 시세, 매매, 계약에 관련된 이야기만 읊을 뿐 여러분의 생각은 전혀 신경 쓰지 않죠.

뭘 바꿔야 할까요? 청중이 요구하는 것은 무엇일까요? 사실 청중은 발표에 참여하고 싶어합니다. 무대 위에 올라와서 말하고 싶다는 게 아니라 발표의 일부가 되고 싶다는 뜻이죠. 공연에 몰입하는 관객처럼 말이죠. 여러분이 원하는 것도 같습니다. 그냥 박수만 치는 청중이 필요한 것이 아니라 여러분의 말 하나하나에 귀를 기울이는 청중이 필요하죠. 청중의 침묵은 여러분을 향한 건설적인 침묵입니다. 그리고 그 침묵이 어떤 뜻인지 읽는 법을 배우는 것은 정말 짜릿한 순간이죠.

그럼 무엇을 해야 할까요? 청중이 요구하는 것을 어떻게 반영할 것인가요? 잠들어있는 청중을 여러분이 깨워야 할까요? 중요한 점을 큰 목소리로 강조하는 것은 어떨까요? 무대 위를 걸어다니며 열정적인 제스처를 취해보는 건 어떨까요? 어쩌면 발표 속도가 너무 빨라서 조금 더 천천히 이야기하길 바라고 있을지도 모릅니다. 청중이 여러분의 말을 이해할 시간을 주세요.

제가 발표하고 있는 도중 누군가가 강연장을 빠져나가자 전 즉시 발표를 멈췄습니다. 그러자 졸고 있던 학생들이 깨어났습니다. 저는 깨어난 학생들과 함께 다시 발표로 돌아갔습니다. 학생들이 제가 발표와 학생들에게 신경 쓰고 있다는 사실을 깨달은 것이죠. 전 대학 시절을 떠올리며 강의 도중에 나가도 될 때가 언제인지에 대한 이야기를 5분간 떠들었습니다. 이 이야기는 발표 내용과 아무 상관이 없었지만 두 가지 효과를 냈습니다. 첫째는 저도 한때는 학생이었다는 사실을 청중에게 상기시켰다는 것입니다. 둘째는 누군가 강연장을 나갔을 때 자연스럽게 이야기가 시작됐으며 재미도 있었기 때문에 학생들과 제가 다시 연결될 수 있었다는 것이죠.

세 가지 조언과 조바심

거짓말이 아닙니다. 경험이 있어야 임기응변에 능해집니다. 고통스러운 발표를 여러 차례 겪고 그 상황을 극복해야만 발표 도중에도 적절히 대처할 수 있게 됩니다. 하지만 그런 경험이 없는 초기에도 발표를 잘 할 수 있도록 제가 세 가지 조언을 정리해보았습니다.

- 발표할 때는 천 개의 눈을 가진 한 사람에게 발표한다고 생각하세요. 수십, 수백 개의 얼굴에 현혹되지 말고 한 사람을 골라 이야기를 들려주세요. 그렇다고 발표 내내 한 사람만 쳐다보며 말하지는 말고, 몇 초마다 다른 사람에게로 시선을 옮기세요.

- 침묵을 쉼표나 마침표로 사용하세요. 특히 저처럼 말을 빠르게 하는 사람에게 정말 유용한 방법입니다. 말이 점점 더 빨라진다는 생각이 들면 멈추세요. 그리고 5에서 0까지 거꾸로 센 다음, 무대를 가로질러 걸으세요. 이 과정을 반복하면 청중은 지금까지 들은 이야기를 정리하고 이해할 시간을 얻게 됩니다.

- 청중은 여러분의 발표가 성공적으로 끝나길 원합니다. 발표에 대한 조언이나 가이드를 찾아보면 저뿐만 아니라 모두 이 이야기를 합니다. 사실이니까요. 청중은 여러분이 최고의 퍼포먼스를 보여주길 기

대합니다. A+ 학점을 기대하는 것과 같죠. 청중이 이런 기대를 가지고 있다는 점을 염두에 두고 발표를 시작하는 것이 좋습니다.

전 여러분이 발표를 망치지 않길 바랍니다.

여러분은 발표에 조바심을 내야 합니다. 자는 시간이 조금도 줄지 않았다면 여러분은 발표를 신경 쓰지 않는 것입니다. 동기부여가 부족한 것이죠. 그리고 개발자는 발표를 잘 하지 못한다는 생각을 계속 하면서 살게 될 것입니다. 여러분이 발표를 맡았는데 하고 싶지 않다는 생각만 들고 시간을 투자하고 싶지 않다면 발표를 제대로 할 수 있는 사람에게 맡기세요. 그리고 그 사람이 여러분의 상사가 될 수 있다는 마음의 준비도 함께하기 바랍니다.

32장
성공적인 발표를 위한 4가지 조언

만약 발표하는 방법에 관한 조언을 찾고 있다면 인터넷에서 쉽게 발견할 수 있을 것입니다. 발표 자료를 작성하는 팁을 찾고 있다면 인터넷은 단순한 이유로 쓸모없어지죠. 발표 자료를 작성하는 방법을 정하려면 여러분이 말하는 방식에 대해 생각해보아야 합니다. 제가 시범을 보여드리죠. 다음 문장을 말해보세요.

> **"** 저는 누군가를 향해 이 문장을 소리 내어 읽고 있지 않습니다. **"**

자신의 목소리를 듣고 놀랐나요? 소리 내어 읽은 거죠? 아닌가요? 왜죠? 옆에 앉은 남자가 여러분을 괴짜라 생각할까봐 걱정됐나요? 이런 기본적인 불편함 때문에 글로 발표하는 법을 설명하기가 까다로운 것입니다. 멋진 문단을 작성하는 기술과는 완전히 다르죠.

여러분은 아직도 소리 내어 읽지 않았을 겁니다. 맞죠?

연설과 발표

그럴듯한 발표를 준비하는 것에는 여러분이 직접 사람들 앞에서 말한다는 사실에 맞춰 머릿속을 정리하고 일련의 결정들을 내리는 과정이 수반됩니다. 인터넷은 필요 없죠. 블로그도요. 단지 여러분만 있으면 됩니다.

여러분이 처음 내려야 할 결정은 연설인지 발표인지 정하는 것입니다. 이 둘의 차이가 궁금한가요? 스티브 잡스가 출연한 영상을 짧게 시청해보죠. 두 영상은 완전히 다릅니다. 첫 번째는 2005년 스탠퍼드 대학교에서 했던 '세 가지 이야기[46]'라는 연설이고, 두 번째는 2007년 맥월드에서 했던 키노트 발표[47]입니다.

두 영상을 짧게만 시청해도 연설과 발표의 차이점을 알 수 있을 겁니다. 제 추측으로는 여러분이 스탠퍼드 영상만 봤을 것 같네요. 스티브 잡스가 맥월드에서 한 발표는 모두가 이미 봤을 겁니다. 그리고 스탠퍼드 영상은 충격적이죠. 분명히 그건 스티브 잡스입니다. 그의 목소리죠. 그의 트레이드 마크인 물 한 병도 들고 있습니다. 하지만 전달하는 방식은 완전히 잡스답지 않죠. 종이에 적힌 그의 그럴듯한 이야기들을 읽기만 하고 있으니까요. 저는 그걸 보고 기겁했습니다.

스탠드업 코미디를 하던 시절의 이야기를 담은 스티브 마틴^{Steve Martin}의 자서전 『Born Standing Up』(Scribner, 2007)에는 '조명을 어둡게 하지 않으면… 청중은 웃지 않습니다'라는 표현이 있습니다. 이 미묘하고 역설

---

46 https://oreil.ly/9WaHs
47 https://oreil.ly/MKhNT

적인 관찰은 연설과 발표의 핵심적인 차이점입니다. 연설에서 청중은 웃거나 울 수 있지만 청중이 연설에 참여할 필요도 없고 참여가 권장되지도 않죠. 연설 중에는 스포트라이트가 연사에게서 떠나지 않으니까요. 발표의 경우에는 다릅니다. 청중이 자신도 모르게 적극적으로 참여할 수 있는 환경을 만드는 법을 찾는 것이 발표 기술의 절반입니다.

발표나 연설 모두 청중이 필요합니다. 청중이 없다면 빈 방에서 허공에 대고 말하는 것과 같으며 우린 이미 그걸… '글쓰기'라고 부르기로 했습니다.

용서할 수 없는 실수

발표할 때 용서할 수 없는 실수가 한 가지 있습니다. 아마 여러분도 이미 알고 있을 것입니다. 바로 슬라이드를 그냥 읽기만 하는 것이죠. 앞으로 보겠지만 저의 발표 준비 방식은 바로 이 가장 중요한 실수를 피하고자 만들어진 것입니다. 올바른 도구를 고르는 것부터 시작하죠.

저는 지난 3년 동안 제 모든 발표의 내용을 프레젠테이션 소프트웨어인 키노트^{Keynote48}에서 만들었습니다. 마음 한구석에는 키노트가 발표를 반복하는 데 적합한 도구인지에 대한 궁금증이 있었죠. 글쓰기랑 똑같은 과정을 거쳐서 복잡한 생각을 쉽게 쪼개고 다듬을 수 있는 텍스트 편집기를 사용하면 안 되는 걸까요? 물론 안 됩니다.

우선 키노트를 비롯한 프레젠테이션 소프트웨어 중 여러분에게 맞는 것

---

48 http://www.apple.com/keynote

을 선택하고 계속 그걸 사용하세요. 프레젠테이션 소프트웨어는 여러분의 생각을 책으로 만들지 않고도 정리하고 편집할 수 있는 아주 훌륭한 도구입니다. 슬라이드 형태를 사용하면 내용이 글이 아닌 발표로 남게 됩니다. 각각의 슬라이드가 하나의 생각을 표현하죠. 그리고 슬라이드의 주요 항목들 사이엔 아직 발견되지 않은 빛나는 순간이 숨어있습니다. 이런 빛나는 것을 찾는 방법은 잠시 후에 이야기하기로 하고, 지금은 슬라이드를 계속 만들어 봅시다.

여러분이 할 일은 가능한 한 많은 골자를 개요 형식으로 정리한 다음, 그걸 발표 형태로 바꾸는 것입니다. 어떻게 말할지 또는 사람들이 이해할 수 있을지에 대해서는 걱정하지 마세요. 개요만으로는 핵심적인 세부 사항을 담을 수 없지 않을까 걱정된다면 빈 종이에 메모를 작성하세요.

저는 키노트의 스티커 기능을 사용해 작은 생각들을 메모해두는 것을 좋아합니다. 더 큰 생각들은 발표자 메모 기능을 사용하죠.

편집하고 퇴고하는 과정을 반복하다 보면 개요에서 발표의 초기 구조가 드러납니다. 그리고 특정 슬라이드를 보면 머릿속에서 자신의 목소리가 들려오는 상태에 이르죠.

이게 핵심이야. 이걸 꼭 전달해야 하니까 이 부분을
아아아아주우우우 느리게 말해야겠어.
좋은 자료인데… 지루하네. 이목을 끌 만한 게 필요해.

대략적인 발표 개요가 나왔다면 재앙을 부를 시간입니다.

재앙

여러분에게 무언가를 요청하는 건 이번이 두 번째입니다. 이번에는 여러분이 그냥 무조건 했으면 좋겠네요. 질문하지 말고요. 지금 여러분이 만든 첫 번째 슬라이드를 열고 일어서서 발표해보세요.

그치만 이건 아직 다듬어지지 않았고 빠진 생각들도 많고… 어…

그만, 그만! 그냥 한번 해보세요. 슬라이드 처음부터 끝까지요. 여러분의 발표를 들어보고 싶습니다.

끝났나요? 어땠나요? 저는 이 발표를 '재앙'이라 부릅니다. 하나도 준비하지 않고 완성되지 않은 발표, 즉 재앙을 경험해보아야 하는 세 가지 이유는 다음과 같습니다.

- 모든 슬라이드가 조화를 이루는지 전체적인 느낌을 알아볼 수 있습니다.

- 스스로 말하는 것을 들어볼 수 있습니다. 책을 쓰고 있는 게 아니라 발표를 준비하고 있다는 사실을 더 강조할 수 있죠.

- 자신감을 기를 수 있습니다. 이제 여러분은 이 발표에 있어 최악의 상황을 알게 됐습니다. 여러분이 방금 한 것보다 더 나쁘게 발표할 일은 없습니다.

허공에 대고 말하면서 머릿속에 있는 생각과 실제 슬라이드의 내용이 어떻게 다른지 파악했나요? 논리의 결함을 찾았나요? 오전 내내 쳐다보고 있던 슬라이드의 내용에서 이해하기 힘든 새로운 빈틈을 발견했나요? 그게 바로 진전입니다.

재앙 예행연습을 거치면서 저는 수많은 메모를 합니다. 컴퓨터 옆에 둔 종이에 메모하며 발표하고 있다는 생각을 계속 유지하려고 하죠. 슬라이드를 편집하기 위해 멈추면 이 템포와 분위기를 더 이상 유지하지 못할 것이고, 더 나쁜 경우에는 발표 내용을 다시 작성하게 될 겁니다. 손으로 쓴 메모는 보통 다음과 같은 내용이죠.

- 슬라이드 2번에서 말하려는 게 뭔지 알 수 없음
- 슬라이드 4번과 5번 사이에 연결성이 없음
- 슬라이드 10번 반복하기

재앙과도 같은 발표 이후에 바로 해야 할 일은 이런 노트를 가능한 한 빨리 슬라이드에 반영하는 겁니다. 따라서 재앙 이후의 수정은 발표 내용에 가장 큰 변화를 가져다줍니다. 구조적인 큰 변화 외에도 어떤 내용을 더 추가해야 할지 알게 되죠.

축소

지금이 발표를 망치지 않을 방법을 되새길 수 있는 가장 좋은 시간입니다. 지금까지 여러분이 배운 것들을 빠르게 요약해보죠.

- 끝없이 연습하세요. 여러분이 잘 할 수 있을 때까지요.
- 뭐든 할 수 있는 만큼 해보세요.
- 신경 쓰세요.

발표를 준비하는 측면에서 이번 장의 첫 번째 항목을 조금 더 수정하겠습니다. 이제 '끊임없이 연습하고 수정하세요.'가 됩니다. 제가 조언할 수 있는 게 거의 없지만 가장 큰 부분이죠. 여러분이 슬라이드를 3일 동안 새벽 2시까지 쳐다봐야 하기 때문입니다. 발표에 푹 빠져 있어야 합니다. 또 다른 재앙을 불러와봅시다. 친구 앞에서도 해보고요. 슬라이드를 출력해서 숲속 텐트에서도 발표해봅시다.

제가 할 수 있는 최고의 조언은 사실 협박입니다. 청중은 첫 번째 슬라이드에서 준비가 미흡한 발표를 구별할 수 있죠. 내용의 질과는 아무 상관이 없습니다. 여러분이 슬라이드 앞에 서서 조용히 이런 분위기를 풍기면 발표는 망한 겁니다.

> **"** 자, 무슨 이야기를 해야 할까요? **"**

이제 발표에 도움이 될 만한 4가지 조언을 전달하겠습니다.

첫째, 끊임없는 수정과 연습을 거치며 슬라이드의 내용을 줄이고 통합할 부분을 찾아야 합니다. 여러분이 말할 내용을 줄이라는 것이 아닙니다. 여러분은 이미 내용을 체득했기 때문에 더 이상 요점을 기억해내기 위해 많은 단어가 필요하지 않게 된 것이죠. 좋은 아이디어를 슬라이드에서 지우는 것이 당황스러울 수 있으니 혹시라도 중요한 것을 잊을 것 같다면 발표자 메모나 스티커를 사용하세요. 꼭 필요하지 않더라도 심리적으로 편안해진다면 좋은 방법이죠.

저는 발표가 끝난 후 슬라이드를 보내달라는 사람들의 요청을 거절합니다. 최종 슬라이드가 통합을 거쳐 완성된 것이기 때문입니다. 따라서 발표 없이 슬라이드만 보는 것은 거의 의미가 없죠.

둘째, 통합의 일환으로 글보다는 이미지를 어디에 사용할지 생각해야 합니다. 여러분의 멋진 아이디어를 설명하는 데 글만 사용할 것이라면 굳이 사람들 앞에서 슬라이드에 있는 것을 읽느라 시간 낭비하는 것보다 모두에게 이메일을 보내는 것이 더 낫겠죠. 발표는 시각적이고 청각적인 매체라는 사실을 잊지 마세요. 글자만 가득한 슬라이드는 일종의 책임 회피와도 같습니다.

발표에서 여러분과 여러분의 아이디어는 일부일 뿐입니다. 물론 여러분이 주도적으로 발표를 이끌겠지만 목표는 생각뿐만 아니라 청중이 생각할 여지도 함께 전달하는 겁니다. 청중은 각자의 경험과 의견을 바탕으로 여러분의 생각을 받아들이게 되죠.

그림, 도표, 그래프는 기억에 잘 남습니다. 저는 그림과 도표를 두 가지 방식으로 사용하는데요. 전체적인 아이디어를 그림이나 도표로 대체하거나 글로만 되어 있는 슬라이드를 개선하는 데 사용하는 식이죠.

슬라이드의 시각적인 디자인은 중요한 주제이지만 이 책의 범위를 벗어나므로 설명하지 않습니다. 그러나 이것 하나만은 기억하세요. 저는 슬라이드 전환 시 애니메이션을 설정하는 데 집착하는 사람들을 많이 봤습니다. 그들은 적절한 전환이 발표에 어떤 가치를 더해줄 것이란 희망으로 모든 애니메이션을 시도해보지만 사실 애니메이션에 대한 집착은 내용이 망가지는 신호입니다. 서체에 대한 규칙과 마찬가지로요. 청중이 디자인에 대해 신경쓰지 않을수록 더 의미 있는 발표가 된다는 걸 기억하세요.

셋째, 청중과 공유할 수 있는 발표의 기본 구조를 찾아야 합니다. 여러분은 끝없는 연습을 통해 발표의 틀에 대해 감을 잡을 수 있게 되지만 이런 구조는 처음부터 청중에게 명확히 보이지 않습니다. 적당한 길이의 발표를 진행하려면 청중이 지금 이 순간 어디에 있는지 바로 알 수 있는 시각적 시스템을 구축할 필요가 있습니다.

넷째, 발표의 흐름상에 청중이 참여할 수 있는 기회를 만들어야 합니다. 발표의 어느 지점에서 조명을 환하게 바꾸고 청중이 스스로 여러분의 발표에 대해 생각해보고 있다는 사실을 깨달을 수 있게 만들 건가요? 이에 대해서 조금 더 이야기해봅시다.

발표의 구두점

청중의 참여는 발표에서 구두점 역할을 합니다. 청중의 참여를 통해 발표에서 중요한 부분을 강조할 수 있습니다. 복잡한 생각을 소화하기 쉬운 크기로 쪼갤 수 있는 것이죠. 언제 청중이 참여할지는 여러분이 어느 정도 통제할 수 있습니다.

청중의 참여를 위해 가장 흔하게 사용되는 방법은 발표를 시작할 때 손을 들도록 하는 것입니다. 보통 발표를 시작할 때 집중시키기 위해 사용되죠.

> **66** 얼마나 많은 분들이 맥을 사용하고 계시는지 손을 좀 들어보시겠어요? **99**

> **❝** 빠르게 가보죠. 생명 보험에 정기적으로
> 많은 돈을 지불하고 있다고 생각하고 계신 분 있나요? **❞**

저는 이런 식으로 발표를 시작하는 것을 좋아합니다. 이건 발표가 아니라 몸풀기 멘트일 뿐이며 본격적인 발표가 시작될 것이라는 사실을 상기시키죠. 슬라이드를 보며 연습할 때 많은 내용을 전달해야 하는 부분을 찾아서 청중에게 질문을 던져주세요. 그들에게 손을 들어달라고 요청할 필요도 없습니다. 그냥 스포트라이트를 청중에게 잠깐 넘겨주기만 하면 되죠.

> **❝** 여러분이 컴퓨터에서 무언가를 읽을 때
> 손가락으로 뭘 하는지 정확히 말해주세요. **❞**

청중의 참여를 계획할 수 있는 부분은 한정되어 있으며 그게 발표의 묘미입니다. 여러분은 청중이 언제 나타날지 알 수 없죠. 지울까 고민했던 따분하고 장황한 슬라이드에서 오히려 청중이 가장 많이 웃고는 합니다. 제가 심혈을 기울인 시각적인 슬라이드가 때로는 완전히 외면을 받기도 하죠. 여러분이 발표하기 전까지는 알 수 없습니다.

남기고 싶은 것

여러분의 발표에서 청중이 어떤 것을 기억하길 바라나요? 이 질문은 처음에 했어야 했지만 발표가 끝나가는 지금 물어보는 이유는 여러분의 발표에서 어떤 부분을 청중에게 남길 것인지 알고 싶기 때문입니다.

가장 간단하고 값싼 방법은 '요점 정리' 슬라이드를 두는 겁니다. 이 슬라이드가 나타나면 청중은 휴대전화를 꺼내들고 사진으로 남깁니다. 그들도 이 슬라이드를 기억해야 한다는 걸 알기 때문입니다.

발표를 준비하는 동안 이런 요점 정리 슬라이드를 마지막에 추가해두면 편리합니다. 발표의 기본 구조를 정의하고 목표를 나타내기 때문이죠. 단 하나의 슬라이드만 활용해서 발표할 수 있나요? 50분 동안 사람들이 가득 찬 방에서 6개의 요점을 정리하는 단 하나의 슬라이드로요?

이것이 여러분의 목표가 되어야 하고, 이러한 목표에 도달하지 못하더라도 매우 성공적인 발표를 할 수 있을 것입니다. 또한 하나의 슬라이드로 발표하는 것은 다음과 같은 의미이기도 하죠.

> **"** 이건 그저 슬라이드가 아니라
> 제가 여러분에게 직접 들려드리는 멋진 이야기입니다. **"**

33장
프로젝트 관리의 삼각형: 코드, 기능, 진실

회의가 진행 중입니다. 이 회의에는 여러 부서가 참여하기 때문에 다양한 전문 분야, 안건 등이 포함됩니다. 따라서 프로그램 관리자 역시 이 회의에 참석하고, 아마 여러 회의 참여자 간 통역을 담당하는 역할을 할 가능성이 높습니다.

좋은 프로그램 관리자는 특정 부서에서만 사용하는 말을 다른 부서에서도 이해할 수 있도록 바꿔 말하는 능력을 가지고 있습니다. 예를 들어 개발 부서에서 "다했어요"라고 말하면 프로그램 관리자는 "기능 테스트와 프로덕션 테스트를 완료했으며 최종 문서를 검토하고 있습니다"라고 바꿔 말합니다. 이는 영업 부서가 "다했어요"라는 말만 곧이곧대로 듣고 완성되지 않은 것을 팔기 시작하는 불상사를 막습니다.

여러 언어로 진행되는 이 회의의 안건은 소프트웨어 회사라면 늘상 결정해야 할 사항들입니다. 사실은 결정이 아니라 협상이지만 말입니다. 많은 사람이 이 회의에서 결정되는 사항에 주목하고 있는 만큼 모든 회의 참여자들은 긴장하고 있습니다.

> 66 제품 관리 부서: 이 기능이 완료되려면 뭐가 더 진행되어야 하나요?
>
> 프로그램 관리자: 제품 관리 부서 말은 …
>
> 개발 부서: 잠깐만요. 저도 무슨 말인지 압니다. 답은 간단해요. 시간, 품질, 기능 중 뭘 포기하면 될까요?
>
> 프로그램 관리자: 개발 부서 말은 …
>
> 제품 관리 부서: 네, 예전에도 같은 답을 들었죠. 그런데 전 그 무엇도 포기할 수 없어요. 99

대화가 계속 진행됩니다. 통역도 늘어나죠. 각자 해야 할 일이 주어지자 회의 참여자들은 일에 진전이 있다고 착각하게 됩니다. 그리고 그들은 사무실로 돌아가서 같은 회의가 열릴 때까지 다른 부서와 최대한 현명하게 소통하려고 노력합니다. 하지만 실제로 하는 일은 회의 일정을 다시 잡는 것뿐이죠. 정말로 해야 할 일은 누가 결정을 내리는지 파악하는 것인데 말이죠.

망할 삼각형

[그림 33-1]의 삼각형은 '프로젝트의 삼각 관계' 또는 '프로젝트 관리의 삼각형'이라고 불립니다. 제품이나 기능이 어떤 상태인지를 나타낼 때 주로 사용하는 용어죠. 이 삼각형은 이상적인 세상에서 추구하는 완벽하고 아름다운 정삼각형이며 겉보기에도 아주 안정된 상태입니다. 출시 일정, 목표하는 품질, 포함되는 기능이 완벽한 균형을 이룹니다.

그림 33-1 프로젝트 관리의 삼각형

하지만 현실의 삼각형은 절대 안정적이지 않습니다. 삼각형의 모양은 끝없이 바뀌는데, 삼각형이라고 생각되지 않을 정도죠. 삼각형은 여러분이 거짓말을 할 수 있는 여지를 제공해주는 일종의 멘털 모델에 불과합니다. 아마 대화는 이런 식으로 흘러갈 것입니다.

> **❝** 제품 관리 부서: 제품 경쟁력을 위해서는 이 기능이 필요합니다.
>
> 개발 부서: 알겠습니다. 이 기능을 개발하려면 대략 4주가 필요한데 너무 늦게 요청하셨어요.
>
> 제품 관리 부서: 출시 일정을 늦출 수는 없어요. 약속하셨잖아요.
>
> 개발 부서: 기능을 추가하려면 일정을 늦추거나 품질을 포기해야 합니다. 선택해주세요. **❞**

이런 흑백논리는 설득력이 없습니다. 시간, 품질, 기능 이 세 가지 기준만으로 제품을 정의한다는 생각은 소극적이고 공격적인 전문가들의 어리석은 생각에 불과합니다. 팀에서 조절 가능한 기준은 무수히 많지만 이런 기준을 이해하려면 소프트웨어를 만드는 사람들을 이해해야 합니다.

코드, 기능 그리고 진실

연습부터 해보죠. 여러분이 참여 중인 프로젝트를 떠올려봅시다. 프로젝트의 규모가 너무 크다면 거기에서 여러분이 개발 중인 기능을 떠올려보세요. 가까이 있는 화이트보드로 가서 [그림 33-2]와 같이 프로젝트 또는 기능과 관련된 큰 원 3개를 그립니다.

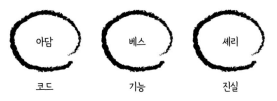

그림 33-2 여러분이 찾거나 정의해야 할 세 사람

각각의 원 안에는 담당자의 이름을 적습니다. 그리고 원 아래에는 그 사람의 역할을 씁니다. 전통적으로 이러한 역할에는 개발 관리자, 제품 관리자, 프로그램 관리자가 있겠지만 전 여러분이 이런 케케묵은 직책에 사로잡히지 않았으면 합니다. 직책 대신 코드, 기능, 진실과 관련된 결정을 내릴수 있는 가장 적합한 사람을 떠올려야 합니다.

■ 코드

코드에 가장 많은 영향력을 행사할 수 있는 개발자는 누구인가요? 영향을 미치는 개발자는 많지만 궁금한 점이 있을 때 모두가 질문하러 갈 만한 개발자를 찾아야 합니다. 여러분의 상사가 가장 먼저 떠오르겠지만 단지 상사라는 이유만으로 무슨 일이 일어나고 있는지, 무엇을 해야 할지 잘 아는것은 아닙니다. 프로그램 관련 문제로 긴급하게 한밤중에 전화로 도움을 요청할 수 있는 사람이자 소프트웨어 개발과 관련된 큰 결정을 내릴 수 있는사람이어야 합니다. 그 사람이 개발과 관련된 논의 도중에 "아니오"라고말하면 논의 자체가 끝나버리는 그런 사람 말입니다.

■ 기능

제품 또는 기능을 정의하는 사람입니다. 비용을 따지지 않고 끊임없이더 많은 것을 생각하고 요청하고 질문을 던져대는 사람이죠. "이런 기능이 있으면 정말 좋지 않을까요?"와 같은 막연한 의견이 아닌 강력한 논거로 그 기능의 필요성을 설득력 있게 설명할 수 있는 사람이어야 합니다.

■ 진실

가장 정의하기 어려운 부분이군요. 어느 곳에나 있는 역할이기 때문이죠. 이 사람이 누구일지 의견을 정립하는 데만 수년이 걸릴 수도 있습니다. 저는 일반적으로 프로세스 전반을 책임지는 사람이 진실의 수호자일 가능성이 가장 높다고 생각합니다. 어떤 집단이든 정보는 지속적으로 오가기 마련입니다. 아침에 중요한 결정이 이루어져도 회사의 다른 사무실로 그 결정 사항이 전달되는 데 반나절 또는 며칠이 걸릴 수 있죠. 정보는 사악한 목적을 위해 숨겨지기도 합니다. 세탁되고, 조직별로 다르게 받아들여지고, 잘못 해석되기 일쑤입니다.

진실은 회사 내에 존재하는 최고의 정보 집합이라고 할 수 있습니다. 그리고 이를 알고 있는 사람이 진실의 수호자라고 할 수 있죠. 여러분은 진실의 수호자가 누구인지 알고 있습니다. 바로 뭔가 궁금할 때 찾고, 무슨 일이 일어나는지 알고 싶을 때 찾는 사람입니다. 회사 내 정치의 흐름을 읽을 줄 알고 주요 인물이 누구인지도 아는 사람입니다. 그리고 출시가 지연된 진짜 이유를 알고 있죠. 이건 프로그램 관리자의 주요 업무이기도 합니다.

프로그램 관리에 대해 가장 많이 듣는 불평은 사실 관리자에 대한 불평과 비슷합니다.

도대체 하루 종일 하는 일이 뭐야?
뭘 알고 있는 거야?

실제로 프로그램 관리자에게 있어 가장 중요한 부분은 일정입니다. 하지만 회사에 가장 크게 기여하는 부분은 정보 관리죠.

스타트업의 구성원들은 프로그램이나 프로세스 관리 없이도 일을 잘하고 있다고 믿습니다. 아마 프로그램 또는 프로세스 관리자를 여러분의 발목을 잡는 사람이라고 생각할 것입니다. 일정과 할 일 목록에 얽매여 업무 속도를 늦춘다고 생각하니까요. 하지만 이런 직책을 가진 사람이 없다고 해서 그 역할이 없는 것은 아닙니다. 두 명 이상의 그룹에서 진실의 수호자는 반드시 존재합니다. 그리고 그 사람의 핵심 능력은 정보를 다루는 것이죠. 진실의 수호자는 지속적으로 정보를 수집하고 종합하고 해석하며, 때로는 거짓말하는 사람에게 그 정보를 들이밀기도 합니다.

> 66 나: 출시일까지 6주 남았으니까 괜찮아요.
> 수호자: 기능 개발이 완료된 건 고작 2주 전이었고, 지금도 여전히 코딩 중이잖아요.
> 나: 하지만 팀원들이 주말에도 일하고 있고 또 …
> 수호자: 스티브랑 라이언은 내일부터 2주간 휴가예요.
> 나: 아 … 99

좋은 프로그램 관리자는 프로그램과 제품에 관심을 기울이면서도 중립을 유지할 줄 압니다. 계속해서 최악의 시나리오를 발견하고 그에 대처해야 하죠. 그리고 이 과정에서 제품이 어떻게 작동하는지 가장 완벽하게 이해할 수 있게 됩니다. 이런 상황에서 살아남을 수 있는 능력은 프로그램 관리자를 침착하게 만듭니다. 많은 나쁜 상황을 겪었고, 항상 어떻게 해서든 방법을 찾았기 때문에 긴장하지 않습니다. 이러한 경험을 토대로 프로그램 관리자는 일정을 제어할 수 있게 되는 것이죠.

어쨌든 여러분의 팀에서 침착하고 진실을 추구하며 많은 정보를 가진 사람을 찾아야 합니다. 이성을 잃지 않고 균형을 유지할 줄 알아야 할 뿐만 아니라 다른 조직의 의도를 이해할 수 있는 역량도 갖추어야 합니다. 그런 사람이 '프로그램 관리자'라는 직책을 가지고 있지 않을 수도 있지만 반드시 어딘가에 존재합니다.

적합한 원

여러분이 화이트보드에 그린 원을 분석해보기 전에 먼저 스스로에게 두 가지 질문을 해보아야 합니다.

원 안에는 여러분이 적은 이름이 들어있습니다. 같은 이름이 두 개의 원 또는 세 개의 원에 모두 있을 수도 있죠(이 이야기는 나중에 하겠습니다). 첫 번째 질문은 여러분이 적은 이름, 즉 '그 사람에게 정말 잘 맞는 것이 무엇인가?'입니다. '코드' 원과 '기능' 원 모두에 라이언을 적을 수 있는데, 이와 상관없이 라이언에게 진짜 맞는 일은 무엇인가요? 라이언의 직업적 전문성을 토대로 직감적으로 생각했을 때 그 사람이 어느 원에 가장 잘 맞을지 생각해보아야 합니다. 만약 그 사람이 원하는 원과 여러분이 이름을 쓴 원이 다른 것 같다면 그 사람이 원할 것이라고 생각하는 원 아래에도 이름을 적으세요.

두 번째 질문은 '리더를 골랐는가?'입니다. '코드' 원을 봅시다. 여러분은 코드 원에 회사에서 가장 뛰어난 개발자이면서 소프트웨어 아키텍처를 설명해야 할 때 거의 모든 사람이 지목할 만한 사람을 적었을 것입니다. 문제는 그 사람이 리더인지 여부죠. 개발 방향에 대한 결정을 내릴 수 있나요? 능력이 뛰어나고 많은 정보를 토대로 강력한 의견을 낼 수 있더라도 정말 의사 결정을 할 수 있는 사람인지 반드시 생각해봐야 합니다. 그런 사람이 맞나요? 아니라면 누가 그런 역할을 할 수 있는지 알아봐야 합니다.

리더는 각각의 원에 대해 풍부한 경험을 가지고 있습니다. 주먹구구식으로 쌓은 경험이 아니라 업무를 수행하면서 쌓은 지식과 분석 능력이죠. 따라서 사람들은 해결하기 어려운 문제를 리더에게 설명하고 즉각적으로 구체적인 정보에 입각한 답변을 들을 수 있는 것입니다.

리더는 결정을 내립니다. 이따금 리더가 부족한 데이터로 결정을 내리는 것처럼 보일 때도 있습니다. 어떤 결정은 훌륭하고 어떤 결정은 엉터리겠지만 어쨌든 원에 넣을 사람을 고르는 연습을 하기 위해 코드, 기능 그리고 진실에 해당하는 리더를 구분해봐야 합니다.

그럼 이제 이 원과 관련된 여러 가지 시나리오에 대해 생각해봅시다.

■ 원이 비어 있는 경우

> 66　　　우리 회사는 프로그램 관리자도 없고 제품 관리자도 없어요.　　　99

다시 말하지만 직책에 얽매일 필요는 없습니다. 회사가 프로그램 관리자나 제품 관리자를 뽑지 않았다고 해서 회사에서 프로그램 관리, 제품 관리

등의 일이 진행되지 않는 것은 아닙니다. 누군가는 기능을 고르고, 누군가는 일정을 설계하죠. 만약 여러분이 정말 작은 회사에 다닌다면 세 개의 원에 같은 이름을 쓸 확률이 높습니다. 그런 경우에는 어떻게 해야 할까요?

■ 세 개의 원에 같은 이름이 쓰인 경우

> " 에드거Edgar는 정말 난 사람입니다. 한방에 모든 결정을 내리는
> 의사 결정 기계죠. 정말 대단해요. "

그 속도와 열정은 고맙지만 우려되는 점이 있습니다.

효율적인 팀이라면 언젠가는 이 세 가지 역할을 구분하고 서로 다른 사람에게 역할을 각각 부여할 것입니다.

> *QA는 왜 없죠? 디자인은요? 영업은 왜 빼먹은거죠?*
> *이것들도 모두 비즈니스에서 핵심적인 역할이에요.*
> *왜 이 원들은 그리지 않는거죠?*

이 모델은 효율적인 비즈니스를 정의하는 모델이 아닙니다. 이 모델은 효율적이고 생산적인 팀을 정의하는 모델이죠. 영업, 디자인, QA, 마케팅, 고객 지원 역시 그들만의 역할을 가지고 있습니다. 그리고 이들이 모두 있어야 비즈니스를 만들 수 있습니다. 하지만 이 점을 생각해보죠. 디자인 팀에서 제품과 관련된 중요한 의견을 전할 수는 있지만, 그렇다고 '기능' 원에 디자인 팀과 좋은 관계를 가지고 있는 미셸을 써 넣을 수는 없는 일입니다. 미셸은 그저 디자인적인 측면에서 어떤 기능이 중요한지 잘 알 뿐이죠.

이는 세 명의 리더가 각자의 전문성과 경험을 바탕으로 각 역할에서 좋은 결정을 내릴 수 있다는 가정을 기반으로 하는데, 문제는 현실에서 이들 간의 사이가 좋지 않다는 점이죠.

프로그램 관리자는 개발자가 제품을 절대 출시하지 못할 것이라고 생각합니다. 제품 관리자는 본인이 없으면 제품이 아무것도 아니라고 생각하죠. 개발자는 코딩을 할 줄 모르는 다른 사람들이 모두 쓸모없다고 생각합니다. 듣기만 해도 적대적 관계처럼 보이죠. 하지만 세 역할을 담당하는 리더들은 다릅니다. 그들은 의사 결정 권한을 가지고 있을 뿐만 아니라 다른 원에 속하는 직장 동료들과 건강하면서도 긴장을 늦추지 않는 관계를 잘 유지합니다. 그게 좋은 점이죠.

건강하지만 긴장감이 유지되는 관계를 두 가지 신념으로 나누어볼 수 있습니다.

1. 회사 내의 거의 모든 사람이 가지고 있는 현실에 대한 긍정적인 신념입니다. 자신이 하는 일이 회사에서 가장 중요한 일이며 자신이 없으면 회사가 망한다는 신념이죠. 그 누구에게도 말하지 않는 조용하면서도 강력한 신념이라서 이런 확신으로 이어지죠.

   난 전문가다.

   난 똑똑하다.

   내 말이 맞다.

2. 원 안의 사람들이 가지고 있는 신념으로, 다른 원 안에 속하는 사람들에 대한 존중과 그들의 전문성에 대한 신뢰입니다. 첫 번째 신념에 비하면 약하지만 중대한 결정에서 한발 물러나 "저 사람이 나보다 더 잘 안다"라고 말할 수 있는 능력의 원천이 됩니다.

각 원 안의 리더를 정의하는 능력, 기술, 경험은 근본적으로 모두 다릅니다. 7년간의 개발 경험을 가진 개발자와 MBA를 취득하고 제품 관리자로 일하는 사람은 기능과 제품에 대해 다른 관점을 가집니다.

물론 개발 리더 역시 기능이나 제품에 대해 열정적으로 의견을 낼 수 있지만 제품 관리자는 개발 경험만으로는 결코 얻을 수 없는 것, 즉 기능을 정의하고 설명하며 정당화하는 능력을 가지고 있습니다.

세 개의 원 안에 같은 이름을 적었나요? 그럼 다음 두 가지 질문에 답해보세요.

■ 정말 그 사람뿐인가요?

그 사람이 현실적으로 균형 있게 코드와 기능에 대한 올바른 결정을 일관되게 내릴 수 있다고 생각하나요? 정말요? 회사의 직원이 두 명이라면 이해할 수 있지만 직원이 100명인데도 세 개의 원 안에 한 사람의 이름을 적었다면, 제가 장담컨대 그 사람은 자신이 가장 좋아하거나 편하다고 생각하는 역할에만 집중하고 나머지는 등한시할 것이 분명합니다.

■ 그 사람은 누구와 논쟁하나요?

기능과 코드 사이에 긴장감이 없다면 기능에 대한 로드맵과 기술적인 현실에 대한 토론도 없습니다. 다양한 의견은 어떤 아이디어든 더 나은 것으로 발전시킬 수 있으며, 운이 좋다면 예상하지 못한 새로운 아이디어를 얻을 수도 있죠.

이 외에 가능한 두 가지 원의 구성도 알아봅시다.

■ 코드와 기능 원에 같은 이름이 쓰인 경우

개발 교육을 받은 라이언이 개발과 기능에 관련된 결정을 내립니다. 기능의 우선순위를 결정하는 성가신 회의가 많이 사라져서 좋겠네요. 하지만 다른 회의가 열리지 않을까요? 아마 그 회의에서도 여러분이 만들고 있는 제품의 기능에 대한 논의는 이루어지지 않을 것입니다. 라이언이 코드와 기능 모두에 대해 단독으로 결정을 내리고 있기 때문이죠.

제가 잔소리쟁이처럼 느껴지겠지만 경각심을 불러오기 위해서 다시 한 번 말하겠습니다. 사람은 결정을 내리는 데 있어 자기 자신을 배제하기 어렵고 그렇게 하려고 하지도 않습니다. 이렇게 생각해보죠. 라이언은 고객인가요, 고객에게 직접 접근할 수 있는 사람인가요? 만들고자 하는 기능이 개발자를 위한 것이라면 라이언이 코드와 기능에 대한 결정권을 가지고 있으니 단독으로 정해도 될 일입니다. 하지만 제품나 기능이 개발자가 아닌 고객을 위한 것이라면 라이언이 과연 제대로 된 정보에 입각한 결정을 내린다고 할 수 있을까요?

기능 담당자가 아니거나 기능 영역에 있지 않는 사람이 제품에 대해 의견을 낼 수 없다는 말은 아닙니다. 모든 사람이 자신이 만드는 제품에 대해 깊은 관심을 가지고 신경 쓰는 문화는 꼭 필요합니다. 하지만 일반적인 사용자를 위한 소프트웨어를 만든다면 일반 사용자의 요구 사항을 대변할 수 있는 사람이 필요하죠. 이런 관점에서 이번에는 다른 상황을 예로 들어보겠습니다.

■ 진실과 기능 원에 같은 이름이 쓰인 경우

비즈니스 담당자인 토니는 기능과 일정을 모두 결정합니다. 생각보다 흔한 경우죠. 사용자를 위한 기능을 정할 수 있는 사람이 일정을 정한다고 생각하는 경우가 많으니까요.

> **"**   5월까지 기능 X를 만드세요.   **"**

뭐가 문제라는거죠?

진실은 중립적이어야 하지만 여기서는 진실과 기능이 한데 묶여 있다는 것이 문제입니다. 진실은 편견이 없어야 하지만 두 개의 원에 토니가 들어가 있으니 기능을 결정하는 사람이 일정도 결정하게 되는 것이죠. 토니는 코드 영역에 있는 사람과 건강한 긴장 관계를 유지하고 있을지도 모르지만 기능과 일정에 대한 결정권을 가진 토니와 코드의 리더가 어떻게 공정하게 논쟁을 벌일 수 있을까요?

서로 다른 세 명의 리더 사이에 건강한 긴장 관계가 유지되어야 제품에 대한 다양하고 창의적인 토론이 이루어질 수 있습니다. 세 명의 리더가 각각의 영역에 대한 주인 의식을 갖고 잘 정의된 관점을 서로 동등한 입장에서 대변함으로써 기술적인 요구 사항과 고객의 요청 사항, 현실적인 일정을 고려할 수 있는 균형 잡힌 논쟁을 할 수 있는 것이죠. 한 사람이 두 개의 원을 관리하면 두 사람 몫의 의사 결정권이 자신에게 유리한 방향으로 결정을 내리는 데 쓰일 수 있기 때문에 불합리한 것입니다.

협상을 시작하지

제가 설명한 것은 또 다른 모델에 불과합니다. 시간, 품질, 기능의 삼각형을 원으로 바꾼 것이죠. 정치적인 이유, 경험이 부족한 사람, 제대로 정의하지 않은 기능 등 이 모델을 잘못 사용하는 경우는 얼마든지 생길 수 있습니다. 하지만 이 모델은 제품의 방향성을 결정하는 다양한 힘을 보다 현실적으로 설명할 수 있을 뿐만 아니라 각각의 힘에 고유한 이름을 붙였다는 점에서 차이가 있죠.

코드, 기능 그리고 진실이 균형을 이루면 다음과 같이 끝없는 논쟁이 계속됩니다.

> **기능**: 일정 내에 기능 X를 추가했으면 좋겠어요.
> **진실**: 시간이 더 필요합니다. 기능별 일정을 알고 있는데 한 가지 기능의 개발이 예상보다 빨리 끝났습니다. 그래서 전체 일정에서 2주 정도 여유가 생겼어요.
> **코드**: 2주로는 부족합니다. 아직 시작하지 않았지만 별로 중요하지 않은 기능 하나를 절반만 개발하는 것으로 합의해서 일정을 더 확보하는 건 어떨까요?
> **기능**: 그 정도면 충분할 것 같습니다.
> **진실**: 좋습니다.

소프트웨어는 사람이 만듭니다. 최고의 간트 차트 Gantt chart[49]도 일정에 대한 진실을 절반 정도밖에 알려주지 않습니다. 가장 완벽한 마케팅 요구 사항 문서도 기능이 왜 필요한지는 설명해주지 않죠. 가장 자세한 기술 명세서도 빈틈없는 코드를 어떻게 만들어낼 수 있는지 말해주지 않습니다. 이런 것들은 도구에 불과하며, 소프트웨어를 만드는 사람들이 필요로 하는 정보는 그렇게 많지 않습니다.

각 원에 이름을 올리는 사람, 다시 말해 리더는 그 명성을 하루 아침에 얻은 것이 아닙니다. 각 영역에서 전문성을 기반으로 훌륭한 결정을 내려왔고 언제 다른 사람에게 조언을 구해야 할지 알고 있는 사람이죠.

---

49 **옮긴이_** 간트 차트는 프로젝트 일정 관리에 자주 사용되는 도구로, 각 작업별 일정의 시작과 끝을 가로 막대 형태로 보여줌으로써 프로젝트를 구성하는 각 요소들의 일정을 한 눈에 볼 수 있는 차트입니다.

34장
엄청난 아이디어 시연하기

여러분은 아마도 무언가를 만들고 있을 것입니다. 화이트보드는 여러 색의 마커로 그려진 복잡한 순서도로 가득 차 있고, 테이블 위에는 16개나 되는 빈 커피잔과 코드가 빼곡한 두 개의 모니터가 있습니다. 여러분이 키우던 식물은 물을 주는 것을 깜박해서 말라 죽었습니다. 지난 번에 죽은 식물을 대신해 키우기 시작한 건데 또 죽어버렸군요. 그 순간 여러분은 만들던 것에서 중요한 기능 한 가지를 발견합니다. 그 기능은 바로 여러분이 만든 것을 누군가가 사용했을 때 여러분이 뭘 만든 건지를 완벽하게 알 수 있도록 해주는 기능이죠. 그것이 바로 '엄청난 아이디어'입니다.

여러분이 엄청난 아이디어를 떠올리는 것은 '대박'의 절반에 해당합니다. 개발자로서 여러분은 놀라운 생각을 떠올리고 그걸 실제로 만듭니다. 그리고 그것을 사용한 사람이 "대박!"을 외치면 말 그대로 '대박'이 완성되는 것이죠.

'엄청난 아이디어'라는 것은 사실 모순된 개념이며, 그 모순 때문에 "대박!"이라는 말이 나오는 것이죠. 모순은 속임수를 통해 완성되는 단순함에서 비롯됩니다. 간단히 말하면, 형언할 수 없을 정도로 복잡한 것을 정말 간단한 아이디어인 것처럼 만드는 것이죠. 그렇기 때문에 사용자의 마음을 단번에 사로잡을 수 있는 것입니다. 또 이 엄청난 아이디어는 책이나 애플리케이션 또는 대학의 학부 과정에서 설명했던 것들을 완벽하게 요약하는 하나의 단어나 이미지라고 볼 수 있습니다. 놀라운 생각의 뒷편에 숨어있는 암묵적인 정보의 양은 그야말로 엄청나기 때문에 우리가 그것을 보고 "대박!"을 외치게 되는 것이죠.

여러분은 엄청난 아이디어를 다른 사람에게 소개하는 자리에서 복잡한 것을 세련되면서도 간단명료하게 설명해야 합니다. 여러분이 16잔의 커피를 들이키고 나서야 얻게 된 엄청난 아이디어가 얼마나 짜릿한 것인지는 저도 잘 알고 있습니다. 하지만 할 일이 더 남아있습니다. 테스트도 해야 하고 추가 정의도 필요하죠.

그리고 무엇보다 시연이 필요합니다.

세 단계

개발자로서 여러분은 데모demo를 준비해야 합니다. 세상을 흥분의 도가니로 만들 만한 것이 아니더라도 상사나 경영진에게 여러분의 아이디어에 대한 피드백을 받을 수 있을 것입니다. 여러분의 생각을 시연하기 위해서는 특별한 요구 사항과 목표가 필요합니다. 시연의 규모가 크든 작든 말입니다. 기본 규칙은 다음과 같습니다.

■ 마술 같은 시연은 세 단계로 구성됩니다

1. 배경: 시작하기 전에 알아야 할 것들에 대해 설명하겠습니다.

2. 스토리: 이제부터 여러분을 어디론가 데리고 갈 겁니다. 가면서 설명하죠.

3. 아이디어 공개: 우리가 어디에 있는지 알겠죠? 정말 대박이죠!

■ 시연은 발표가 아니라 대화입니다

지금 이 순간에도 어딘가에선 정말 멋지고 훌륭한 시연이 진행되고 있을 것입니다. 여러분의 회사에서 진행되고 있을지도 모르죠. 하지만 회사에서는 물건을 팔고 싶어 하는 영업 또는 판매 부서 사람들에 의해 이루어집니다. 그들의 동기는 확실히 물건을 파는 것이죠. 여러분의 생각을 팔고 싶은 때와 장소가 언젠가 생기겠지만 지금 영업 부서 사람들 앞에서는 아닙니다. **시연의 목적은 여러분의 아이디어에 대해 청중과 대화를 나누고 무엇을 어떻게 고칠지 알아내는 것입니다.**

■ 청중이 누구든 목표는 같습니다

상사가 시연을 요청했나요? 아니면 상사의 상사? 영업 부서? 투자 회사? 청중에 따라 시연의 방법은 다르겠지만 목표는 같습니다. 바로 여러분이 원하는 정보를 얻는 것이죠. 규칙은 간단합니다. 보고 듣는 사람이 많을수록 아이디어가 더 발전하게 됩니다.

와, 이거 진짜 대박인데? 사람들한테 말해야겠어!

엄청나게 멋진 아이디어가 떠오르면 벅차오릅니다. 주의할 점은 그 놀라운 생각이 그저 간단하고 매혹적인 아이디어에 그치면 안 된다는 것입니다. 청중의 관심을 끌 배경과 스토리가 필요하죠.

알파의 유형

시연을 준비해봅시다. 시연은 약 한 시간 동안 진행될 것이며, 시연 대상은 전략을 결정하는 위치에 있는 소수의 사람들입니다. 그리고 결정에 있어 주도적인 인물, 즉 알파alpha도 한 명 있을 것입니다. 여러분이 가장 중요하게 생각해야 할 것도 바로 이 알파의 의견이죠. 여러분의 아이디어가 정말 놀라운 것인지는 이 핵심 인물의 의견에 달려 있습니다.

알파는 크게 3가지 유형으로 나눌 수 있습니다.

침묵하는 알파

침묵하는 알파는 여러분을 가장 답답하게 만들 것입니다. 입을 봉인해둔 것 마냥 시연 내내 침묵을 지킵니다. 이때 여러분은 무엇을 해야 할까요?

침묵하는 알파는 여러분이 시연을 혼자서 이끌게 합니다. 시연보다 발표에 가까운 형태라고 볼 수 있죠. 탭 댄스라도 배워서 한 시간을 채워야할지도 모르지만 다행인 것은 다른 알파 앞에서 시연할 때도 준비한 것을 그대로 써먹을 수 있다는 것입니다.

시연의 핵심은 여러분의 엄청난 아이디어를 공개하는 것입니다. 여러분은 개발자로서 엄청난 아이디어를 떠올렸다는 사실에 몹시 흥분했을 것입니다. 게다가 그 아이디어가 최고라고 자부하며 빨리 실현하면 다른 사람들이 뛸 듯이 기뻐할 것이라고 생각하겠죠. 하지만 지금 여러분은 아이디어를 실현하기까지 필요한 모든 지루한 작업들을 깡그리 잊고 있습니다!

시연에서 배경과 스토리는 엄청난 아이디어의 발견 과정을 설명할 수 있는 핵심 단계입니다. 전체 과정이 아닌 요약된 과정을 보여주는 것이지만 그것만으로도 청중은 여러분이 어떻게 엄청난 아이디어를 떠올렸는지 파악하고 비평할 수 있습니다. 그럼 배경과 스토리에 관해서 간단히 이야기해보죠.

■ 배경

배경은 아마 여러분의 시연에서 가장 짧은 섹션이 될 것입니다. 하지만 여러분의 엄청난 아이디어가 어떤 충격을 가져다줄지를 이해하는 데 필요한 지식과 정보를 제공하는 중요한 섹션입니다.

■ 스토리

이제 청중이 현재의 문제를 이해할 수 있는 수준이 되었으므로 여러분은 엄청난 아이디어에 도달하기까지의 과정을 설명해야 합니다. 여러분이 무엇을 공부했고 어떤 경험을 했는지 등을 말이죠. 일반적으로 이런 과정을 연구research라고 합니다. 보통은 '연구'라고 하면 하얀색 가운을 걸친 사람들이 화이트보드 앞에 서서는 알겠다는 듯이 고개를 끄덕이는 장면을 떠올립니다. 하지만 여러분과 제가 아는 연구는 여러분이 하고 있는 일들 사이에 이루어지는 것들입니다. 구글이나 스택오버플로에서 코드를 찾고, 관련 자료를 조사하고, 구현하고, 테스트해보는 과정들 말이죠. 이는 시연에서 풀어놓기에 아주 좋은 이야깃거리죠.

다시 침묵하는 알파에 대한 이야기로 돌아가보죠. 침묵하는 알파는 말 그대로 아무 말도 하지 않기 때문에 여러분은 자세한 배경과 스토리를 이야기하는 데 오랜 시간을 들일 수 있습니다. 하지만 너무 길면 침묵하는 알파가 그 차가운 침묵을 깰지도 모릅니다. 물론 계속 입을 꾹 다물고 있을지도 모르고요. 그럴 땐 다른 방법을 시도해야 합니다.

저는 알파가 알 법한 정보를 중심으로 시연을 구성합니다. 우선 가장 중요한 정보 덩어리를 배경, 스토리, 아이디어 공개로 구성하고 이것들을 다시 더 작은 정보 덩어리로 구성합니다. 이런 덩어리들은 시연을 구조화하는 데 효과적일 뿐만 아니라 시연 도중 잠깐 멈춰서 질문을 받거나 쉬는 지점을 제공하기도 합니다.

> " 제가 설명한 부분에 공감하시나요? "

침묵하는 알파에게는 이런 질문을 해봐야 별로 의미가 없을 것 같군요. 침묵하는 알파는 여러분의 질문에 고개를 끄덕일 뿐이죠. 그래도 이렇게 정보 덩어리 사이사이에 질문을 던지면 적당한 시연 속도를 유지할 수 있으며 여러분이 원하는 정보를 얻을 수 있는 발판을 마련하는 데 도움이 됩니다.

시연을 하면서 여러분은 '엄청난 아이디어'가 핵심이라고 생각할 것입니다. 그 생각이 맞을 수도 있지만 시연에서 중요한 것은 배경, 스토리, 아이디어 공개 이 세 가지가 잘 연결되어 하나의 짜임새 있는 이야기가 되는 것입니다. 그리고 이 하나의 이야기에 대한 피드백을 받으면 됩니다. 적절한 시점에 시연을 멈추고 청중에게 여러분의 엄청난 아이디어에 영향을 줄 수 있는 피드백을 요청해보세요. 그 적절한 시점이 언제인지 알아내는 것이 어렵긴 하지만요.

시연을 위해 쏟은 노력에도 불구하고 침묵하는 알파를 대상으로 한 시연이 끝나고 나면 여러분은 공허함을 느끼게 될 것입니다. 얻을 수 있는 의미 있는 정보도 많지 않을 가능성이 높죠. 그렇다면 왜 아무것도 읽어낼 수 없는 침묵하는 알파에게 시연을 해야 하는 걸까요? 제 경험상 침묵하는 알파는 여러분에게 직접 피드백하지 않고 다른 경로를 통해 피드백을 전달할 것입니다. 회의에 참석한 다른 누군가로부터 이메일을 받거나 진짜 피드백을 받을 수 있는 또 다른 시연을 요청받게 될 것입니다.

전 항상 시연을 한 번 이상 하게 될 것이라고 가정합니다. 제가 시연을 몇 번 할지, 또 어떤 유형의 알파에게 할지 알 수 없기 때문에 항상 침묵하는 알파를 대상으로 시연을 할 것이라고 가정하고 준비합니다. 그 이유는 나머지 유형의 알파에 대해 알아보면 더 명확해질 것입니다.

게임을 즐기는 알파

침묵하는 알파가 당황스러울만큼 조용하다면 게임을 즐기는 알파는 즐겁고 유쾌합니다. 시연의 어느 단계에서든 끼어들고 싶어하죠. 게임을 즐기는 알파는 여러분이 시연을 주도하고 회의를 구성하는 것을 존중하며, 그가 알법한 정보 덩어리에 대한 이야기가 나오면 건설적인 의견도 낼 것입니다.

이처럼 게임을 즐기는 알파는 협력적인 성격을 가지고 있지만 그래도 여러분은 알파가 알 만한 정보를 중심으로 시연과 회의를 구성하는 것이 좋습니다. 여러분이 하는 모든 시연의 목적은 정보 수집이며, 침묵하는 알파에게서 배운 것처럼 어떤 정보들은 숨어져 있기도 합니다. 여러분의 시연은 그냥 짜 놓은 각본에 그치는 것이 아닙니다. 회의의 분위기나 속도도 중요한 구성 요소가 됩니다. 알 만한 정보를 설명한 다음에는 "질문이나 의견이 있다면 말씀해주세요"라고 말하는 것이 좋습니다. 처음에는 아무런 대답이 없을지도 모르지만 세 번쯤 질문을 던지면 회의나 시연에 참석한 사람들은 언제든 질문하거나 의견을 말할 수 있다는 사실을 알게 됩니다. 하지만 안타깝게도 청중의 입을 열게 만드는 것은 문제를 반만 푼 것에 불과합니다.

> 잘 모르겠어요. 이해가 잘 되지 않네요.

뭐라고요?

절반쯤 이야기하자 지금까지 친근해 보였던 게임을 즐기는 알파가 갑자기 이해되지 않는다고 다시 한번 말합니다. 최악의 시나리오군요. 여러분이 회의 일정을 잡고 시연을 구상할 때부터 걱정하던 상황입니다.

망했나?

일단 심호흡을 하고 규칙을 다시 떠올려봅시다. 모든 아이디어는 보고 듣는 사람이 많을수록 더 크게 발전합니다. 여러분이 집중할 점은 피드백이 좋은지 나쁜지가 아닙니다. 잘 모르겠다고 말하는 의도가 무엇인지, 무엇을 이해하지 못한 건지 알아내는 것입니다. 만약 여러분이 상대방의 요점을 이해하지 못했다면 여러분은 이해할 수 있을 때까지 질문해야 합니다. 게임을 즐기는 알파가 의도치 않게 시연을 망치고 있으며 여러분의 심기가 불편해졌다는 사실은 무시해야 합니다. 중요한 것은 게임을 즐기는 알파가 어떻게 하고 있냐는 것입니다. 잘 모르겠다는 말이 중요한 것이 아닙니다. 그건 그저 시작에 불과하죠. 잘 모르겠다는 말은 희망적이고 전략적인 토의로 이어질 것입니다.

게임을 즐기는 알파가 희망적인 이유는 그가 이성적이고 충분한 정보를 가지고 있으며 표현이 분명한 사람이기 때문입니다. 그리고 여러분은 배경과 스토리부터 엄청난 아이디어 공개까지의 흐름을 청중이 알 법한 정보들 위주로 구성했기 때문에 게임을 즐기는 알파와 대화할 수 있는 것입니다. 시연에 대한 질문을 받는 것은 여러분의 시연을 다른 관점에서 바라볼 수 있는 절호의 찬스이며 여러분의 아이디어가 정말 감탄할 정도로 놀라운 생각인지 아니면 그저 그런 생각인지를 알 수 있는 기회이기도 합니다.

현재로써는 아이디어에 대한 밑그림과 이 엄청난 아이디어에 이르기까지 겪었던 모든 경험이 오직 여러분의 머릿속에만 있다는 사실을 명심하세요. 시연 도중 나타나는 혼란이나 청중의 궁금증은 여러분의 아이디어를 무시하기 때문에 나타나는 것이 아닙니다. 그저 청중이 여러분이 기대한 반응을 보이지 않았을 뿐이죠. 바로 이런 혼란과 궁금증은 여러분이 얻어야 할 정보입니다.

여러분이 어떤 알파를 상대하든 대화를 시도하고 이어가야 합니다. 이러한 능력은 연습할수록 더 좋아지죠. 그리고 마지막 유형의 알파를 상대하기 위해서는 갈고 닦은 모든 역량을 총동원해야 할 것입니다.

주도적인 알파

여러분은 회의실에 10분 일찍 도착해서 노트북을 대형 화면에 연결하고 테스트를 진행합니다. 발표할 슬라이드와 데모도 확인합니다. 둘 다 문제 없어 보이는군요. 폭풍이 몰아치기 전 다른 사람들과 잡담을 나눌 2분의 시간이 주어집니다.

이 시연은 알파가 주도합니다. 여러분이 말을 꺼내기도 전에 알파가 먼저 말합니다.

> " 슬라이드는 건너뛰고, 시연부터 봅시다. "

ㅇ…예?

자존심이 센건지 성격이 급한건지 바쁜 건지 이유는 모르지만 주도적인 알파는 전체 과정을 주도하고 여러분은 그 흐름을 따를 수밖에 없습니다. 제 말이 안 믿겨지나요? 그럼 알파에게 이 시연이 얼마나 잘 짜여져 있으며 여러분이 무엇을 준비…

> " 전 그렇게 일하지 않습니다. 데모를 보여주세요. "

제 말이 맞죠? 여러분은 이런 상황에 대비해왔습니다. 여러분의 시연은 피할 수 없는 이런 혼란에도 대응할 수 있도록 만들어졌죠. 알파가 시연을 요청하면 바로 시연으로 넘어갑시다. 스토리 단계를 건너뛰었으니 핵심적인 정보를 듣지 못한 알파는 분명 혼란스러워 할 것입니다. 여러분은 이를 눈치채고 특정 슬라이드를 화면에 띄운 다음 "혹시 이 부분이 궁금하신가요?"라고 물어봅니다. 한 시간쯤 지나고 나면 여러분이 준비한 것을 다 보여주었을 것입니다. 물론 순서는 뒤죽박죽이죠.

주도적인 알파는 누구든 자신만의 순서와 속도로 일을 처리한다는 사실을 상기시켜줍니다. 여러분의 머릿속에서는 시연이 배경과 스토리를 거쳐 아이디어로 이어지겠지만 다른 사람들은 그렇지 않을 수 있습니다. 주도적인 알파도 결국 여러분의 놀라운 아이디어가 무엇인지 이해하고 "대박!"이라고 비명을 지를지도 모릅니다. 하지만 그렇게 되기까지의 여정은 온전히 주도적인 알파의 몫이기 때문에 여러분은 별다른 행동을 취하지 않는 것이 좋습니다.

제가 주도적인 알파를 다룰 때 주로 사용하는 두 가지 방법은 모두 시간을 활용하는 방법입니다. 이 방법은 비단 주도적인 알파뿐만 아니라 다른 알파에게도 효과적입니다.

▪ 완벽한 침묵

여러분이 하나의 정보 덩어리를 설명했다면 청중에게 질문이 있냐고 물어본 후 15초 정도 기다리세요. 그리고 나서 다음 부분으로 넘어갑니다. 사람들로 가득 찬 회의실에서의 15초는 긴 시간처럼 느껴지지만 통제가 불가능한 주도적인 알파에게는 누가 실제로 시연을 주도하는지 알려줄 수 있는 시간이 됩니다.

▪ 시연 속도

모두가 시연을 보고 싶어 합니다. 여러분의 엄청난 아이디어가 어떻게 현실이 되는지 확인하고 싶어 하죠. 동영상을 보여주는 것이 아니라 실시간으로 시연을 진행하면 아이디어를 훨씬 더 생생하게 전달할 수 있습니다. 설렘과 흥분이 가득한 상태로 말이죠. 저 역시 열정적인 개발자들이 데모를 화면에 띄운 다음 열심히 클릭하고 드래그하는 장면을 수차례 보았습니다. 하지만 이런 열정은 사람들이 시연을 보러왔다는 사실을 완전히 잊게 만듭니다. 그래서 저는 실제로 시연할 때 머릿속으로 시연 속도를 절반으로 늦추는 것을 원칙으로 삼고 있습니다. 이렇게 정신적으로 속도를 늦추면 시연하는 동안 필연적으로 뿜어져나오는 아드레날린이 중화되어 청중이 따라오는 속도와 시연 속도의 균형을 맞출 수 있게 됩니다.

주도적인 알파에게 시연할 때 확실한 점 한 가지는 시연이 결코 여러분이 기대한 대로 진행되지 않는다는 점입니다. 여러분이 그간 수많은 회의를 거치며 갈고 닦아온 스킬이나 꼼수를 총동원하더라도 주도적인 알파는 제멋대로 행동할 것입니다.

그리고 여기에도 여러분이 잊어서는 안 되는 시연의 목적이 있습니다. 바로 여러분이 필요로 하는 정보를 얻어내는 것이죠. 여러분은 주도적인 알파의 성가시고 짜증나는 습관들마저도 여러분의 아이디어를 다른 관점으로 보는 기회로 삼아야 합니다. 여러분이 만든 것을 다른 방법으로 이해할 수 있는 길이 되기도 하고요.

사건의 지평선

완벽한 시연은 여러분에게 도움이 되지 않습니다. 이상하다고 생각하겠지만 사실입니다.

달성하기 쉽지는 않겠지만 시연을 통해 여러분이 이루어야 할 최종 목표는 여러분 없이 시연을 하는 것입니다. 엄청난 아이디어에 대한 청중의 진정한 감탄은 여러분 없이 아이디어와 데모를 접했을 때만 나옵니다. 여러분이 시연을 할 때마다 청중에게 배경, 스토리, 그리고 아이디어를 일관되고 정확하게 이해시키는 완벽한 방법을 알고 있다면 제발 저에게도 그 방법을 알려주세요. 그 방법을 모르는 사람들은 대개 시연을 통해 창의적이고 열정적인 에너지와 다양한 유형의 알파 및 청중으로부터 받는 건설적인 피드백 사이의 균형을 유지하고 있을 것입니다. 아무 말도 하지 않든, 도움을 주든, 아니면 짜증을 내고 여러분을 성가시게 하든 그들의 생각과 관점은 여러분의 엄청난 아이디어에 영향을 미칠 것이며 그것이 바로 시연의 진정한 묘미입니다.

　침묵하는 알파가 무언가를 말한다면 여러분의 아이디어가 정말 좋은 생각이라는 것을 알 수 있습니다. 게임을 즐기는 알파가 갑자기 주도적인 알파로 변한다면 얻어낼 만한 어떤 정보가 있다는 신호를 눈치챌 수 있죠. 이런 모든 피드백과 관점은 여러분의 그 엄청난 아이디어와 밀접한 관련이 있습니다.

　여러분에게 많은 조언을 했지만 제가 여러분에게 가장 하기 어려운 조언이 하나 남았습니다. 피드백이나 조언을 모두 다 떠나서 언제 여러분이 무언가 대단한 것을 만들었다고 확신할 수 있는 걸까요? 그건 알기 힘듭니다. 오직 여러분 스스로 생각하고 고민하고 결정을 내려야합니다.

35장
사보타주 목록 만들기

가면 증후군Imposter Syndrome에 관해 들어본 적이 있나요? 다른 사람이 생각하는 것만큼 스스로가 뛰어나지 않다고 판단하여 늘 불안해하고 언젠가 모든 사람이 이런 사실을 알게 될까봐 두려움에 떠는 현상입니다. 여러분이 직장에서 현재 직무를 맡은 이유가 순전히 운이 좋아서라고 생각하고, 직무가 잘 맞지 않고, 역량이 뛰어나지 않다고 생각한다면 여러분은 이미 가면 증후군에 시달리고 있는 것입니다. 지금은 아니더라도 예전에 경험한 적이 있을 수도 있고요. 저는 상당히 많은 사람들이 가면 증후군을 겪고 있으리라 봅니다. 예전에 친구나 직장 동료들과 이야기를 나누다 누군가가 '본인이 가면 증후군을 겪고 있다고 느끼는 사람이 있나요?'라고 질문했을 때 평소 자신감이 넘치고 열심히 일할 뿐만 아니라 능력까지 뛰어난 사람들이 손을 드는 것을 보고 적잖은 충격을 받은 적이 있거든요.

가면 증후군은 왜 생기는 것일까요? 왜 능력 있고 경험이 많은 사람들도 가면 증후군에 시달리는 것일까요?

전 심리학자가 아니라 그냥 평범한 사람들 중 한 명이기 때문에 잘은 모릅니다. 그래서 조금씩 가면 증후군에 대해 이해하려고 노력하고 있습니다. 가면 증후군은 (정말 끝도 없이 많은) 이해할 수 없는 인간의 행동 중 하나입니다. 저는 그런 인간의 행동에 이름을 붙임으로써 이상 행동들을 식별할 수 있게 되었죠.

무제 목록

제가 쓰는 공책의 마지막 페이지에는 제목이 없는 목록이 있습니다. 새로운 공책을 사용할 때마다 지금 쓰고 있던 공책의 무제 목록을 새로운 공책으로 열심히 옮겨 적습니다.

이 무제 목록은 바로 저의 사보타주sabotage[50] 목록입니다. 사보타주 목록은 여러 가지 이유로 제가 하고 있지 않은 중요한 프로젝트들의 목록이죠. 그리고 이 사보타주 목록을 작성하고 유지하는 것은 정말 어려운 일입니다.

제가 하고 있지 않는 중요한 프로젝트라… 아주 핵심적인 프로젝트들을 하고 있지 않다니 말이 안 되죠? 하지만 이 장을 끝까지 읽으려면 여러분은 비합리성에 익숙해져야 합니다. 사보타주 목록에 포함된 프로젝트들이 정말 중요하다는 점은 저도 잘 압니다. 그리고 어떠한 이유들로 인해 이 프로

---

50 옮긴이_ 생산 설비나 운송 시설의 장애, 혼란, 파괴 등을 통해 관리자나 고용주를 약화시키는 것을 목적으로 하는 의도적인 기만 행위를 뜻하며, 일부러 일에서 손을 놓고 태업하는 행위를 가리키기도 합니다. 여기서는 해야 할 일을 일부러 하지 않았다는 점을 강하게 나타내기 위한 표현으로 사용됩니다.

젝트들에 적극적이지 않다는 점도 인정합니다. 왜일까요? 모두가 납득할 수 있는 이유를 몇 가지 제시해보겠습니다.

- 제 할 일 목록에서 '나중에' 할 일입니다. 지금까지 엄청 바빴거든요.
- X라는 사람 때문에 못하고 있습니다. 그 사람은 A를 달라고 하고 있고요.
- 어쨌든 일정에는 있어요.

누군가가 여러분을 속이고 있다는 것을 알아챌 수 있나요? 제 말은 거짓말이 아니라 말 그대로 속이는 거요. 전 알 수 있습니다. 심지어 단 한 마디도 듣지 않고도 알 수 있어요. 질문에 답변하기 전에 그 사람에게서 나타나는 아주 미묘한 신체적인 불편함을 감지하는 거죠. 누군가를 속일 때 느끼는 불안감에는 그 사실을 숨기기 위한 가짜 열정과 주의를 분산시키기 위한 사탕발림이 수반됩니다. 어떻게 아냐고요? 저도 그러니까요.

그럼 왜 저는 스스로를 속이고 있는 걸까요? 잘 모릅니다. 다시 말하지만, 전 심리학자가 아니에요. 그저 평범한 사람 중 한 명 일뿐입니다. 이해하려고 조금씩 노력하고 있죠.

그럼 좀 더 쉬운 질문으로 바꿔보죠. 애당초 왜 사보타주 목록을 쓰나요?

타당한 이유

여러분에게 약속한 대로 왜 제가 중요하다고 생각하는 프로젝트들을 하고 있지 않은지 분명한 이유를 설명해보겠습니다.

- 프로젝트를 해야 할 만한 명백한 가치가 없습니다. 프로젝트를 완료했을 때 얻는 것이 거의 없는데 굳이 해야 할 필요가 없죠(그럼 왜 프로젝트가 이 목록에 있는 거죠?).

- 프로젝트가 너무나 복잡해서 어떻게 시작해야 할지 생각조차 나지 않습니다. 프로젝트를 생각하면 머리가 멍해집니다(그래도 여러분은 더 크고 복잡한 프로젝트를 여러 번 잘 완료했을 겁니다).

- 프로젝트를 완료하는 과정에서 팀원 중 한 명 이상이 불편함(혹은 불안함)을 느끼는 상황이 발생할 것이며 저는 그런 상황이 발생하는 것을 원하지 않습니다.

- 그 외 어쩌고저쩌고의 이유가 있습니다. 모르겠어요. 알아내려고 노력하고 있습니다.

'사보타주'는 아주 강한 의미를 가지는 단어입니다. 비난의 의미를 내포하고 있죠. 그래서 일부러 이 단어를 골랐습니다. 사보타주 목록은 여러분을 위한 것이 아닌 저를 위한 것입니다. 사보타주 목록의 각 항목은 해결하는 것이 목적이 아닙니다. 그 항목들을 제 머릿속 깊숙한 곳 어딘가에 숨기는 대신 눈에 보이는 곳에 두려는 것이 목적입니다. 눈에 띄지 않고 숨어 있지만 무시할 수 없을 만큼 무겁게 느껴지는 것들을 꺼내놓는 것이죠.

사보타주 목록을 리뷰할 때 어떤 특별한 규칙이나 프로세스가 있는 것은 아닙니다. 그저 사보타주 목록이 있다는 사실만 기억하고 있죠. 가끔 아무 계획 없이 사보타주 목록을 훑어보고 잠깐 생각에 잠깁니다.

이 항목이 왜 여기 있지?

내가 왜 이걸 안 한다고 했었지?

대개는 조용하고 효율적이면서도 비합리적인 방어 기재가 더 깊이 생각하지 못하도록 저를 막지만 아주 가끔 자기 반성과 함께 깨달음을 얻을 때도 있습니다.

맞아, 10년 전에 그 일이 있었고 엄청나게 힘들었지.

그 기억은 절대 잊을 수 없을거야.

정말 너무너무 고맙네…

과거의 경험이 제게 정신적 상처를 남겼고, 지금은 그런 상처가 존재한다는 것을 기억하고 있는 것만으로도 큰 진전이라고 볼 수 있습니다. 여기서의 '진전'이란 앞으로 나아갈 방법을 찾았다는 사실이 아니라 왜 그 일을 멈추었는지 알고 있다는 사실입니다.

사보타주 목록은 존재만으로도 무겁게 느껴질 것이며, 종종 여러분이 해야 할 일을 떠올리게 해줄 것입니다. 바로 이 두 가지가 사보타주 목록의 단점입니다. 저는 사보타주 목록의 일부를 가끔 지울 때도 있지만 그게 그 항목을 완료했기 때문은 아닙니다. 절대 비워지지 않죠. 사보타주 목록은 가면 증후군처럼 제가 모르는 것이 많다는 것을 상기시켜주기도 합니다. 또제가 심리학자는 아니지만 항상 이해하려고 노력하고 있다는 사실도 알려줍니다. 한 번에 조금씩 말이죠.

36장
결정과 리더십

좋은 결정을 내리는 것이 곧 리더십입니다.

시작은 쉽게 느껴집니다. 위험 부담이 적죠. 여러분이 막 의사 결정에 참여하기 시작했다는 것을 이해하는 리더들이 주변에 많기 때문에 그들은 여러분의 앞에 놓인 결정에 대해 미리 도움이 될 만한 조언을 해줄 것입니다. 결정이 너무 복잡하거나 지나치게 위험하거나 명백히 큰 위험이 따르는 것처럼 보인다면 여러분의 상사가 "제가 할게요"라고 말하며 도움을 주겠죠. 여러분은 결정을 내리는 법을 모르기 때문에 이런 일들에 고마움을 느낍니다.

점점 더 어려워집니다. 위험 부담은 커지고요. 결정을 해야 할 때 신뢰하는 동료들이 멍한 눈빛을 보내는 일이 점점 더 늘어날 것입니다. 여러분을 돕고 싶지 않아서가 아니라 그들도 모르기 때문이죠. 그들은 이런 유형의 결정을 해본 적이 없습니다. 그렇지만 그들도 여러분이 결정을 내려야 한다는 사실과 이 결정이 얼마나 중요한지를 알고 있습니다. 상사는 여러분이 이런 결정을 내리는 방법을 배울 수 있도록 좀 더 시간이 지난 후에 도움을 주려고 할 것입니다.

어느 순간부터 결정을 내리는 것이 불가능하게 느껴지기 시작합니다. 이보다 더 위험할 수는 없다는 생각이 들죠. 신뢰하는 동료들은 여러분이 지나갈 때마다 긴장감이 깃든 미소를 짓습니다. 그들은 어려운 결정이라는 것에 공감하지만 그들의 책임이 아니라는 것에 안도감을 느끼죠. 여러분은 어떤 결정을 내려야 하는지 감을 잡지 못합니다. 아니, 그보다 더 심각한 상황입니다. 여러분은 결정을 내리기 위해 문제를 어떻게 쪼개야 하는지조차 알 수 없습니다.

결정의 순간은 여러분의 능력이나 시간적 여유에 상관없이 어느 날 갑자기 찾아옵니다. 그리고 여러분은 리더이기 때문에 결정을 내려야 합니다.

이제부터 설명할 세 가지는 여러분이 결정해야만 하는데 어떤 결정을 내려야 할지 모를 때 유용한 조언입니다.

작업물을 점검하세요

결정의 힌트를 발견했을 때 동반되는 안도감부터 시작해봅시다. 안도감의 크기는 위험 부담의 함수로 표현할 수 있습니다. 제 첫 번째 조언은 잠재적인 해결의 실마리를 찾았다는 안도감에 취하기 전에 여러분의 작업물을 점검해보라는 것입니다.

정말 훌륭합니다! 여러분의 경험과 직감이 올바른 결정을 내릴 수 있는 통찰력을 제공했습니다. 즉시 올바른 접근법을 알아냈다는 사실이 마법처럼 느껴지죠. 이런 행복한 순간들은 여러분의 경험이 쌓일수록 더 많아질 것입니다.

> **"** 오, 또 이거네요. 어떻게 하는지 알고 있어요. **"**

상황이 익숙해 보일 수 있습니다. 사람들이 정확히 같은 단어를 사용해서 상황을 설명하더라도 여러분은 리더로서 결정에 대해 깊이 생각하고 반드시 작업물을 확인해야 합니다.

너무 뻔해 보일 수도 있지만 지난 번에는 다른 조직이었다는 점을
잊으면 안 돼.
이번 결정이 이 조직에 어떤 영향을 미칠까?
다른 조직이기 때문에 결과도 달라질까?
내가 정말로 올바른 결정을 알고 있기 때문에 빠르게 결정하려는 걸까?
아니면 위험 부담이 커서 빠르게 결정해야 한다고 느끼는 걸까?
내가 놓치고 있는 게 뭐지?

결정에 대한 생각이 머릿속을 휘젓도록 놔두세요. 여기저기 돌아다니며 다른 생각들과 부딪히게 두는 겁니다. 천천히 끓다가 부글부글하면서 더 발전하도록 두세요. 그리고 나서…

도움을 요청하세요

전 도움을 요청하는 일을 고통스러워합니다. 내성적인 성격 때문이기도

하지만 도움을 요청하는 것이 어떤 면에서는 나약함을 인정하는 것이라는 고집스럽고 잘못된 인식 때문이기도 하죠.

> *내가 올바른 결정을 내리지 못하면*
> *사람들이 나를 리더로 생각하지 않을 거야.*

제 경험상 도움을 요청하는 것, 다시 말해 여러분이 모르는 부분을 명확하게 표현하는 것은 팀과 신뢰를 형성하는 결정적인 순간이 됩니다. 물론 팀원들도 여러분이 효과적으로 이끄는 모습을 보고 싶어 하며 여러분이 필승법을 설명할 때 자랑스러워하죠. 하지만 그들도 여러분처럼 발전하는 중입니다. 여러분이 팀이나 동료 혹은 상사에게 도움을 요청할 때 한쪽으로 치우쳤던 기회나 능력이 다시금 균형을 찾고, 관련된 모든 사람이 함께 일하고 있다는 사실을 상기시킬 수 있죠.

결정은 여러분의 몫이지만 아무도 여러분이 그 무게를 전부 짊어지길 기대하지 않습니다. 게다가 여러분이 생각하는 것보다 더 많은 시간이 있습니다. 왜냐하면 제 마지막 조언이 바로…

속도를 늦추세요

직관적으로는 이 조언을 먼저 해야 한다고 생각했지만 가장 중요하기 때문에 마지막까지 미뤄뒀습니다. 위험 부담이 큰 결정이 눈앞에 닥쳤을 때 다음 중 두 가지는 진실이고 하나는 거짓말입니다.

- 중요한 결정을 내려야 합니다.

- 완전히 여러분의 책임이죠.
- 서둘러야 합니다.

서둘러야 한다는 것은 보통 거짓말입니다. 중요한 결정을 해야 한다는 사실은 누구나 명확하게 알 수 있습니다. 그 결정이 온전히 여러분의 책임이라는 것 또한 쉽게 드러나죠. 그리고 결정의 중요도와 명백한 책임의 조합이 압박감을 만들어냅니다. 이런 압박감을 다급함으로 착각하지 마세요. 중요함과 다급함은 다릅니다.[51]

이 마지막 조언은 여러분이 작업물을 점검하는 시간을 확보하기 위한 것입니다. 속도를 늦추면 필요한 모든 도움을 요청할 수 있는 기회가 주어집니다. 제 경험상 가장 중요한 결정에 대해 생각할 시간을 더 갖는 것이 좋은 결정을 내릴 수 있는 방법입니다. 천천히 하면 이런 결정들에 수반되는 감정이나 다급함 혹은 불합리함이 사라지고 무엇이 중요한지, 무엇이 모두를 다급하게 만드는지 구별할 수 있게 됩니다.

중요한 결정의 경우 결정의 주변을 빙빙 돌면서 결과에 많은 관심을 갖는 사람들이 있습니다. 그들은 모순된 동기를 가지고 있습니다. 스스로를 전문가라 부를 만큼 결정과 관련된 분야를 잘 알고 있지만 자신이 결정할 사안이 아니라는 사실 또한 잘 알고 있죠.

여러분이 적당히 다급하게 움직이지 않으면 그들은 점점 짜증을 내기 시작합니다. 다시 말하지만, 좋은 결정을 내릴수록 여러분의 리더십이 인정

---

51 https://oreil.ly/gM18s

받습니다. 여러분이 빠르게 움직여야 한다는 것이 아니라 충분한 시간을 들여 좋은 결정을 내려야 한다는 것입니다. 얼마나 빨리 결정을 내리는가로는 여러분을 평가하지 않습니다. 여러분이 결정을 내리고 몇 시간 뒤, 며칠 뒤, 몇 주 뒤, 몇 달 뒤, 몇 년 뒤에 나타나는 결과로 평가를 받게 되죠. 이런 결과가 여러분의 리더십과 관련된 평판을 만드는 겁니다.

결정의 순간

만약 내가 틀리면 어떡하지?

이건 제가 중요한 결정을 내려야 할 때 한밤중에 떠올리는 질문입니다. 좋은 질문이죠. 만약 여러분의 결정이 틀렸다면 어떻게 될까요?

여러분은 머릿속에 있는 가능성들을 신뢰하는 동료들과 함께 모두 고려해봐야 합니다. 그리고 사람들에게 여러분의 결정에 대해 발표할 때 이런 잠재적인 결과에 대해서도 설명해야 합니다.

바로 이때가 결정의 순간입니다. 어떤 결정을 내렸는지에 대해 말할 때가 아니라 이 결정이 어떤 결과로 이어질 수 있으며 만약 틀렸을 경우 어떻게 할 것인지에 대해 이야기할 수 있을 때죠.

37장
결정을 내릴 수 없다면

작업물을 점검하고, 모든 도움을 요청하고, 조심스레 움직인다고 하더라도[52] 결정을 내릴 수 없는 순간이 있을 것입니다. 여러분은 결정의 장단점을 수차례 고려하고, 관련된 정보를 잘 아는 사람들과도 끊임없이 이야기를 나눴습니다. 하지만 여전히 정신적으로 마비된 상태죠.

이 장에서는 이런 정신적 마비 상태에 관해 제가 관찰했던 것들을 이야기한 다음 여러분에게 도움이 될 만한 조언을 공유하겠습니다.

우선 이런 마비 증상은 여러분이 결정의 중요한 측면을 놓치고 있다는 것을 무의식적으로 인지하고 있음을 뜻합니다. 여러분의 뇌는 이 중요한 정보를 알아낼 때까지 결정을 내릴 수 없게 하죠.

여러분은 연구하고 대화하고 숙고했음에도 불구하고 명백한 답을 찾지 못했습니다. 더 나쁜 소식은, 여러분이 아직 알아내지 못한 중요한 무언가

---

52 https://randsinrepose.com/archives/check-your-work-ask-for-help-and-slow-down/

가 있다는 힌트를 발견했고 이것이 여러분의 결정을 한 방향으로 몰아가리라는 것이죠.

이건 참 미묘하고 파악하기 어려운 마음 상태입니다. 결정 장애를 가진 사람에게는 편리한 변명거리죠. 이런 식으로 결정을 좀 더 미룰 수 있지만 제 경험상 이런 힌트는 조용히 나타납니다.

저는 이런 상황에서 오랫동안 자전거를 타곤 합니다. 대화나 화이트보드는 더 이상 도움이 되지 않습니다. 이 모든 상황을 제 머릿속의 깊은 곳으로 밀어 넣어야 합니다. 다른 관점들이 있는 깊은 곳 말이죠. 이런 상황에서는 또 다른 관점이 필요하기 때문입니다.

아마 여러분 중에는 자전거를 타지 않는 사람도 있을 텐데요. 여러분은 깊이 생각해야 할 일이 있을 때 무엇을 하나요? 샤워할 때 말고 아이디어나 영감을 찾는 장소 또는 방법이 있나요? 필요한 만큼 그 방법을 사용한 다음 여러분이 무엇을 찾았는지 보세요. 억지로 할 필요는 없습니다. 그냥 깊은 생각에 몰입한 다음 무슨 일이 일어나는지 보는 겁니다. 아니면…

그냥 결정을 내리세요

크고 어려운 결정들을 겪어보니 결정에 대해 두 가지 기분이 있다는 것을 알게 됐습니다. 한 가지는 결정을 내리기 전 숙고할 때의 기분이고, 다른 한 가지는 결정을 내린 다음 느껴지는 커다란 안도감이죠.

큰 안도감의 본질적인 특징은 즉각적인 진전이 느껴진다는 점입니다. 짧게는 며칠부터 길게는 몇 주에 이르기까지 세심한 분석을 거치다 보면 갑작스레 일이 진전되고 있다는 느낌이 듭니다. 동시에 기분 좋은 안도감을 느끼게 되죠. 여러분은 더 이상 끊임없이 스스로를 의심할 필요가 없습니다.

여러분이 입사 제안을 수락했을 때를 기억하나요? 새 차를 샀을 때는요? 마음이 바로 가벼워졌을 겁니다.

좋아, 이제 시작이야!

순식간에 정신적으로 여유로워집니다. 너무나도 복잡하고 헤아릴 수 없을 정도로 밀접하게 연관된 장단점이 이제 상대할 만해졌죠. 결정했다는 사실이 너무 상쾌해서 그게 옳은 결정인지 아닌지조차 모르게 될 수도 있지만 이제 더 이상 고민하지 않아도 되기 때문에 별로 상관없습니다. 예상치 못한 결과가 나타나더라도 정신적으로 마비되어 있는 것보단 낫기 때문에 기꺼이 해결하려고 하겠죠.

이처럼 때로는 그냥 결정하는 게 더 좋을 수 있습니다. 물론 실질적인 위험이 따르겠지만 넘을 수 없는 정신적 장벽에 가로막혀 소중한 시간을 낭비할 수는 없습니다. 이제는 앞으로 나아갈 때죠.

결정을 내리고 나면 관점이 크게 바뀝니다. 이젠 더 이상 머릿속에서 일이 벌어지지 않습니다. 실제로 일어나죠. 즉, 무언가를 하는 것에 관해 이야기하는 게 아니라 실제로 무언가를 하기 시작합니다. 더 좋은 점은 잠재적인 결과가 나타나기 시작하면서 여러분이 좋은 결정을 내렸는지에 대한 초기 데이터를 수집하게 된다는 점이죠. 여러분이 결정을 내릴 때 중요하다고 생각했던 부분들이 기억나나요? 결정을 내리고 나니 그 부분들은 큰 연관이 없습니다. 그다지 중요하지 않을 것이라고 생각했던 세부 사항들은 어떨까요? 맞습니다, 이제 그게 정말 고통스러울 정도로 중요하다는 사실을 알게 되었을 겁니다.

초기 반응을 접하면 실망을 느끼게 됩니다. 여러분이 했던 그 모든 고민의 결과가 필수적인 자료의 절반에 불과하다는 것을 깨닫죠. 게다가 조언을 해주었던 사람들이 "제가 말했잖아요"라며 자신의 조언에서 중요한 부분을 무시했다는 사실을 상기시키면 실망은 더 커집니다. 여러분이 결정을 내리기 전에 그들의 조언이 필수적인 부분인지 알 수 없었다는 사실은 무시당하죠.

여러분과 여러분의 결정을 비판하는 사람들 사이에는 커다란 차이점이 있습니다. 그들은 결정에서 충분히 멀리 떨어져서 편안하게 지켜봅니다. 왜냐하면 그들은 대부분의 결과에 대해 아무런 영향을 받지 않으니까요.

반면에 여러분에겐 결정에 대한 책임이 있고 대부분의 사람들은 책임을 의무라고 생각합니다. 따라서 사람들은 여러분의 행동과 결정이 옳은 것인지 보여달라고 요구합니다.

여러분이 내린 결정은 완전히 여러분의 것입니다. 어려운 결정을 내리기 전에 해야 하는 일들이 어마어마하고 끝없는 집안일처럼 느껴질 수 있지만 결정과 그에 따른 결과는 사실 리더의 특권입니다.

4부

커리어의 다음 단계

이 책의 마지막을 향해 달려가는 지금, 이직에 대한 고민이 원점으로 돌아왔을 것입니다. 이제부터는 여러분의 다음 직장에 영향을 미칠 수 있는 긍정적 또는 부정적 시나리오에 관해 알아보겠습니다.

여러분에 대한 평가가 나쁜가요? 관리자가 될 때인가요? 회사가 기울고 있나요? 그냥 따분한가요? 시나리오마다 긴급함의 정도는 다 다르지만 각 시나리오가 실제로 어떻게 전개되는지 이해해야 다음 행동을 계획할 수 있습니다.

변화가 시급하든 아니든 여러분보다 빠르게 변화하는 업계에서 일하기로 선택한 이상 여러분은 끊임없이 다음에 무엇을 해야 할지 고민해야 합니다.

38장
회의실의 골칫거리

조짐이 좋습니다. 모든 수치가 좋은 회의가 될 것이라고 말해줬죠.

- 우리가 좋아하는 제품에 관해 이야기합니다.
- 기능, 품질, 일정 세 가지 모두 훌륭합니다.
- 이전에는 아니었지만 이제는 최고의 조직입니다.

슬라이드도 좋아 보였고 리허설도 완벽했는데 왜 저는 이틀 동안 잠에 들지 못했을까요? 골칫거리를 보고 싶지 않았기 때문입니다.

거짓말쟁이 찾기

회의의 종류는 무궁무진하지만 제가 말하려는 회의는 경영진 앞에서 일어나는 소통 문제와 관련된 것입니다. 보통 이런 회의는 부서 간의 조율을 위해서 존재합니다. 이 회의에는 평소에 많은 시간을 함께 보내지 않는 여러 조직이 참여합니다. 그들을 경영진과 같은 회의실에 앉혀두고 경영진이 그들의 이야기를 비교하고 현실을 바탕으로 누가 거짓말을 하는지 알아내도록 강요하는 자리죠.

이 회의에 어떻게 집중할 수 있을지 설명하기 전에 회의가 열린 이유에 관해서 이야기해봅시다. 이건 한 가지 질문에서 시작됩니다. 왜 이 회의가 존재할까요? 만약 여러분이 바로 이 회의에서 발표해야 한다면 그건 분명 누군가 여러분을 싫어하기 때문일 겁니다.

개인적인 혐오는 아닙니다. 일적인 혐오죠. 그리고 조직마다 서로 다른 언어를 사용한다는 단순한 사실 때문에 상황은 더 나빠집니다. 마케팅 부서는 마케팅에 관해 말하고 법률 부서는 법률에 관해 이야기하고 개발 부서는 개발에 관해 이야기합니다. 회사 내부에는 근본적으로 소통이 단절된 곳이 있으며 그로 인해 누군가는 부당함을 느낍니다. 그 사람은 여러분이 하는 말을 이해하지 못하기 때문에 왕따를 당한다고 느끼고 인사 담당자나 경영진에게 항의할 것입니다.

일반적으로 이런 바벨탑 같은 상황을 해결하고자 높은 보수를 주고 중간 관리자, 프로그램 관리자 등을 고용해 회의에서 조직 간의 소통을 돕게 하죠. 그러나 이런 경우에는 효과가 없습니다. 그리고 조직의 높은 자리에 있는 누군가는 전혀 다른 두 가지 이야기를 듣고 어느 쪽이 사실인지 궁금해합니다. 따라서 이 회의에서 해결해야 할 주요 사항은 먼저 누가 여러분을 싫어하는지 파악하는 것입니다.

동의만 받으면 되는 회의

이제 여러분이 해야 할 일은 이 중요한 회의를 다른 조직들의 동의만 받으면 되는 회의로 만드는 것입니다. 회의가 열리기 일주일 전에 여러분은 회의 참석자들과 함께 슬라이드를 검토했을 것입니다. 여러분은 그들의 우려 사항을 듣고 내용을 적절히 조정했죠. 그렇다면 이제 여러분은 회의에서 극적인 요소를 모두 배제하고 "맞습니다, 우리는 그걸 해야 하고 여러분은 방법을 알고 있습니다"라고 말하며 마무리하면 됩니다.

하지만 그럴 일은 없을 겁니다. 여러분을 싫어하는 사람은 경영진 앞에서 여러분에게 골칫거리를 던지기 위해 기다리고 있죠.

실망스러운 인간의 본성입니다만 부당함을 느낀 사람은 복수를 하고자 합니다. 가능한 한 최악의 순간에 지식을 과시하며 골칫거리를 던지는 식으로요. 만약 이런 일이 생긴다면 유연하게 대처해야 합니다. 일단 여러분이 이런 일을 예상했다는 자체만으로도 이미 한발 앞선 것입니다. 여러분의 적은 감정적으로 움직이고 있으므로 이 점을 공략해 골칫거리를 나중에 다시 돌려줄 수 있습니다. 지금 여러분이 해야 할 일은 자료를 준비하는 것입니다.

죄책감, 의심, 두려움 없애기

회의가 시작되기 전에 가능한 한 많은 사람에게 발표 자료를 보여주는 것이 중요합니다. 회의에 참석하는 모든 사람에게 보여줄 수는 없겠지만 그게 중요한 건 아닙니다. 중요한 건 정보의 교류입니다. 정보를 최대한 많이 모으고 쉴 새 없이 질문하세요.

- 이게 말이 될까요?

- 뭔가 빠진 게 있나요?
- 실수할 만한 부분이 있나요?

저는 전략을 검토하기 위해 러시아 문학을 전공한 친구[53]를 부르곤 합니다. 여러분에겐 누가 있나요? 여러분의 상사나 동료가 아니라 여러분의 발표 자료를 객관적으로 바라보고 실수를 지적할 수 있는 사람 말입니다. 사실 이런 역할을 해줄 수 있는 사람은 드뭅니다. 상대방의 말을 경청하고 상대방이 듣고 싶은 말을 해주는 것이 호의를 베푸는 것이라고 생각하는 인간의 또 다른 실망스러운 본성 때문입니다.

여러분은 어떤 프로젝트에 푹 빠져 중요한 것들을 잊습니다. 초기에 생각했던 중요한 전략적 가정들은 잊은지 오래고 매일 작은 일들에 대해 너무 많은 걱정을 하느라 다른 사람들에게 필요한 것을 잊었습니다. 이때 새로운 관점은 전체적인 계획을 시험하고 골칫거리를 찾아낼 수 있는 기회가 됩니다. 그래서 자료의 구멍을 지적할 사람이 필요한 겁니다. 이 구멍들을 찾아서 메울 때마다 여러분은 발표에 자신감을 얻을 것입니다. 골치 아픈 상황에 빠질 위험이 하나 줄었으니까요.

물론 모든 약점을 찾을 수는 없겠지만 여러분의 발표가 개선될 때마다 정신적으로 더 나아질 것입니다. 여러분은 발표 자료를 다양한 관점에서 바라보면서 준비하고 있으므로 누군가 여러분에게 증오를 표출할 때 잘 대처할 가능성이 커질 겁니다.

---

53 https://randsinrepose.com/archives/russian-history

게임 시작

회의가 시작되었습니다. 여러분의 머릿속은 발표 자료로 꽉 차있죠. 저는 여러분이 발표 주제에 대해 회의실에서 가장 잘 알고 있는 사람이길 바랍니다. 여러분이 해야 할 일은 다음과 같습니다.

■ 살펴보기

누가 참석했나요? 어떤 조직을 대표하고 있죠? 왜 갑자기 나타났을까요? 누가 그들을 데려왔나요? 그들은 어떤 골칫거리에 해당할까요?

■ 이끌기

발표를 시작합니다. 여러분은 이미 다 기억하고 있겠죠? 사람들은 이게 여러분의 32번째 발표쯤 된다는 걸 알 겁니다. 진행이 순조롭군요. 여러분은 12번째 슬라이드에서 골칫거리 두 가지를 해결했습니다.

■ 관리하기

질문은 골칫거리가 아닙니다. 질문에 답하고 다시 진행할 수 있죠. 아만다가 특정 자료를 보고 질문을 할 거란 걸 알고 있었죠? 이때 그녀가 대화를 주도하게 두지 말고 이렇게 말하세요.

> **"** 필요한 자료는 부록에 있으니 우선 발표를 진행해도 괜찮을까요? **"**

여러분은 방금 선임 부사장의 입을 막았습니다. 여러분이 준비한 것에 대한 자신감이 없다면 할 수 없는 일이죠.

예상치 못한 상황입니다. 톰이 골칫거리를 가지고 있었습니다. 의외군요. 그의 말은 전적으로 타당하고 전략적인 관찰이었고, 여러분은 어떻게 대답해야 할지 모르는 상태입니다.

회의실 안에 가득한 침묵과 텅 비어버린 머릿속. 여러분은 망했다는 걸 깨닫습니다. 동시에 모두가 여러분이 망했다는 걸 깨달았죠. 우선 상황을 악화시키지만 맙시다.

용서받을 수 없는 둘러대기

저는 포커 페이스를 유지하는 숙련된 발표자이기 때문에 제 얼굴만 보고는 제가 곤란해한다는 사실을 눈치채기 어렵습니다. 하지만 다음 행동이 무엇인지에 따라 회의 참여자들과의 관계가 결정되겠죠.

궁지에 몰렸을 땐 두 가지 선택지가 있습니다. 인간은 본능적으로 구석에 몰리면 도망칠 곳을 찾습니다. 여러분도 바로 이렇게 생각할 수 있죠.

그럴듯하게 둘러대면 될 거야.
빠르고 자신 있게 말하는 거지.
열변을 토하면 그들이 내가 처리할 수 있을 거라 믿어줄 것 같기도…

하지만 그들이 보고 듣는 건 여러분의 생각과 다릅니다. 이 회의는 부드럽고 유머러스한 말투로 모두를 즐겁게 할 수 있는 자리가 아닙니다. 여러분이 많은 회의를 경험했더라도 경영진은 여러분이 어떤지 꿰뚫어 볼 수 있죠. 여러분이 더 오래 둘러댈수록 여러분의 상사가 더 많이 개입해서 여러분을 구해내려고 하겠지만 오히려 여러분을 바보처럼 보이게 할 겁니다.

둘러대고 싶은 욕구를 느낄 때 올바른 행동을 하기 위해선 약간의 연습이 필요합니다. 다음 네 가지를 해야 하죠.

1. 골칫거리를 인정합니다.
2. 모른다는 사실을 자백합니다.
3. 방법을 찾기 위해서 여러분이 어떻게 할지 자세히 설명합니다.
4. 합리적인 기한을 제시합니다.

여러분은 톰이 제기한 문제를 무사히 넘겼습니다. 톰은 화가 났습니다. 최악의 순간에 골칫거리를 던지기 위해 기다렸고 여러분을 바보로 만들고 싶었지만, 여러분이 바로 골칫거리에 대해 인정하고 이성적으로 대처했기 때문이죠.

때로는 운 좋게 둘러대는 것으로 넘어갈 수도 있습니다. 때로는 여러분이 너무나 그럴듯하게 말이 되는 해결책을 내놓을 수도 있죠. 하지만 이런 상황은 드물고 합리적인 방법이 아닙니다. 제 경험상 이런 식으로 정신없이 길게 말하는 것은 자신감을 떨어뜨리고 시간만 낭비하는 일이죠.

이런 재난 상황에서 모두의 머릿속에 떠오르는 질문은 뻔합니다.

본인이 뭐라고 말하는지 알고 있는 건가?

톰은 자신을 화나게 만든 것에 대해서만 알고 있지만 여러분은 준비를 통해서 전체 그림을 볼 수 있게 되었습니다. 톰이 개발자의 언어를 이해하지 못하고 여러분을 곤란하게 만들기 위해 정확하게 나쁜 순간을 노렸다는 것은 참 아쉽네요. 앞으로도 여러분은 끊임없이 발표 자료를 점검해서 모르는 건 자신 있게 모른다고 말할 수 있길 바랍니다.

골칫거리 탐지

적극적으로 골칫거리를 찾는 전략은 사람들을 다루는 데 필수적입니다. 어떤 상황에서든 잠재적인 최악의 시나리오를 파악하는 것뿐만 아니라 골칫거리를 찾아내는 것은 항상 중요합니다. 저는 특정 상황을 볼 때 어떤 연속적인 사건들이 저를 골치 아프게 할지 파악하려고 노력합니다.

이런 전략이 편집증적으로 보이겠지만 이렇게 하지 않으면 누군가 여러분을 노리고 있다는 음모론적인 사고방식을 갖게 될 수 있습니다.

편집증적인 사람만이 살아남을 수 있습니다. 하지만 이런 사람이 되는 데는 큰 노력이 필요합니다. 여러분은 모든 가능성을 검토하는 데 많은 에너지를 쓰려고 하겠지만 이것이 제가 권장하는 방식은 아닙니다. 제가 원하는 건 여러분이 특정한 상황을 전략적으로 바라보는 것입니다. 한 걸음 물러나서 전체적인 그림을 보세요. 어떤 행동들이 여러분에게 이득이 될지, 앞으로 어떤 일이 일어날지, 어떤 실수 가능성이 존재할지 말입니다.

잘 나가는 팀은 단순히 성과를 내는 팀이 아닙니다. 잘 나가는 팀은 망했을 때도 성과를 냅니다.

39장
성과 리뷰

기업들은 매년 성과를 확인합니다.

> **"** 이번엔 어떤가요? 더 좋아졌나요, 나빠졌나요? **"**

그리고 자연스럽게 직원들의 개별 성과도 평가합니다. 일반적으로 상사가 여러분을 평가하고 평가서를 작성하겠죠.

이상적인 경영이 펼쳐지는 세상에서 평가서는 한 해 동안의 여러분의 성과와 관련된 사실을 문서화한 것에 불과합니다. 그리고 여러분의 성과를 어떻게 개선할 수 있을지에 대한 아주 건설적인 조언과 미래에 대한 통찰력도 담겨있죠. 그리고 더 좋은 사실은 이미 한 해 동안 상사에게서 피드백을 받았기 때문에 여러분이 어떻게 성과를 개선해야 할지 알고 있다는 점이죠.

그런데 현실도 그럴까요? 아마도 아니겠죠.

여러분이 상사로부터 이런 피드백을 자주 받았든 아니든, 서면으로 받는 피드백은 구두로 받는 피드백과 완전히 다릅니다. 피드백을 글로 읽는 것과 귀로 듣는 것은 근본적으로 다른 경로를 통해 여러분의 뇌로 전달됩니다. 한 해 동안 여러분이 거둔 성공과 실패를 글로 읽으면 그 사실이 영구적이면서도 실제라는 것을 깨닫게 되죠. 그리고 또 다른 놀라운 점이 있습니다.

쇼 미 더 머니

먼저 나쁜 소식을 전하겠습니다. 돈과는 아무 상관이 없는 소식입니다. 여기서는 보상에 대해 이야기하지 않습니다. 물론 여러분은 한 해 동안 아주 놀라운 일을 해냈습니다. 그러니 회사가 여러분에게 연봉 인상이나 보너스 또는 주식을 보상으로 주어야 한다고 생각합니다. 하지만 그보다 중요한 것은 '여러분이 한 해 동안 놀랍고 멋진 일을 했다고 생각하는 이유'입니다. 여러분은 그 이유에 대해서 명확하게 설명할 수 있나요? 여러분은 그 사실을 알지만 상사도 그 이유를 알고 있나요? 상사가 여러분이 왜 멋진 일을 해냈다고 생각했는지 여러분에게 자세히 설명할 수 있나요?

아닐 겁니다. 상사는 여러분뿐만 아니라 다른 팀원들도 신경 써야 하며, 이 모든 사람이 펼치는 대단한 활약들을 한 해 동안 면밀히 지켜보는 것은 정말 어렵고 복잡한 일이기 때문입니다. 어떤 팀원이 일을 엉망으로 한다면 상사는 그 팀원에게 관심을 쏟을 것이기 때문에 다른 팀원들을 관찰하는 일이 더 어려워지죠. 여러분이 일을 잘하든 못하든 상사의 이목은 한쪽으로 쏠릴 수밖에 없습니다. 네, 여러분이 이해한 것이 맞습니다. 여러분이 보낸 최고의 한 해가 다른 누군가의 실패로 인해 주목받지 못하는 것이죠.

그럼 이 문제를 어떻게 해결해야 할까요? 제 생각에는 직원의 성과를 평가하고 검토할 때 다음 세 가지 전략을 반드시 채택해야 한다고 봅니다.

1. 척도를 무시하고 내용에 집중한다.
2. 리뷰는 논의인 동시에 협상임을 인지한다.
3. 놀랄 일을 배제한다.

척도와 내용

저는 많은 회사에서 다양한 리뷰 방식을 경험해보았는데, 리뷰는 크게 세 가지 내용으로 요약됩니다.

1. 무엇을 했는가
2. 어떻게 했는가
3. 다음에 무엇을 해야 하는가

이건 리뷰를 엄청나게 단순화한 것입니다. 회사나 조직, 부서마다 중점적으로 리뷰하는 분야가 다르지만 결국에는 여러분이 무슨 일을 어떻게 했으며, 어느 정도로 기대에 부응했는지를 이해하기 위한 내용들이죠.

이 세 가지 항목을 각각 척도와 내용으로 구분해 살펴보겠습니다. 여러분에게 척도를 무시하는 방법을 먼저 알려줘서 성과 때문에 고민하느라 밤잠을 설치는 일이 없도록 하고 싶지만 척도와 내용에 대한 정의를 먼저 하겠습니다.

여러분의 리뷰를 보면 척도가 빈번하게 나타납니다. '개선이 필요함', '만족스러움', '훌륭함'과 같은 단어들이죠. 이해하기 쉽기 때문에 눈길을 사로잡습니다. 이런 단어들은 학점 같다고 볼 수 있습니다. 여러분이 한 해 동안 한 일에 대한 성적인 셈이죠.

여러분이 한 어떤 일에 A를 받았다면 여러분은 굉장히 기쁠 것입니다.

내가 열심히 한 만큼 잘 받았구나. 나란 녀석, 칭찬해.

이런 척도는 아주 효율적으로 정보를 전달하기는 하지만 문제는 필수적인 내용이 부족하다는 점입니다. 예를 들어보도록 하죠.

제가 1990년대 산타크루즈에 있는 캘리포니아 대학University of California, Santa Cruz(UCSC)에 다니던 시절에는 A나 B와 같은 문자로 등급을 매기지 않았습니다(60년대부터 90년대까지 말이죠). 교수나 조교가 학생마다 평가서를 작성했습니다. 평가서는 학생이 한 학기 동안 한 일의 유형과 그 수준을 설명하는 글이었죠.

UCSC는 2000년부터 A, B와 같은 문자로 학생들의 성적에 등급을 매기기 시작했는데, 2022년에는 다시 이러한 제도를 없애는 것을 고민 중이라고 밝혔습니다. 누가 학점을 없애자는 아이디어를 냈는지는 모르겠지만 저는 성적표보다는 측정 기준을 없애기를 바랐습니다. 측정이라는 행동은 유용한 정보를 얻기 위한 행동이 아닙니다. 측정은 단지 비교하기 위함이죠.

내 점수가 높은 편에 속할까, 낮은 편에 속할까?
A 학점은 몇 명이나 받았지?
B 학점보다 A 학점을 받은 사람이 더 많은가?

재미있는 데이터이긴 합니다. 한 강의의 학점을 가지고 그래프를 그려보면 재미있는 종 모양 그래프를 얻을 수 있을 겁니다.

측정은 여러분의 커리어에 아무런 도움이 되지 않습니다. 여러분의 성과에 대한 평가는 다른 사람들과의 비교가 아닙니다. 성과 평가는 여러분이 무엇을 했고 무엇을 할 수 있는지에 관한 것이어야 합니다. 그리고 그것이 바로 여러분이 찾아야 하는 진짜 '내용'인 것이죠. 다음 두 글 중에 어떤 내용이 더 커리어에 도움이 될까요?

(a) 잘했습니다.

(b) 마감 기한 내에 작업을 잘 완료했고 고객도 결과물에 만족했지만 코드 품질 문제가 계속 반복되었습니다. 이전 릴리스에 비해 최근 두 번의 릴리스 동안 버그가 두 배 정도 많아졌습니다. 따라서 집중해야 할 부분은 …

사람들이 성적이나 측정값과 같은 척도에 사로잡히는 이유는 이해하기 쉽기 때문입니다. 뭔가 그럴싸한 단어들로 우리가 지금 어디쯤 와 있는지를 알려주는 것 같은 착각을 불러일으킵니다. 하지만 정작 우리가 다음에 무엇을 해야 하는지는 전혀 알려주지 않죠. UCSC의 성적 없는 평가표는 교수가 학생들에게 도움이 될 수 있는 가치 있는 내용을 제시할 수 있는 공간이었습니다. 여러분의 성과 평가에서 이런 측정 지표를 완전히 없애는 것은 불가능하겠지만 최소한 평가서를 읽을 때 올해의 전체 평가를 나타내는 '그 이해하기 쉬운 척도'들은 무시해야 합니다. 여러분이 한 해 동안 한 일이 얼마나 어렵고 복잡했는지만을 가릴 뿐이기 때문이죠.

대신 그런 척도 뒤의 내용을 보아야 합니다. 여러분의 분야가 무엇이든 여러분이 무엇을 어떻게 했는지, 무엇을 더 잘 할 수 있는지를 상사가 제대로 설명했는지 봐야 합니다. 하지만 여러분의 상사가 이런 평가를 제대로 못했을 수도 있습니다. 그렇기 때문에 여러분은 다음 사실을 명확하게 이해해야 합니다.

리뷰는 대화다

글은 다분히 위협적으로 읽힐 수 있습니다. 여러분에 대한 한 해의 평가는 정말 중요합니다. 그런 상황에서 여러분의 상사가 '잘했다'와 같은 단어들로 대충 작성한 세 단락 분량의 평가서를 내밀었다면 어떻게 대처해야 할까요?

분명 연봉 인상을 요구하지는 않을 겁니다. 그보다는 평가서 때문에 당황하거나 화가 나겠죠.

고작 세 단락?
아침에 그 많은 내용의 이메일을 보냈는데
나의 한 해를 고작 세 문단으로 끝낸다고?

진정합시다. 비참하기 짝이 없는 이 종이 쪼가리를 최초의 제안서라고 생각해봅시다. 좀 형편없긴 하지만요. 여러분이 할 일은 이 졸렬한 평가서를 여러분의 한 해를 정확하게 반영하는 내용으로 바꾸는 것입니다. 이 작업은 여러분에 대한 정확한 기록을 남기기 위한 일이라는 점을 명심해야 합니다. 한 해 동안 한 일에 대한 권리를 행사하는 것 이상의 일이죠.

이 종이 쪼가리는 지금 회사에서의 여러분의 커리어에 대한 유일한 공식 문서입니다. 여러분이 이직하거나, 상사가 다른 곳으로 떠나거나, 조직이 개편되는 경우 여러분이 어떤 일을 해왔는지 이해하는 시작점이 바로 이 평가서입니다. 그렇기 때문에 여러분은 평가서를 상사가 읽고 이해할 수 있는 것으로 바꿔야 하는 것이죠.

하지만 전… 그냥 너무 화가 나요.
겨울 내내 그 프로젝트에 매달렸는데 돌아오는 거라곤
고작 세 단락짜리 평가서라니.
정말 너무 열받아서…

다시 말하지만, 여러분이 받는 평가서에는 예상치 못한 내용이 있을 것이고 그로 인해 놀랄 것입니다. 따라서 셀프 리뷰가 정말 필요합니다. 저는 주로 한 해 동안 진행하는 중요한 일들을 제 작업 추적 시스템에 기록해둡니다. 그리고 (회사에서는 요구하지 않지만) 인사 팀에서 리뷰 기간이 시작되었음을 알리는 이메일이 오자마자 즉시 셀프 리뷰를 작성하죠. 셀프 리뷰에는 앞서 이야기한 세 가지 항목을 담습니다. 리뷰를 작성해보면 발견할 수 있는 것들이 정말 많아 놀라게 될 것입니다.

한 해를 돌아봅시다. 훌륭한 한 해였나요? 아니면 그냥 좋았다고 생각만 하고 있는 건가요? 어떤 일을 해냈나요? 여러분이 작성한 셀프 리뷰를 직장 상사가 읽을 일은 없을 테니 솔직하게 의견을 써 보세요. 물론 상사의 의견이 중요하고 실제로 결재 서류에 도장을 찍는 사람도 그 상사겠지만, 본격적인 성과 리뷰에 들어가기에 앞서 여러분도 잘 정리된 의견을 가지고 있어야 합니다. 그것이 리뷰 과정에서 놀라움을 줄이는 핵심 기술입니다. 여러분이 스스로를 솔직하게 되돌아보는 이 순간은 그 세 단락으로 구성된 비참하기 짝이 없는 평가서 쪼가리를 받고도 정신을 잃지 않게 해주는 원동력이 될 것입니다. 그리고 여러분의 한 해에 대한 정당한 의견을 내세워서 방어할 수 있도록 만들어주기도 하고요.

셀프 리뷰는 상사가 여러분에 대한 평가를 작성하기 훨씬 전에 작성하는 것이 좋습니다. 그리고 상사와 나란히 앉아서 평가서를 읽을 때는 여러분의 의견이 잘 정리되어 있어야 합니다. 여러분이 한 일을 문서화했나요? 모든 일을 다? 여러분이 한 일에 대한 설명이 여러분의 인식과 일치하나요? 아닌가요? 왜 다른가요?

저에게 말할 필요는 없습니다. 여러분의 상사에게 그 사실을 말하고 이해시켜야 합니다. 이런 인식의 불일치가 오해와 분노의 불씨가 되기 때문이죠.

리뷰의 목적은 토론입니다. 여러분의 인식과 도장을 찍는 사람의 인식을 일치하도록 만드는 것이 목적입니다. 하지만 이런 건전하고 구조화된 토론이 이루어지더라도 놀라게 될 수 있습니다.

서프라이즈!

여러분에 관한 평가니까 무엇 때문에 놀랄지 저는 정확히 모릅니다. 그래도 몇 가지 경우를 예측해보도록 하죠.

- 여러 팀과 수개월에 걸쳐 진행한 성공적인 프로젝트가 완전히 무시된 경우

- 수행한 일에 대한 의견이 부정적인 경우

- 개발한 주요 프로그램의 영향을 완전히 잘못 파악한 경우

안 좋은 의미로 놀라게 되는 부분이 되려 중요한 점이라는 것이 절 슬프게 하는군요. 리뷰는 여러분이 한 일에 대한 서로의 이해를 정렬하는 것뿐만 아니라 다음 해에 대한 일종의 경고 역할도 합니다. 내년 평가를 받고 또 다시 놀라지 않으려면 어떻게 해야 되는지 알려주는 것이죠. 사실 여러분과 상사가 성과 평가에 대해 완전히 같은 생각을 가질 수는 없습니다. 상사가 절대 바꾸지 않을 의견이 있을 것이기 때문에 내년에는 여러분이 바뀌는 수밖에 없습니다.

리뷰의 가치는 관찰 가능한 것들뿐만 아니라 관찰되지 않는 것들도 문서화할 수 있는 데 있습니다.

글의 영속성

제가 수년간 리뷰를 진행하며 발견한 특징이 있습니다. 바로 리뷰가 점점 짧아진다는 것이죠. 저는 이런 현상이 발생하는 이유가 회사에서 실제로 한 일에 대한 기록을 최대한 적게 남기기 위해서 문서를 짧게 작성하라는 미묘한 법적 압박을 가하기 때문이라고 추측하고 있습니다. 아니면 너무 귀찮아서 그럴 수도 있겠죠.

이유가 무엇이든 여러분이 세 단락 분량의 평가서를 보고 있다는 것은 여러분에게 몇 가지 문제가 있음을 의미합니다. 첫째는 여러분의 회사가 리뷰를 제대로 작성하지 않아도 되는 회사라는 것이고, 둘째는 여러분이 한 일의 양과 질을 정확히 이해하고 설명할 수 없거나 또는 하지 않으려는 상사를 뒀다는 것입니다. 그 외에도 여러 가지 문제가 있을 수 있지만 정말 큰 문제는 이런 엉망인 리뷰에 여러분이 반응하지 않을 때 발생합니다.

제가 쓴 첫 번째 리뷰는 그야말로 엉망이었습니다. 지난 반 년간의 상태 보고서를 토대로 작성한 세 단락 짜리 리뷰였죠. 저는 제 부하 직원이 제가 쓴 리뷰를 읽는 것을 지켜보았습니다. 그녀는 아무 말도 하지 않았지만 저는 그녀의 비난하는 듯한 따가운 눈총을 받으며 주말 동안 리뷰를 다시 써야 할 것임을 직감했습니다. 그녀의 눈빛이 제게 말했죠.

제대로 작성하려는 시도조차 하지 않았군요.

그래서 전 주말 동안 리뷰를 다시 썼습니다.

40장
신중한 커리어 선택을 위한 3가지 질문

여러분이 IT 분야에서 어떻게 첫 직장을 갖게 되었는지 궁금합니다. 아마 여러분은 할 수 있는 모든 것을 했을 겁니다. 취업 센터에 방문하고, 구인 게시판을 검색하고, 채용 행사에 참석하는 등 말이죠.

하지만 그렇게 해도 모든 것이 막연하게 느껴졌을 겁니다. 저는 실무 경험이 거의 없는 상태에서 정성 들여 만든 이력서를 만나는 사람들마다 전단지 돌리듯 건네며 이런 생각을 했습니다.

내가 취업을 할 수 있을까?

그러다 뜻밖의 일이 벌어졌습니다. 이탈리아 여행 중에 말이죠. 피렌체에서 술을 거하게 마시고 마치 파산 당한 것 같은 행색으로 거리를 배회하던 중 미국에서 온 한 남자를 만나게 되었는데, 금새 친해졌습니다. 지구 반대편에서 일어난 이 우연한 만남이 제가 실리콘밸리의 유명한 스타트업에서 첫 개발 일을 할 수 있는 행운을 가져다줬습니다.

밝게 빛나는 새 직장에 적응하며 여러분은 이렇게 생각할 겁니다.

나에게 일어나는 일은 내가 통제할 수 없어.
그저 흘러가는 대로 따라가면 돼.
그리고 언젠가 나를 진정으로 믿어주는 사람을 만나면
돈벼락을 맞게 될 거야.

본능에 충실하고, 운 좋게 커리어를 쌓고, 우연히 기회를 얻어본 사람으로서 이런 관점을 이해하지만 커리어를 희망에만 의존해서는 안 됩니다. 전략이 필요합니다.

세 가지 선택

'전략'이라는 단어를 떠올리면 하늘색 표지에 검은색으로 제본된 두꺼운 책이 연상됩니다. 제목은 '커리어 개발 전략'이고 그 아래엔 '일급 기밀'이라는 부제가 작게 적혀 있는 책이죠. 하지만 이런 책을 읽는 것이 커리어 개발 전략은 아닙니다. 제가 말하는 전략은 여러분의 미래에 대해 30분간 생각해보는 연습을 하는 것입니다.

여러분의 미래에 대해 제가 아는 유일한 점은 여러분이 무슨 일을 언제 겪게 될지 알 수 없다는 것입니다. 기회는 불현듯 찾아오는데 그 순간에 여러분이 준비되어 있든 그렇지 않든 결정을 내려야 합니다.

이 기회를 잡을까?

저는 스스로가 무엇을 원하는지 더 많이 알수록 더 나은 결정을 내릴 수 있다고 생각합니다. 여러분의 커리어에 대한 대략의 전략을 정하기 위해 세 가지 질문을 해봅시다. 이 질문들은 이직할 직장에 관한 것이지만 각 질문에 대한 답을 종합해보면 결국 여러분이 어디로 가고 싶은지, 무엇을 만들고 싶은지 그리고 그것을 커리어 전반에 걸쳐 어떻게 녹여낼 것인지를 이해하는 데 도움이 될 것입니다.

질문 1 스타트업과 대기업 중 어디서 일하고 싶나요?

가장 중요한 첫 번째 질문은 회사의 규모와 성숙도에 관한 것입니다.

■ 스타트업

IT 업계를 소개하는 데 스타트업만큼 좋은 것은 없습니다. 만약 여러분이 업계에 대한 풍부한 정보를 신속하게 얻고 체험하길 원한다면 저는 스타트업을 적극 추천합니다. 하지만 이러한 정보에는 불안정한 특성이 있습니다. 정보가 무작위로 변질될 수 있죠.

스타트업의 매력 포인트는 무에서 유를 창조한다는 것에 있습니다. 기업 투자자가 무명 스타트업에 돈을 투자하는 이유기도 하죠. 기업 투자자는 이전에 없던 새로운 것을 만들 수 있는 기회가 스타트업에 있다고 믿으며 그 새로운 것을 통해 많은 수익을 창출하길 바랍니다. 스타트업의 근본은 '우리는 다르게 할 수 있어!'하는 도전적인 마인드에 있으며, 이는 대기업에서는 찾아볼 수 없는 기회와 경험을 쌓을 수 있다는 것을 의미합니다. 그리고 이 경험에는 실패도 포함되죠.

첫 번째 인터넷 버블 시기에는 성공을 측정하는 유일한 지표가 기업공개 IPO였습니다. 기업공개를 하지 못하면 실패한 것으로 간주되었습니다. 이 첫 번째 버블이 꺼지자 인수합병부터 전면적인 매각 및 해고에 이르기까지 실패가 불러온 슬픈 현실을 맛봐야 했죠.

대부분의 스타트업은 실패를 경험하게 됩니다. 하지만 저는 진심으로 실패가 멋진 경험이라고 생각합니다. 실패했을 땐 지옥 같을지 모르지만 이 시기가 지나고 나면 여러분은 놀라울 정도로 다양하고 전문적인 기술을 시도한 사람이 되어있을 것이며 이는 대기업에서는 겪을 수 없는 것들입니다.

스타트업에 입사해서 얻을 수 있는 가장 큰 자산은 경험입니다. 수억 원의 연봉을 꿈꾸고 있다면 옆 동네의 대학 중퇴자 세 명이 더 빠르고 더 저렴하게 아이디어를 구현하는 바람에 한때 잘나가던 회사가 재정난을 겪고 팀을 해체한 일이 있었다는 사실을 떠올려보세요.

스타트업이 실패하든 성공하든 제가 장담컨대 여러분은 멋진 스토리를 갖게 될 것이며 그 스토리에는 교훈이 담겨있을 것입니다. 물론 이러한 교훈은 대기업에서도 얻을 수 있지만 스타트업의 속도, 집중력, 열정은 어디서도 들을 수 없는 여러분만의 스토리를 만들어줄 것입니다.

■ 대기업

일반적인 스타트업이 전력 질주를 하고 있다면 이미 성공을 경험한 대기업은 느리게 달립니다. 이 기업은 자신이 신속히 움직이고 있다고 믿지만 사실은 그렇지 않습니다. 이 기업은 어느 순간 성공하여 규모가 커졌으며 그 무게 때문에 점차 속도가 늦춰지고 있습니다.

스타트업의 빠른 속도를 경험해보지 않았다면 이 느릿느릿한 움직임이 잘 느껴지지 않을 것입니다(이것이 스타트업이 매력적인 이유죠). 열정적이고 혼란스러운 시기가 지나고 난 후 안정되고 차분한 분위기만큼 좋은 것은 없지만 여기에는 대가가 따릅니다.

스타트업에는 실패라는 위험이 늘 도사리고 있습니다. 주말까지 바쁘게 일하며 이러한 위협을 외면할 수 있을지 몰라도 실패라는 위험은 항상 존재합니다. 대기업에서는 이러한 위험을 예측 가능성, 안정감, 추진력으로 위장해 숨깁니다. 임직원의 수도 많기 때문에 책임져야 할 일도 줄어들죠. 프로젝트를 완성하는 데는 더 오래 걸리겠지만 서두를 이유가 뭐가 있겠어요? 월급이 제대로 들어올지 걱정할 필요도 없고 주말에 일해야 할 때 불평하지도 않을 것입니다. 지루하게 느껴질 수도 있겠지만 여전히 배울 점이 많습니다.

어떤 직군, 어떤 회사에서 일하든 풍부한 경험을 쌓을 수 있습니다. 대기업에서 경험을 쌓는 데 따르는 위험은 스타트업보다 훨씬 적습니다. 왜냐하면 대기업은 이미 어느 정도 자리를 잡았기 때문입니다. 대기업에서는 그들이 뭔가를 제대로 했기 때문에 성공했다고 생각할 것입니다. 문제는 무엇을 제대로 했는가, 지금도 제대로 하고 있는가, 그 과정에서 저지른 실수를 어떻게 은폐하고 있는가에 있습니다.

대기업의 위험은 느린 속도에 익숙해졌다는 점에 있습니다. 대기업은 안정적이고 익숙한 방식을 회사 전체 프로세스와 문화로 정의하게 됩니다(이것이 바로 우리가 일하는 방식입니다). 덕분에 직원들은 그들의 하루를 예측할 수 있고 측정할 수 있습니다. 다시 한번 말하지만 스타트업에서는 예측할 수 없는 위험한 하루가 반복되기에 다음 직장으로 대기업이 완벽한 선택지가 될 수 있습니다.

질문 2 어느 분야에서 일하고 싶나요?

다음으로 선택해야 할 것은 어느 분야에서 일하고 싶은가입니다. 저는 데이터베이스 전문가, 브라우저 전문가, 웹 앱 전문가, 온라인 상거래 전문가, 운영체제 전문가, 정부 전문가, 소셜 미디어 전문가, 커뮤니케이션 전문가로 일했습니다. 현재 IT 업계의 트렌드를 제 커리어에 대입해보면 트렌드 기술을 따라 커리어를 전환하고 있다는 것을 알 수 있습니다. Windows 애플리케이션 개발이 시작될 때 저는 볼랜드[Borland][54]에서 근무했고 인터넷이 등장할 무렵에는 넷스케이프[Netscape][55]로 이직했습니다. 이 모든 경험에는 하나의 중요한 포인트가 있습니다. 바로 다양한 분야에서의 교차 경험을 통한 지식 융합입니다.

예를 들어 루비[Ruby][56]를 확장하는 방법을 알아냈다고 해봅시다. 이는 정말 대단한 일이고 앞으로도 루비의 확장성에 대해 계속 탐구할 수 있으리라 확신하지만 그 과정에서 커리어에 한계점이 생길 수 있습니다. 자신이 무엇을 하든 주변 사람들이 전문가로 인정해주는 것은 위안이 되지만 지난 5년

---

54 옮긴이_ 1990년대 초 Turbo C, Turbo C++ 같은 컴파일러와 개발 환경을 만든 미국의 유명한 소프트웨어 기업입니다. 현재는 Micro Focus에 인수되었습니다.

55 옮긴이_ 넷스케이프는 초기 웹의 시작을 대표하는 웹 브라우저이며 이를 개발한 회사의 이름이기도 합니다. 파이어폭스의 전신이며 오픈소스 웹 브라우저 생태계에 큰 역할을 한 소프트웨어입니다.

56 옮긴이_ 명령형 프로그래밍 언어 중 하나로 대중적으로 많이 알려진 프로그래밍 언어입니다.

동안 같은 일만 해온 이력을 보면 '이 사람은 한 번도 지루한 적이 없었나?' 라고 생각할지도 모릅니다.

물론 여러분의 도전 의식이 계속해서 여러분을 새로운 것으로 이끌 것이므로 저는 여러분이 새로운 기술적 문제에 도전하는 것에 대해 크게 염려하지 않습니다. 하지만 이왕 얘기한 김에 브랜드와 평판에 관해 간단히 하고 싶은 말이 있습니다.

브랜드(즉, 회사의 이름)와 평판은 고려해야 할 사항입니다. 낯선 이에게 여러분이 고려 중인 회사의 이름을 말했을 때 그의 반응이 어떨지 생각해보세요. 여러분이 고려 중인 회사가 잘 알려진 곳인가요? 성공한 회사라는 인식이 있나요? 그 회사에서 생산하는 제품의 이름이 뭔가요? 나중에 여러분이 그 회사를 떠날 때 이력서에 기재하게 되는 것은 바로 그 회사의 이름입니다. 미래의 고용주가 빠르게 기억할 수 있는 이름이기도 하죠. 따라서 브랜드와 평판은 매우 중요합니다.

그렇지만 스타트업으로 이직을 고려할 때 브랜드와 평판은 중요한 요인이 되지 않습니다. 만약 잘 알려지지 않은 회사를 고려하고 있다면 다음과 같이 스스로에게 질문해보세요.

- (예를 들어) 웹 서비스라면 분야가 무엇인가요?
- 어떤 점이 흥미롭나요?
- 무엇을 구축할 건가요?

이 직군에는 개발과 관리라는 두 가지 트랙이 있습니다. 그게 전부입니다. 이미 개발자인 여러분의 입장에서 관리자가 된다는 결정은 설명하기는 쉽지만 이해하기는 어려울 수 있습니다.

왜 관리자가 되려고 할까요? 관리자가 되고 싶다면 우선 다음과 같은 사실을 알아두는 것이 좋습니다.

- 관리자가 되면 더 많은 돈을 벌 수 있습니다. 이 돈은 책임감의 크기와 어느 정도 비례합니다. 여기서 책임감이란 회의에 참석한 모든 사람이 불안한 눈초리로 나를 바라보며 중요한 결정을 내려주길 기대하는 순간이 빈번하게 발생한다는 뜻입니다.

- 코딩하는 시간이 줄어듭니다. 하지만 다른 업무량이 늘어나며 하루를 마치고 나면 오늘 뭐했나 하는 기분이 듭니다.

- 더 많은 사람을 만나게 됩니다. 그리고 그들과 잘 어울려야 합니다.

- 좋은 개발자가 되기 위해 해왔던 많은 일들이 좋은 관리자가 되는 데는 활용되지 못할 겁니다.

⟨41장 실리콘밸리의 저주⟩와 ⟨42장 관리자가 되는 과정⟩에서는 이러한 사실과 관리자의 역할에 대해 더 자세히 설명합니다. 하지만 여전히 관리자가 되는 것이 여러분이 원하는 방향인지에 대한 의문은 남아있습니다. 바로 결정할 필요는 없습니다. 관리자로 가기 위한 작은 단계가 있기 때문이죠. 테크 리더^{Tech Leader}는 일반적으로 관리직으로 가기 위한 입문 단계에 해당

하는 직책입니다. 이러한 역할은 일반적으로 성가신 성과 평가 없이 더 큰 의사 결정 책임을 맡기 때문에 온전히 헌신하지 않고도 관리직 감투를 쓰는 효과를 볼 수 있습니다.

완벽한 이직 기회

이번에는 다른 질문을 해보겠습니다.

- 어디로 가고 싶나요?
- 무엇을 만들고 싶은가요?
- 어떻게 만들 수 있을까요?

이러한 질문에 답하다 보면 여러분에게 특히 중요한 다른 작은 질문들이 생각날 것입니다.

- 몇 명과 함께 일하고 싶나요?
- 얼마나 일하고 싶은가요?
- 얼마나 많은 책임을 지고 싶은가요?
- 얼마나 많은 스트레스를 감당할 수 있나요?

이상적으로는 다음 직장을 찾기 전에 이러한 질문에 답할 수 있어야 합니다. 새로운 기회가 찾아오는 순간에는 자신에 대해 생각하는 것이 아니라 새 직장의 잠재 가치에 대해 생각하기 때문입니다. 이 일자리가 개인의 전략적 방향과 어떻게 부합하는지 확인하고 다음 질문에도 답할 수 있어야 합니다.

성장할 수 있는 기회는 무엇인가?

스타트업은 많은 사람을 고용하고 새로운 문제를 공격적으로 해결하며 늘 긴박감을 느끼는 상태일 가능성이 높습니다. 하지만 대기업에서도 이와 비슷하게 새롭고 매력적인 일을 하는 그룹을 찾을 수 있습니다. 스타트업의 긴박함과 기존 기업의 안정성이라는 두 가지 장점을 모두 갖춘 이 하이브리드 조직이 여러분에게 적합할까요? 지금껏 본 적 없는 기회가 될까요?

이 많은 질문들 끝에는 안타까운 진실이 있습니다. 그것은 직접 경험해보기 전에는 무엇을 얻을 수 있는지 알 수 없다는 점입니다. 하지만 현재의 직장과는 다른 곳이라는 것, 즉 무언가를 배우게 될 것이라는 점은 확실하며 그건 여러분에게 좋은 일입니다. 더 많이 알수록 놀랄 일도 줄어들 테니까요.

41장
실리콘밸리의 저주

저는 지난 30년 동안 실리콘밸리에서 개발자로 일하면서 회사에서 지원하는 관리 교육 외에 개발 관리에 대한 교육이 구체적으로 언제 어디서 이루어지는지 들어본 적이 없습니다. 분명 그런 교육이 존재했겠지만 지금까지 같이 일한 동료들 중 개발 관리 교육에 대해 이야기하는 동료가 없었다는 것은 의아합니다.

많은 사람이 컴퓨터 과학자가 되기 위해 수년 동안 공부하지만 관리자가 되기 위한 교육은 받지 않습니다. 그렇다면 어떻게 관리자가 될 수 있었던 걸까요?

이 물음에 대한 답은 동전의 양면과 같습니다. 좋은 이야기부터 해보겠습니다.

견습

여러분 주변에 있는 대부분의 관리자는 여러분과 같은 개발자 출신입니다. 그들은 여러분과 똑같은 학위를 갖고 있습니다. 그들은 개발자가 겪을 수 있는 모든 시험과 고난을 경험했습니다. 각각 다른 회사를 다녔고 이제는 잊혀진 몇 가지 프로그래밍 언어를 알 수도 있겠지만 아무튼 그들이 직면한 핵심 문제는 동일합니다.

- 제품 개발이 늦어지고 있음
- 너무 많은 버그가 있음
- 마케팅 팀이 제품에 대한 흥미로운 아이디어를 가지고 있음
- 아무도 무언가를 기록하지 않음
- 제품 관리자와 연락이 되지 않음

현실이 그렇습니다. 현재 여러분의 관리자도 예전에 여러분이 앉은 자리에서 이런 생각을 했죠.

이 사람은 누구지?

도대체 어떻게 저 자리에 올랐지?

우리가 뭘 하는지조차 제대로 알지도 못하는 주제에…

하지만 그는 알고 있습니다. 왜냐하면 그 역시 그 일을 했으니까요.

우리는 다음 장에서 관리자가 되는 과정에 대해 알아볼 겁니다. 하지만 그에 앞서 우리의 업계에서 리더가 되는 사람은 우리와 같은 출신이라는 것을 인정하고 고맙게 여겨야 한다는 것을 마음에 새겨야 합니다.

자.. 잠깐, 잠깐만요. 저는 이 사람을 선택하지 않았어요.

조직 개편으로 어쩔 수 없이 그 사람 밑에 배치된 거죠.

선택할 기회조차 없었다고요.

우선 여러분이 그 자리에 남아있는 것, 그것 또한 선택입니다. 일상이 무너질까봐 두려워 지금 당장 그만두진 못하겠지만 사실 여러분이 원할 때 언제든지 그만두는 것이 불가능한 얘기는 아니죠. 둘째로 그게 중요한 것은 아닙니다. 실리콘밸리의 큰 장점 중 하나는 개발 리더들이 대부분 풍족한 실무 경험을 쌓은 현장 출신이라는 점입니다. 그들은 버그를 수정하고 제품을 출시하는 일을 했으며 그 일을 잘 수행했기 때문에 결정을 내리고 일이 어떻게 진행되는지 소통하는 일, 즉 더 높은 직책의 사람들이 하는 일을 맡아야 한다고 생각했을 겁니다. 그리고 이것이 저주로 이어집니다.

언어에 대하여

이 업계에서는 갑자기 하버드에서 MBA 학위를 받은 유능한 인재가 나타나 현업의 개발 관리를 맡는 일은 일어나지 않습니다. 왜 일까요? 이론적 지식만 갖춘 명문 대학 출신의 인재들을 단번에 압도할 수 있는 똑똑한 개발 팀이 있기 때문입니다.

> **"** 저기요, 하버드. 저랑 같이 이 스택 트레이스stack trace[57]를
> 살펴볼 수 있을까요? **"**

---

57 옮긴이_ 스택 트레이스란 프로그램 실행 과정에서 호출된 함수들의 순서와 위치 정보를 나타내는 용어입니다. 프로그램에서 발생한 예외의 원인을 추적하고 디버깅하는 데 유용한 정보로 사용될 수 있습니다.

우리와 같은 개발자 출신이 관리자라는 것의 이점은 우리와 같은 언어로 말하고 우리의 문제를 이해할 수 있다는 점입니다. 하지만 동시에 이것이 저주의 시작이기도 하죠.

유능하고 젊은 대학 졸업생이 학교를 막 졸업하고 스타트업에 들어갑니다. 그의 상사는 그를 경험이 풍부한 선임 개발자와 함께 일하도록 배정합니다. 2년 동안 이 졸업생은 소프트웨어 개발을 배웁니다. 그는 생산성을 높이고, 영리하게 문제를 해결하고, 도전적이고, 솔직한 의견을 말하고, 마감 기한을 지키고, 품질이 낮은 제품은 출시하지 않는 등 많은 것들을 몸소 배웁니다.

그렇게 개발자로서 여러 번 제품을 출시합니다. 실수도 하고 교훈도 얻으며 어느덧 6년이라는 시간이 흘렀고 그 대학 졸업생은 선임 개발자가 되었습니다. 그가 배운 교훈은 가르쳐야 할 교훈이 되었습니다. 그는 어떠한 상황에서도 품질을 보장하는 사람으로 명성이 자자합니다. 그는 여전히 성장하길 원하고 더 나은 직무를 수행하고 싶어 합니다. 그래서 누군가 그를 관리자로 승진시키기로 결정합니다.

관리자가 된 후 첫 번째 부서 간 회의가 열립니다. 그는 제품 관리, 영업, 기술 지원 부서가 모인 자리에서 자신의 팀이 요청받은 기능의 기술적, 성능적 의미를 제대로 설명할 수 없다는 것을 깨닫고 "음, 그게 좀 어렵습니다."라는 부족한 대답을 합니다. 싸늘한 정적이 감도는 회의에서 그는 이렇게 생각합니다.

나를 싫어하나?

맞습니다, 그들이 싫어할 수밖에요.

모두가 개발을 싫어합니다

실제로 그렇지 않습니다. 이건 너무 과격한 표현이죠. 사람들은 개발에
대해 좌절감을 느낍니다. 개발자를 제외한 사람들은 아무도 개발을 좋아하
지 않습니다. 그 이유는 다음과 같습니다.

어떻게 개발하는지 제대로 이해하는 사람은 없습니다

사람들은 소프트웨어를 어떻게 개발하는지 모르기 때문에 소프트웨어
개발이 쉬운 일이라 생각합니다. 웹 페이지에 체크박스를 추가하는 것을 간
단하게 'if/then 구문을 사용해 코드를 분기하는 정도…'라고 생각합니다.
정말 짜증나는 일이죠.

개발자가 아닌 사람들은 매우 부실한 명세를 가지고 소프트웨어를 구현
해주길 바랍니다. 하지만 진짜 문제는 그들이 설명한 내용이 제품 개발에
필요한 모든 작업을 다루고 있다고 가정하는 데 있죠. 그들은 자신의 이해
가 소프트웨어 개발과 어느 정도 관련이 있다고 믿습니다.

더욱 나쁜 것은 이런 오해가 개발자와 비개발자 양쪽에 모두 있다는 것
입니다.

개발자는 개발을 개인의 일이라 생각하지만 다른 이들은 그렇지 않습니다

우리는 코드의 소유자로서 이 역할을 매우 진지하게 받아들입니다. 우리
는 코드를 몇 달이 넘도록 확인했습니다. 우리는 정합성이 검증될 때까지
밤을 새워가며 열중했습니다.

> **66** 음… 이건 맞지 않네요. 이 필드를 여기로 옮기고 저 버튼을 좀 더 위로
> 올려주실 수 있나요? 왜냐하면… **99**

이런 피드백은 언제 받았어야 할까요? 바로 4개월 전 미친 듯이 마감일을 맞추기 위해 5주 연속으로 주말을 포기하며 새벽에 일을 마친 후였겠죠. 그때 피드백을 주었다면 좋았을 겁니다.

우리에게는 코드가 곧 세계입니다. 제품 마케팅, 기술 지원, 영업 등에 대해 들어본 적이 있긴 하지만 과하게 열정적으로 코드가 세상의 전부라 믿습니다.

코드와 개발자의 관계

컴퓨터 과학 분야의 직업적 특성 중 하나는 좋은 대인 관계가 초기에 큰 부를 창출하는 데 그다지 도움이 되지 않는다는 점입니다. 실제로 처음에는 사회적 미숙함이 오히려 이 분야에서 이점이 되기도 합니다.

이렇게 이해해볼 수 있겠네요.

- 생산성을 높이세요: 좋은 코드를 작성하세요.

- 영리하게 행동하세요: 좋은 코드를 많이 만드세요.

- 권위에 맞서 진실을 말하세요: 여러분의 결과물에 대해 이야기하는 사람들로부터 방어하세요.

- 기한을 지키세요: 마감일에 맞춰 좋은 결과물을 제공하세요.

- 형편없는 것은 배포하지 마세요: 결과물이 좋은지 확실히 검증하세요.

인간에 대한 건전한 양가감정은 이러한 목표를 달성하는 데 큰 도움이 됩니다. 인간의 끝없는 복잡한 행동들에 마음 쓰지 않음으로써 소중한 시간을 절약하고 코딩에 좀 더 집중할 수 있습니다. 우리의 커리어는 코드에 기반을 두고 있습니다. 인센티브도 마찬가지입니다. 연말에 관리자가 성과에 대해 이야기할 때 그들은 우리의 코드가 얼마나 활약했는지를 기반으로 말할 것입니다.

성공한 개발자가 되기 위한 덕목에는 대부분 개발 외부의 사람들과 상호작용하는 것이 포함되지 않습니다. 그런데 이것이 우리를 '저주'로 이끕니다.

저주

실리콘밸리의 저주란 가치 있는 인재를 그들이 원하지도 않고 적합하지도 않은 업무에 배치하는 것으로부터 시작됩니다.

개발자가 일상적으로 하는 많은 일들은 복잡한 기술을 개발하는 데 도움이 되었습니다. 그러나 이러한 기술은 소통, 번역, 소프트 스킬 멘토링, 공감 등 사람들을 대할 때 빛을 발하는 기술이 아닙니다. 다음 중에서 관리자가 마주칠 수 있는 상황을 골라보세요.

- 적대적인 분위기 속에서 소통하기
- 성과가 부족한 직원에 대한 평가 보고서 작성하기
- 친구를 해고하기

여러분이 8년 동안 훌륭한 코드를 개발하면서 얻은 경험 중 이런 상황에 대처하는 데 도움이 되는 것이 있나요? 물론 어려운 문제에 대해 열띤 토론을 벌이는 회의에 참석한 적은 있겠지만 그것은 같은 개발자들과 하는 회의였습니다. 여러분은 그들이 어떻게 생각하고 말하는지 알고 있으며 회의 후에는 아무렇지 않게 각자의 자리로 돌아가 일을 계속할 수 있습니다. 그러나 상대가 화가 잔뜩 난 현장 법률 고문이라면 어떨까요? 그와 몇 차례 대화를 나눠보고 그가 다음에 어떤 행동을 할 것인지 말해보세요.

관리는 정보를 수집하고 조직화해서 적절한 사람들에게 배포하는 기술입니다. 이를 수행하기 위해서는 개발뿐만 아니라 개발 이외의 분야에서도 다양한 성격의 사람들과 빠르고 효과적으로 소통할 수 있어야 합니다. 생산적이고 영리하며 신뢰할 수 있는 개발자는 인간을 이해하는 데 큰 욕심이 없습니다. 실제로 우리는 최대 생산성을 달성하는 정신적 장소인 '존^{zone}'을 구축했으며 존의 규칙은 다음과 같습니다.

아무도 들어오지 마세요. 저는 코딩에 몰두하고 있거든요.

관리자로의 전환에는 고통이 따릅니다. 개발에서 진실은 명확하고 측정 가능한 것입니다. 그러나 관리는 끝없는 정치적 음모와 인격 모독으로 진실을 흐리게 만들죠.

대중화된 개발

현재 팀을 관리하는 세대는 반사회적인 괴짜로 여겨지던 시절에 익숙한 사람들입니다. 그러나 이제는 인터넷이 없는 세상을 경험해보지 못한 밀레

니얼 세대가 관리자가 되면서 괴짜라는 낙인을 없애고 있습니다. 이들은 까다로운 괴짜에 대한 사회적 시선을 부드럽게 만들어줄 세대입니다.

IT 업계의 산업은 성숙기에 접어들었습니다. 불과 20년 전만 해도 구직자로부터 외면받던 분야였지만 이제는 전 세계의 많은 사람들이 동경하는 분야가 되었습니다. 왜냐하면 그들은 우리가 개발한 도구와 일상을 함께하고 있기 때문입니다. 이 도구들은 주머니 속에도 있고, 일상적인 대화 속에도 있죠.

IT 산업이 점점 더 각광받음에 따라 미래의 소프트웨어 개발 관리자를 위한 후보자 풀이 커지고 있습니다. 그리고 이 풀이 커질수록 더 많은 재능과 개성을 지닌 사람들이 서로 영향을 주고받을 것입니다. 이렇게 되면 소프트웨어 개발도 다른 산업과 다르지 않게 될 것이며, 더 이상 나쁜 관리자를 세대적 특징으로만 볼 수는 없을 것입니다.

42장
관리자가 되는 과정

저의 관리자 커리어는 오해에서 시작되었습니다.

> 지금 도구 개발을 정말 잘 해주고 계신데,
> 앞으로는 도구 개발 부분을 리드^{Lead}해줬으면 좋겠어요.

처음 들었을 땐 '잘했어! 그 일을 진행시켜봐!'하고 저의 전문성을 칭찬하는 것처럼 들렸습니다. 하지만 문제는 '리드'의 첫 글자가 대문자 L이라는 사실이었죠.[58]

관리자가 이야기한 것은 'lead'가 아닌 'Lead'였습니다. 그는 명확한 정의나 구체적인 요청 없이 제게 부탁했습니다. 그로부터 두 달 후 제가 기한을 지킬 수 없을 것 같다고 했을 때 그는 당황한 기색이 역력했습니다.

---

58 옮긴이_ 원문은 "I'd really like you to Lead the effort."입니다. 대문자로 표기된 Lead는 특별한 역할이나 직책을 나타냅니다. 하지만 필자는 리더의 역할을 맡아줬으면 좋겠다는 말을 알아차리지 못하고 '잘했어! 그 일을 진행시켜봐!' 정도로 파악한 것입니다.

> **나:** 다음 달까지 이걸 완성할 수 있을 것 같지 않아요. 시간을 더 주세요.
>
> **관리자:** 다른 개발자를 고용하는 건 어때요?
>
> **나:** 네? 그렇게 해도 되나요?

관리자가 되는 세 가지 상황은 이렇습니다.

- 여러분이 결정합니다.

> **여러분:** 저는 개발자로 성장하는 것보다
> 관리자가 되는 것이 더 낫다고 생각해요.

- 여러분이 발전합니다. 이것이 제게 일어난 일입니다. 작은 결정들과 행동을 거듭하다보니 결국엔 관리자가 되었습니다. 놀랍지 않나요?

- 선택의 여지가 없습니다.

> **상사:** 이 팀을 관리해주시죠.

선택의 여지가 있든 없든 관리자가 되면 이해해야 할 측면이 몇 가지 있습니다.

관리는 커리어의 새로운 시작입니다

이제 막 관리직을 맡게 되었다면 같은 게임이지만 완전히 새로운 게임판의 시작점에서 다시 시작해야 한다는 사실을 명심하세요. 여러분을 훌륭한 개발자로 만들어준 기술을 여전히 사용하겠지만 또 다른 새로운 기술을 습득하고 다듬어야 합니다.

관리자로서 하루 일과를 마치고 '오늘 뭘 했지?'라고 물으면 아무것도 하지 않았다는 느낌을 받을 겁니다. 정오가 되기 전에 버그 세 개를 고치던 일은 과거가 되었습니다. 더 이상 버스를 타고 집으로 퇴근하는 길에 노트북을 꺼내 코딩하지 않아도 되지만 마주하기 어려운 높은 사람에게 중요한 이야기를 어떻게 해야 할지 고민하게 될 것입니다. 드라마 같은 상황이 펼쳐질 거예요. 그리고 사무실에서 여러분에게 무언가를 원하는 사람이 없는… 소중한 순간이 찾아올 겁니다.

많은 회의에 참석하게 됩니다

이미 알고 있겠지만 관리자는 많은 회의에 참석합니다. 회의는 존재 자체가 골칫거리이며 가능한 한 회의를 없애는 것이 개인적인 목표지만 어쩔 수 없이 많은 회의에 참석합니다. 회의의 유형은 조정과 아이디어 이렇게 두 가지입니다. 간단히 설명해보죠.

▨ 조정 회의

> "
> 이건 빨간색이네요. 모두 동의하시나요? 좋아요.
> 잠시만요, 필은 파란색이라고 생각해요.
> 필, 여기 빨간색인 이유가 18가지나 돼요. 납득하시죠? "

▨ 아이디어 회의

> "
> 파란색이 더 필요해요. 어떻게 해야 할까요?
> 필, 파란색 전문이잖아요. 이제 어떻게 해야 될까요? "

회의를 회피하는 방법도 익히게 될 것입니다. 하나는 치료 회의입니다. 치료 회의는 이런 식으로 진행됩니다.

> **66** 손 들어보세요. 파란색에 대해 이야기하고 싶은 사람? 아니면 빨간색? 상관없어요. 앞으로 60분간 색에 대한 감정을 탐구해봅시다. **99**

시간이 지나면 어떤 회의에 참석해야 할지 알게 되겠지만 일단 다음과 같은 이유로 모든 회의에 참석하게 될 것입니다.

관리자는 소통의 허브입니다

관리자의 주요 업무 중 하나는 소통의 허브가 되는 것입니다. 여러분을 위해 일하는 사람들뿐만 아니라 여러분에게서 무언가를 필요로 하는 사람들과도 소통해야 합니다. 즉, 관리자는 무작위적으로 회의실에 앉아 경청해야 합니다. 그들이 누구고, 그들에게 필요한 것은 무엇이며, 그들이 하는 말을 내가 이해할 수 있을지, 지금 거절해야 할지 그냥 두어야 할지를 고민하며 말이죠.

아이러니하게도 관리자는 가끔씩 나타나 고개를 끄덕이는 것만으로도 인정받는 경우가 많습니다. 커리어 관리 전략으로써 '고개를 끄덕이는' 접근 방식은 능동적이지도 도움이 되지도 않습니다. 하지만 단순히 경청하는 것만으로도 도움을 줄 수 있습니다.

그러나 경청하는 것 이상의 역할이 필요합니다. 이 회의에서 논의되는 내용은 여러분만을 위한 것이 아니라 팀을 위한 것이므로 다음과 같은 놀라운 기술이 필요합니다.

추상화와 필터링

끊임없이 쏟아지는 정보를 주고받으며 소통해야 하지만 정보를 정제하지 않은 채 전달하기만 한다면 그건 말 그대로 '전달'일 뿐입니다. 관리자로서 정보를 전달할 때는 추상화, 종합, 필터링을 거쳐 전달해야 합니다. 30분 동안 진행되는 현황 회의를 3분으로 압축하는 필터를 개발해서 실제로 팀에게는 세 가지 사항만 전달해야 하죠.

> *내가 알아야 할 것이 세 가지뿐이라면*
> *도대체 왜 이 회의에 30분을 허비해야 하는 걸까?*

이런 좌절감이 들 수 있습니다. 저는 여러분의 좌절감에 공감합니다. 하지만 회의 참여자마다 전달해야 하는 세 가지 상황이 모두 다르고 이 회의를 날려버리면 더 많은 회의가 열리게 된다는 사실을 기억하세요.

다국어 번역가

회사 내의 각 그룹마다 사용하는 언어와 요구 사항이 다릅니다. 관리자는 회사에서 쓰이는 여러 가지 언어를 구사할 수 있어야 합니다. 개발과 QA 사이의 긴장감에 대해 생각해보세요. 데이터베이스에서 발생한 버그를 두고 일주일 동안 여러분과 QA 담당자 사이에서 벌어졌던 불꽃 튀는 언쟁을 기억하나요? 개발과 QA는 실제로 같은 언어를 구사하지만 목표가 서로 다릅니다. 관리자는 회사 전체가 사용하는 언어와 목표를 발견할 수 있어야 합니다. 예를 들어보겠습니다.

- 영업 팀은 판매에만 관심 있고 서비스 구축이 얼마나 어려운지는 크게 신경 쓰지 않습니다.

- 마케팅 팀은 브랜드, 콘텐츠, 그리고 관련성 없는 세부 사항에 대해 끝없는 논쟁을 지속합니다.

- 기술 지원 팀은 하루 종일 고객과 대화하지만 여전히 아무도 자신의 말에 귀 기울이고 있다고 생각하지 않습니다.

- 시스템 관리자는 다양한 언어를 많이 구사하며 생각보다 많은 권한을 가지고 있습니다.

누구나 자신의 업무가 필수적이라 믿고, 누구나 다른 사람의 업무가 쉽다고 생각하며, 혼란스럽게도 모두가 스스로 옳다고 믿습니다. 이러한 현상에는 모두 이유가 있습니다. 각 그룹은 회사라는 유기체 속에서 고유한 무언가를 만들어냅니다. 개발자 개인은 기괴한 약어에 킥킥거리며 조롱섞인 이야기를 할 수 있지만 관리자는 그들의 언어를 이해하고 사용해야 합니다. 그들이 원하는 것이 무엇인지 더 잘 이해할 수 있기 때문이죠. 새로운 언어를 습득하는 것은 매우 까다로운 일입니다. 관리자로서 처음 90일 동안은 완전히 혼란스러운 시간을 보내게 될 것이고 상황은 더욱 악화될 것입니다.

드라마는 도처에 깔려 있습니다

월요일 아침, 이른 시간에 여러분의 관리자가 사무실로 전화합니다. 긴급한 상황인 게 분명합니다. 그녀는 여러분을 앉혀놓고 이렇게 말합니다.

> **제가 조직에 변화를 주려고 합니다.**
> **당신은 도구 개발 분야에 탁월한 능력이 있으니**
> **제리Jerry를 관리해주었으면 해요.**
> **이렇게 하는 것이 팀 모두에게 도움이 될 거라 생각해요.**

제리에게 무슨 일이 있었던 걸까요? 여러분은 이 이야기의 절반 정도를 들었다고 생각하나요? 아닙니다, 여러분은 전체 이야기의 10%만을 들었을 뿐입니다. 관리 업무에서 큰 부분을 차지하는 것 중 하나는 이러한 지저분함을 관리하는 것입니다. 제리의 관리자가 바뀐 것이 개인적 또는 직업적 문제 때문이라는 걸 누가 알 수 있을까요? 여러분이 상관할 일은 아니지만 관리자는 상관해야 할 일입니다. 관리자의 일이니까요.

여러분은 조직에서 벌어지는 이 드라마 같은 일의 10%만을 보고 있는 것입니다. 전체 이야기가 궁금하겠지만 그것은 여러분이 관여할 바도 아니고 업무도 아닙니다. 관리자는 이런 막장 드라마를 늘 맨 앞에서 시청합니다. 그렇기 때문에 매월 인사 팀과 1:1 미팅을 합니다. 인사 팀의 업무는 드라마를 관리하는 방법에 대해 교육하는 것입니다.

상황을 반전시켜야 합니다

오전 9시부터 30분간 6번의 1:1 미팅이 예정되어 있는데, 네 번째 미팅에서 아키텍트가 돌연 퇴사합니다. 애플리케이션의 핵심을 책임지는 사람이 스타트업으로 떠나게 된 것입니다. 하지만 그를 붙잡을 수 없을 것 같습니다. 암울한 상황이네요. 하늘이 무너지는 듯한 1:1 미팅이 끝난 후, 아키텍트가 퇴사한다는 사실을 전혀 모르는 품질 책임자가 데이터베이스 버그에 대해 긴급하게 이야기를 나누고 싶어 합니다. 더욱 암울해지네요. 이때 여러분이 해야 할 일은 암울한 사실을 모두 잊고 팀원들에게 온전히 집중하는 것입니다. 관리자에게는 각기 다른 속도의 커브볼이 꾸준히 날아올 것입니다. 여러분의 임무는 아무리 괴상한 투구라도 능숙하게 쳐낼 뿐만 아니라 더 괴상한 투구에 대한 대비를 하는 것입니다.

관리자가 조직의 괴상한 이야기를 정말 많이 접하게 되는 데는 이유가 있습니다. 일반적인 업무는 팀원 개인이 처리할 수 있기 때문입니다. 따라서 사소한 일을 알아서 처리하는 팀원들로 구성된 성공적인 팀을 구축하였다면 여러분의 사무실은 더욱 독특하고 기괴한 것들로 채워질 겁니다.

괴상한 일들을 겪다 보면 여러분은 매우 다른 두 가지 방식으로 평가받게 됩니다.

- 그 상황에 어떻게 대처했는가? 이러한 일을 더 많이 겪게 될 것인가?

- 그 상황에서 얼마나 침착했는가? 상황을 처리하는 것처럼 보이는가, 아니면 놀라서 달아날 태세를 취하고 있는가?

리더십은 효과적으로 일을 처리하는 것뿐만 아니라 괴상한 상황에도 흔들리지 않고 침착한 모습을 보여주는 것입니다. 다행히 괴상한 일이 확산되는 것을 제어를 할 수 있는 새로운 도구가 있습니다.

'아니요'라고 말하는 것입니다

'아니요'라고 말하는 것은 여러분에게 두 번째로 강력한 도구입니다. 관리자이든 관리직을 고려하고 있든, 깊은 새벽 여러분을 잠에서 깨울 수 있을 가장 어려운 문제를 선택하세요. 여러분은 결정하고 크게 말해야 합니다. 이렇게 말이죠.

> " 아니요. "

QA는 테스트할 수 없다고 합니다. 개발자는 그것을 완성하지 못할 거란 걸 알고 있습니다. 만약 우리가 개발을 시도한다면 실패할 것이 자명하고, 우리는 실패하지 않을 것이기에 답은 '아니요'입니다.

여러분은 개인으로서도 이 도구를 가지고 있었습니다. 보통은 관리자를 구석으로 몰아넣고 난 후에 '아니요'라고 말했죠. 그리고 여기서 '아니요'라고 말하는 것에는 합당한 이유가 있었습니다.

관리자로서 여러분은 그룹을 위해 '아니요'라고 말하는 것을 담당해야 합니다. 옳은 일을 하기 위해 하던 일을 멈춰야 할 때 '아니요'라고 말하는 것이 여러분의 역할입니다. 여러분은 상위 조직의 무리한 요구에 '아니요'로 대응하여 팀을 보호해야 합니다.

그러나 '아니요'라고 말하는 것엔 대가가 따릅니다. 타당한 이유 없이도 '아니요'라고 말할 수 있는 위치에 있기 때문에 '아니요'라고 말하는 것이 점차 여러분을 권력에 집착하는 사람으로 변모시킬 수 있습니다. '아니요'라고만 말할 수 있는 것은 아닙니다. 대안도 있죠.

'네'라고 말하는 것입니다

'네'라고 말하는 것은 사람과 일 모두를 성장시키는 시작점입니다. '네'는 단순히 긍정적인 단어가 아니라 앞으로 나아가기 위한 구조를 제공하는 단어입니다.

> 66 네, 시작합시다. 99

> 66 네, 그가 회사를 떠나는 걸 알아요. 우리는 앞으로 무엇을 해야 할까요? 99

> 66 네, 앞으로 우리는 대담한 시도를 해야 합니다. 99

때로는 현실에 구애받지 않는 '네'가 필요합니다. 긍정적인 태도로 '네'라고 말하며 불가능하다고 생각하는 현실의 한계를 뛰어넘을 수 있는 영감을 줄 수 있어야 합니다.

> 66 네, 제 생각엔 당신은 좋은 관리자가 될 거예요. 99

성장을 위한 신뢰

신규 관리자는 상황이 어려워지면 다시 개발자가 되려고 할 것입니다. 익숙하고 신뢰하는 도구들에 의존하겠지만 이제는 관리자이기 때문에 팀을 믿어야 합니다.

제가 관리자의 역할에 대해 단 한 가지 조언만 할 수 한다면 그것은 '성장'입니다. 관리자로서 여러분의 임무는 여러분이 처음 개발할 때 사용했던 기술들을 확장하는 것입니다. 여러분은 예전에 버그를 고치는 데 있어 불가능해보였던 일을 해내던 사람이었습니다. 이제 여러분은 팀 전체가 해결하지 못하는 버그를 수정해야 합니다.

이제는 여러분이 잘하는 것을 동료에게 가르쳐주고 전달해야 할 때입니다. 그리고 이건 여러분이 혼자서 담당했던 일들을 신뢰하는 팀원에게 맡기는 것에서 시작됩니다.

이러한 신뢰를 정의하고 유지하는 것은 만족스러운 생산성 피드백 루프를 만듭니다. 팀을 신뢰함으로써 여러분은 성장할 수 있고, 성장하면 여러분이 사랑하는 일을 더 많이 할 수 있습니다. 더 많이 하고, 더 많이 만들고, 더 많은 경험을 쌓고, 더 많은 교훈을 배울수록 여러분은 더 많은 것들을 이해하게 됩니다. 그리고 이러한 것들은 여러분이 더 크게 성장하고 리더십을 발휘할 기회를 얻게 해줄 것입니다.

43장
동료의 이탈과 공백

> **66**   누구나 대체 가능합니다.   **99**

팀에서 중요한 사람이 떠날 때 여러분은 이런 말을 듣게 될 겁니다. 그 사람이 떠나는 것을 원하는 사람은 없었기에 분위기가 사뭇 어색해집니다. 관리자는 어색해진 분위기를 바꿔보고자 모두를 모아놓고 그 사람이 떠나게 된 이유에 대해 설명합니다.

> **66**   그는 여기서 5년 동안 일했습니다.
> 이제 새로운 것을 찾아 떠날 때가 되었어요.   **99**

사람들은 고개를 끄덕이면서도 의아해했습니다. 이때 동료인 필립이 제 쪽으로 몸을 기울이며 속삭입니다.

> **66**   모든 사람은 대체 가능해요.   **99**

맞습니다. 자연은 진공 상태를 싫어하는 법이죠. 중요한 사람이 떠나면 남아있는 이들에 대한 흥미로운 사실들을 많이 알게 됩니다.

공백

이번 장에서 저는 팀에서 누군가가 떠날 때 생기는 아쉬운 사례를 분석해보려 합니다. 누군가가 떠나는 걸 원치 않는다는 것은 그 사람이 팀에 고유한 무언가를 더해주었기 때문입니다. 그가 떠나면 팀에 필수적인 무언가가 영원히 빠질 것이라고 생각하죠.

한 명의 핵심 인물이 떠나는 상황이 팀 또는 회사의 붕괴로 이어질 수도 있지만 이번 장에서는 그런 상황 속에서도 팀이 살아남았을 때를 가정하겠습니다. 여러분이 중요하게 생각했던 사람은 떠났지만 저는 여러분이 남겨진 사람들을 과소평가하고 있다고 생각하기 때문입니다.

어떤 사람이 떠나면 그 사람의 부재가 즉시 큰 변화를 가져올 것이라고 생각하기 마련입니다. 하지만 현실의 사람들은 복잡한 사회적 유기체이므로 변화는 쉽사리 일어나지 않습니다. 물론 누군가의 퇴사로 인해 우려되는 공백이 생길 수 있습니다. 지금부터는 이 경우에 여러분이 가장 두려워하는 것들을 살펴보고 왜 걱정하지 않아도 되는지 그리고 앞으로 어떻게 주의를 기울여야 하는지에 대해 이야기해봅시다.

지식과 능력: 알파 멤버

■ 비합리적인 두려움

> 66 그는 유일하게 제품에 대한 지식을 가지고 있습니다. 버그를 고치기 위해 디버깅하는 방법을 아는 사람은 오로지 그뿐입니다. 전체 시스템에 대한 이해를 가지고 있는 사람도 그뿐입니다. 그는 정말, 정말로 어려운 문제가 생겼을 때 우리가 찾는 사람입니다. 그가 없으면 더 이상 어려운 문제를 해결할 수 없을 거예요. 99

걱정하지 마세요. 여러분도 팀에 관해서는 알파입니다. 알파 멤버는 모든 것을 알고 있으며, 동시에 다른 모든 사람이 알파가 모든 것을 안다는 것을 인지하고 있다는 점에서 동전의 양면과 같습니다. 알파는 팀원이 어려운 질문을 할 때마다 누구에게 물어보면 되는지 정확히 알려줍니다.

알파 멤버의 부재가 우려되는 것은 사실이지만 곧 모두가 알파 멤버에게 했던 질문의 답을 다른 팀원들이 기억하고 있다는 사실을 알게 될 것입니다. 사실 그들은 종종 발견하기 위해서가 아니라 확인의 수단으로 질문해왔습니다. 세 번 정도 질문을 하고 나면 알게 됩니다. 어떻게 작동하는지 알고 있지만 알파의 존재 자체가 그들 스스로를 의심하게 만들었던 것이죠.

> 66 음… 제가 알 것 같긴 한데 진행 전 알파를 통해 확인해보는 게 좋을 것 같아요. 99

알파만이 알고 있다고 생각한 대부분의 지식이 이미 다른 팀원들도 아는 것이었다고 가정해봅시다. 알파가 떠남으로써 다른 팀원이 알고 있는 것을 신뢰할 수 있게 될 것입니다.

하지만 주의하세요. 평소에 묵묵했던 팀원들이 공백을 채울 수도 있겠지만 중요한 지식과 능력을 소유했던 사람들이 회사를 떠났습니다. 우려되는 것은 넓은 범위의 지식이 아니라 작고 기록되지 않은 세세한 시행착오입니다. 왜 그 변수에는 특별한 이름을 붙인 걸까요? 서버를 명명하는 규칙에 숨겨진 이야기는 무엇일까요? 코드에 적힌 '이런 게 두 개 더 있으면 우리는 망한다'와 같은 주석은 무엇을 의미할까요?

여러분은 그들에게 문서화해달라고 요청할 수 있지만 그들은 제품의 내부 작동에 필수적이지만 사소한 것들에 대해 잊었을 가능성이 높습니다. 그 중요한 사람이 떠난 지 몇 달 후에 누락된 부분을 발견하게 될 것이고 그땐 이미 그들이 과거의 업무 경험을 전부 잊어버린 상태일 테니까요.

> **"**
> 뭐가 두 개 더 있으면 큰일난다고요?
> 무슨 말씀을 하시는지 전혀 모르겠어요···
> **"**

알파 멤버가 떠날 때 걱정해야 할 것은 '팀에 예상치 못한 상황을 처리할 능력이 있는가'입니다. 알파의 부재가 팀의 일상적인 운영에 영향을 미치는 것은 아닙니다. 하지만 문제가 심각해지면 그에 대한 그리움에 사무칠 것입니다. 그가 즉흥적으로 했던 일들이 문서화되어 있지 않은데 그가 다시 돌아올 수도 없기 때문입니다.

다시 말하지만, 알파를 비롯한 핵심 멤버가 회사를 떠나고 있더라도 대부분의 경우 생명을 부지할 수 있습니다. 팀은 선택의 여지가 없기에 그의 부재를 한번 극복하고 나면 무엇이 부족한지 알게 되고 작업 방식을 개선합니다.

힘과 영향력: 마에스트로

■ 비합리적인 두려움

> 66 그녀는 우리를 지켜주고 있습니다. 그녀는 얼토당토 않은 이야기로부터 조직을 보호하고 문화를 지키고 있습니다. 그녀가 여기 있기 때문에 더 많은 기회가 주어지며 그녀가 우리를 위해 싸우기 때문에 우리에게 유리한 결정이 내려지고 있습니다. 99

그녀는 조직의 업무를 지휘하고 있으므로 우리는 그녀를 '마에스트로'라고 부르겠습니다. 그녀는 아마 고위 관리자, 이사, 또는 부사장이었겠지만 이제 그녀는 떠났습니다. 알파 멤버와 마찬가지로 그녀의 부재로 인해 생긴 공백은 그녀의 직책에 관심 있는 이들을 혼란스럽게 할 것입니다. 그녀의 왕관을 누가 이어받을 것인가? 누구에게 자격이 있는가? 그들은 왕관을 얻기 위해 무엇을 할 것인가? 이러한 질문들은 흥미롭지만 현실적으로 그녀가 떠난 이유를 이해해야 합니다. 여러분은 그녀가 떠나는 것이 슬프지만 모두가 그럴까요?

리더는 그들을 둘러싼 문화를 정의합니다. 사실 이 문화는 이중적입니다. 첫째, 마에스트로가 떠나면 그 문화도 그녀와 함께 떠납니다. 둘째, 그녀의 상부 조직을 비롯한 주변의 문화가 스며들어올 것입니다. 이제 문제는 이 문화가 팀과 조화를 이룰 수 있는지 여부입니다. 마에스트로는 팀을 이 문화로부터 보호하고 있었나요? 왜 그랬을까요? 그리고 가장 중요한 것은 그녀가 떠나게 된 것이 외부 문화와의 갈등에서 비롯된 것인지 여부입니다.

리더는 현실을 자신과 팀에 유리하게 최적화하며, 리더가 강력하고 영향력 있는 경우 자신과 팀을 위해 더 편안한 업무 환경을 조성할 수 있습니다. 그리고 이러한 업무 환경이 회사의 다른 구성원들과 마찰을 일으킬수록 마에스트로가 회사를 떠났을 때 팀이 적응해야 할 부분이 커집니다.

하지만 주의가 필요합니다. 영향력 있는 리더가 그룹을 떠난 후 첫 달 동안 알아야 할 것은 팀의 목표에 대한 그녀의 시각과 회사가 설정한 목표가 얼마나 다른지입니다. 이상적으로는 그녀가 팀의 목표를 기업 비전과 일치하도록 설정했어야 합니다. 그리고 팀에 대한 그녀의 일상적인 지침이 다른 팀의 방향과 일치하며 누가 그녀의 자리를 채우더라도 일관성이 유지되는 것이 좋습니다.

그러나 아마도 그런 이상적인 환경은 아니었을 겁니다. 팀을 사내 정치나 불필요한 것들로부터 보호하는 것은 팀원들이 업무에 집중할 수 있도록 돕지만 때론 과잉보호일 수도 있습니다. 그래서 영향력 있는 리더가 회사를 떠나면 저는 공허한 시선에 주의를 기울입니다.

영향력 있는 사람이 퇴사하면 자연스럽게 내부 조사를 위한 회의가 열립니다. 팀원들이 질문을 하도록 하는데 그 질문을 제가 받았을 때 저는 제 대답이 어떻게 받아들여질지 주의 깊게 주변을 살핍니다. 고개를 끄덕이는 것은 제 의견에 동의한다는 보편적인 신호죠. 끄덕이는 것은 이해했다는 것이니까요. 그러나 물끄러미 쳐다보기만하는 것은 소통이 끊어졌다는 의미입니다. 특히 전 상사와 교류한 사람들 중에 그런 시선을 보내는 사람이 있다면 그녀가 그들에게 무엇을 전달했는지, 무엇을 말하지 않았는지에 대한 의문이 생깁니다.

마에스트로가 팀을 불필요한 것으로부터 보호했는지, 자신만의 현실을 구축하고 있었는지, 아니면 외부 문화와 어떤 조화를 이루고 있었는지 여부와는 별개로, 그녀의 부재는 문화적 공백을 만들어낼 것입니다. 그리고 새로운 리더는 자신의 문화를 가져올 것이며 팀은 그에 맞춰 적응해야 합니다.

네트워크와 소통: 인사이더

■ 비정상적인 두려움

> ❝ 그는 모든 것을 알고 있습니다. 그는 놀라울 정도로 인맥이 넓어서 항상 게임에서 우위를 차지했습니다. 저는 무슨 일이 일어나는지 알고 싶을 때 항상 그를 찾아갔습니다. 그럴 때마다 그는 놀라지 않고 사전에 정보를 알려주었습니다. ❞

인사이더는 회사에서 일어나는 일에 대해 잘 알고 있는 팀원입니다. 회의에서 중요한 데이터에 대한 확인이 필요할 때면 모든 시선이 인사이더에게로 쏠립니다.

> ❝   상사: 3개월이나 늦은 것 같아요.
>   (모든 시선이 인사이더에게 집중된다.)
>   인사이더: (끄덕인다.)
>   상사: 망한 거군요. ❞

인사이더는 단순히 소문을 전달하는 역할만 수행하지 않습니다. 그는 팀 내에서 진실을 수호하기도 합니다(〈33장 프로젝트 관리의 삼각형〉 참고). 인사이더는 어디에서 무슨 일이 일어나고 있는지 알아야 한다는 강박을 가지고 있습니다. 그리고 이런 능력을 주변 사람들에게 최신 정보를 전달하는 수단으로 사용하죠.

인사이더가 진실의 수호자로 여겨지긴 하지만 정보는 상상을 뛰어넘는 다양한 방식으로 사람들 사이에 전파됩니다. 흥미로운 정보일수록 특히 더 그렇습니다. 최신 정보를 알지 못하게 되더라도 걱정할 필요는 없습니다. 정보는 그 자체로 흥미롭기 때문에 계속 전파될 것입니다. 인사이더의 부재는 여러분이 정보를 수집하는 데 있어 틈을 만들 수 있지만 그의 부재가 여러분을 영구히 어둠 속에 가둬둘 정도로 심각하지는 않을 것입니다.

주의해야 할 점은 여러분의 이전 인사이더가 정보 수집과 정보 전달이라는 두 가지 역할을 수행해왔다는 점입니다. 그중에서 여러분은 후자에 좀 더 주의를 기울여야 합니다. 인사이더는 누구에게 무엇을 물어봐야 하는지 알 뿐만 아니라 누가 무엇을 알아야 하는지도 알고 있기 때문입니다.

인사이더가 빠진 상황에서 중요한 것은 현재 누가 어떤 상황에 처해있는지 알아내는 것입니다. 인사이더에게 의존하여 팀이나 회사에서 무슨 일이 일어나고 있는지 파악하려고 한 사람은 누구인가요? 인사이더의 부재로 인해 중단된 필수적이면서도 명백하지 않은 의사소통은 어떤 내용인가요? 이 갑작스러운 소통의 부재는 여러분이 예상하지 못한 곳에서 발생할 수 있습니다. 예를 들어 인사이더가 복도에 있는 누군가에게 다가가는 일도 더 이상 일어나지 않을 겁니다. 이는 누군가가 조용히 헤매고 있다는 신호일 수 있습니다. 인사이더에게 접근하여 편하게 정보를 얻는 시기는 끝났다는 것을 의미합니다.

관리자가 주도하는 다양한 종류의 회의는 사람들 간의 의사소통이 체계적이고 예측 가능하게 구조화되어 있을 것이라고 생각할 수 있지만 실제로는 그렇지 않습니다. 관리자 회의에서 얻을 수 있는 유용한 정보만큼 복도, 이메일, 사무실 등에서도 유용한 정보가 이동합니다. 인사이더가 떠나면 의사소통은 어딘가에서 중단되고, 그 결과로 단순한 혼란부터 조직적인 혼돈까지 크고 작은 혼돈이 발생할 수 있습니다.

관점의 문제

다시 말하지만, 사람들은 복잡한 유기체이며 이에 대한 여러분의 관점은 여러분이 관측 가능한 범위로 제한됩니다. 떠나는 사람에 대한 여러분의 관점은 그저 여러분의 시점에서 본 것에 불과합니다. 그 사람에 대한 관점은 사람마다 다르며 그 사람이 떠나는 것에 대한 의견도 당연히 다양하게 나타납니다.

떠나는 상황에서 가장 주목해야 할 점은 예상치 못한 변화입니다. 이런 예상치 못한 사회적 변화가 여러분의 일상에 영향을 미칠 수 있으며 여러분은 미리 변화의 부작용을 알아내야 합니다. 그 사람의 부재로 완전히 망가진 사람이 있는가 하면 이를 기쁘게 여기고 기회를 기다리는 사람도 있습니다. 여러분은 이들이 누구인지 알아야 하며 그들의 의견을 이해해야 합니다.

이러한 공백은 조직적 혼란을 야기하지만 동시에 기회를 창출하기도 합니다. 권력의 공석을 차지하기 위한 경쟁은 소문이 사내를 휩쓸기 시작하는 순간부터 시작되며 여러분은 그 속에서 어디에 자리 잡아야 할지 알아내야 합니다. 그동안 알파 멤버가 되고 싶었나요? 이제 그 자리를 채울 때입니다. 훌륭한 인사이더가 될 것 같은 사람을 알고 있나요? 그 사람에게 이야기해보았나요?

마지막으로 핵심 인물의 이탈은 사람들을 깜짝 놀라게 만듭니다. 사람들은 겁에 질려 그 자리를 누가 대신할지가 아니라 다음으로 누가 이탈할지에 대해 궁금해합니다.

나는 여기서 행복한데 그들은 왜 떠나는 걸까요?
다음에는 누가 될까요?

핵심 인물 이탈의 가장 큰 위험은 그것이 더 큰 움직임의 시작일 수 있다는 점입니다. 그 큰 움직임은 하늘이 무너지는 것과 같은 위험을 초래할지도 모르죠.

44장
영감의 원천

영국 런던의 웨스트엔드에 있는 소호 스퀘어Soho Square에서 오드리의 첼로 연주를 듣는 것은 이번이 두 번째입니다. 오드리는 벤치를 발견하고는 곧장 가서 첼로를 연주하기 시작했죠. 처음 연주를 듣고 며칠 뒤 그녀에게 첼로를 연주할 때 귀뜸해달라고 부탁했지만 그녀는 조용한 미소로 우리의 부탁을 거절했습니다. 그래서 그녀의 룸메이트인 브루스에게 첼로를 감시해달라고 부탁했습니다. 브루스는 오드리가 첼로를 조율하는 것을 보면 미리 알려줬죠. 그녀가 악기를 들고 건물을 빠져나가면 메시지를 보내줬는데, 우리는 메시지를 받자마자 도시를 가로질러 소호 스퀘어로 향했습니다.

소호 스퀘어의 봄날이었습니다. 오드리는 공원 벤치 아무 곳에나 자리를 잡고 첼로를 연주했습니다. 그녀는 수년간 첼로를 연습했지만 누구에게도 들려주지 않았죠. 소호 스퀘어에서의 첫 번째 연주는 충격적이었고 두 번째는 즐거웠으며 세 번째는 마지막이었습니다. 저와 브루스, 나타샤는 오드리가 클래식 애호가라는 것을 알고 있었기에 그 자리에 앉아있었습니다.

4년 전에는 제빵이었습니다. 2년 전에는 건축이었죠. 그리고 지난 2년 동안은 첼로였습니다. 오드리는 2년마다 새로운 취미를 가지는 취미 애호가였습니다. 2년 동안만 움직이는 태엽 장치 같았죠. 그녀는 가끔 우리에게 빵의 역사와 그녀가 만든 빵에 관해 설명해주고 '둘이 먹다가 하나가 죽어도 모를' 로즈마리 치아바타를 먹으러 우리를 도시 곳곳으로 끌고 다니기도 했습니다. 가끔은 취미 활동이 아무도 모르게 진행되기도 했습니다. 첼로는 그녀의 방에 한동안 놓여있었는데 어느 날 갑자기 첼로 소리가 들리기 시작했죠. 그녀에게 첼로에 대해 물어보면 그녀는 다른 화제를 돌리곤 했습니다.

여전히 플레이 중인 게임

지금도 전 〈데스티니 Destiny[59]〉라는 게임의 열정적인 플레이어입니다. 데스티니가 출시된 2014년 이후에는 정말 놀라운 게임들이 많이 출시되었죠. 〈씨 오브 시브즈 Sea of Thieves〉나 〈포트나이트 Fortnite〉, 〈뉴 월드 New World〉 같은 게임들 말이죠. 이것들 역시 재미있는 게임이지만 제가 〈데스티니〉와 〈데스티니 2〉에 빠져 보낸 시간에 비하면 그다지 많은 시간을 투자하지는 않았습니다.

저는 데스티니를 그럭저럭 잘하는 편이라고 생각합니다. 게임이 어떻게 작동하고 진행되는지 이해하고 있으며 좋은 아이템을 얻는 방법을 알고 있

---

59 옮긴이_ 망한 지구와 식민지화된 행성들을 탐험하며 적을 물리치는 온라인 전용 멀티플레이어 슈팅 비디오 게임입니다. 자세한 내용은 https://ko.wikipedia.org/wiki/데스티니_(비디오_게임)을 참고하기 바랍니다.

죠. 그래도 클랜^{clan} 멤버들에게 이런저런 질문을 많이 합니다. 클랜 멤버들 역시 많은 것을 알고 있거든요. 그렇지만 전 게임에 있어서 전문가가 되려고 하지는 않습니다. 의욕도 없고요. 물론 게임의 전문가가 되려면 무엇이 필요한지는 압니다. 제 주변에 있는 게임 전문가들의 모습을 보았기 때문이죠. 게임 전문가들은 게임을 일처럼 했습니다.

제 경험상 비디오 게임을 하는 플레이어는 크게 네 부류로 나눌 수 있습니다.

보통의 플레이어

대부분의 플레이어가 여기에 속합니다. 게임이 어떻게 작동하는지 이해하고 즐길 줄 알죠. 게임이 지겨워질 때까지 플레이하다가 다른 게임으로 떠납니다. 엔딩이 있거나 최종 목표가 있는 게임이라면 보통의 플레이어는 게임을 끝까지 하지 않는 경향을 보입니다. 게임에 능숙해지고 감각을 키우더라도 최종 목표까지 도달하려고 하지 않죠.

여러 플레이어가 함께 게임을 즐기는 멀티플레이어 게임에서 보통의 플레이어는 자신보다 더 게임을 잘하는 플레이어가 스킬을 어떻게 사용하는지, 더 좋은 갑옷을 어떻게 구하는지 등을 궁금해하기만 합니다. 그러다 곧 호기심을 잃게 되죠. 보통의 플레이어는 게임에 그리 많은 시간을 투자하지 않습니다. 게임의 복잡성을 이해하기 위해 시간을 들이는 것 말입니다. 대신 잘 설계된 게임상의 경로를 따라 움직이고 즐기는 것을 더 선호합니다. 저는 이런 보통의 플레이어가 전체 플레이어의 50~60%를 차지할 것이라고 봅니다.

잘하는 플레이어

잘하는 플레이어 역시 전체 플레이어 중에서 두 자리 수의 비율을 차지합니다. 잘하는 플레이어는 비교적 게임에 헌신하는 편이죠. 게임을 끝까지 한 후 더 할 것이 없는지 찾아 헤맵니다. 비디오 게임 디자이너들은 잘하는 플레이어를 게임에 계속 붙잡아두거나 다시 돌아오게 하기 위해서 더 도전적인 모드나 달성하기 어려운 목표를 계속해서 만듭니다.

잘하는 플레이어는 게임 내의 같은 콘텐츠를 계속해서 반복하며 플레이하기 때문에 게임 시스템의 복잡성에 대해 더 많이 알고 있습니다. 따라서 게임 내의 경제 흐름이나 다양한 무기 또는 방어구의 특성, 플레이 스타일 등 게임에 대한 다양한 측면에 대해서 높은 이해도를 보입니다.

잘하는 플레이어는 게임을 다양한 측면에서 이해하고 있으며, 그 결과 게임에 능숙해집니다. 잘하는 플레이어는 다른 잘하는 플레이어들을 보면서 어떻게 잘 할 수 있는지 분석합니다. 그리고 구하기 힘든 방어구나 무기 등을 착용하고 다니는 뛰어난 플레이어들을 보면서 궁금해합니다.

저 사람이 타고 다니는 용은 어떻게 구하는거지?

전체 플레이어 중에서 잘하는 플레이어의 비율이 가장 높지는 않지만 높은 편에 속합니다. 보통의 플레이어가 전체의 약 60%라면 잘하는 플레이어는 약 30% 정도라고 볼 수 있겠네요.

뛰어난 플레이어

뛰어난 플레이어는 전체 플레이어 중에서 한 자리 수의 비율을 차지하며, 게임에 대한 높은 자질을 보입니다. 뛰어난 플레이어는 게임을 플레이하는 것이 아니라 게임 속에서 삽니다. 게임에 어떤 변화가 생기면 어떤 이유로 그런 변화가 생겼으며 게임 플레이에 어떤 영향을 미치는지 이해하고 설명할 수 있죠. 뛰어난 플레이어는 게임에 대한 완전하고 큰 그림을 그리기 위해서 다양한 정보를 수집하고 새로운 정보를 탐구합니다. 그 결과 게임의 새로운 기능과 변화를 그 누구보다 빠르게 알아냅니다. 잘하는 플레이어는 뛰어난 플레이어를 보고 배우고 경쟁하려 하지만 결국엔 이렇게 되죠.

와, 진짜 대단하다…

이런 뛰어난 플레이어는 전체 플레이어의 10%도 채 되지 않습니다.

S 등급 플레이어

몇 년 전 누군가가 저에게 S 등급$^{S-Tier}$에 관해 설명해준 적이 있습니다. 저는 〈데스티니〉 게임에 등장하는 무기 중 하나인 스카우트 라이플$^{scout\ rifle}$에 대해서 토론 중이었죠. 그때 디스코드에서 누군가 갑자기 "현재로써는 미다^{Mida}가 S 등급이에요."라고 말했죠.

S 등급?

S 등급은 최고의 등급, 말 그대로 톱 티어$^{Top-Tier}$입니다. 여기서 S는 'Superb' 또는 'Super'라는 단어에서 유래했을 수도 있고 일본 대학에서 최고의 학점을 나타내는 S에서 따왔을지도 모릅니다. 어쨌든 비디오 게임 문화에서 S 등급은 최고를 의미하죠.

전 그 어떤 게임에서도 S 등급의 플레이어가 되어 보지는 못했습니다. 하지만 뛰어난 플레이어가 된 사람들을 본 경험을 토대로 뛰어난 플레이어와 S 등급 플레이어의 차이를 설명할 수 있습니다. 뛰어난 플레이어와 S 등급 플레이어의 차이는 1초에 있습니다. S 등급 플레이어는 수많은 경험을 기반으로 1초도 안 되는 시간 안에 판단을 내립니다. 그렇지 못한 대부분의 플레이어는 수초의 시간을 허비하지만 그마저도 완벽하지 않은 판단을 내리게 되죠.

저는 잘하는 플레이어 수준밖에 되지 않기 때문에 S 등급의 플레이어에 대해서는 그저 '보면 안다' 정도로 밖에 설명할 수 없습니다. 게다가 뛰어난 플레이어도 되어 보지 못했기 때문에 S 등급 플레이어가 된다는 것이 어떤 의미인지 설명할 수도 없습니다. 뛰어난 플레이어와 S 등급 플레이어의 차이는 정말 미세합니다. 스킬을 사용하는 방법에 있어서 잘하는 플레이어와는 하늘과 땅 차이죠. 몇 안 되는 사람만이 뛰어난 플레이어와 S 등급 플레이어의 차이를 설명할 수 있을 것입니다.

전 단 한 번도 S 등급 플레이어가 되지 못했습니다. 그럼 저는 그저 게임 애호가에 불과한 것일까요? 그런데 질문이 이게 아니었는데…

일을 제대로 하고 싶은가요?

여러분은 앞서 '애호가'라는 단어를 읽고서 부정적인 의미가 있다고 생각했을지도 모릅니다. 잘하거나 노력하지 않고 그냥 흥미만 있는 사람을 표현하는 단어라고 느낄 수도 있기 때문이죠.

애호가가 무엇을 알고 있는지 설명해볼까요? 애호가는 흥미로운 것, 재미있는 것에 대한 끝없는 목록을 가지고 있지만 시간이 유한하다는 것도 잘 압니다. 그래서 흥미만 가지죠. 재미있는 것의 80% 정도만 경험해보고 떠납니다. 존경할 만하죠.

S 등급은 도전의 마지막 10%가 가장 어렵다는 것을 알고 있으며 거기에서 가장 많은 것을 배울 수 있다는 것도 압니다. 모순적이게도 S 등급은 다음 두 가지를 믿기 때문에 계속 남아서 도전의 문을 두드립니다.

- 퍼즐, 문제, 프로젝트, 도전은 정복 가능하다.
- 항상 1% 더 배울 것이 있다.

어떤 사람은 특정 분야의 기술에 타고난 소질을 가지고 있습니다. 잘하는 수준에서 뛰어난 수준으로 가기 위해 투자하는 비용은 그다지 커 보이지 않는데, 이는 우리가 본능적으로 실제 비용을 알고 있기 때문에 스스로를 속이는 것입니다. 위대해지기 위해 무엇이 필요한지는 모두가 알고 있습니다. 바로 끝없는 노력과 의지입니다. 여러분이 운 나쁘게 유전자의 혜택을 받지 못해서가 아니라는 것이죠.

여러분은 위대한 사람이 일을 해내는 것을 보면서 이렇게 생각하기도 합니다.

와… 난 절대 저렇게 못해.

하지만 여러분이 그런 위대함에서 보지 못하는 것이 있습니다. 엄청난 노력과 연습과 훈련이죠. 위대한 사람은 그렇게 되기까지 수년의 세월을 쏟아 부으며 끊임없이 실패하죠. 그리고 "왜 그렇게 열심히해?"라는 친구와 가족들의 질문을 많이 받았을 것입니다.

영감의 원천

제가 가장 좋아하는 명언은 마술사 펜 질레트 Penn Jillette의 말[60]입니다.

> **" 마술의 유일한 비밀은 여러분이 생각하는 것보다**
> **훨씬 더 많은 노력이 필요하다는 것입니다. "**

이 말은 어디에나 적용할 수 있죠. S 등급이 목표이든 그냥 애호가가 목표이든 여러분이 할 일은 같습니다. 시간을 들여서 이해하는 것이 핵심이죠. 다만 S 등급은 아주 심도 있는 이해에 중점을 두는 반면 애호가는 다양하고 폭넓은 이해에 중점을 둔다는 차이가 있죠.

여러분이 만들어내는 마법은 두 가지입니다. 첫 번째 마법은 무언가를 이해하고 발견함으로써 느끼는 엄청난 기쁨과 성취감입니다. 발견한 게 하나든 여러 개든 여러분의 궁금증을 해결하고 얻는 보상이죠.

두 번째 마법은 의도치 않은 영감입니다. 저는 몇 년이 지난 지금도 소호 스퀘어에서의 오드리 이야기를 하고 있습니다. 세 차례의 예고 없는 첼로 콘서트. 오드리는 아직도 저에게 영감을 줍니다. 문득 지금 오드리는 무엇을 배우고 있을지 궁금해지는군요.

---

60 https://oreil.ly/mB3n_

45장
대규모 탈출

평범한 하루입니다. 오전에 회의를 두 번이나 했지만 특별한 것은 없습니다. 평소처럼 점심을 먹고 관리자 회의를 시작했는데 평소에 늦는 일이 없던 앤디가 느지막이 모습을 드러냈습니다.

이상하네…

회의가 끝나도 특별한 일은 없습니다. 단지 앤디가 시종일관 묵묵부답인 것이 조금 어색할 뿐이죠. 앤디에게 무슨 일이 있는 것은 아닐까 너무 궁금해진 나머지 여러분은 그를 가까운 회의실로 데리고 갑니다.

> **"**
> 여러분: 무슨 일 있어요?
> 앤디: 저 퇴사하게 됐어요.
> **"**

이 말을 듣고 여러분의 머릿속은 복잡해집니다. 그가 왜 떠나려는지, 누가 그를 따라갈 것인지, 그리고 여러분은 곧 그의 마음을 돌릴 수 없다는 것을 깨닫습니다.

대혼란

여러분 주변에서 조직이 와해되는 상황은 언제든 발생할 수 있습니다. 피하고 싶은 끔찍한 경험이 되겠지만 받아들여야 합니다.

조직이 와해되는 것은 실로 유감스러운 일입니다. 정말 최악이죠. 다음으로 이어질 내용은 끔찍한 일들에 대한 감정과 판단을 배제한 후기입니다. 그런데 그 전에 조직의 와해가 가져오는 단 하나의 긍정적인 측면에 대해 말하고 싶습니다. 여러분이 어쩔 수 없이 마주해야 될 상황이니까요.

저는 조직의 대혼란을 세 번이나 경험했기에 여러분은 제가 교훈을 얻었을 것이라 생각할 것입니다. 맞습니다, 저는 교훈을 얻었습니다. 이 정도 규모의 조직 와해를 막을 방법은 없다는 것, 그리고 여러분이 할 수 있는 최선의 선택이 때로는 탈출을 감행하거나 안전한 곳으로 대피하는 것이라는 교훈이죠.

이번 장의 내용은 이런 대혼란을 방지하는 데는 도움이 되지 않습니다. 이 장에서는 여러분에게 이미 재앙이 닥쳤고 최악의 상황 속에 놓여져 있다고 가정합니다. 불편한 기분을 느낄 수도 있다는 점 미리 사과드립니다.

두 가지 흐름

대규모 탈출이 어떻게 시작되는지 이해하려면 회사에서 정보가 어떻게 흐르는지 알아야 합니다. 회사 내에서는 두 가지 유형의 대화가 이루어집니다. 하나는 전술적 대화이고, 다른 하나는 전략적 대화입니다. 각각의 대화는 회사의 특정 부분을 주도하고 조직이 와해되는 데 한몫합니다.

먼저 전술적인 것에 대해 이야기해보죠.

■ 전술적 대화

전술적 대화에는 회사의 일상적인 일들 그리고 팀 구성원의 생각과 의견이 포함합니다. 대화의 내용은 팀과 그룹에 따라 많이 다를 수 있지만 팀의 업무와 관련된 주제라는 공통점이 있습니다. 사람들은 자신을 둘러싼 환경과 그 환경에 영향을 줄 수 있는 모든 것에 관심을 기울이죠.

팀 내 모든 것이 순조로울 때 전술적인 대화는 다소 지루하게 흘러가지만 급변하는 상황 속에서는 대화 또한 급변합니다.

■ 전략적 대화

관리자들이 주로하는 대화를 전략적 대화라고 생각하면 됩니다. 관리자에는 여러분의 상사부터 최고경영자CEO까지 포함됩니다. 이 전략적 대화는 대부분 회사의 미래 계획에 대한 것입니다. 현재의 성과는 어떤지, 다음 단계는 무엇인지, 어떤 부분이 문제인지, 더 나은 성과를 위해 어떻게 해야 하는지, 누가 문제를 일으키고 있는지 등에 대한 것이죠.

관리자들만 이런 대화에 참여하고 있는 것이 언짢은가요? 만약 여러분이 이런 대화에 참여했다면 어떤 위기 상황이 오는지 미리 알고 대응했을지도 모릅니다. 하지만 중요한 점은 조직의 와해가 이미 시작되었고 우리가 할 수 있는 일은 어떻게 흘러가는지 지켜보는 것뿐이라는 사실입니다.

전략적 대화에 참여하는 사람들은 보통 조직에 변화나 문제가 생겼을 때 가장 먼저 대응합니다. 전략적 대화에서 이런 문제들이 조기에 발견되고 논의되는 것이 중요합니다. 만약 여러분이 이런 전략적 대화와는 거리가 먼 사람이라고 느낀다면 그것은 관리자와 직원 간 정보의 비대칭 때문일 것입니다.

첫 번째 파도

전략적 대화에 관여한 사람들이 가장 먼저 떠납니다. 그들은 앞으로 어떤 일이 일어날지 알고 있으며 정치적, 사회적 계산을 마친 후에 떠나기로 결정을 내립니다. 여기서 주목해야 할 것들이 있습니다.

▣ 대규모 탈출의 시작은 어디인가?

대화에 참여하지 않았더라도 어디서 이러한 탈출의 파도가 시작되었는지 알면 많은 것을 추론할 수 있습니다. 영업 팀에서 많은 사람이 떠나면 영업에 문제가 있을 것입니다. 영업 상황이 좋지 않으면 전반적인 상황이 좋지 않은 것입니다. 개발 팀에서 대규모 이탈이 나타난 것 또한 제품에 문제가 있다는 것을 의미하며 판매할 제품이 없다는 의미일 수도 있습니다.

▣ 왜 떠나는가?

이직의 이유를 알아내야 합니다. 회사 복도에서 들리는 탈출에 관한 표면적인 이야기가 아닌 진짜 이유를 알아야 합니다. 사업 전략 담당자가 왜 떠나는지 알고 싶다면 그를 조용한 공간으로 데려가서 무슨 일인지 물어보세요. 그럼 진짜 이유를 들을 수 있을 겁니다.

▣ 왜 그들을 떠나게 하는가?

어떤 형태의 이탈이든 첫 파도에서 핵심적인 인물이 떠날 것입니다. 핵심 인물은 조직에서 필수적인 존재로 인식됩니다. 따라서 그들의 이탈은 조직의 모든 사람에게 큰 영향을 미칩니다. 특히 전략적 대화에 참여하는 사람들은 그 인물의 중요성을 더욱 잘 알고 있습니다. 그런 인물이 떠난다는 것은 그를 떠나지 못하게 하기 위한 최선의 노력이 있었음에도 불구하고 끝끝내 현재의 회사를 등지겠다는 의미입니다. 그 사람이 왜 이탈하는지 밝혀 냈든 아니든 그의 이탈은 다음에 일어날 일을 알리는 신호가 됩니다.

두 번째 파도

첫 번째 파도가 전략적 대화에 참여하던 핵심 인물의 이탈이었다면 두 번째 파도는 전술적 대화와 관련이 있으며 개인의 특정한 순간으로부터 시작됩니다.

불확실성은 세상에서 살아가는 데 있어 필연적인 요소지만 대부분의 사람은 불확실성으로부터 자신을 보호하기 위해 많은 시간을 씁니다. 불확실한 상황이 언제 발생할지 예측하는 방법을 배우기 위해 학교에 다니고, 감정의 불확실성을 줄이기 위해 결혼을 하며, 예측 가능한 일들로 하루를 채우기 위해 직장에 다니죠.

불현듯 나타나는 불확실성은 사람들을 불안하게 합니다. 사람들은 불확실성을 마주하면 자신이 구축한 방어 체계가 공격당한다고 여깁니다. 이 공격에 대한 두 가지 대응은 싸우거나 도망치는 것입니다. 앞서 말한 '개인의 특정한 순간'이란 공격에 대응하는 순간을 말합니다. 여러분의 세상이 통제할 수 없는 불확실성으로 가득찼다는 것을 인식하는 순간이죠. 할 수 있는 일이 없다는 것을 깨닫고 여러분은 버티거나 도망치기로 합니다.

첫 번째 파도가 이미 진행 중인데 왜 두 번째 파도와 관련된 특정한 순간에 대해 이야기하는 걸까요? 두 번째 파도가 조직에 더 큰 타격을 줄 가능성이 훨씬 더 크기 때문입니다.

두 번째 파도가 무서운 까닭은 첫 번째 파도를 일으킨 정당하고 전략적인 이유들이 불확실성으로 가득 찬 세상에 대한 사람들의 불편함에 기인한 광적인 음모론으로 변해버린다는 데 있습니다. 전술적 대화가 두 번째 파도를 일으키고 일단 탈출이 시작되면 이 전술적 대화는 일상적인 담론에서 떠도는 소문으로 변합니다. 실제로 정보가 부족할 때, 사람들은 상상을 통해 사실을 만들어냅니다(〈16장 지루해지기 위한 투자〉 참고).

이 가상의 재앙 속에서 목격자로서 여러분이 해야 할 일은 경영진이 두 번째 파도를 어떻게 알리는지 지켜보는 것입니다. 대개 두 가지 방식으로 두 번째 파도에 대응합니다.

접근법 1 기다리기

기억하세요. 우리는 첫 번째 파도의 한가운데 있고 두 번째 파도의 시작점에 있습니다. 이 재앙을 예방할 수 있는 시간은 지났고 이제 우리는 피해를 최소화해야 합니다. 문제는 언제 시작하는가입니다. 저는 최악의 상황을 가정하고 있습니다. 최악의 상황이란 첫 번째 파도가 지나가는 동안 경영진이 아무런 대응을 하지 않은 것이죠. 이제 두 번째 파도가 시작되려는 참인데 경영진이 아직도 방관하고 있나요?

경영진은 재앙을 인정하는 것 자체를 또 다른 재앙으로 여깁니다. 이 재앙이 발생하도록 내버려두었다는 것을 사람들이 알게 된다면 상당한 후폭풍이 있을 것이라 생각합니다. 하지만 아이러니하게도 후폭풍이 이미 발생하고 있다는 사실은 모르죠. 그들은 이러한 사실을 무시함으로써 상황을 더 악화시키고 있습니다. 한숨이 나오네요.

접근법 2 사태 진정시키기

경영진은 결국 대화를 시도할 것입니다. 누군가 회의실에서 일어나 이 재앙의 핵심 사항에 대해 말할 것이며, 이는 결국 다음 질문에 답하기 위한 메시지일 것입니다.

> **"** 이 불확실성을 방지하기 위해 우리는 무엇을 하고 있나요? **"**

그나마 좋은 소식은 경영진이 무언가를 하기로 결정했다는 것입니다. 전술적 대화를 통해 돌고 있는 소문들을 고려하면 어떤 메시지든 침묵하는 것보다 낫습니다.

경영 측면에서 어떻게 대처할 것인지에 대한 방안은 재앙의 성격에 따라 다른데, 저는 그 재앙이 무엇인지 모릅니다. 하지만 만약 여러분이 재앙의 진정한 본질을 이해하고 있다면 저는 이렇게 질문할 것입니다.

> **"** 경영진이 재앙에 대해 이야기하나요?
> 사태를 진정시키기 위해 무언가를 시도하고 있나요,
> 아니면 이러한 소문들이 사라질 때까지 기다리고 있나요? **"**

경영진은 현실을 자신들에게 유리하게 해석하는 능력을 지니고 있습니다. 모든 관리자는 사업의 진행에 대한 긍정적인 측면만 관찰하고 보고하는

데 재주가 있습니다. 진실을 은닉하는 것부터 거짓말을 일삼는 것까지 다양하죠.

최선을 다하는 관리자를 변호하자면, 이러한 자기 최적화는 인간의 자연스러운 행동입니다. 세상이 자신을 중심으로 돌아간다고 믿는 것이 아니라 자신이 있는 곳에서 그렇게 보일 뿐입니다. 경영진의 경우에는 자신과 여러분을 위해 최적화할 특별한 책임을 가지고 있다는 것이 문제가 됩니다. 다양한 이해관계가 상충하는 상황이 발생할 수 있죠. 이렇게 생각해보세요. 여러분의 관리자도 여러분과 마찬가지로 '특정한 순간'을 겪게 될 것이고 다음과 같은 문제에 직면합니다.

관리자 자신의 이익을 추구할 것인가,
아니면 여러분의 이익을 추구할 것인가?

두 번째 파도는 상황이 이상해지는 시기입니다. 복도에서 반쯤 진실인 이야기가 들려오고 사람들이 안전 지대에서 밀려나면서 성격이 변합니다. 평범했던 업무는 드라마와 모험으로 가득 차 있으며 이것이 두 번째 파도의 또 다른 문제입니다. 두 번째 파도가 존재한다는 자체가 떠나야 할 이유입니다.

경영진이 무언가를 하고 있든 그렇지 않든 그들은 두 번째 파도가 지나가길 기다립니다. 두 번째 파도가 지나고 나면 탈출이 끝날 것이라는 잘못된 생각을 가지고 있기 때문입니다.

세 번째 파도

여러분은 여전히 실재하지 않는 이 가상의 위기 상황에 놓여있습니다. 여러분은 최전선에서 퇴사의 이유를 완전히 이해하고자 하지만 아직 한 번의 파도가 더 남아있습니다. 마지막 파도는 제안의 파도입니다.

첫 번째 파도는 지나갔고, 두 번째 파도도 거의 지나갔습니다. 어느 누구도 사무실에서 내색하지 않습니다. 누군가가 퇴사한 지 며칠이 지났고 마치 아무 일도 없었던 것처럼 느껴집니다.

여러분은 두 번의 파도를 겪느라 힘들었고 생산성과 사기 또한 급격히 떨어졌기에 평온한 상태가 유지되길 바랍니다. 그래서 하루가 조금이라도 평온하게 느껴질 때 여러분은 이런 생각을 합니다.

오늘은 정말 업무를 제대로 할 수 있을까?

하지만 아직은 아닙니다.

첫 번째와 두 번째 파도를 겪으며 많은 사람들이 회사 내부의 다른 부서로 또는 다른 회사로 이직했을 수 있습니다. 회사에 남은 사람들은 지쳤고 이전에 함께 일했던 동료의 좋은 제안에 쉽게 마음이 흔들립니다.

> **"** 제가 어디 있는지 알죠? 여긴 평온합니다. **"**

많은 사람이 회사를 떠난 후, 남은 사람들은 피로감을 느끼고 사기가 떨어져 있습니다. 그럴 때 여러분과 친했던 사람이 밝은 미래에 대해 이야기하며 이직을 제안하면 그 유혹에 쉽게 넘어갈 수 있습니다. 재능 있는 사람들이 왜 아직도 가라앉는 배에 남아있는지 이해할 수 없습니다. 세 번째 파도는 이전의 두 번의 파도만큼 크지 않지만 사람들을 힘들게 합니다. 여진처럼 계속되는 이 세 번째 파도는 회사에 남은 사람들마저 떠나게 만들 수 있습니다.

어떤 파도를 택할 것인가?

파도는 피할 수 없습니다. 파도는 회사가 어려워질 때 사람들이 반응하는 방식입니다. 나쁜 소식은 핵심 인력이 이탈하는 결과를 가져오며 이는 더 많은 인력의 이탈을 초래합니다.

여러분은 제가 이렇게 상황을 가정해 이야기하는 동안 회사에 머물러 있었습니다. 하지만 이런 상황을 미리 인지하고 대비책을 가지고 있다면 여러분은 어떤 행동을 할지 결정할 수 있습니다. 가장 먼저 떠날 것인가요, 이직한 동료가 도움을 줄 때까지 기다릴 것인가요?

좋은 소식이 있습니다. 여러분은 고된 시간을 겪었습니다. 여러분의 조직이 무너져내리는 것을 지켜보며 많은 교훈을 얻었습니다. 여러분은 이제 '이 프로젝트를 함께 진행한 것이 가장 좋았어요'라는 이전 동료가 남긴 말을 벗 삼게 되었습니다. 파도가 지나간 후 회사가 망하지 않는 한, 여러분은 구조조정을 겪으며 새로운 기회를 얻을 수 있을 겁니다.

조직의 와해를 견뎌내는 것은 큰 파도를 타는 것과 같습니다. 파도가 여러분에게 가까이 다가와야 파도의 크기를 알 수 있고, 그 파도를 타는 동안 겁이 날 것입니다. 중간에 실수라도 하게 되면 더 큰 문제에 직면할 수도 있죠. 하지만 파도가 지나가고 나면 여러분은 다음 파도에 더욱 잘 대응할 수 있게 될 것입니다.

46장
밝은 미래에 대한 나쁜 소식

여러분은 정말 대단합니다.

풍부한 경험은 의사 결정을 더 쉽게 만듭니다. 경험은 우리에게 자신감을 주며 그 자신감을 토대로 당당하고 현명하게 결정을 내리게 합니다. 그런 모습을 본 여러분의 주변 사람들은 이렇게 말하겠죠.

와, 못하는 게 없어!

자신감은 불확실성에 대해 맞설 수 있는 용기를 줍니다. 하지만 자신감은 단지 감정에 불과합니다. 우리는 과거의 시련과 경험을 통해 유용하고 가치 있는 관점을 갖게 되고 이를 의사 결정에 활용합니다.

자신감은 경험과 어우러져 우리를 성공으로 이끕니다. 여러분이 무언가를 성공하면 모두가 "잘했어!"라며 칭찬합니다. 칭찬은 자신감을 더 크게 만들고, 커진 자신감은 더 많은 성취로 이어집니다. 그리고 이것이 또 더 큰 자신감이 되는 과정이 반복됩니다. 다시 말하지만, 여러분은 대단히 잘하고 있습니다.

성공과 명성. 이런 것들은 경험에 불과합니다. 이것이 여러분을 처음부터 칭찬받고 싶게 만든 이유는 아닐 겁니다. 성공과 명성은 여러분이 노력하여 중요한 일을 해냈기 때문에 얻은 것입니다. 단순히 자신 있게 무언가를 했다고 말한 것 때문이 아니죠.

다른 업계와 마찬가지로, IT 업계에도 성공과 명성을 경험과 혼동하는 사람들이 많습니다. 그들은 콘퍼런스에 참석하고, 인터뷰를 하고, 과거에 했던 일에 대해 책으로 남기는 것을 경험이라 말합니다. 하지만 그것은 단순한 스토리텔링에 지나지 않습니다. 물론 가치 있는 이야기일 수 있지만 이를 경험으로 혼동하면 사람들은 점점 자신의 본질을 잃어가며 그들이 진정으로 중요하게 여겼던 일로부터 멀어질 수 있습니다. 이는 사람들의 칭찬이나 인정을 경험으로 오해해 자신의 진정한 가치나 경험을 잘못 판단하게 되는 결과로 이어질 수 있습니다.

여러분은 그런 사람이 아닐 수 있지만 칭찬을 경험으로 오해하고 있을지도 모릅니다. 제가 궁금한 것은 여러분이 매일 새로운 것을 만들어내는 데 열중하고 있는지, 아니면 과거의 영광에 머물러있는지에 대한 것입니다. 성공은 기분을 좋게하지만 실제로 무언가를 한다는 의미와는 거리가 멉니다.

우리는 매일 무언가를 만들어내며 활력을 얻는 데 필요한 근육을 단련할 수 있습니다. 새로운 것을 추구하지 않으면 경험은 사라지고 연속성을 잃게 됩니다.

여러분이 잘하고 있다는 사실이 기쁩니다. 성공만 거듭하는 환경은 정말 화려하고 달콤해 보일 것입니다. 하지만 그러한 환경을 만들기 위해 수많은 피와 땀, 그리고 눈물을 흘렸을 것입니다. 여러분이 가장 좋아하는 성공 이야기를 깊이 들여다보면 고통이 따른다는 것을 알게 될 것입니다. 고통은 훌륭한 동기 부여가 될 수 있지만 누가 그걸 원할까요?

다음 단계

〈1장 승리하는 전략〉에서 우리는 다음 구절에 관해 이야기한 적이 있습니다.

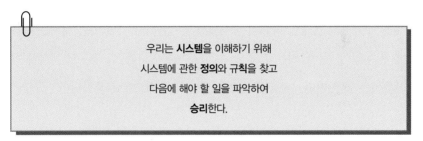

> 우리는 **시스템**을 이해하기 위해
> 시스템에 관한 **정의**와 규칙을 찾고
> 다음에 해야 할 일을 파악하여
> **승리**한다.

사람들은 갈림길에 섰을 때 몇 가지 규칙을 되뇌며 사고를 구조화하고 이를 의사 결정에 활용합니다.

개발자는 구조를 최우선 가치로 여깁니다. 개발자마다 구조에 대한 강박은 모두 다릅니다. 어떤 개발자는 시간 제한에 집착하고 또 어떤 개발자는 규칙을 준수하는 데 집착하죠. 하지만 모든 개발자가 추구하는 가치는 동일합니다.

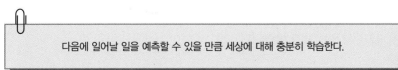

> 다음에 일어날 일을 예측할 수 있을 만큼 세상에 대해 충분히 학습한다.

구조를 벗어나는 예상치 못한 일이 발생하면 덕후나 괴짜는 당황합니다.

잠깐, 나는 정의와 규칙을 이해했는데… 이건 뭐지?

1장에서는 이 책의 두 가지 목표를 제시했습니다.

- 임기응변 능력 향상시키기
- 커리어 전략 정의하기

다음에 일어날 일을 예측할 수 있을 만큼 세상에 대해 충분히 학습하는 것은 이 책에서 설정한 목표의 범주에서 벗어납니다. 성공이든 실패든 다음에 무슨 일이 일어날지는 결코 알 수 없기 때문입니다. 그러나 그 생각을 받아들이는 것은 커리어를 전략적으로 쌓는 데 이점으로 작용합니다.

더 나쁜 소식은 여러분이 다음에 무슨 일이 일어날지 예측할 수 없을 뿐만 아니라 지금 일어나고 있는 일도 완전히 이해하고 있지 못하다는 것입니다.

현재에 대한 편견

직장을 그만두는 일반적인 이유는 무언가 잘못되었거나 그 직장이 더 이상 마음에 들지 않기 때문인 경우가 많습니다. 단순한 지루함에서 복잡한 증오에 이르기까지 이유는 다양하지만 사람들은 어쩔 수 없이 변화가 필요하다고 느끼게 됩니다. 만약 그렇다면 〈2장 커리어 관리를 위한 철학 3가지〉을 다시 읽어보기 바랍니다.

여기서는 변화의 이유가 불명확한 이유와 뇌가 여러분을 속이는 방법에 대해 이야기하려고 합니다. 모든 것이 순조롭고 스스로 잘하고 있다고 생각할 때도 직장을 떠나야하는 이유에 대해 말하고 싶습니다. 여러분이 정말 좋아하는 직장에 있다고 하더라도요.

여러분은 '현재'에 크게 영향을 받고 있습니다. 여러분은 지금 하고 있는 일을 그만두면 그 후에 직업적으로 어떤 삶을 살게 될지 상상할 수 없을 것입니다.

여러분이 똑똑하지 않다거나 주변 상황을 알아차리지 못한다는 것이 아닙니다. 단지 정보가 너무 많아서 알아차리기 어렵다는 것이죠. 여러분은 다양한 성격을 가진 동료들과 상호 작용하며 팀, 조직, 회사에서 독특한 문화를 만듭니다. 매일 변화하는 회사 내 정치적 상황도 있을 겁니다. 하지만 여러분이 현재 경험하고 있는 모든 일상을 저와 간단히 맥주를 마시며 제게 어떻게 이야기할 수 있을까요? 아마 단편적으로 지난 두 주간 겪은 일에 대해서만 이야기할 것입니다. 너무 쌓인 정보가 많아 그 이상의 정보를 정리하고 전달하기 어렵기 때문이죠.

여러분은 현재 직장에 대한 견해를 가지고 있을 겁니다. 그러나 이는 뇌가 중요하다고 판단되는 모든 데이터를 수집하고 그 데이터를 여러분의 세계관에 맞게 각색한 결과입니다. 심지어 데이터가 너무 많기 때문에 대부분은 잊어버립니다. 직장에 대한 여러분의 의견을 신뢰하지 말라는 뜻은 아닙니다. 하지만 여러분이 모든 것을 파악하고 있고 행복하다고 해서 성공하고 있다는 것은 아니라는 점을 알아두기 바랍니다.

2장에서 했던 질문을 다시 해보겠습니다.

- 최근에 실패한 적이 있나요?
- 여러분 주변에 매일 도전하게 만드는 사람이 있나요?
- 지난 주에 배운 것 중 의미있는 것에 대해 이야기할 수 있나요?

이러한 질문의 의도는 혼란스러웠던 순간을 떠올리는 게 하는 것입니다. 미처 예상하지 못한 사건이 일어난 적이 있나요? 바로 이렇게 익숙하지 않은 순간에 뇌가 활성화됩니다. 뇌는 익숙하지 않은 순간을 원하지 않기 때문에 뇌의 합리적이고 건강한 행복 추구는 여러분의 전문적인 성장을 도울 수 없습니다.

불편한 결말

이 장을 읽다 보면 불편함을 느낄 수 있습니다. 저도 쓰면서 불편하네요. 그래도 다음 조언까지는 꼭 읽어보기 바랍니다.

- 대단히 잘하고 있다고 해서 그것이 성공이라고 단정할 수는 없습니다.
- 고민은 생산적인 활동입니다.
- 갈등은 무언가를 배우게 합니다.

이 책을 다 읽었을 때 여러분이 고민, 변화, 충돌에 대처하는 데 더욱 더 능숙해졌기를 바랍니다. 아마도 상사를 더 잘 이해하게 될 것이고, 조직을 재편하는 것이 더 합리적으로 느껴질 수도 있죠. 제가 '마피아'와 '리퍼'를 어떻게 다뤘는지에 대한 이야기를 읽으며 여러분의 임기응변 능력이 향상되었을지도 모릅니다. 그리고 어떤 방향으로 커리어를 발전시키고 싶은지 더 잘 알게 되었기를 바랍니다.

고민, 변화, 충돌은 앞으로도 계속 발생할 것이기 때문에 이런 경험이 직업적으로 건강한 의미를 가질 수 있도록 해야 합니다. 이유 없이, 계획 없이, 단지 무엇을 배울 수 있는지 보기 위해 평소와는 다른 방향으로 도약해 보세요. 서두르세요!

에필로그: 서두르세요!

저는 오전 8시에서 10시 사이에 흥미로운 아이디어가 떠오르곤 합니다. 그래서 제가 신성하게 여기는 시간이기도 하죠. 저는 이 시간의 대부분을 차 안에서 보내는데, 두세 개의 스타트업을 창업할 수 있는 아이디어를 떠올리곤 합니다. 끊임없이 윙윙거리는 자동차 소리와 스피커에서 흘러나오는 음악은 창의력을 자극하는 분위기를 조성합니다.

그리고 사무실에 도착하자마자 구글 검색창에 떠올린 아이디어를 검색합니다.

마스토돈Mastodon 이라는 게 있지 참.

잠깐, 잠깐만.

필요한 건 사람들의 피드야.

내가 관심 있는 사람들과 관련된 이벤트를 보여주는

RSS 형식의 서비스 말이지.

맞다, 이미 FriendFeed가 있었는데 먹히지 않았지…

계산을 해보세요. 우리는 모두 같은 데이터를 보고 있습니다. 데이터의 양이 너무 방대해 모든 데이터를 볼 수는 없지만 중요한 것은 데이터가 많다는 사실입니다. 정말 많죠. 여러 사람의 지식, 경험, 관심사 등을 종합해보면 제가 출근길에 정밀하게 설계한 훌륭한 아이디어가 이미 누군가에 의해 사업화되었다고 해도 놀랍지 않을 겁니다.

여러분은 서둘러야 합니다

제가 하고 싶은 말은 '뭘 망설이고 있나요?'입니다. 진심입니다. 여러분에게 주택 담보 대출과 자녀가 있다는 건 알지만 번뜩이는 아이디어를 발견했고 경쟁자가 없다는 사실을 알게 되었다면 그냥 한번 시작해보는 건 어떨까요?

여러분이 무엇을 기다리고 있는지 알고 있습니다. 여러분은 제가 20년 동안 해온 것과 똑같이 편안한 일을 하고 있습니다. 누가 무엇을 소유하고 누가 누구 밑에 있는지 차트로 표현하는 조직 구조에 순응하고 있는 거죠. 저는 다음과 같은 사고방식에 익숙합니다.

> 66 우리는 평범한 규칙에 따라 업무를 완수할 것입니다. 99

할 만큼만 하세요. 일의 안정성을 해치지 마세요. 눈에 띄지 않으면서도 없어서는 안 되는 존재가 되세요. 그러면 반드시 효과를 볼 것입니다. 규칙을 따르는 것이 편안한 삶을 가져다준다는 주장에 반박하기 어렵지만 여러분은 서둘러야 합니다.

어쩌면 여러분은 인정받고 싶을지도 모릅니다. 존경하는 사람이 이렇게 말해주기를 바라고 있을지도 모르죠.

그래, 넌 똑똑한 사람이야. 그 일을 해야 해.

이런 말을 해줄 사람이 어렸을 때는 부모님이었을 테고, 그다음에는 첫 직장 상사였다면 이제는 바로 여러분 자신이어야 합니다. 주변 사람들보다 자기 자신에 대해 잘 알고 있는 순간, 즉 다른 사람의 허락을 구하지 않고 스스로의 판단으로 행동할 수 있는 순간을 발견해야 합니다.

직장을 그만두고 트위터를 대체할 수 있는 제품을 만들 필요는 없습니다. 작은 일부터 시도해보세요. 평소 상사와 상의하거나 복도에서 토론하던 것처럼 작은 프로젝트를 시작해보세요. 아이디어에 대해 갑론을박하지 말고 그냥 여러분의 아이디어를 펼쳐보세요.

이미 다른 사람이 동일한 아이디어를 구현하고 있다고 해도 걱정하지 마세요. 그들은 분명 여러분과 다릅니다. 여러분의 아이디어를 특별하게 만드는 것은 바로 여러분 자신입니다.

그리고 이는 성공 여부와 상관없이 여러분이 많은 문제에 부딪혀볼 수 있는 훌륭한 방법이기도 합니다. 창의적인 무모함으로 정해진 규칙과 규정을 위반하는 일이 많지만 그래도 그런 일을 하는 게 더 기분 좋지 않을까요?

직감을 믿고 앞으로 돌진하는 거죠. 출근길 지하철에서 영감이 떠오른다면 스타벅스에서 커피 한 잔을 마시며 그 영감에 젖어 들기보다는 바로 무언가를 시작하면 좋겠습니다.

서둘러야 합니다!

붙임: 백 앨리 브리지 게임 규칙

백 앨리Back Alley는 간단한 브리지 게임으로 스페이드나 하트 같은 카드 게임과 매우 유사합니다. 백 앨리 브리지 게임에 대해 검색해보면 베트남 전쟁 중에 유행했다는 사실을 알 수 있습니다. 제가 이제부터 설명할 백 앨리 브리지는 산타 크루즈의 캘리포니아 대학교에서 배운 것입니다.

플레이 속도에 따라 다르겠지만 이 게임의 플레이 시간은 대략 1~2시간 정도로 상당히 긴 편입니다. 그리고 술을 마시면서 플레이하지는 마세요. 재미가 없어지거든요.

준비물

- 네 명의 플레이어
  - 두 명씩 한 팀을 이룹니다.
- 2개의 조커 카드가 포함된 52장의 표준 카드 게임 덱 한 벌
  - 2개의 조커 카드는 구분이 가능해야 합니다. 지워지지 않는 펜으로

하나의 조커 카드에는 BIG을, 다른 조커 카드에는 LITTLE을 써 놓는 것을 권장합니다.

• 점수를 기록할 종이 한 장과 필기구

규칙

1. 플레이어와 카드

   A. 두 명씩 두 팀을 구성합니다. 같은 팀끼리 서로 마주보고 앉도록 자리를 배치합니다.

   B. 게임은 시계 방향 순서로 진행됩니다.

   C. 백 앨리 게임에서 트럼프 무늬는 항상 스페이드입니다.

   D. 백 앨리에서 BIG 조커 카드는 가장 높은 트럼프 카드입니다. LITTLE 조커 카드는 그다음으로 높은 트럼프 카드입니다.

   E. 카드는 다음 순서로 높은 순위에서 낮은 순위가 됩니다.

   > A K Q J 10 9 8 7 6 5 4 3 2

   스페이드 무늬의 트럼프 카드나 BIG 또는 LITTLE 조커 카드는 에이스보다 우선순위가 높을 수 있습니다.

2. 딜

   A. 처음에는 딜러를 무작위로 정합니다.

B. 딜러는 카드를 섞은 후 각 플레이어가 13장의 카드를 갖도록 배분합니다. 그럼 2장의 카드가 남습니다.

C. 시계 방향으로 카드를 배분합니다.

D. 게임이 진행되면서 점점 N장 만큼의 카드를 적게 배분합니다. 예를 들어 1장씩 적게 배분한다면 처음에는 13장, 그다음에는 12장, 그다음에는 11장, … 이런 식으로 배분할 수 있습니다. 더 이상 카드를 줄일 수 없을 때는 카드 패를 점점 더 많이 배분합니다. 2장, 그다음에는 3장, 그다음에는 4장 이런 식으로 배분합니다. 이렇게 총 26판을 진행합니다. 배분은 다양한 방법으로 할 수 있는데, 예를 들어 2장씩 줄이고 늘리면 카드 수는 13에서 11, 9로 줄었다가 늘게 되며 이렇게 하면 게임을 약 1시간 안에 끝낼 수 있습니다.

3. 비딩(입찰)

A. 딜러의 왼쪽 플레이어부터 시작해서 각 플레이어는 얼마나 많은 트릭을 획득할 수 있는지를 미리 예측하고 입찰합니다. 그리고 각 팀의 플레이어들이 예측한 트릭을 전부 합산합니다. 트릭을 전혀 따지 못할 것이라고 생각하는 플레이어는 "패스"를 외칩니다.

🅔 플레이어 1은 5에 걸고 플레이어 2는 2에, 플레이어 3은 3에, 플레이어 4는 2에 겁니다. 총 13개 트릭에서 12개에 입찰을 한 경우가 됩니다.

B. 백 앨리에는 보드(BOARD)와 보스톤(BOSTON)이라고 불리는 특별한 비딩이 있습니다.

플레이어가 보드에 건다는 것은 자신의 팀이 해당 판에서 모든 트릭을 딸 것이라고 예상한다는 뜻입니다('6. 점수 계산' 참고).

플레이어가 보스톤에 건다는 것은 자신의 팀이 해당 판에서 첫 6개의 트릭을 딸 것이라고 예상한다는 뜻입니다('6. 점수 계산' 참고).

– 보드와는 달리 6개 미만의 트릭이 있으면 보스톤을 선언할 수 없습니다.

플레이어는 입찰 시 두 배(더블)나 세 배(트리플), 혹은 네 배(쿼드러플)까지 지정할 수 있습니다.

– 손에 든 카드의 수가 적으면 이런 경우가 자주 발생합니다. 예를 들어 플레이어 1이 보드에 입찰하고 플레이어 2가 패스하고 플레이어 3이 더블 보드에 입찰하고 플레이어 4가 패스했다고 가정합시다. 이 경우 더블 보드가 가장 높은 입찰가가 되며 카드를 가장 먼저 냅니다.

– 플레이어는 동일한 유형의 싱글, 더블, 트리플 입찰이 없는 경우 더블이나 트리플, 쿼드러플에 입찰할 수 없습니다. 예를 들어 첫 번째 비딩이 더블 보스톤이 될 수는 없습니다.

4. 리딜(재분배)

A. 손에 든 카드를 다시 분배해야 하는 두 가지 경우가 있습니다.

a. 입찰 과정에서 모든 플레이어가 패스를 외치는 경우

b. 7장 이상의 카드가 있는 상황에서 플레이어의 카드에 에이스, 스페이드, 페이스 카드로 불리는 K, Q, J 중 하나도 없는 경우

5. 플레이

A. 가장 높은 입찰자가 트럼프 무늬 카드를 제외한 원하는 카드를 냅니다. 단, 팀이 보드나 보스톤에 입찰한 경우 트럼프 무늬 카드를 낼 수 있습니다.

B. 각 플레이어는 첫 번째 플레이어가 낸 카드의 무늬와 동일한 무늬의 카드를 내야 합니다. 그럴 수 없다면 트럼프 무늬 카드를 내서 트릭을 획득할 수 있습니다. 또는 (대개는 낮은 수를 가지는) 다른 무늬의 카드를 냄으로써 트릭 획득을 포기할 수 있습니다.

C. 트럼프가 무효화되면 플레이어는 트럼트나 다른 무늬를 자유롭게 낼 수 있습니다.

D. BIG 조커 카드는 게임에서 가장 강력한 카드로, 가장 높은 수를 가진 스페이드 무늬 카드라고 볼 수 있습니다. BIG 조커 카드가 나오면 다른 팀의 두 플레이어는 반드시 가장 높은 트럼프 카드를 내야 하며 같은 팀의 플레이어는 (가지고 있는 경우) 아무 스페이드 카드를 내야 합니다. LITTLE 조커 카드는 두 번째로 높은 트럼프 카드이며 순서로는 BIG 조커 카드보다 낮고 에

이스 카드보다 높습니다. LITTLE 조커 카드는 BIG 조커 카드와 달리 강제되는 행동이 없습니다.

E. 이번 판에서 트릭을 딴 플레이어가 다음 판에서 가장 먼저 플레이합니다.

6. 점수 계산

A. 팀은 획득한 트릭당 5점을 얻으며, 입찰한 트릭 이상을 획득하면 추가 트릭당 1점의 점수를 얻습니다. 팀이 입찰한 트릭보다 적은 트릭을 획득하면 입찰한 트릭 수마다 −5점을 얻습니다. 이렇게 잃는 점수를 SET이라고 부릅니다.

> 📗 5에 입찰하고 5를 획득: 팀은 25점을 얻습니다(5 트릭×5점)
>
> 7에 입찰하고 8을 획득: 팀은 36점을 얻습니다(7 트릭×5점 + 추가 1 트릭×1점)
>
> 4에 입찰하고 2를 획득: 팀은 −20점을 얻습니다(4 트릭×−5점)
>
> 4에 입찰하고 0을 획득: 팀은 −20점을 얻습니다(4 트릭×−5점)

B. 팀이 보드에 입찰한 경우 트릭당 점수가 10점으로 바뀝니다. 팀이 목표한 트릭을 획득하지 못하면 총 트릭당 −10점을 얻습니다. 입찰이 더블이나 트리플, 쿼드러플이면 점수도 그 만큼 늘어납니다.

> 📗 손에 든 카드가 2장인 판에서 보드에 입찰해서 2개의 트릭

을 획득: 팀은 20점을 얻습니다(전체 2 트릭×10점)

손에 든 카드가 3장인 판에서 2개의 트릭을 획득: 팀은 −30점을 얻습니다(전체 3 트릭×−10점)

손에 든 카드가 3장인 판에서 더블 보드에 입찰하고 모든 트릭을 획득: 팀은 60점을 얻습니다(전체 3 트릭×10점×2)

C. 팀이 보스톤에 입찰한 경우 첫 6개의 트릭을 성공적으로 획득하면 추가 점수 100점이 주어지며 추가 트릭 하나당 1점을 추가합니다. 보스톤을 선언했지만 첫 6개의 트릭을 획득하지 못한 팀은 −100점을 얻습니다.

예 손에 든 카드가 10장인 판에서 보스톤에 입찰하고 첫 6개의 트릭을 획득하고 추가로 하나의 트릭을 획득한 경우: 팀은 101점을 얻습니다(보스톤 + 추가 1 트릭×1점)

손에 든 카드가 7장인 판에서 트릭 3개만 획득한 경우: 팀은 −100점을 얻습니다.

더블 보스톤에 입찰하고 4개의 트릭만 획득한 경우: 팀은 −200점을 얻습니다(−100점×2)

D. 26번째 판이 끝난 후 가장 높은 점수를 얻은 팀이 승리합니다.

국내 개발자 10인의
커리어 이야기

심리학 전공생이 해외 빅테크에서 일하는
개발자가 되기까지

고예슬(틱톡 솔루션 엔지니어)

///|\\

현재 하고 있는 일

틱톡에서 솔루션 엔지니어로 근무하고 있습니다. 솔루션 엔지니어는 회사마다 달리 불리기도 하고 하는 일의 범위도 다를 수 있습니다. 틱톡의 경우 개발 조직에 속하여 영업 조직과 개발 조직 사이의 중간 다리 역할을 합니다. 제품 개발 팀은 개발한 제품이 시장에서 어떻게 사용되고 있는지 잘 모르고 영업 조직은 개발에 대한 지식이 없어 효과적으로 소통하기 어려운데, 이때 솔루션 엔지니어가 중간 역할을 하여 회사의 제품이 시장과 주요 고객사에서 어떻게 사용되고 어떻게 받아들여지는지, 또 시장이 어떻게 변해가고 있는지를 계속 관찰하며 제품 개발의 방향을 제시합니다. 프리세일즈presales 역할도 하는데, 영업 조직이 제품 판매 피칭을 할 때 기술적인 지원을 합니다.

커리어 소개

학사와 석사는 모두 심리학을 전공했습니다. 우연히 동아리 친구들을 통해 NHN NEXT(현 네이버 커넥트재단)에서 비전공자를 대상으로 프로그래밍 수업을 한다는 것을 알게 되었는데, 심리학 실험을 설계할 때 개발 지식이 있으면 여러모로 도움이 될 것이란 생각이 들었습니다. 그래서 박사과정을 지원하기 전에 6개월 정도만 배워 보겠다는 가벼운 마음으로 프로그래밍을 접했습니다. 그동안 했던 공부 방법과 매우 달라 힘들기도 했지만 힘들어도 오랜 고민 끝에 문제를 풀었을 때의 희열과 내가 작성한 결과물에 대한 피드백이 바로 오는 것이 너무 재미있었습니다. 그래서 결국 과정을 다 마치고 개발자로 취직까지 하게 되었죠.

첫 직장은 위메프였습니다. 첫 회사인 만큼 많이 배우고 성장하였는데, 어느 순간부터 더 기술적인 것에 초점을 맞춰 더 큰 서비스를 운영해보고 싶다는 생각이 들었습니다. 그래서 네이버에 지원하게 되었습니다. 팀 문화가 있고 같이 그 문화를 쌓아 나갈 수 있는 팀에서 일하고 싶었기 때문에 지인들에게 물어보기도 하고 나름대로 조사도 해서 코드 리뷰, 테크 쉐어링 등 같이 성장할 수 있는 문화가 있는 팀으로 지원했습니다.

네이버에서 재밌게 일하던 중 페이스북(현 메타) 리크루터로부터 연락이 왔습니다. 이직하고 싶은 생각은 딱히 없었지만 빅테크는 인터뷰를 어떤 식으로 진행하는지 궁금해서 응하게 되었습니다. 그런데 리크루터와 이야기를 나눠보니 제가 지금까지 해왔던 소프트웨어 엔지니어(SWE)와는 다른 역할의 직무였습니다. 개발과 소통 능력이 모두 필요한 역할이었죠. 나중에 리크루터로부터 제게 연락을 한 이유를 듣게 되었는데, 개발 외에도 메이커 페어Maker Faire, 해커톤 등의 활동 기록이 링크드인에 있는 것을 보았고 개발에만 관심 있는 것이 아니라 사람을 만나는 것도 즐기는 사람일 것 같았기 때문이라고 했습니다. 함께 성장하는 것에 관심이 많은 저에게 잘 맞는 역할일 것 같았지만 한 번도 해본 적이 없는 역할이라 고민이 앞섰습니다. 더욱이 그 때는 COVID-19가 막 시작된 때라 지인도 없고 가본 적도 없는 외국에서 직장 생활을 할 수 있을지 망설여졌습니다. 하지만 저의 호기심이 두려움을 이겼습니다. '잘 안 되면 돌아오지 뭐!'라는 생각으로 용기를 내어 메타로 이직하게 되었습니다. 메타에서 Partner Tech Engineer로 일하면서 제품 개발뿐만 아니라 개발 생태계에서 제품의 역할, 다양한 나라와 분야로 배포될 때 유의해야 할 점, 프로세스 등 정말 많은 것을 배웠습니다. 메타에서의 시간은 다양한 경험을 할 수 있는 시간이었죠. 싱가포르 생활도 경험하고, 외국인 노동자로서의 삶도 경험하고, 무엇보다 다양한 배경의 동료와 친구들을 통해 다른 문화에 대해 배울 수 있었습니다. 한국에서는 개발자 이미지가 일률적인 반면 메타에서는 취미가 발레여서 발레 공연을 하는 발레리노 엔지니어, 자신의 직무를 스스로 만든 엔지니어, 록rock 밴드를 하는 엔지니어까지 너무나 다양한 배경과 취미를 가진 빛나는 사람들을 만날 수 있었습니다. COVID-19 이후에는 IT 업계가 큰 타격을 입으면서 레이오프lay-off 시즌이 되었고 제 직군은 다른 직군과 통폐합되면서 저희 팀이 없어졌습니다.

큰 기업에서만 일을 해왔던 저는 이 기회에 투자 없이 운영되는 스타트업의 상황을 경험해봐야겠다고 생각했습니다. 또 다국적 기업이 아닌 싱가포르 기업은 어떤지 궁금했죠. 그래서 곧 싱가포르의 스타트업으로 이직했습니다. 그곳에서는 관리자로서 일하며 기술뿐만 아니라 시장에 대해 아는 것도 매우 중요하다는 것을 느꼈습니다. 짧은 기간이었지만 다양한 경험을 할 수 있었죠. 그러던 중 시장과 개발의 중간 다리 역할을 하는 솔루션 엔지니어 자리를 제안 받았고 현재의 직장에서 일하게 되었습니다.

커리어 개발/관리에서 중요한 점

큰 방향을 잡고 주기적으로 회고를 하면서 그 방향으로 잘 가고 있는지, 목표를 바꿔야 하는 건 아닌지 확인하는 습관이 중요한 것 같습니다. 그저 회사에서 일하는 것이 궁극적인 목표인 사람은 없을 것이라 생각합니다. 그렇다면 궁극적인 목표를 위해 회사에서의 일/커리어를 어떻게 활용할 것인가에 초점을 두어야 합니다. IT 분야는 늘 변화가 커서 커리어에 있어 예상치 못한 변화와 난관을 마주하게 될 때가 있습니다. 이때 궁극적인 목표를 떠올리며 일희일비하지 않고 정해둔 방향으로 나아가는 것이 중요합니다. 흔들릴 때도 많겠지만 그럴 때마다 최종 목표를 곱씹어보세요. 목표와 일치하는 방향의 일이라면 꿋꿋이 밀고 나가고 그렇지 않다면 과감히 조정하거나 마무리해야 합니다. 현재 하는 일이 내가 가고자 하는 방향과 일치하는지 주기적으로 점검하는 시간이 꼭 필요합니다.

개발자가 반드시 갖추어야 할 능력

셀프 브랜딩 능력입니다. 내가 어떤 일을 하는 사람인지를 명확히 파악하고 다른 사람들도 그것을 알 수 있게 하는 것이 중요합니다. 그래서 어떤 일이 있을 때 '아, 그 사람!'하고 떠올릴 수 있게 해야 합니다. 이런 개발자가 되려면 어떻게 해야 할까요? 다른 사람들이 '이 사람에게 일을 맡기면 해결할 수 있을 거야'라고 생각할 정도로 개발 능력을 기르는 것이 우선이지만 그 다음이 더 중요합니다. 여러분의 능력을 잘 홍보하는 것도 잊어서는 안 됩니다.

한국에서 일할 때는 제게 주어진 일이 있고, 그 일을 훌륭하게 해내는 것에만 집중했던 것 같습니다. 그런데 세계적인 기업으로 나와보니 일을 수행하는 것만큼 저의 일을 잘 설명하고 홍보하는 일 또한 정말 중요했습니다. 아무리 일을 잘 처리해도 그 일이 상대방(혹은 다른 팀)에게 왜 의미가 있는 일인지, 내가 수행한 일이 어떤 의미를 갖는 일인지 잘 설명하고 설득하지 못하면 큰 힘을 발휘하지 못한다는 것을 느꼈죠. 다시 한번 정리하자면, 일을 잘 수행해낸 후, 그 일이 왜 의미 있는 일인지 설명하고, 일과 연관된 능력을 홍보하는 것, 즉 셀프 브랜딩 능력을 반드시 갖춰야 합니다.

다양한 커리어가 가져다준 것들

어떤 경험이든 도움이 안 되는 경험은 없는 것 같습니다. 특히 현재 하고 있는 솔루션 엔지니어라는 직군은 생태계 전반에 대한 지식이 중요하고, 다양한 스킬을 종합하여 활용하는 직군인 만큼 그 동안의 경험이 다방면으로 도움이 되고 있습니다. 소셜 커머스 회사에서의 경험은 커머스 관련 기능을 다룰 때 도움이 되고, 큰 규모의 회사에서의 경험은 다양한 이해관계를 가진 팀들과 협업할 때 도움이 됩니다. 일할 당시에는 도움이 안 될 것 같았지만 다양한 규모의 회사, 다른 국가, 다양한 직군에서 일하며 쌓은 지식이 다양한 고객사와 소통할 때 각자의 입장을 이해하고 소통하는 데 많은 도움이 되더라고요.

직장 생활에서 인간관계를 좋은 방향으로 유지하는 방법

그저 동료로서 협업하는 관계, 일을 잘 풀어나가기 위해 좋게 유지하는 관계라고 생각하기보다 사람 자체에 관심을 가지고 늘 진심으로 대하려 노력합니다. 이건 호기심이 많고 사람을 좋아하는 제 본연의 성격 덕이기도 하지만 여러 면에서 도움이 된다는 것을 느꼈습니다. 갈등이 있을 때 어떻게 해결할지, 어떤 상황을 힘들어하는 사람인지, 어떤 사람들과 어떻게 분업할지 등 그 사람에 대해 아는 것이 큰 이점이 되더라고요. 그래서 특별한 점심 약속이 없는 날엔 동료들과 점심을 먹고 티타임을 가지며 관심사 등 업무 외의 이야기를 나누고 그 사람에 대해 더 잘 알아나가려고 노력합니다.

성공적인 면접을 위한 팁

면접에 임할 때 중요한 자세는 바로 내가 주체가 되는 것입니다. 가장 기본적인 것이지만 일단 밝게 웃으며 인사하면 좀 더 밝고 편안한 분위기에서 면접을 이어나갈 수 있습니다. 그리고 다음과 같이 조금만 바꿔 생각하면 내가 주체가 되어 리드하는 면접 분위기를 만들 수 있습니다.

- 천천히 또박또박 말한다 → 천천히 또박또박 말해준다

- 편안한 마음을 갖는다 → 편안하게 리드한다

- 밝은 자세로 임한다 → 밝게 환영해준다

- 문제가 잘 안 풀리면 도움을 요청한다 → 문제에 어떻게 접근하면 될지 같이 고민하고 해결해준다.

이렇게 하면 자신감 있어 보이기도 하고 실제로도 긴장이 완화되어 답변 외에 꼭 이야기하고 싶었던 부분까지 모두 말할 수 있습니다.

면접은 내가 평가받는 자리이기도 하지만 동시에 내가 커리어를 쌓아나가고 싶은 회사/팀인가를 알아보는 자리이기도 합니다. 면접에 가기 전에 커리어에 대한 큰 그림을 그려보고 이 회사에서 어떤 경력 또는 경험을 쌓고 싶은지 생각해보세요. 그리고 이 회사가 그 경험을 쌓기에 적합한 환경인지 생각해봅니다. 예를 들어 내가 쌓고 싶은 기술 지식과 유사한 기술 스택을 사용하는지, 활발하게 논의할 수 있는 문화를 가졌는지 등을 생각해볼 수 있죠. 이러한 것들은 보통 면접 막바지에 '더 궁금한 것이나 하고 싶은 말이 있나요?'라는 질문에 대한 답변으로 좋습니다.

앞으로의 계획

지금까지는 제품 개발에 좀 더 초점을 맞춘 일을 해왔는데 경력이 쌓이면서 제품 개발뿐만 아니라 실제 시장에서 이 제품이 어떻게 사용되는지에 관심이 갑니다. 결국 사람을 향한 기술이어야 한다는 평범한 진리를 다시 깨닫고 생태계와 기술 모두를 이해하는 데 더 많이 힘쓰고 싶습니다.

20대 마케터에서
30대 주니어 개발자로

공슬기(백엔드 개발자)

/ / | \ \

현재 하고 있는 일

백엔드 개발자 3년 차로, 주로 웹 애플리케이션을 만드는 일을 합니다. 처음 1년 동안은 공공기관의 웹 애플리케이션을 개발 및 구축하였고, 현재는 운영 팀으로 소속을 옮겨 클라이언트와 좀 더 가까운 위치에서 열심히 개발하고 있습니다.

커리어 소개

저는 광고와 마케팅을 전공한 뒤 마케터로 6년 넘게 근무했습니다. 적성에도 잘 맞았고 일 자체에 재미를 느꼈죠. 그런데 30살에 문득 이런 생각이 들더라고요. '내가 이 일을 언제까지 할 수 있을까?', '이 일은 나에게 미래가 있는 직업일까?' 이 질문의 대답으로 저는 퇴사라는 결론을 내렸습니다. '지속 가능한 직업'에 대한 깊은 고민 끝에 개발자가 되기로 결심하고 국비 지원 학원에서 8개월간 개발을 배웠고 올해 벌써 3년째 개발을 하고 있습니다.

적성에 잘 맞느냐고요? 저는 마케팅에서 개발로 직무 전환을 한 케이스라 오히려 취업한 뒤보다 학원에서 개발을 처음 접하고 배우던 때가 훨씬 힘들었습니다. 저에겐 너무 생소한 분야였거든요. 그래서 한마디로 적성에 잘 맞지 않았습니다. 그런데 왜 계속했느냐고요? 20대 내내 적성에 맞는 일을 해왔지만 뜻대로 되지 않는 경우가 더 많았기 때문에 직업을 선택할 때 이 일이 적성에 맞느냐, 맞지 않느냐는 더 이상 중요하지 않았습니다. 그냥 하고 싶어서 했죠. 그런데 3년 차에 접어든 지금은 생각이 조금 바뀌었습니다. 개발에 재미를 느끼고 나니 이제는 개발이 적성에 맞는 것 같습니다.

커리어 개발/관리에서 중요한 점

일을 잘하는 것과 개발을 잘하는 것은 다릅니다. 개발 실력이 뛰어나지 않아도 일을 잘할 수 있고, 업무 능력이 부족해도 개발은 잘할 수 있더라고요. 그래서 스스로 어떤 개발자인지 판단할 때 일을 잘한다고 해서 개발을 잘한다고 착각하거나 개발을 잘한다고 해서 일을 잘한다고 착각하지 않도록 늘 주의합니다.

커리어를 선택할 때 고려하는 것들

제가 지금 근무 중인 회사는 여러 프로젝트를 함께 진행하고 있어서 본인이 원한다면 연 단위로 프로젝트를 옮길 수 있습니다. 그래서 저에게도 다른 프로젝트에 참여할지 말지 선택할 수 있는 기회가 있었는데요. 저는 아직 주니어이기 때문에 이 프로젝트에서 배울 것이 있는지, 좋은 상사들이 있는지에 중심을 두었고, 추가적으로 이미 몸담고 있는 프로젝트에서 전체 개발 프로세스를 경험해보고 싶다는 생각에 이 프로젝트에 남게 되었습니다. 하지만 커리어가 쌓이면 프로젝트나 이직을 결정할 때 전혀 다른 부분에 중심점을 두게 될 것 같습니다.

개발자가 아닐 땐 이해하지 못했던 것

저는 개발이 아닌 다른 직군에서 여러 회사를 거치며 쌓은 커리어가 더 많은데요. 마케팅 직무에서 일할 때 기획자로 일한 적도 있어서 개발자와 소통해야 하는 경우가 많았습니다. 당시에는 '왜 이해를 못 하지?'라고 생각하며 정말 답답하고 힘들었는데 개발자가 된 지금은 '이래서 이해하지 못했구나'하며 깨닫게 되는 것들이 많습니다. 아직은 기획자와 일하는 경우가 많지 않지만 앞으로 기획자와 함께 일하게 될 때 많은 도움이 될 것 같습니다.

일을 더 잘하기 위한 나만의 습관

저는 강박적인 메모 습관을 가지고 있습니다. 일하면서 필요한 정보를 강박적으로 메모하는 편인데 덕분에 놓치는 업무가 거의 없습니다. 메모하는 방법이 특별하진 않는데요. 서랍이나 책상 위에 포스트잇이나 메모지를 늘 준비해두고 메모할 것이 있을 때마다 적은 뒤 해당 업무가 완료되면 메모지를 없애는 식으로 관리합니다. 아니면 주기적으로 메모들을 한 파일에 정리해 다시 관리하기도 하죠. 업무를 완료할 때마다 책상 위에 즐비하던 메모지가 사라지는 것을 보는 것에 약간의 희열을 느끼기도 해서 저도 모르게 빠르게 처리하게 되더라고요.

커리어를 쌓는 데 도움이 된 성격적 특성

MBTI로 이야기하면 극단적 J형 인간인 저는 뭐든 계획하는 것을 좋아하는데요. 저에게 업무가 주어지면 해당 기한 안에 업무를 완료할 수 있도록 작은 업무 단위로 계획을 쪼개는 편입니다. 예를 들어 어떤 기능을 구현해야 한다면 '해당 기능의 백엔드 부분을 구현하는 데 3일, 프런트엔드를 구현하는 데 이틀, 그리고 테스트하는 데 하루' 이런 식으로 계획합니다. 그러다 보면 기한 내에 업무를 대부분 완료하게 되고 기한이 부족하더라도 부족한 기한을 빨리 알 수 있어 조율이 가능해요.

단점을 극복한 방법

개발을 공부할 때도 그렇고 개발자가 되고 나서도 질문하는 것을 두려워하는 편이었습니다. 다른 직무도 마찬가지지만 특히 개발 직무에서 질문하는 것을 두려워한다는 것은 굉장히 큰 단점이죠. 그래서 개발 공부를 처음 시작했을 때 어려움도 많았습니다. 질문해야 한다는 것을 알면서도 질문하는 것이 나의 무지함을 드러내는 것만 같이 느껴졌습니다. 그래서 항상 스스로 되뇌었습니다. '질문하는 것은 무서운 것이 아니다', '질문은 무지함을 드러내는 것이 아니라 성장하는 순간이다' 이렇게 생각하다 보니 점차 질문에 대한 공포는 사라졌고, 성장에 속도가 붙으며 일하는 것이 훨씬 편해졌습니다.

앞으로의 계획과 전하고 싶은 말

좋은 시니어 개발자 혹은 좋은 리더가 되고 싶습니다. 해가 갈수록 필연적으로 연차가 쌓일 것이고, 그에 따른 커리어가 채워지기 마련일 텐데요. 개발자에겐 개발 실력이 1순위지만 시니어로 갈수록 팀원들을 잘 이끄는 능력도 필요하다고 생각합니다. 그래서 제가 시니어 혹은 리더가 되었을 때는 개발 실력만 갖춘 사람이 아니라 제 경험과 능력을 나누고 팀원을 살필 줄 아는 사람이었으면 좋겠습니다.

최근 2년 동안 저는 여러 개발 관련 콘퍼런스에서 연사로서 제 커리어 전환에 대한 이야기를 나누었는데요. 그럴 때마다 제가 늘 하는 말이 있습니다.

> **❝** 제가 할 수 있으니 여러분도 할 수 있습니다. **❞**

이 책을 읽은 분들 중에는 저처럼 다른 직군에서 개발 직군으로 커리어를 전환하려는 의향이 있거나 이미 진행 중인 분들도 계실 거라고 생각합니다. 분명 쉽지 않고 힘들 거예요. 저도 그랬거든요. 그래서 여러분에게도 이 말을 꼭 해드리고 싶습니다. 별거 아닌 저도 하고 있으니까 여러분도 할 수 있다고요.

끊임없이 도전하고
끝까지 완성하기

박지은(프런트엔드 개발자)

|

/ | \ \

현재 하고 있는 일

프런트엔드 개발자로 일하고 있습니다. 구체적으로는 조직 내의 협업을 용이하게 하는 도구를 만들고, 웹 서비스에 대한 사용자 경험을 개선하거나 웹 사이트의 성능을 최적화하는 작업을 담당하고 있습니다. 또한 빠르게 변화하는 서비스 아이디어를 프로토타입으로 실현해내고, 프로젝트의 방향성을 명확히 하기 위한 개발도 담당하고 있습니다. 더불어 AI 기술을 쉽게 활용할 수 있게 하는 도구 개발에도 참여하고 있습니다.

커리어 소개

저는 어릴 적부터 프로그래머가 되고 싶었습니다. 그래서 고등학교 졸업 후 대학에 진학하는 대신 독학으로 프로그래밍을 배워 첫 직장에 발을 들였습니다. 벌써 약 20년 전의 일입니다. 독학으로도 프로그래밍을 배울 수 있다는 믿음 그리고 적은 연봉을 받더라도 경험을 쌓으면 더 좋은 개발자가 될 수 있다는 생각으로 취업의 길을 선택하게 된 것이죠.

첫 회사는 직원 수가 5명 정도인 작은 회사였지만 2000년대 초반에 웹 페이지 개발 경험을 쌓기에는 충분한 곳이었습니다. 규모가 작았기 때문에 한 사람 한 사람의 업무가 모두 중요했고, 직원들 모두 맡은 일을 책임감을 갖고 열정적으로 해냈던 것 같습니다.

하지만 시간이 흐르자 제가 경험하고 도전할 수 있는 것에 대한 한계가 분명해졌습니다. 그래서 더 큰 규모의 프로젝트 경험과 처우 개선을 목표로 이직을 결심했습니다. 저는 여러 차례 이직을 통해 연봉을 올리고, 다양한 업무 환경을 경험하며 새로운 일에 도전할 수 있었습니다. 또한 개발자 커뮤니티 활동을 통해 다양한 업계의 사람들과 만나며 다른 회사의 기술 동향에 대해 배울 수 있었고, 이는 이후의 구직 활동에도 큰 도움이 되었습니다.

새로운 직장에서 만난 사람들은 제게 학업의 중요성에 대해 말해주었습니다. 이때까지만 해도 크게 와닿지 않았는데, 해외에서 일할 기회가 생기면서 학위의 필요성을 실감하게 되었습니다. 경력만으로 취업 비자를 받을 수는 있지만 학위가 뒷받침되어야 더 많은 기회를 얻을 수 있다는 것을 깨달았습니다. 또한 정부 지원이나 연구소 설립 등의 기회를 얻기 위해서도 학위가 필요합니다. 이렇게 학위의 필요성을 절실하게 느낀 저는 일본에서 약 4년간 웹 개발자로 일하면서 온라인으로 학사 학위를 취득했습니다.

다시 국내로 돌아온 후에는 스타트업인 아이펀팩토리의 창립 멤버로 합류해 다양하고 새로운 일을 하며 귀중한 경험을 쌓았지만 곧 대기업으로의 이직을 결정했습니다. 이는 제가 가진 외국어 능력과 기술적 역량을 더 큰 규모의 서비스와 더 많은 사용자에게 활용하고자 하는 욕구, 안정적인 환경에서 많은 동료들과 협업해보고 싶은 마음, 저의 현재 실력을 남들과 비교해보고 싶다는 생각에서 비롯되었습니다. 저는 네이버로 이직해 일본과 동남아시아 시장의 프로젝트를 맡았습니다. 작은 회사에서 일할 때는 혼자 개발하는 시간이 대부분이었지만 이 곳에서는 동료들과 코드 리뷰를 진행하고 트러블 슈팅 경험을 공유할 수 있어서 정말 만족스러웠습니다. 그리고 가장 좋았던 점은 저의 외국어 능력을 활용해 해외 개발자들과 원활하게 소통할 수 있었다는 점입니다. 기술 스택을 넘어 저만의 강점을 활용할 수 있었던 즐거운 경험이었습니다.

한편 국내 IT 업계의 환경은 워라밸[61]을 중시하는 방향으로 바뀌고 있었습니다. 처음 개발을 시작했을 때보다 근무 조건이 훨씬 여유로워졌죠. 그래서 저는 현재 대학원에 진학해 학업과 일을 병행하며 제 직무와 관련된 깊이 있는 연구에 도전하고 있습니다. 학업은 제 커리어에 깊이를 더하고 기술과 지식을 확장하는 데 큰 도움이 되고 있습니다.

커리어 개발에 있어 중요한 것? 지속적으로 새로운 걸 개발해봅시다!

과거에 저는 이직을 준비할 때만 개발 기술 스택을 다시 공부하는 경향이 있었습니다. 그래서 한 회사에서 오래 근무할 때면 '고인물'이 되어 익숙

61　편집자_ '워크(work) 라이프(life) 밸런스'의 줄임말로, 일과 개인적인 삶의 균형을 뜻합니다.

한 기술에만 집중하고 새로운 것들을 멀리하는 상황에 빠지기도 했습니다. 이런 상황에 빠지지 않기 위한 저만의 방법을 찾아야 했습니다.

현재 인기 있는 회사의 채용 공고를 보면 어떤 인재를 원하는지, 즉 업계의 최신 동향이 무엇인지 알 수 있습니다. 그래서 저는 업계에서 원하는 인재상을 이해하기 위해 주기적으로 다른 회사들의 채용 공고를 보며 우대 사항이나 필요 기술을 분석합니다. 물론 실제로 면접을 진행하여 부족한 부분을 파악할 수도 있겠지만 아직 의사가 없는 경우라면 면접관들의 소중한 시간을 낭비해서는 안 된다고 생각합니다. 저는 다른 회사의 채용 공고에 나와 있는 조건들을 참고하여 제가 갖추지 못한 부분을 파악하고, 같은 생각을 가진 동료들과 함께 스터디를 하거나, 새로운 기술 또는 프레임워크를 실제 업무에 적용해보거나, 여의치 않는다면 토이 프로젝트를 진행하여 경험을 쌓으며 개발 능력을 향상시키기 위한 노력을 하고 있습니다.

지속적으로 새로운 것들을 개발해보는 것은 정말 중요합니다. 새로운 기술을 바로 업무에 적용하는 것에는 리스크가 따를 수 있기 때문에 저는 우선 토이 프로젝트를 통해 새로운 기술을 실험하고 경험합니다. 제가 특히 중요하게 생각하는 것은 토이 프로젝트를 단순히 시작하는 것이 아니라 기능 기획부터 개발, 사용자 친화적인 UI 설계, 실제로 배포하여 사용해보는 과정을 모두 실행해보는 것입니다. '시작이 반'이라는 말이 있지만 프로젝트를 끝까지 완성해보는 것이 무엇보다 중요하다고 생각합니다.

실제로 많은 개발자들이 혼자서 프로그램을 개발하고 사용할 수 있는 단계까지 진행할 수 있는 능력을 가지고 있지만 토이 프로젝트를 끝까지 완성하는 끈기를 보여주는 사람은 많지 않습니다. 토이 프로젝트를 완전히 마무리해본 경험은 실무를 할 때도 큰 도움이 됩니다. 단순히 코드를 작성하는 것 이상의 역할을 이해하고, 프로젝트에서 부수적인 요소들의 중요성을 배울 수 있기 때문입니다.

의사소통 문제, 어떻게 해결할 수 있을까요?

신규 프로젝트를 진행할 때, 다양한 배경과 경험을 가진 프로젝트 구성원들이 프로젝트의 목적이나 방향성을 제각각 다르게 파악해 의사소통이 원활하게 이루어지지 않은 경우가 있었습니다. 감정적인 모습으로 회의를 끝내고 나면 구성원들은 서로 부딪히지 않기 위해 소통을 피했는데, 이는 오해를 키울 뿐만 아니라 프로젝트의 방향성을 더욱 희미하게 만들었습니다. 결국 구성원들은 프로젝트에 대한 통일된 그림을 그리지 못했고, 프로젝트는 프로젝트 오너가 원했던 모습과 점점 멀어졌습니다(물론 프로젝트 오너의 경우에도 자신의 머릿속에 있는 생각을 효과적으로 공유하는 방법을 몰랐던 것 같다고 생각합니다).

이러한 일을 겪으며 왜 의사소통이 제대로 이루어지지 않는지에 대해 고민했습니다. 서로의 분야를 모두 이해하고 있는 것이 아니므로 누군가에게는 바보 같다고 느껴질 만한 질문에도 스스럼 없이 답변해줄 수 있어야 한다고 생각했습니다. 그래서 이후부터는 프로젝트 오너가 그리는 그림에 대해 끝없이 질문하기 시작했습니다. 궁금한 점이 있다면 바로 질문하고, 모르는 것에 대해 비난하지 않고 친절히 알려주기로 했습니다. 저는 질문하기 어려운 분위기를 깨기 위해 먼저 질문을 시작했습니다. 질문의 시작에는 기분 좋은 인사를, 답변을 받은 후에는 내가 이해한 것에 대한 확인과 답변에 대한 감사를 표현하여 긍정적인 분위기를 조성하기 위해 노력했습니다.

프로젝트를 진행하다 보면 서로 다른 직군 간의 의사소통에 어려움을 겪게 됩니다. 특히 요즘처럼 대화가 주로 텍스트를 통해 이루어지는 상황에서는 말의 뉘앙스가 제대로 전달되지 않아 오해가 발생하기 쉽죠. 저는 이러한 의사소통 문제를 겪으며, 의사소통 과정에서 예의를 지키고 긍정적인 태도를 유지하는 것의 중요성을 깨달았습니다. 그래서 질문하거나 답변할 때 항상 예의를 갖추고 긍정적인 태도를 보이려 노력합니다.

제가 프로젝트를 진행할 때 유지하려고 하는 이러한 의사소통 방식은 팀에 긍정적인 영향을 미친다고 생각합니다. 실제로 이 방식은 동료들 사이에서도 긍정적으로 평가받고 있으며, 저의 강점으로 인식됩니다. 또한 많은 동료들이 저와의 협업을 즐겁게 여기고, 앞으로도 함께 일하고 싶어한다는 반응을 동료 리뷰에서 확인할 수 있습니다.

앞으로의 계획

저는 기초 지식을 재점검하고 깊이 있는 학습을 위해, 그리고 개발자로서의 커리어 개발을 위해 대학원에 진학했습니다. 이는 제가 몸담은 분야에서 더욱 깊이 있는 전문가가 되기 위한 노력 중의 하나라고 생각합니다. 최근에는 장기적인 관점에서 이러한 노력이 어떻게 제 커리어 개발에 도움이 될지에 대해 구체적인 계획을 세우고 있습니다.

또한 프로젝트와 관련된 아이디어를 공유하는 것뿐만 아니라 기존의 개발 경험을 바탕으로 새로운 기술을 적용해보는 등의 다양한 시도도 하고 있습니다. 이를 통해 빠르게 변하는 IT 환경에 적응하고 새로운 기회가 주어졌을 때 그 기회를 잡을 수 있는 유연한 개발자로 성장하고자 합니다.

덜 후회하는
커리어 관리

박정환(데이터 엔지니어)

|
|
|
|

/ / | \ \

현재 하고 있는 일

데이터 엔지니어로 근무하며 데이터 분석 및 활용을 위한 API 및 응용 애플리케이션 개발 등을 담당하고 있습니다. 제가 속한 팀에서는 실시간으로 생성되는 대량의 데이터를 실시간으로 적재하고 조회하기 위한 인-메모리$^{in-memory}$ 시계열 데이터베이스를 개발 및 운영하고 있습니다. 초창기에는 다양한 장비로부터 생성되는 로그 데이터를 빠르게 수집하고 조회하기 위한 용도(OLAP)로 개발되었지만, 최근에는 다양한 데이터로부터 생성한 임베딩 벡터$^{embedding\ vector}$를 저장하고 관리하는 용도(OLTP)에 맞는 기능들을 추가로 개발하여 사용하고 있습니다.

커리어 소개

새로운 분야나 업무에 호기심이 많은 편이라 처음 일을 시작한 때부터 지금까지 다양한 업무를 경험해볼 수 있었습니다. 대학 시절 선배들과 함께 창업을 해보기도 했고 산업기능요원으로 편입할 회사를 찾으며 연구와 신규 사업 기획 등의 업무를 경험하기도 했는데, 개발자로서의 커리어를 시작한 것은 산업기능요원으로 복무할 때부터였습니다. 이때 시작된 개발자로서의 첫 커리어는 생각보다 길어졌고 복무 기간인 2년 10개월보다 길게 근무하게 되었습니다. 이 기간 동안에는 서버 개발자로 근무하며 주로 학습 관리 시스템(LMS)이나 모바일 증권 시스템(MTS) 등을 개발 및 유지 보수했습니다.

산업기능요원 복무를 마친 뒤에는 학교로 돌아가 졸업을 한 후 이른바 '중고 신입'으로 현재의 회사에 입사했습니다. 입사 지원 시에는 주도적으로 가치를 만들어내는 일을 하고 싶어 신규 사업 쪽으로 지원했지만, 입사 후에는 영업 부서에 배치되어 영업 업무를 했습니다. 이후에는 차츰 부서를 이동하며 사업 기획과 서비스 기획으로, 그리고 다시 개발 업무로 직무를 변경하였습니다. 어쩌다 보니 10여 명 규모의 회사들부터 5,000여 명 규모의 회사까지 다양한 규모의 조직을 경험할 수 있었습니다.

커리어 선택에서 후회를 적게 하는 방법

사람마다 가치관이 다른 만큼 커리어 관리에 있어서도 중요하게 생각하는 점이 각기 다르겠지만, 제가 가장 중요하다고 생각하는 것은 '자기 자신을 잘 아는 것'입니다. 회사라는 조직에 있다 보면 개인의 의사보다는 조직에서 원하는 일들을 우선하게 됩니다. 하지만 그런 와중에도 자신이 무엇을 잘하고 못하는지를 비롯해서 어떠한 가치관을 더 중요하게 생각하는지를 잘 알고 있어야 커리어 개발에 있어 방향성을 가질 수 있습니다.

자기 자신을 잘 아는 것은 직업이나 직무를 선택할 때 큰 도움이 됩니다. 연봉이나 복지와 같은 요소들에 자기 자신을 속이지 않을 수 있는 것이죠. 저의 경우에는, 사람보다 기계를 대하는 것이 편하고 개인의 노력보다 외부의 변수에 많이 의존하는 일들을 선호하지 않는 제 성향을 잘 알고 있었기 때문에 현재의 회사에서 업무를 변경할 기회가 있을 때마다 좋은 선택을 할 수 있었습니다.

취업 또는 이직 시에 회사를 선택하는 기준을 정하는 것 또한 자기 자신을 잘 아는 것과 깊은 관련이 있습니다. 개인의 가치관과 맞지 않는 회사에 지원하면 입사하는 데 성공하더라도 쉽지 않은 시간들이 기다리고 있을 것이기 때문에 신중해야 하지만 생각보다 많은 사람들이 홧김에 또는 연봉이나 복지와 같은 조건만 보고 이직을 선택하곤 합니다.

저는 현재 회사에 입사하기 전 다양한 회사들을 경험해보며 제가 '안정감'을 굉장히 큰 가치로 여긴다는 사실을 알게 되었습니다. 큰 보상을 기대하며 높은 위험을 감수하는 모험보다는 안정적인 바닥을 딛고 하는 작은 도전을 더 선호하는 사람이라는 걸 깨닫게 되었죠. 또 수직적인 문화에 적응하는 것을 힘들어한다는 것도 알게 되었습니다. 그래서 복무를 마친 후 학교로 돌아가 입사 지원을 할 회사를 알아볼 때 안정성이 높은 업계, 수직적인 문화가 아닌 수평적인 문화를 가진 회사에 주로 지원했습니다. 현재는 업무에 지장이 없는 선에서 다양한 외부 활동을 하며 작은 도전에 대한 욕구를 충족하고 있습니다.

어떤 사람과 어디서 일하는지는 생각보다 중요합니다

산업기능요원이 필요한 회사들은 인력이나 시간이 넉넉하지 않은 경우가 많습니다. 그래서 저는 산업기능요원으로 일할 때 주로 '언제까지, 무엇을, 돌아가게 만드는 것'에 집중했습니다. 시간에 쫓기다 보니 이렇게 구현하는 게 맞나 싶은 생각이 들어도 그냥 지나칠 수밖에 없었습니다. 이전에 작성한 코드를 다시 볼 기회는 문제가 생겼을 때 찾아왔습니다. 하지만 문제를 빠르게 고쳐야 하니 제대로 된 회고의 시간을 갖기는 어려웠습니다. 이렇다 보니 현실적으로 새로운 기술의 도입이 어렵거나 늦어졌습니다. 산업기능요원 복무가 끝나고 학교로 돌아가지 않았더라면 개인적인 성장의 기회를 마련하기도 쉽지 않았을 것 같습니다.

물론 모든 회사가 이런 것은 아닙니다. 제가 근무했던 회사들 중에 이렇지 않은 곳들이 더 많았거든요. 하지만 입사 후에 후회하지 않으려면 반드시, 꼭 지원하려는 회사의 재직자분들께 연락해 이야기를 나누어보기 바랍니다. 아는 사람이 없다면 링크드인을 비롯하여 다양한 커피챗 서비스를 이용해보는 것을 추천합니다. 만약 대학생이라면 학교 취업 지원 센터의 도움을 받아보세요. 해당 기업에 취업한 선배와 연결해달라고 요청하면 대부분 도움을 줄 것입니다. 잠깐의 낯가림을 극복하면 더 나은 커리어를 만들 수 있습니다!

더 넓은 곳에서 다양한 사람들을 만나보세요

어떤 사람과 어디서 일하는지가 전부는 아닙니다. 내 시간과 노력을 조금 더 쏟는다면 다양한 사람들을 만날 기회가 많으니까요. 특히 개인 시간을 들여 어딘가에서 활동하는 사람들은 옆에서 보고만 있어도 자극이 됩니다. 페이스북이나 다른 기술 커뮤니티에 참여해도 좋고, 정기적인 활동이 부담스럽다면 OnOffMix나 Meetup을 비롯하여 Festa, EVENT-US 같은 서비스에 주기적으로 접속해서 관심 있는 행사에 참여해보는 것도 방법입니다. 익명으로 진행되는 카카오톡의 오픈 채팅이나 디스코드도 좋습니다. 무엇이 되었든 다양한 사람들과 새로운 주제들을 접하면서 자극을 받고 고민을 할 수 있다면 좋습니다.

면접에서 마지막 질문에 답하는 방법

대다수의 기업은 사람을 뽑을 때 기술적인 측면만 보지 않습니다. 얼마나 같이 일하고 싶은 사람인지도 함께 보려고 합니다. 이를 대기업에서는 '기업 문화'나 '인재상'으로 표현하는데, 이러한 인재상을 설정한 이유는 비슷한 성향의 사람들과 같은 목표를 향해 일하고자 하기 때문일 것이라고 생각합니다(같은 이유로 인적성 필기 시험에 통과하지 못했다면 지원하지 않는 것이 좋다고 생각합니다).

보통 면접의 마지막에 물어보는 '더 궁금한 점이나 하고 싶은 말이 있나요?'라는 질문은 면접자가 자신이 어떤 사람이고, 얼마나 같이 일하고 싶은 사람인지를 어필할 수 있는 시간입니다. 그리고 면접관을 통해 이 조직이 어떻게 일을 하는지 엿볼 수 있는 기회기도 합니다. 여러분이 그동안 해왔던 프로젝트의 어떤 부분에서 흥미를 느꼈는지, 어떻게 문제를 해결했는지, 그리고 누가 시키지 않아도 찾아볼 만큼 좋아하는 분야나 기술이 있는지 등을 정리해서 이야기해보세요. 물론 면접 전에 이를 뒷받침할 수 있는 수치나 자료를 최대한 확인해보는 것을 잊지 마세요!

앞으로의 계획

저는 장기 계획을 세우기보다는 눈앞에 밀려드는 일들을 쳐내며 1~2년 정도의 단기적이고 현실적인 목표를 이루려고 노력하는 편입니다. 그간 다양한 회사와 직무를 경험하며 확실하게 느낀 것이 있다면 진로 고민은 평생의 숙제라는 점입니다. 시간이 지날수록 이전의 선택들을 딛고 서서 다음 선택을 하기 때문에 선택의 폭이 점점 좁고 깊어지겠지만 크고 작은 새로운 파도가 밀려오는 업계에서 밀려오는 파도를 알아보고 어느 파도를 탈 것인지 선택해야 하는 것은 여전히 같습니다. 최근 많은 분들이 그러하듯 저 또한 딥러닝에 관심이 많습니다. 시계열 데이터나 영상 데이터를 주로 다루다 보니 특히 시계열 예측이나 대규모 멀티모달 모델 쪽에 관심이 많습니다. 앞으로 1~2년 정도는 이러한 주제와 관련한 논문과 기술들을 살펴보고 실제 비즈니스에 어떻게 적용하면 좋을지를 고민할 것 같습니다.

커리어에서 신뢰는
자본입니다

안재영(트위니 로봇 관제 플랫폼 개발자)

/ / | \ \

현재 하고 있는 일

자율 주행 로봇 회사 트위니에서 로봇 관제 플랫폼 개발을 담당하고 있습니다. 트위니의 훌륭한 자율 주행 기술을 이용하여 고객의 편의성과 생산성을 증대시키기 위해서는 로봇의 관제가 뒷받침되어야 합니다. 트위니 로봇 관제 플랫폼은 로봇의 상태 모니터링, 주행 제어, 로봇들 간 병목 관리 등 다양한 기능을 제공하여 자율 주행 기술의 확산을 돕고 있습니다.

커리어 소개

제 커리어는 트위니에서 시작해 여전히 트위니에서 진행 중입니다. 대학원 과정 중 이뤄졌던 트위니 파트타임 프로그래밍의 성과를 인정받아 로봇 관제 플랫폼 개발 팀의 초기 멤버로 일할 수 있었습니다. 지금은 로봇 관제 플랫폼 개발 팀의 팀장으로서 훌륭한 제품을 만들기 위해 노력하고 있습니다. 2019년부터 시작된 제 커리어는 소위 말하는 '효율적인 커리어'와는 거리가 멉니다. 되도록 좋은 환경을 가진 기업부터 커리어를 시작하고 적절한 주기로 이직을 하면서 새로운 기술과 연봉 상승을 꾀하는 것을 추천하지만 트위니의 좋은 동료들과 능동적이고 변혁적인 조직 문화를 보고 입사를 결심했고, 지금까지 계속 남아서 커리어를 이어가고 있습니다.

개발자가 반드시 갖추어야 할 능력

파트타임으로 일한 기간까지 포함하면 스타트업에서 5년 동안 일했습니다. 5년이라는 시간 동안 조직의 규모가 20명에서 150명까지 커지며 저에게 요구되는 역량이 달라졌고 이를 갖추기 위해 노력했습니다. 지금 와서 생각해보면 조직에서 요구한 역량은 문제의 본질을 파악하는 것과 자신의 의견을 명확히 전달하는 능력이었던 것 같습니다. 문제가 발생했을 때 이를 효율적으로 해결하려면 정확히 무엇이 문제인지 식별하고 원인을 찾아내야 합니다. 그 이후에 당장 조치할 수 있는 것과 문제 재발을 막기 위한 근본적인 해결책을 실행해야 합니다. 문제의 본질 파악과 전달력이 필수적이죠. 연차가 쌓이거나 직급이 올라갈수록 소프트웨어 개발 이외에도 제품의 정책, 조직 프로세스 등 다양한 영역에서 문제를 식별할 수 있는 넓은 시야가 요구되는 것 같습니다.

좋은 상사와 나쁜 상사의 유형

행복한 가정은 모두 비슷한 이유로 행복하지만
불행한 가정은 저마다의 이유로 불행하다.

세계적인 명작인 톨스토이의『안나 카레니나』의 첫 문장입니다. 이 문장은 성공하기 위해서는 어느 한 가지 요소를 얻는 것보다 수많은 실패 요소를 피하는 것이 중요하다는 의미로 많은 분야에서 통용되고는 합니다. 많은 관리자가 특정 부분을 개선하려고 노력하는 과정에서 다른 요소들을 놓치면서 아쉬움을 남깁니다. 초보 관리자가 흔히 하게 되는 실수들을 다음 3가지 유형으로 나눠봤습니다(초보 관리자라고 말했지만 사실은 제 경험을 정리한 것입니다).

1. 실무하느라 바쁜 관리자

직접 실무에 참여하느라 관리자의 역할에 소홀하게 되는 유형입니다. 조직의 규모가 작아서 실무와 관리를 병행해야 하는 스타트업에서 많이 나타납니다. 제가 처음 관리자를 맡게 되었을 때도 똑같이 저질렀던 실수인데 문제를 인식하고 개선하기까지 오랜 시간이 걸렸습니다. 실무하느라 바쁜 관리자는 일반적으로 다음과 같은 일련의 과정을 거치며 실수를 반복하게 됩니다.

1. 팀원으로서 보여줬던 성과와 오너십을 인정받아 팀장이 됩니다.

2. 아직 관리 업무에 익숙하지도 않고, 본인이 실무에서 빠지면 일정에 차질을 줄 것 같아서 야근을 자처하며 실무도 맡습니다.

3. 팀 관리하랴 제품 관리하랴 실무하랴 정신이 없습니다.

4. 근무 시간은 이전보다 늘어났지만 막상 팀의 성과는 변함없거나 이전보다 저조합니다.

관리자의 역할을 팀 내 회의 주최자, 외부 미팅 참석자 정도로 생각한 것이 가장 큰 패인이었습니다. 관리자의 역할은 팀을 관리하여 팀의 성과를 극대화하는 것입니다. 팀원들 간 시너지를 높여 개인의 역량의 합보다 더 큰 성과를 내야 합니다.

2. 팀원들과 친하게 지내려고만 하는 관리자

팀장과 팀원 사이의 신뢰 관계는 화목한 직장 분위기를 만들기 위해 필요한 것이 아닙니다. 팀장으로서 중요한 결정을 내려야 하거나 팀의 목표를 이루기 위해 팀원들의 적극적인 협조가 필요할 때 사용되는 '**자본**'입니다. 만약 팀장이 팀원들과 신뢰 자본을 쌓기만 하고 사용하지 않는다면 이는 명백한 낭비입니다. 앞으로의 사업 방향을 과감하게 결정하지 못하는 회사의 미온적인 자세를 비판한 적이 있나요? 팀장도 똑같습니다. 필요할 때는 팀원들과 의견이 다르더라도, 갈등이 생기더라도, 신뢰 자본을 이용해 과감한 결단을 내리고 책임질 줄 아는 자세가 필요합니다.

3. 팀원들의 성장 기회를 뺏는 관리자

저는 팀원들과 R&R을 정할 때 팀원들은 실무에 집중하고 그 외에 필요한 업무들은 제가 담당하기로 결정했습니다. 팀원들이 급한 개발 업무에 집중할 수 있으니 당시에는 효율적인 업무 분배라고 생각했지만 지금 와서 생각하면 아주 큰 실수였습니다. 이는 '배려'라는 명목으로 팀원의 성장을 정체시키는 것입니다. 혹시 팀원이 너무 바쁜 것 같아서 혹은 특정 업무를 어려워하는 것을 보고 업무를 대신 한 적이 있나요? 단기적으로는 배려가 맞을 수 있으나 장기적으로 보면 팀원이 성장할 수 있는 기회를 뺏는 것입니다. 팀원에게 필요한 것이 무엇인지 고민하고, 적극적으로 소통하면서 팀을 성장시켜야 합니다.

팀워크의 중요성과 팀워크 구축을 위한 구성원의 역할

팀워크가 좋다는 것은 팀의 목표가 잘 설정되어 있고, 구성원들이 각자의 역할과 책임을 잘 알고 있는 것을 의미합니다. 팀워크가 좋은 팀은 수시로 변하는 상황에 능동적으로 대응하면서 목표를 이뤄냅니다. 누군가가 정해주지 않아도 각자가 기여할 수 있는 부분을 찾아서 최선의 방식을 도출할수 있죠. 팀워크가 좋지 않은 팀은 문제가 발생했을 때 상황을 정리해줄 누군가를 기다리며 문제를 더욱 키웁니다. 최악의 경우에는 문제 해결보다 잘잘못을 따지고 책임을 전가하는 데 에너지를 소모합니다.

이렇게 중요한 팀워크를 쌓기 위해서는 우선적으로 팀장의 역할이 중요합니다. 그 누구보다 팀의 현 상황을 객관적으로 파악하고 있으며, 리더십을 발휘해야 하는 역할이기 때문입니다. 따라서 팀원에게 먼저 다가가서 팀의 목표가 무엇이고, 이를 달성하기 위해서 어떤 노력이 필요한지 전달해야합니다. 그 다음으로 팀원은 이에 대해 솔직하게 피드백하는 것이 중요합니다. 팀장도 실수를 할 수 있고, 모든 것을 잘하지 않습니다. 팀장과 팀원은 건설적인 피드백을 주고 받으며 서로의 부족한 부분을 보완해야 합니다. 이러한 상호 보완적인 과정이 지속적으로 유지될 수 있도록 팀장은 팀원들과 신뢰 자본을 쌓으며 팀 분위기를 주도해야 합니다.

앞으로의 계획과 전하고 싶은 말

조직의 성장에 기여할 수 있는 개발자가 되고 싶습니다. 조금 더 구체적으로는 조직의 활발한 협업을 이끌어내는 개발자가 되고 싶습니다. 개발자, 관리자로 일하는 경험이 쌓일수록 좋은 성과를 내는 가장 효율적인 방법은 협업을 잘하는 것이라고 느낍니다. 협업은 단순히 작업을 분담하는 것이 아닙니다. 각자의 강점으로 서로의 약점을 보완하고 강점에 더욱 집중할 수 있게 해줍니다. 그래서 서로 다른 분야의 구성원이 모여 신선한 시너지를 터뜨리기도 합니다. 협업을 통해서 배운 지식과 여러 가지 스킬은 저에게 아주 큰 양분이 되었습니다. 초기에는 이를 이해하지 못해서 성과를 내는 데 어려움을 많이 겪었습니다. 그래서 저는 다른 개발자들이 이런 실수를 반복하지 않도록 소프트 스킬과 단합의 중요성을 전파하고 있으며, 동시에 리더십을 키우고 메시지를 잘 전달할 수 있도록 노력하고 있습니다.

커리어는 마라톤과 같다고 생각합니다. 누군가는 타고난 능력이 좋아서 앞서가기도 하고, 누군가는 쌓아온 기반이 달라서 앞지를 수 없을 정도로 까마득하게 앞서가기도 합니다. 그런데 마라톤에서는 달리고 있는 순서와 상관없이 응원과 격려를 받고 완주한 모든 이들에게 박수 갈채가 쏟아집니다. 그 누가 마라톤에서 1등을 못했다고 야유하나요? 목표 지점을 향해 차오르는 숨을 참아가며 달려가고 있다는 것만으로도 박수 받아 마땅한 일입니다. 너무 조급해하지 않았으면 합니다.

초보 팀장의
사소한 성장 팁

양창규(게임 개발자)

/ / ! \ \

현재 하고 있는 일

중견 기업 게임 사업 본부의 모바일 게임 개발 팀에서 7년째 근무 중입니다. PC 환경에서 장기간 서비스하던 게임을 모바일과도 연동 가능한 버전으로 새롭게 개발했으며 현재 안정적으로 서비스 중입니다. 최근에는 모바일 클라이언트 팀의 팀장을 맡아 개발과 관리 업무 사이에서 아직 방황하고 있는 초보 팀장입니다.

커리어 소개

저는 2007년 1월에 첫 회사에 취직했습니다. 여러 고민 끝에 집에서 가까운 거리에 있는 작은 게임 회사를 선택했는데요. 가끔은 커리어의 첫 시작이 대기업이었다면 어땠을까 하는 상상을 하기도 했지만 당시에 철야하면서 다뤄봤던 다양한 기술들이 자양분이 되어 현재의 제가 되었다고 확신합니다.

두 번째 회사는 먼저 재직 중이던 지인의 추천으로 이직 제의를 받아 입사한 곳이었는데, MMORPG 게임을 통째로 사서 적은 인원으로 서비스를 유지 보수만 하는 프로젝트에 참여했습니다. 첫 번째 회사가 개발만 수년째 지속하고 출시는 하지 못하던 차에 매출도 적당하고 수익도 나는 서비스의 개발에 참여할 수 있다는 생각에 쉽게 이직을 결정했습니다.

하지만 이곳은 그야말로 유지 보수만 하는 회사라 새로운 콘텐츠 개발이나 기능 구현 같은 것이 거의 없었습니다. 개발과 점점 멀어지다 보니 개발에 대한 재미도 점점 떨어지고 있었습니다. 그러던 중 근처의 큰 게임 회사에서 경력 공채를 한다는 광고 문구를 보게 됐습니다. '붙으면 가고 떨어지면 말고'라는 가벼운 마음으로 지원했는데 덜컥 합격해버려서 두 번째 회사를 다닌 지 반년 만에 세 번째 회사로 이직했습니다.

세 번째 회사는 국내에서 내로라하는 게임 회사였습니다. 제가 이직했을 당시에는 작은 규모의 개발 팀이 매우 많이 있었는데, 개발 팀 각각의 업무 프로세스는 소규모 회사와 크게 다르지 않다고 느꼈습니다. 특히나 제가 소속됐던 팀이 프로젝트 막바지의 게임 오픈 직전 상태라서 입사를 하자마자 거의 매일 새벽까지 근무를 했는데 개발에 참여한 게 없다 보니 게임 테스트를 하는 것이 주 업무가 되어버렸습니다. 그때 저는 '대기업도 별반 다르지 않구나'하는 감정을 느꼈죠. 물론 요즘은 많이 달라졌을 거라 생각하고, 제 이직 타이밍이 잘 맞지 않았던 것도 영향을 미쳤으리라 생각합니다.

네 번째 회사는 첫 번째 직장에서 같이 일했던 실장님께서 창업한 스타트업이었습니다. 세 번째 회사로 이직하기 전부터 꾸준히 저를 영입하기 위해 공을 들이던 실장님의 성의를 더 이상 뿌리치지 못하고 회사의 지분을 조금 받는 조건으로 이직을 했습니다. 이곳에서 5년을 근무하는 동안 또다시 잦은 야근과 철야를 하게 됐는데, 인원이 적다 보니 여러 가지 분야를 맡아서 개발해야 했고 이때의 경험이 현재도 제게 큰 도움이 되고 있습니다.

네 번째 회사에서 근무하던 중에는 스마트폰이 폭발적으로 보급되면서 게임 환경도 PC에서 서서히 모바일로 변화했습니다. 이때 모바일용 게임 제작을 빠르게 시작하여 카카오톡 게임 초기 오픈 라인업에 포함되기도 했습니다. 하지만 서비스한 게임들이 기대만큼 수익을 내지는 못했고 결국엔 월급이 밀리는 상황에 이르러 현재 재직 중인 회사로 이직하게 되었습니다.

직장에서 인간관계를 좋은 방향으로 유지하는 방법

한때 인터넷에서는 '드레스 색 논쟁'이 뜨거웠습니다. 일명 '파검 흰금 논쟁'이라 불렸는데, 똑같은 드레스 사진을 보고 어떤 사람은 흰 바탕에 금색 줄무늬가 있는 드레스, 또 다른 사람은 파란 바탕에 검은색 줄무늬가 있는 드레스라고 주장했습니다. 업무를 할 때도 이와 비슷한 상황이 종종 있습니다. 동일한 상황을 두고 어느 팀 혹은 누군가는 A로 인식하고, 다른 팀 혹은 다른 사람은 B로 인식합니다. 이때 '이게 왜 A(혹은 B)가 아닌 B(혹은 A)냐'고 한쪽이 다른 쪽을 비판하다가 서로를 비난하는 상황에 이르기도 합니다. 저는 이럴 때 '아, 저 사람은 이걸 A로도(혹은 B로도) 생각하는구나'하고 이해하려고 노력합니다. 공감하진 못하더라도 나와 다르게 상황을 받아들이는 사람도 있다는 것을 이해하고, 마찬가지로 상대방에게도 다르게 받아들이는 사람도 있다는 것을 이해시키려고 합니다.

면접에서 이렇게 하면 탈락합니다

'면접을 위해서 준비를 많이 했구나'하는 생각이 들 때 결과가 좋았던 거 같습니다. 즉, 사소하다거나 덜 중요하다고 생각해서 제대로 준비해가지 않은 것들이 드러날 때 탈락하는 사례가 많은 것 같습니다.

예를 들어 기술적인 질문을 받았다고 해봅시다. 분명히 아는 내용이라 설명은 할 수 있는데 해당 기술 혹은 기법을 지칭하는 단어가 기억나지 않거나, 지원한 회사의 인재상을 한 번 읽어 보긴 했는데 막상 질문을 받으니 제대로 답변하지 못할 수 있는데요. 이런 작은 부분을 놓치지 않으면 이 면접을 위해서 열심히 준비한 사람이라는 인상을 줄 수 있고 좋은 평가를 받는다고 생각합니다.

물론 이런 사소한 점들을 신경 쓰기 전에 기본적인 개발 능력을 충분히 갖추고 있어야 합니다. 개발자 직무에 지원하는 입장이라면 스스로 개발을 잘한다는 자신감 또한 가지고 있어야 한다고 생각합니다.

앞으로의 계획

이제 막 팀장이 되었기 때문에 개발을 잘 하는 것과 더불어 팀원들의 역량을 키워서 팀 전체의 퍼포먼스를 올리는 것이 가장 단기적인 목표입니다.

이제는 개발의 역할을 조금씩 팀원들에게 나눠주면서 관리 영역의 업무를 조금씩 늘려가고 있는데, 개발 업무와 조직장으로서의 관리 업무 사이의 적절한 경계를 열심히 찾고 있는 중입니다.

운 좋게도 출중한 개발 실력과 의사소통 능력을 모두 갖춘 유능한 팀원들 덕분에 여러 업무를 믿고 맡기고 있는데, 이 점은 서로에게 도움이 됩니다. 팀원을 믿지 못하면 관리자는 자꾸 신경을 써야 하고 그만큼 간섭을 하게 됩니다. 이는 관리자와 팀원 모두를 피곤하게 만들며, 만약 관리자인 제가 '에이 그냥 내가 빨리 개발해야지'라는 생각을 갖게 되면 팀원의 발전에도 악영향을 끼칩니다.

전하고 싶은 말

요즘에는 좋은 개발 도구, 잘 만들어진 엔진(프레임워크)이 많습니다. 그래서 무엇인가를 개발하기에 예전보다 확실히 편해진 것이 사실입니다. 이제 단순 콘텐츠 개발은 적은 지식만으로도 누구나 충분히 할 수 있지 않을까 하는 생각이 드는데요. 훌륭한 개발자라면 프레임워크나 엔진과 같은 코어 부분까지 깊게 분석할 수 있어야 합니다. 그래야 개발하면서 수많은 이슈와 버그를 마주했을 때 어떻게 개선해야 할지 방향을 쉽게 찾을 수 있습니다.

또한 현재 상황에 안주해서는 안 됩니다. 개발 언어와 도구들도 지속적으로 발전하고 있기에 꾸준히 학습해야 합니다. 스스로 발전하지 않으면 현재의 능력과 위치에 머물러 있는 것이 아니라 조금씩 뒤처질 것입니다.

끝으로, 17년 가까이 회사 생활을 하며 느낀 것은 뚜렷한 본인만의 취미를 가지고 열심히 즐기는 사람들이 일도 잘한다는 점입니다. 취미는 단순 게임일 수도 있고, 다양한 스포츠 중 하나일 수도 있고, 음주가무를 즐기는 것일 수도 있습니다. 이 책을 읽는 개발자 혹은 개발자를 꿈꾸고 있는 모든 분들께서는 일도 열심히! 노는 것도 열심히! 하시길 바랍니다.

나를
그리는 방법

우태강(네이버 커머스AI 테크 리더)

/||\\

현재 하고 있는 일

네이버에서 커머스용 AI를 만들고 있습니다. 고객의 쇼핑 경험을 향상시키기 위해 상품을 잘 표현하는 일이라고 볼 수 있습니다. 상품은 주로 상품명, 브랜드 정보 같은 텍스트와 이미지로 표현되는데, 이러한 데이터를 읽어 상품의 고유한 특성을 나타낼 수 있는 값으로 변환하고 이 값을 이용해 카테고리 분류, 동일 상품 인식, 속성 추출 등의 결과를 만들고 있습니다.

2022년부터는 이화여자대학교에서 겸임교수로서 사이버보안 전공 과목을 가르치고 있습니다. 제가 학교를 다닐 때는 전공 과목의 내용이 현실에서 어떻게 가치를 만들어내는지 가르쳐주는 사람이 없었습니다. 지나고 보니 이러한 내용을 빨리 알수록 배움의 즐거움과 지식의 활용 능력을 더 크게 키울 수 있을 거란 생각이 들었습니다. 그래서 저는 학생들에게 '지식이 어떻게 가치를 만드는가?'에 초점을 맞춰 우리 사회에 꼭 필요한 기술을 찾는 방법과 현실화하는 방법을 알려주고 있습니다.

커리어 소개

제 커리어는 2017년 마이다스아이티에서 시작됩니다. 학생 때 참여했던 해커톤에서 수상한 것을 계기로 입사했고, 이 회사에서 전문연구요원으로 대체 복무를 했습니다. 제 가치관의 많은 부분이 이때 형성됐습니다. 대표님, CTO, 팀장님은 물론이고 함께 일했던 동료들 모두 너무나 좋은 사람이었습니다. '왜 우리는 일을 해야 하는가?', '어떻게 살아야 하는가?'에 대해 끊임없이 고민하는 회사였으며, 주변에 존경할 만한 분들이 많았습니다. 퇴사한 지금도 당시 팀 동료들을 꾸준히 만나고 있습니다.

마이다스아이티에서 서비스에 딥러닝을 활용하던 중 고품질의 데이터가 다수 필요하다는 사실을 깨달았습니다. B2B 회사에서는 원천 데이터를 확보하는 것부터 큰 어려움이 따랐습니다. 한층 더 높은 기술적인 성장을 이루기 위해 쉽게 데이터를 다룰 수 있는 B2C 기반의 사업 조직이 필요하다고 생각했고, 이직을 결심했습니다.

회사를 옮기기로 결정했을 때 '좋아하는 분야인 커머스 쪽 일을 하자'고 생각했고, 네이버와 당근마켓을 후보로 고려하고 있었습니다. 때마침 전문연구요원 복무 기간이 끝났고, 연구실 선배님의 추천으로 네이버에 입사해 더 큰 데이터를 다룰 수 있게 됐습니다. 선배님과는 지금도 같은 팀에서 일하고 있습니다.

네이버에 와보니 오히려 데이터가 너무 많아서 문제였습니다. 한 대의 컴퓨터로는 데이터를 로드할 수 없었고 여러 컴퓨터를 사용하더라도 처리 시간이 오래 걸렸습니다. 입사 초기에는 익숙하지 않았던 쇼핑 도메인을 이해하고 텍스트 데이터를 처리하는 일에 매진했습니다. 그 후에는 네이버 D2 블로그에 글을 기고하고 쇼핑용 언어 모델 만들기를 시도하는 등 다양한 일에 도전했지만 2021년까지의 성과는 마냥 좋지만은 않았다고 생각합니다. 하지만 2022년부터는 쇼핑이라는 도메인에 익숙해지고 동료들과 함께 일하는 법을 알게 되면서 성과가 좋아졌습니다.

같은 시기에 모두의연구소에서 활동 중이신 교수님의 소개로 이화여자대학교 겸임교수로서 강의를 시작했습니다. 공대 4학년 전공 과목을 맡게 됐는데, 첫 해는 강의 자료, 과제, 시험을 모두 새로 만들어야 했기 때문에 육체적으로 매우 힘든 해였습니다. 하지만 20대에 대학 강단에 설 수 있다는 점은 저에게 큰 동기 부여가 됐습니다. 매주 강의 자료를 만들고 학생들이 이해하기 쉽게 전달하려 노력한 덕분에 커뮤니케이션 스킬을 한층 향상시킬 수 있었습니다. 회사에서 기획자와 소통할 때 유용한 능력이기도 합니다.

2023년은 차근차근 쌓아온 기술과 지식, 커뮤니케이션 스킬이 앙상블을 이뤄 눈에 띄게 성장한 해였습니다. 많은 성공을 경험했고 연말에는 이를 인정받아 TL^Tech Lead 직책을 맡게 되었습니다.

AI 분야의 경우 AI 모델 개발에 긴 시간이 소요되기 때문에 가까운 미래를 예측할 수 있는 능력이 반드시 필요합니다. 서비스 AI 엔지니어는 기획자보다 먼저 '어떤 일이 필요해질까?'를 예측해야 우수한 성과를 낼 수 있다고 생각합니다. 저 역시도 이제는 이커머스 분야에서 조금씩 기술적인 미래를 볼 수 있게 되었고, 이 미래를 현실로 만들 수 있도록 동료들과 함께 노력하고 있습니다. 또한 기술만을 생각하기보다 사용자에게 도움이 되는 가치를 만드는 것을 목표로 삼고 있습니다.

커리어에 관해 고민하기 전에 되돌아볼 점: 왜 일을 해야 할까요?

생존을 위해, 인간 사회에서 살아남기 위해, 결국 우리는 돈을 벌기 위해 일을 합니다. 이건 틀린 말이 아니지만 저는 일을 하는 목적이 돈을 벌기 위한 것뿐만은 아니라고 생각합니다. 스스로에게 이런 질문을 던져보세요.

돈을 벌기 위해서라면 어떤 일이라도 괜찮나요?

대부분의 사람들은 평생 일을 하며 살아갑니다. 하루 24시간 중 8시간은 잠을 자는 데 쓰고, 깨어 있을 때 밥을 먹거나 이동하는 데 드는 시간을 제외하면 일을 하는 데 가장 많은 시간을 씁니다. 그렇기 때문에 일하는 시간이 즐겁지 않다면 삶이 괴로울 겁니다. 일은 기본적으로 자신을 표현하는 아주 중요한 수단이므로 우리는 일을 할 때 즐거워야 합니다. 최소한 지겨울 것 같지 않은 일을 해야 합니다.

우리는 인생이라는 시간 도화지 위에 나를 그려나가는 삶을 삽니다. '나'라는 존재를 어떻게 표현하고 싶은가요? 저는 '왜 일을 해야 할까요?'라는 질문을 통해 우리가 일해야 하는 이유를 곱씹어 보아야 한다고 생각합니다.

개발을 시작한 이유

잘하는 일을 해야 할까요? 재미를 느끼는 일을 해야 할까요? 진로를 선택할 때 모두가 고민하는 부분일 것입니다.

저는 종종 미디어아트 예술가를 꿈꿨습니다. 재미있을 것 같았기 때문이죠. 하지만 저는 미술을 정말 못합니다. 이 재능으로 미디어아트를 한다면 수십 년 동안 일을 하기 어려울 것 같았죠.

나라는 사람을 잘 표현하기 위해서는 잘하는 일을 선택해야 한다고 생각합니다. 최소한 남들이 하는 만큼은 할 수 있어야 합니다. 재미있는 일을 선택하면 잠깐은 즐겁겠지만 잘하지 못하면 장기적으로 보았을 때 살아남기 어렵습니다. 결국엔 현실적인 문제에 부딪혀 즐거움과 흥미를 잃게 되겠죠.

저는 대학을 다니면서 개발에 있어서는 남들이 하는 만큼 할 수 있을 것 같다는 생각이 들었습니다. 코딩을 하고 있으면 시간이 훌쩍 지나버릴 정도로 몰입했고 괴로울 정도로 지겨운 적도 없었으니까요. 약간의 재능은 흥미로 이어졌고 이 흥미가 성과로 이어지는 선순환이 시작됐습니다. 이렇게 'AI 개발'이라는 일이 저를 잘 표현하는 수단이 되었다고 생각합니다.

겸임교수라는 커리어를 선택한 까닭

타인과의 상호 작용을 배제하고 스스로를 표현하기란 불가능하다고 생각합니다. 텅 빈 우주 공간에 혼자 덩그러니 있는 것은 존재하지 않는 것과 같습니다. 이러한 맥락에서 제가 가진 지식을 나누는 과정이 저를 잘 표현해주는 또 하나의 방법이라 생각했습니다. 제 마음가짐과 기술 지식을 나누면 저와 학생들 모두에게 도움이 될 것이라고 판단했습니다.

그런데 이렇게 이상적인 측면만 가지고 시작한 것은 아닙니다. 저는 스스로 개발 능력이 부족하다고 생각합니다. 우수한 회사에 소속된다는 것은 주변에 우수한 동료가 많다는 의미입니다. 네이버에는 저보다 뛰어난 분들이 너무나 많습니다. 제가 며칠이 걸려 해결한 문제를 동료가 하루 만에 해결하는 모습을 보면서 스스로를 돌아보곤 합니다. 그러면서 조직에 더 이상 도움이 되지 못할 때가 물러나야 할 때가 아닐까 생각하기도 합니다.

이제는 평균 수명이 길어지면서 일생 동안 여러 직업을 가지는 것이 자연스러워졌습니다. 이런 흐름을 따라 제가 더 잘하는 일로 전향할 수 있게 다양한 경험을 하는 중입니다.

인간의 이기심을 알면 인성 면접이 쉬워집니다

수업 중에 학생에게 이런 질문을 받은 적이 있습니다.

> **"** 교수님, 기술 면접에서는 뭘 물어보는지 알겠는데,
> 인성 면접은 잘 모르겠어요.
> 무엇을 확인하려고 인성 면접을 보는 건가요? **"**

이 질문을 받은 후부터는 매년 이 주제에 대해 진지하게 이야기하는 시간을 갖습니다. 인성 면접을 잘 풀어내는 스킬을 설명할 수도 있겠지만 저

는 기업에서 바라보는 '인성'의 본질을 학생들이 이해하도록 하는 데 중점을 둡니다. 긴 설명이 필요하지만 우선 다음 질문에 대해 곰곰이 생각해봅시다.

어떤 사람과 함께 일하고 싶은가요?

인간은 태생적으로 이기적입니다. '저는 이타적인 사람인데요?'라고 한다면 장담하건대 100% 틀렸습니다. 그럼 간디나 헬렌 켈러 같은 위인들이 어떻게 있을 수 있냐고요? 인간의 이기와 이타를 설명하려면 먼저 '인간이 어떻게 생각하는지'를 되짚어보아야 합니다. 잠시 생각을 주관하는 뇌의 구조에 관해 설명해보겠습니다.

우리가 쉽게 떠올릴 수 있는 동물들은 대부분 비슷한 뇌 구조를 가지고 있습니다. 뇌는 가장 중심부터 R복합체^{R-Complex}(R-영역, 파충류의 뇌), 변연계^{Limbic system}(포유류의 오래된 뇌), 대뇌피질^{Cerebral Cortex}(신피질)로 나눌 수 있습니다. R복합체는 뇌간과 소뇌를 포함하며 기본적인 생존과 관련된 행동을 만들어내고, 변연계는 편도체, 해마, 시상하부로 구성되며 정서적인 반응과 감정을 발생시킵니다. 대뇌피질은 이성적이거나 고차원적인 사고를 하도록 만들어준다고 알려져 있습니다. 여기서 알아둘 점은 뇌의 중심에 가까울수록 의지로 조절하기 어렵다는 점입니다. 맥박과 혈압을 의지로 조절해보세요. 특수한 교육을 받지 않는 이상 불가능합니다. 교육을 받더라도 조절할 수 있는 범위는 굉장히 한정적입니다. 감정은 어떨까요? 우리는 감정을 통제하고 스스로를 이성적인 존재라고 생각합니다. 하지만 이성으로 감정을 통제한다는 것은 매우 어렵습니다. 일반적으로 인간은 눈앞의 상황에 대해 이성적으로 판단하고 감정을 느끼는 것이 아니라 감정을 먼저 느낀 뒤 그에 따라 이성적인 판단을 합니다. 즉, '좋고 싫음'을 판단한 후에 '옳고 그름'을 판단하는 것이죠. 대부분의 사고 회로는 변연계에서 감정을 먼저 느낀 뒤에 대뇌피질에서 그 이유를 찾는 과정으로 이루어집니다. 예를 들어 재택 근무에 대해 생각해볼까요? 일반적으로 이런 사고 과정을 겪습니다.

변연계(감정): 나는 재택이 좋다 → **대뇌피질:** 왜 좋은가? → **결론(이성):** 재택을 하면 출퇴근 시간을 아낄 수 있다

'출퇴근 시간을 아낄 수 있다'라는 근거를 통해 이성적으로 재택이 더 유리하다고 판단한 것 같지만 사실은 재택이 나에게 좋은 감정을 주기 때문에 대뇌가 그에 맞는 이유를 찾아준 것입니다. 그렇다면 좋은 감정은 어디서 왔을까요? 재택이 나에게 본능적으로 이득이 된다고 판단하기 때문에 좋다는 감정을 느끼는 것입니다. 인간이 스스로를 이성적이라 착각하기 때문에 사고의 흐름을 의식하지 못했을 뿐이죠.

감정은 동물에게 필수적인 생존 요소입니다. 산속에서 곰을 만났을 때 바로 도망갈 수 있게 해주는 것은 '무서움'이라는 감정입니다. 우리 뇌는 손

해를 줄이고 이득을 최대화하는 방향을 '감정'이라는 요소로 학습한 것이죠. 즉, 동물은 이성보다 감정을 우선해서 판단하도록 프로그래밍되어있습니다. 이것이 우리가 이기적일 수밖에 없는 이유입니다.

지금까지의 뇌 이야기를 '인간은 태생적으로 이기적이니 이기적으로 살아라'라는 말로 오해하면 안 됩니다. 인간의 이기심을 이해하고 받아들여야 이타적인 방향으로 나아갈 수 있다는 점을 명심해주세요. 동물은 절대 이기적이지 않으면서 이타적일 수 없습니다. 따라서 가장 좋은 방향은 **내가 좋아하는 것과 타인에게 도움이 되는 것을 일치시키는 것입니다.** 봉사 활동을 해본 적이 있나요? 봉사 활동을 몇 번 해보지 않은 사람에게 봉사 활동을 왜 하는지 물어보면 '시켜서요', '보람을 느껴서요'와 같은 말을 합니다. 그럼 오랜 시간 자발적으로 봉사 활동에 참여한 사람에게 같은 질문을 하면 어떨까요? 다른 대답을 듣게 될 것입니다.

> " 제가 좋아서요. "

이런 사람들은 타인과 관계없이 순수하게 봉사 활동이 좋아서 하는 것입니다. 짐작이지만 헬렌 켈러와 간디는 남을 돕는 것이 결국 스스로를 가장 좋은 상태로 만든다고 생각했을 겁니다. 개발자에게 있어 기술적인 성장이 너무나 당연한 것처럼 직무와 관계없이 우리 삶에 있어 인격적인 성장은 가장 중요한 부분입니다. 그럼 인격이 올바르게 성장하기 위해선 어떤 방향으로 나아가야 할까요? 앞서 설명한 것처럼 자신이 좋아하는 것과 타인에게 이득을 가져줄 수 있는 것을 일치시키는 방향이 옳은 방향이라 생각합니다. 그리고 지금도 그 방향으로 나아가기 위해 노력하고 있습니다.

면접은 함께 일할 사람을 찾는 행위입니다. 따라서 '내 일을 더 잘되게 만들어줄 사람'을 본능적으로 찾게 되어 있습니다. 면접관이 가진 문제를 함께 해결하는 것이 좋게 느껴진다면 합격에 가까워졌다고 생각해도 좋습니다.

앞으로의 계획

커리어 개발에서는 강점이 가장 중요하다고 생각합니다. 사람마다 잘하는 영역과 잘하지 못하는 영역이 다르며, 약점을 보완하기보다는 강점을 드러내는 것이 더 유리합니다. 대부분 일을 할 때 혼자가 아니라 다른 사람들과 함께 일하기 때문입니다. 문제를 풀기 위해 필요한 각 영역의 전문가가 모일 때 좋은 성과를 낼 수 있다고 생각합니다. 따라서 커리어 개발의 첫 걸음은 '자신의 강점 알기'와 '커뮤니케이션 스킬 기르기'로 시작됩니다.

저는 이제야 첫걸음을 뗀 것 같습니다. 함께 일하는 법을 배우고 제가 어떤 것을 잘하는지 깨닫고 있습니다. 저는 개발을 가장 잘하는 사람이 아닙니다. 저에게 개발은 수단일 뿐이며, 사람들에게 도움이 되는 제품이나 서비스를 만드는 일이 제가 좋아하면서도 잘하는 일이라고 생각합니다.

좋은 제품은 한 사람이 빠른 시간 안에 만들어낼 수 있는 것이 아니기 때문에 팀을 구성해서 여러 사람이 함께 만든다고 생각합니다. 그리고 팀으로 일할 때는 '왜 해야 하는가?'에 대한 고찰이 팀의 비전이 되고 동기 부여의 원천이 된다고 생각합니다. 저는 리더 역할의 본질이 동기 부여에 있다고 생각하기 때문에 앞으로 제가 할 일은 명확합니다. 고객들이 원하는 서비스를 가장 **빠르게** 현실로 만들기 위해 제가 보고 있는 미래를 데이터로 증명하고, 동료들에게 함께 해내자고 제안하는 것입니다.

나다운 색깔을
만든다는 것

임동준(우아한형제들 웹 프런트엔드 교육)

/||\

현재 하고 있는 일

우아한형제들에서 '우아한테크코스'라는 개발자를 위한 교육 기관을 운영하며 웹 프런트엔드 교육을 하고 있습니다. 우아한테크코스는 '소프트웨어 생태계에 선한 영향력을'이라는 비전을 가지고 있습니다. 이를 위해 많은 지식을 전달하는 것보다는 효과적으로 학습하는 습관을 만들고, 평생 학습할 수 있는 기반을 만들기 위한 교육적 경험과 환경을 만드는 것이 저의 주업무입니다. 재밌는 점은 이 일을 하면서 생각보다 많이 받는 질문이 있습니다. 바로 '어떻게 이런 교육자의 길을 걷게 됐는지'입니다.

커리어 소개

특이하게도 제 커리어는 처음부터 소프트웨어 교육자였습니다. 처음 교육자의 길을 걷기 시작한 것은 NHN NEXT(현 네이버 커넥트재단)에서 프로그래밍을 처음 배우면서부터였습니다. '어떻게 하면 더 재미있게 프로그래밍을 공부할 수 있을까?'라는 질문에서 출발해 배운 것을 다른 사람에게 가르치는 일을 해보기로 결정했습니다. 프로그래밍 초보였던 저는 스크래치나 엔트리와 같은 블록코딩 도구를 활용해 초등학생들에게 기본적인 프로그래밍을 가르치기 시작했습니다. 이 과정에서 『초능력보다 코딩』(계림, 2016)이라는 책을 집필했으며, 점차 교육 대상을 중학생, 고등학생으로 넓혀갔습니다. 자연스럽게 교육에 대한 즐거움과 경험이 쌓이면서 현재는 우아한형제들이 운영하는 우아한테크코스에서 웹 프런트엔드 개발을 꿈꾸는 이들과 함께하고 있으며, NEXTSTEP 재직자 대상 프로그래밍 교육도 진행하고 있습니다.

'나다움'이란?

> " 우아한형제들에서 웹 프런트엔드 교육을 하는 임동준입니다. "

어느 날 친구들과 함께 '회사를 이야기하지 않고 자기소개해보기'를 하다가 모두가 잠시 멈칫했습니다. 이 경험은 저에게 상당한 충격으로 다가왔습니다. 회사를 제외하고 나 자신을 어떻게 소개해야 할지, 나는 어떤 특성을 가진 사람인지 말하기 어려웠기 때문입니다. 교육 업무와 관련된 활동을 하면서 자연스레 자기소개를 할 기회가 많아졌지만 여전히 자기소개를 할 때마다 고민이 됐습니다. 회사 이름을 빼고 나면 제 자신에 대해 무엇을 말해야 할지 막막했습니다. 그때부터 '나다움'이란 무엇인가, 나만의 색깔은 무엇인가에 대해 깊이 생각해보게 되었습니다. 오늘은 그 '나다움'을 찾아가는 여정에 대한 이야기를 나눠보고자 합니다.

AI 시대의 교육

최근 저의 관심사는 AI, 특히 생성형 AI입니다. AI가 기존의 교육 방식에 어떤 변화를 가져올 수 있는지, 그리고 이 변화 속에서 교육자로서 제 역할은 무엇인지에 대해 심도 있게 고민하게 되었습니다. 학생들이 강의 후 이해가 되지 않는 부분을 ChatGPT에게 질문하고 스스로 연습 문제를 만들어가는 모습을 보며, '과연 우리가 만드는 교육이 AI에 대체될 수 있을까?'라는 생각과 함께 개발자와 교육자로서 나아가야 할 방향을 고민하게 되었습니다. 이러한 고민을 하던 중 기업가 송길영 님의 인터뷰를 보게 되었는데 한 문장이 인상 깊게 남았습니다.

> **"** AI가 평균적인 수준의 업무를 대체함으로써
> 신입사원이라는 말이 사라질 수도 있겠다는 생각이 듭니다. **"**

송길영 님의 말처럼, 신입사원이라는 개념이 사라질 수도 있습니다. AI가 기존의 신입사원이 맡았던 업무를 더 빠르고 효율적으로 수행할 수 있기 때문입니다. 따라서 모두가 자신만의 색깔을 가진 아웃라이어가 되어야 한다는 생각에 깊이 공감하게 되었습니다. 개발자이자 교육자로서 나만의 색깔을 찾는 것이 앞으로 더욱 중요해질 것이라는 생각이 들었습니다.

내가 원하는 삶은

내 삶에서 정말로 중요하게 여기는 욕구를 정확히 표현할 수 있는 단어

를 찾는 것이 얼마나 도움이 되는지에 대해 들은 적이 있습니다. 그때 저는 한국비폭력대화교육원 홈페이지[62]를 찾아보았습니다. 이곳에는 다양한 욕구를 표현하는 단어 목록이 있었습니다. 우리는 일상에서 같은 어휘를 반복적으로 사용하는 경향이 있기 때문에 자신이 느끼거나 생각하는 것을 더 정확하게 표현할 수 있는 단어를 떠올리지 못할 때가 있습니다. 이 홈페이지의 단어 목록은 그런 경우에 큰 도움이 됩니다.

▶ **욕구 목록**

• **자율성**
자신의 꿈, 목표, 가치를 선택할 수 있는 자유, 자신의 꿈, 목표, 가치를 이루기 위한 방법을 선택할 자유

• **신체적/생존**
공기, 음식, 물, 주거, 휴식, 수면, 안전, 따뜻함, 신체적 접촉(스킨십), 성적 표현, 부드러움, 편안함, 돌봄을 받음, 보호받음, 애착형성, 의존(생존과 안전), 자유로운 움직임(이동), 운동

• **사회적/정서적/상호의존**
주는 것, 봉사, 친밀한 관계, 유대, 소통, 연결, 배려, 존중, 상호성, 공감, 이해, 수용, 지지, 협력, 도움, 감사, 인정, 승인, 사랑, 애정, 관심, 호감, 우정, 가까움, 나눔, 소속감, 공동체, 안도, 위안, 신뢰, 확신, 정서적 안전, 자기 보호, 일관성, 안정성, 정직, 진실, 예측가능성

• **놀이/재미**
쾌락, 흥분, 즐거움, 재미, 유머

---

62 https://www.krnvcedu.com:5011/about/about04.aspx

- **삶의 의미**

  기여, 능력, 도전, 명료함, 발견, 회복, 깨달음, 자극, 효능감, 인생예찬(축하, 애도), 기념, 중요성, 참여, 희망, 주관을 가짐(자신만의 견해나 사상)

- **진실성**

  진실, 성실성, 존재감, 일치, 개성, 자기존중, 비전, 꿈

- **아름다움/평화**

  아름다움, 평탄함, 홀가분함, 여유, 평등, 조화, 질서, 평화, 영적 교감, 영성

- **자기구현**

  성취, 배움, 생산, 성장, 창조성, 치유, 숙달, 전문성, 목표, 가르침, 자각, 자기표현

[출처 – 한국비폭력대화교육원 홈페이지1]

저는 이 욕구 목록을 통해 제가 무엇을 중요하게 생각하는 사람인지 깊이 고민해봤습니다. 여러 단어 중에서 저에게 중요한 것이 무엇인지 골라내고 생각해보는 과정이 매우 의미 있었습니다. 처음에는 다양한 단어들을 선택했지만 그중에서도 특히 '건강', '꿈과 목표', '나다움'이라는 세 가지 키워드가 제 삶과 일에서 중요한 순간들과 계속 연결되어 나타났습니다.

이 중요한 키워드들을 도출한 후, 이를 어떻게 제 삶에 더 잘 적용할 수 있을지 고민했습니다. 다양한 욕구 중에서도 '건강'을 제가 가장 중요시하는 부분으로 두었습니다. 건강한 신체와 정신이 있어야만 꿈과 목표를 향해 나아갈 수 있기 때문입니다. 그래서 저는 평소 '자세', '빛', '음식'에 주의를 기울이며 건강한 생활 습관을 유지하기 위해 노력합니다.

'꿈과 목표'는 제가 10대 때부터 가진 가장 큰 원동력이었습니다. 제가

상상하는 꿈과 목표가 제 현실의 무대를 넓혀주었고, 그 확장된 무대가 다시 제 꿈을 더 크게 만들어주었습니다.

마지막으로 '나다움'은 현재 저에게 중요하지만 아직 명확하게 정의되지 않은 키워드입니다. 그러나 이 키워드를 지금 당장 명확히 정의할 필요는 없다고 생각했습니다. 대신 개발 교육자로서 다른 사람들이 자신만의 색깔을 가지고 성장할 수 있는 교육적 경험을 만드는 것을 제 다음 목표로 삼았습니다. '나다움'을 찾는 과정에서 다른 사람의 '나다움'을 찾아주는 개발 교육자가 되는 것, 이것이 저의 새로운 꿈과 목표가 되었습니다.

다시, 자기소개하기

> **66** 경험을 읽고, 교육을 하는 웹 프런트엔드 교육자 임동준입니다. **99**

현재 저는 어딘가에서 저를 소개할 때 이렇게 이야기하곤 합니다. 이 말은 저의 자기소개이자, 제가 잘하고 싶은 것을 이야기하는 의식적인 연습이기도 합니다. 현재 저는 지식을 전달하는 것을 넘어 그 지식이 어떻게 사람들의 경험 속에서 적용되고 변화를 만들어내는지에 대해 고민하고 실험하고 있습니다. 그리고 이를 위해 나다움을 가진 개발자로서의 성장에 필요한 다양한 주제를 교육하고 있습니다.

나다움을 정의하는 것은 계속해서 변화하는 과정입니다. 저를 정의하고 소개하기 위해서 '함께, 밝게, 나답게 성장하는 환경을 만드는 교육자'라고 이야기하기도 했습니다. 하지만 시간이 흐르며 '경험을 읽고 교육하는 교육자'라는 정의가 저를 더 잘 나타낸다고 생각하게 되었습니다. 처음의 자기소개는 제 자신이 주인공이었지만, 이제는 저를 통해 다른 이들이 주인공이 될 수 있도록 돕는 것이 제 교육의 목표입니다.

이 목표를 실현하기 위해 저는 프로그래밍뿐만 아니라 글쓰기에도 관심을 기울이고 있습니다. 사람들이 자신의 이야기를 통해 성장할 수 있는 과정을 만들어가고자 하는 것입니다. 이런 노력의 일환으로 『요즘 개발자』(한빛미디어, 2023)라는 책을 공동으로 집필했으며, 독자들과 소통하고 서로 성장할 수 있는 싹(ssac) 커뮤니티[62]를 만들었습니다. '싹'이라는 이름에는 각자의 색깔과 모습으로 자라나 숲을 이루며 자연스럽고 멋지게 성장하는 모든 이의 모습을 담고자 했습니다. 이를 통해 저는 다른 사람들이 자신만의 경험을 통해 나다운 색을 발견하고 성장할 수 있도록 돕는 경험을 만들어가고 싶습니다.

나만의 색깔로 성장한다는 것

나만의 색깔, 나다움을 찾아가는 여정은 우리 각자가 진정으로 원하는 것이 무엇인지, 그리고 그 목표를 위해 현재 우리가 어떤 노력을 기울이고 있는지를 돌아보는 과정이라고 생각합니다. 이 과정에서 중요한 것은 직급이나 회사의 이름이 아닌, 개인의 가치와 열정이 어떻게 삶의 방식에 반영

---

62 https://www.ssac.io/

되는지를 이해하는 것입니다. 그리고 우리가 어떤 삶을 살아가고 싶은지를 분명히 이야기할 수 있을 때, 진정한 나다움이 자연스럽게 드러나게 될 겁니다.

그렇다면 여러분이 꿈꾸는 삶은 어떤 모습인가요? 우리 모두에게는 자신만의 독특한 이야기와 꿈이 있습니다. 이 작은 질문을 시작으로 우리 각자가 자신의 싹을 틔우고 나무로 자라나 마침내는 숲을 이루는 여정을 함께하고 나눌 수 있기를 꿈꿔봅니다. 이 과정에서 중요한 것은 자신의 내면을 깊이 들여다보고, 진정으로 중요하게 여기는 가치들이 무엇인지를 파악하는 것입니다. 그럼 어떤 삶을 살고 싶은지가 더 명확해질 것 같습니다.

또한 이 과정을 함께 할 때 서로에게 영감이 되고, 스스로에게는 나침반이 되는 경험을 할 수 있을 것입니다. 자신만의 색깔을 찾아가는 여정을 막연하게 생각하기보다는 함께함으로써 여러 가지 색깔로 이루어진 숲을 이룰 수 있기를 기대합니다.

운 좋은 사람이
되는 방법

조민규(토스 서버 개발자)

/||\\

현재 하고 있는 일

네이버 클라우드에서 개발자로서의 첫 커리어를 쌓은 후, 2023년부터 현재까지 비바리퍼블리카의 토스 코어에서 서버 개발자로 일하고 있습니다. 저는 제휴사와의 연동을 통해 실제 카드 발급 기능을 중개하는 등 고객들이 편리하게 카드를 발급 받을 수 있는 서비스를 개발하고 있습니다. 구체적으로는 카드 발급 혜택이 높은 신용 카드를 고객에게 알려주고, 현재 소비 내역을 기반으로 데이터를 분석하여 혜택을 가장 많이 받을 수 있는 카드를 추천해주는 등의 기능을 개발해 비즈니스 가치를 창출하고 있습니다.

커리어의 시작

처음 개발자로서의 커리어를 시작했을 때 기대가 컸던 만큼 실망도 컸습니다. 실무 개발자들이 만들어내는 코드에 대한 환상과 코드 리뷰 문화에 대한 설렘 그리고 잘 갖추어진 업무 환경 등 부푼 기대를 안고 입사했지만 현실은 달랐습니다. 코드는 유지 보수하기 어렵게 작성되어 있었고, 코드

리뷰는 시간에 쫓겨 밀리기 일쑤였으며, 업무 환경은 불편함을 넘어 생산성을 해치는 지경에 이르렀습니다.

이때 제가 가장 먼저 떠올린 해결법은 '회피'였습니다. 내가 원하고 기대하는 모습을 갖춘 팀으로 옮기는 것을 진지하게 고민했습니다. 하지만 이내 생각을 바꾸었습니다. '도망치는 것이 최선인가?', '도망친 곳도 마찬가지라면 계속 도망만 칠 것인가?' 등 여러 가지 판단의 기준을 두고 보다 객관적인 시선으로 상황을 바라보았습니다. 그리고 최종적으로 내린 결론은 **팀의 부족함을 개선하고 변화시킬 수 있는 능력을 스스로** 갖추는 것이었습니다.

곧바로 저는 팀의 부족한 부분을 나열하고 분석해 하나씩 개선하는 것을 목표로 삼았습니다. 그런 다음 회의가 있을 때마다 분석한 내용을 바탕으로 개선을 제안했는데, 돌아오는 것은 미심쩍은 표정과 탐탁치 않은 듯한 반응이었습니다. 저는 '이 팀은 개선하려는 의지가 없구나'라는 생각이 들어 다시 한번 좌절했습니다. 그런데 이때 제가 간과한 것이 하나 있었습니다. 바로 **신뢰 자본**이었습니다. 우리는 결국 조직 안에서 타인과 함께 일을 해야 합니다. 개선하고 싶은 것들이 있어도 혼자 결정할 수 없으며 구성원들의 동의를 얻어야 하죠. 바로 여기에 문제가 있었습니다. 제가 팀에서 신뢰 자본을 미처 쌓지 못했다는 점이었습니다. 이 사실을 깨닫고 우선 스스로를 증명하기로 했습니다. 팀에서 버그나 장애가 발생하면 가장 먼저 인지해 대응하고, 불필요한 반복 작업들을 최대한 자동화하여 팀의 생산성을 높이고, 팀원들과의 협의 없이도 수정 가능한 부분들을 자발적으로 개선했습니다. 이렇게 몇 달을 보내니 팀원들이 저를 믿고 있다는 것이 느껴졌습니다. 동시에 적극적으로 의견을 개진하면 무언가를 변화시킬 수 있을 것이란 확신도 들었죠. 이때부터는 모니터링 시스템 구축부터 기술 고도화 그리고 대규모 리팩터링까지 많은 부분에 기여할 수 있었습니다. 기술적인 부분 외에 팀 문화에 있어서도 많은 변화를 만들었습니다. 부족한 문서화에 대한 보완, 신규 입사자를 위한 온보딩 프로세스 등에 관해 팀원 모두에게 그 필요성을 역설한 후 바람직한 개선점을 제시하여 함께 진행했습니다.

이렇게 팀에 자발적으로 기여하고 변화의 물결을 일으키면서 느낀 점은 한 개인이 미칠 수 있는 영향력에는 제한이 없는 한편 때론 그 과정이 굉장히 외롭고 고되다는 것이었습니다. 이미 기존의 프로세스에 익숙해져버린 사람들에게 문제를 제기하고, 인식을 바꾸고, 설득하고, 적용하는 단계까지 간다는 것은 상당히 어려운 과정이었습니다. 신뢰 자본이 부족하거나 팀원들의 태도가 계속 완강하다면 불가능할 수 있겠다는 생각도 들었습니다. 개인이 처한 상황마다 다르겠지만, 제 경우에는 COVID-19로 인해 재택근무가 기본적인 근무 형태이던 시기에 입사하여 팀원들과 내적 친밀감을 형성하거나 소통할 기회가 부족했기 때문에 신뢰 자본을 쌓는 데 더 많은 노력을 기울여야 했던 것 같습니다.

커리어의 전환

구체적인 계획은 없었지만 확실히 이직할 계획은 있었는데 제 생각보다는 빠르게 이직 기회를 얻게 됐고, 이런저런 우여곡절 끝에 2023년 하반기에 비바리퍼블리카의 토스 코어에 합류하게 되었습니다.

커리어를 전환하는 과정에서 한 가지 목표로 했던 것은 바로 회사를 '졸업'하는 것이었습니다. 이러한 생각의 저변에는 직간접적으로 보고 배웠던 훌륭한 선배 개발자 분들의 모습이 남아있었습니다. 시작이 중요한 만큼 끝도 중요하다는 얘기를 많이 듣기도 했고, 언젠가 다시 이어질 수도 있는 인연이기에 현재의 상황에 성공적으로 마침표를 찍을 필요가 있다고 판단했습니다. 그래서 납득할 수 없는 수준의 부채는 없애고, 새로운 개발자가 팀에 합류해도 성공적으로 안착할 수 있는 환경을 만드는 데 최선을 다했습니다. 그리고 마침내 어느 정도 졸업 요건을 충족했다는 생각이 들었을 때 운 좋게도 현재의 회사에 합류할 수 있게 됐습니다.

취업은 운칠기삼이다

운칠기삼(運七技三), 모든 일의 성패는 노력보다 운에 달려 있다는 뜻입니다. 처음 '취업은 운칠기삼이다'라는 이야기를 들었을 땐 믿지 않았습니다. 개인의 능력이 뛰어나면 어느 회사에서나 환대받을 것이라는 오만한 생각을 했기 때문입니다. 하지만 이직 과정을 직접 겪으니 취업은 운칠기삼이라는 말을 부정할 수 없게 되었습니다. 내가 풀어야 하는 코딩 테스트 문제가 사전에 연습해본 문제인지, 내 앞에 있는 면접관이 나와 비슷한 성향인지, 내가 준비한 면접 예상 질문이 실제로 나왔는지 등 많은 것을 운에 기댈 수밖에 없었습니다. 하지만 그럼에도 불구하고 제가 새로운 회사에 취업할 수 있었던 이유는 **운이 좋을 확률을 꾸준히 높여왔기** 때문이라고 생각합니다.

어떤 성향의 면접관이 들어오는지 혹은 면접관이 어떤 질문을 하는지 등은 스스로가 제어할 수 없는 영역이므로, 이러한 부분은 순전히 운에 맡겨야 합니다. 하지만 평소에 꾸준한 자기 계발과 깊이 있는 학습을 해왔다면 면접관이 할 질문의 답을 알고 있을 확률이 높아집니다. 지속적으로 그리고 오랜 시간 동안 꾸준히 자기 계발을 하면서 작은 확률을 끌어 모았고, 이러한 노력들이 쌓여서 목표했던 바를 이룰 수 있었던 것 같습니다.

꾸준한 자기 계발의 비결과 그 이유

사람들은 원하는 바를 이루기 위해 목표를 세우고 열심히 달립니다. 목표를 향해 달리는 과정에서 누군가는 실패하여 좌절하기도 하고 다른 누군가는 성공하여 기쁨을 누리기도 합니다. 하지만 목표의 달성 여부와 무관하게 그 과정의 끝은 항상 목표의 소멸인 것 같습니다. 열심히 달려 목표에 이르면 목표는 수명을 다해 재만 남게 되고, 동기부여의 수단이 사라져 버립니다. 저는 이것이 목표를 세우고 달렸을 때 발생하는 부수 효과라고 생각하여 목표가 없어도 꾸준히 굴러갈 수 있는 **루틴**을 만들고자 했습니다. 그래서 하루 평균 2시간 정도를 자기 계발에 투자하는 나만의 루틴을 만들었고 개선을 거듭하여 지금까지 유지하고 있습니다.

오늘날 자기 계발에 대한 갑론을박이 많이 이루어지고 있습니다. 저는 모두가 반드시 자기 계발을 해야 한다고는 생각하지 않으며, 저 또한 왜 자기 계발을 계속하는지에 대한 명확한 이유를 찾지 못했습니다. 하지만 떠오르는 막연한 이유 중 하나는 결국 행복해지기 위해서가 아닐까 싶습니다.

인간은 적응의 동물이라서 조금 전에 얻은 행복한 감정에도 금방 익숙해진 다고 합니다. 즉, 행복은 기쁨의 강도가 아니라 빈도이므로, 큰 행복을 잠깐 누리는 것보다는 작은 행복을 계속해서 누리는 것이 중요합니다. 그리고 이 를 위해서는 결국 삶에서 가장 큰 비율을 차지하는 영역을 행복하게 만들어 야 합니다. 직장인이라면 어쩔 수 없이 하루의 많은 시간을 회사와 업무에 할애하게 되므로, 결국 우리는 일하는 시간에 행복을 느낄 수 있어야 합니 다. 그럼 그 외의 시간들까지 행복이 전염되어 더욱 큰 행복감을 느끼고 건 강한 삶을 살 수 있을 것입니다. 하루에 1%씩만이라도 좋아진다면 1년 기 준으로 37.78%만큼 좋아질 수 있는데, 다시 말하면 우리가 행복해질 여지 가 그 만큼 많다는 뜻입니다.

물론 업계 상황이 나빠져 직장에서 받는 보상이 줄어들거나, 존경하는 동료가 이직을 하게 되는 등의 상황은 우리가 제어할 수 없는 영역입니다. 이러한 부분은 역시나 운에 기댈 수밖에 없습니다. 하지만 그 외에 우리가 제어할 수 있는 영역도 분명 많이 있습니다. 개인의 업무 성과를 높이거나 팀원들로부터 좋은 평가를 받는 등 우리가 제어할 수 있는 영역에서 행복감 을 높일 수 있다면 그 만족도는 더욱 커질 것입니다.

다시 한번 이야기하자면 모두가 꼭 성장을 해야 한다고 생각하지는 않습 니다. 그리고 성장을 강요하는 것도 바람직하지 않다고 생각합니다. 하지 만 자신이 무언가 원하는 것이 있고 이를 위해 자기 계발을 꾸준히 하고 싶 다면 목표를 세우기보다는 루틴을 만드는 방향으로 시도해보는 것을 고려 해보기 바랍니다.

커리어 스토리
개발하기

한치영(스타트업 CTO)

/|\

현재 하고 있는 일

AI를 이용한 제품을 만드는 방송국 사내 벤처에서 CTO로 일하고 있습니다. 불과 몇 년 전만 해도 AI 제품을 만들게 될 것이라고는 생각하지 못했는데, AI가 트렌드로 자리 잡고 급속도로 보편화되면서 좋은 기회가 될 것이라 생각해 시작하게 되었습니다.

커리어 소개

저는 개발 팀에 소속되어 개발자들과 일해왔지만 스스로를 개발자라고 말하기에는 애매한 커리어를 쌓아왔습니다.

대학 시절, 컴퓨터공학을 전공하진 않았지만 단지 공대생이라는 이유로 개발을 시작해 마음이 맞는 친구들과 웹진을 창간했습니다. 그 전부터 컴퓨터를 조립하거나 게임의 세이브 파일을 조작하는 것을 좋아했는데 남에게 보여주기 위한 개발은 이때 처음 경험했습니다.

군복무를 마친 후에는 웹진을 운영하면서 알게 된 친구가 공동 창업을 제안해 스타트업을 시작했습니다. 첫 아이템은 추천 정보 시스템이었는데, MBTI 분석기 같은 것을 (제 생각에는) 국내 최초로 만들었습니다.

스타트업을 정리한 후에는 모니터링 소프트웨어를 만드는 회사에 입사했습니다. 신규 사업 팀으로 입사했지만 곧 R&D 팀으로 옮기게 되었는데, 역할을 받아 팀을 옮겨간 것이 아니었기 때문에 제 자리를 스스로 만드는 것부터 시작해야 했습니다. 젠킨스Jenkins와 같은 CI 툴을 사용해서 매일 새벽 빌드를 트리거링시키고 빌드가 실패하면 모두가 알 수 있게 해서 반드시 성공한 내용을 커밋하도록 유도한다거나, 채용을 위해 코딩 테스트를 할 때 사용할 간단한 유틸리티를 만드는 등 팀 내에서의 존재감을 키웠습니다. 이후에는 제품 구동 스크립트 작성, 영업 팀과의 요구 사항 조율, 매뉴얼 작업, 신기능 기획과 같은 일뿐만 아니라 도커 기술이 확산될 때 각종 콘퍼런스에 참석해 주요 내용을 공유하는 등 디자인을 제외하고 개발과 관련된 거의 모든 일을 수행했습니다.

이후에는 이직을 해서 새벽 배송 업체의 물류 시스템 기획을 했습니다. 물류라는 도메인은 사물과 작업자라는 아주 커다란 영역이 있어서 소프트웨어 자체에 집중할 수 있는 모니터링과는 전혀 다른 도메인이었지만 그만큼 배운 것도 많았습니다. 그리고 또 한 번의 이직을 거쳤고 현재는 CTO로서의 역할에 집중하고 있습니다.

커리어 개발/관리에서 중요한 점

스토리가 중요하다고 생각합니다. 자신의 커리어를 관통하는 스토리가 있으면 전혀 상관없어 보이는 일들을 했더라도 **설득력**이 생깁니다. 저의 경우에는 여러 회사에서 다양한 직무를 했지만 큰 틀에서 바라보면 다음과 같이 정리할 수 있습니다.

1. 데이터를 시각화하는 일을 대학생 시절부터 끊임없이 해왔고,

2. 개발자들이 개발에 집중할 수 있도록 하는 사내 시스템들을 설계/관리/운영해왔으며,

3. 무엇보다 Fast Builder로서 새로운 과업을 수행하는 데 있어 빠르게 시도해보고 가능성을 확인하는 일들을 꾸준히 했습니다.

이러한 경험과 역량은 여러 시도를 짧은 시간에 해야 하는 스타트업에서 큰 장점으로 작용했기에 현재의 직무까지 커리어를 이어올 수 있었습니다.

이런 스토리가 없었다면 제가 가진 역량을 다른 사람들에게 어떻게 설명해야 할지 막막했을 것 같습니다. 배경을 모른 채 제가 수행해온 일을 본다면 높은 확률로 '그냥 그때그때 선택지에 따라 일을 골랐는지 일관성이 없네'라고 생각할 테니까요.

이렇듯 스토리가 없으면 자신이 가진 역량을 어떻게 발전시켰는지 표현하기 어렵습니다.

개발자와 관리자 모두에게 필요한 능력

소통 능력은 개발자와 관리자 모두에게 가장 중요한 능력입니다. 컴퓨터라는 연산 장치에 여러분이 원하는 일을 시키기 위해 코딩을 하는 것처럼 다른 사람에게 여러분의 의도를 효과적으로 전달하려면 효과적으로 소통할 수 있는 능력이 필요합니다. 다른 사람들과의 소통 없이 혼자서 할 수 있는 일은 금방 한계에 이르게 되는 것 같습니다. 물론 남들이 절대 못 하는 일을 할 수 있는 천재 개발자라면 혼자서 할 수 있는 일이 많겠지만 그런 사람은 극히 적을 것입니다. 그리고 천재라 할지라도 다른 사람들과 효과적으로 소통하면 혼자 할 때보다 훨씬 더 좋은 성과를 낼 것이라고 생각합니다.

경험이 가져다 준 것들

현재의 직장에서는 사전에 준비된 것 없이 제로 베이스에서 무언가를 만들어가고 있는데, 이전에 다양한 규모의 회사를 경험해보지 않았다면 훨씬 더 많은 시행착오를 겪었을 것 같습니다.

특히 플랫폼 엔지니어링(SRE/DevOps) 경험이 초기 세팅에 큰 도움이 됐고, 이는 채용을 위한 인력 구성할 때도 긍정적인 영향을 주었습니다. 일반화하기는 힘들겠지만 그동안 쌓아온 다양한 경험이 지금도 저에게 큰 도움이 되고 있습니다.

회사에서 동료들에게 도움이 되는 일을 조금씩 해보는 경험이 쌓이면 큰 힘이 되고 무기가 됩니다. 저는 반복적으로 해야 하는 작업을 단순화 및 자동화하고 이를 슬랙 봇으로 만들어 비 개발 팀도 쓸 수 있게 만든다거나, 먼저 요청하지 않았는데도 기획에 도움이 될 만한 내부 데이터를 추출해 시각화하는 등의 일들을 했습니다. 그리고 조직에서 이러한 선의와 노력을 인정받았으며 남들이 해내지 못하는 어려운 일들을 더 많이 해낼 수 있게 되었습니다. 지금은 이러한 일들을 팀이 아닌 회사 전체를 대상으로 하고 있습니다.

팀워크의 중요성과 팀워크 구축을 위한 구성원의 역할

R&R이라는 용어에는 함정이 존재합니다. 실제 업무에는 특정한 역할로 정의하기 힘든 영역이 분명히 존재하며 그 영역을 어떻게 채워나가는지가 바로 그 회사의 문화입니다. 궁극적으로 그 영역을 채우는 사람을 어떻게 대우하느냐가 장기적인 변화를 만들어내거든요.

구성원들이 각자의 역할을 특정 수준 이상으로 해내는 것은 기본이고, 이 불투명한 영역을 얼마나 원활하게 채우는지가 탄탄한 팀워크의 처음이자 끝이라고 생각합니다. 결과적으로 탄탄한 팀워크가 구축되면 돌발 상황에 대응하는 팀 역량이 커지고, 같은 일을 수행했을 때 팀원 개인이 받는 스트레스와 피로도가 낮아집니다.

다만 무리해서 이 영역을 채울 필요는 없습니다. 무리하면 기본 업무에도 영향을 미칠 수 있거든요. 각자가 맡은 일을 훌륭하게 해내면서 동시에 이런 불투명한 영역이 있다는 걸 인지하고, 팀원 중 누가 그 영역을 어떻게 채우는지 관찰하고, 그 방법이 좋다고 생각하면 가끔 해보는 것으로 시작하면 됩니다.

면접 준비가 막막한 분들께

채용 멘토링을 종종 진행하는데, 그때마다 항상 하는 이야기가 있습니다. 회사가 궁금해하는 것은 궁극적으로 딱 두 가지입니다.

- 해당 직무에서 요구하는 일을 수행할 수 있는가?
- 입사 후 어떻게, 얼마나 성장할 것인가?

서류, 면접, 코딩 테스트는 모두 이 두 가지 질문에 대한 답을 얻기 위한 직간접적인 수단일 뿐입니다. 따라서 외부에 공개된 정보를 활용하여 지원한 회사와 직무에 관해 최대한 추론해보았다는 인상을 주면 큰 점수를 얻을 수 있을 것입니다.

지난 경험이 해당 직무를 수행하는 데 얼마나 적합한지를 염두에 두고 면접관에게 설명하는 연습을 해보세요. 예를 들면 다음과 같이 직접적으로 표현하는 것도 좋습니다.

> 제가 참여했던 {A}라는 과제는 직무기술서(JD)상의 내용과 {이러이러한} 공통점이 있습니다. 저는 과제 {A}에서 {이러한} 역할을 맡아 {이러이러한} 핵심적인 성과를 얻었습니다.

면접에서 마지막 질문에 답하는 방법

팀 구성, (외부 협력 관계가 있는 경우) 카운터파트너의 특성, 회사의 문제 해결 방식 등 입사 후 해당 기업에서 일을 하고 있는 자신의 모습을 상상해보고, 구체적으로 그림이 그려지지 않는 부분에 대해 세부적인 질문을 하는 것이 좋습니다. 이는 면접관의 입장에서도 여러분과 함께 일하는 모습을 상상해보게 만드는 효과가 있습니다. 또 구직에 대한 여러분의 열의도 보여줄 수 있고요.

앞으로의 계획과 전하고 싶은 말

역동적이고 유용하면서 개발의 본질에 집중할 수 있는 사내 개발 문화를 만들어보고 싶습니다. 현재 팀의 규모를 더 키워서 직접적으로 같이 일하지 않는 동료에게도 도움을 줄 수 있는 환경을 만들어보고 싶은 욕심도 있고요. 궁극적으로는 제가 없어도 잘 돌아가는 개발 팀, 스스로 문화를 개선해나가는 역동적인 개발 팀을 만들고 싶습니다.

제 커리어는 개발자 커리어라고 보기 애매한 면이 있지만 항상 개발과 밀접한 일들을 수행했습니다. 그리고 그 과정에서 제 장점을 'Fast Build'라는 키워드로 정리할 수 있었죠. 실제로 전혀 다른 도메인으로 몇 차례 이직을 하면서 남들보다 빠르게 도메인 지식을 습득하고 초기 결과물을 보여주는 데 성공했습니다.

제 커리어를 그대로 따를 필요는 없지만 자신의 장점을 정리하고 여러

도메인을 넘나들며 여러분만의 커리어 스토리를 만들어보기를 추천합니다. 앞서 이야기한 것처럼 나만의 스토리가 있으면 산만한 커리어가 아니라 유연하고 진취적인 커리어가 될 수 있거든요. 세상의 변화 속도가 더 빨라지는 지금, 필요한 역할이지만 경쟁자는 적은 커리어로 전환해보는 것도 꽤 유용한 전략이 아닐까 싶습니다.